Vanessa Diffenbaugh
Die verborgene Sprache der Blumen

Roman

Aus dem Amerikanischen von
Karin Dufner

Knaur Taschenbuch Verlag

Die amerikanische Originalausgabe erschien 2011 unter dem Titel
The Language of Flowers bei Ballantine Books, New York.

Besuchen Sie uns im Internet:
www.knaur.de

Vollständige Taschenbuchausgabe September 2012
Knaur Taschenbuch
© 2011 by Vanessa Diffenbaugh
Für die deutschsprachige Ausgabe:
© 2011 Droemer Verlag
Ein Unternehmen der Droemerschen Verlagsanstalt
Th. Knaur Nachf. GmbH & Co. KG, München
Alle Rechte vorbehalten. Das Werk darf – auch teilweise – nur mit
Genehmigung des Verlages wiedergegeben werden.
Umschlaggestaltung: Hafen Werbeagentur, Hamburg
Umschlagabbildung: Peter Hatter/Trevillion Images
Satz: Adobe InDesign im Verlag
Druck und Bindung: CPI – Clausen & Bosse, Leck
Printed in Germany
ISBN 978-3-426-50917-3

2   4   5   3   1

Für PK

»Moos gilt als das Symbol der Mutterliebe, denn wie diese erfreut es das Herz, wenn der Winter der Widrigkeiten überwältigend wird und die Freunde des Sommers uns verlassen haben.«

Henrietta Dumont,
Die Sprache der Blumen

Inhalt

1.
Die Gemeine Distel

1.

Acht Jahre lang hatte ich von Feuer geträumt. Bäume loderten auf, wenn ich an ihnen vorbeiging, und Ozeane brannten lichterloh. Im Schlaf sickerte der süßliche Rauch in mein Haar ein. Beim Aufwachen lag der Duft dann wie eine Wolke auf meinem Kopfkissen. Dennoch schreckte ich hoch, als meine Matratze Feuer fing. Der scharfe Geruch nach Chemikalien hatte nichts mit dem dunstigen Sirup meiner Träume gemeinsam, vielmehr unterschied er sich davon wie Jasmin aus Indien von dem aus Carolina – wie *Trennung* von *Nähe*. Unmöglich, sie miteinander zu verwechseln.

In der Mitte des Zimmers stehend, erkannte ich rasch, woher das Feuer kam. Einige Streichhölzer lagen, ordentlich in Reih und Glied, am Fußende meines Bettes. Als ein Streichholz nach dem anderen in Flammen aufging, verwandelte sich die Kette in einen glühenden Lattenzaun entlang des gepaspelten Matratzenrandes. Während ich ihm beim Brennen zusah, empfand ich eine Todesangst, die nicht von der Größe der flackernden Flammen herrühren konnte.

Einen lähmenden Augenblick lang war ich wieder zehn Jahre alt und so verzweifelt und hoffnungsfroh, wie ich es noch nie zuvor gewesen war und auch nie wieder sein würde.

Allerdings flammte die nackte Matratze aus synthetischem Material nicht auf wie die Disteln in jenem späten

Oktober. Sie schwelte nur vor sich hin, und schließlich ging das Feuer aus.

Es war mein achtzehnter Geburtstag.

Die Mädchen hatten sich im Wohnzimmer nebeneinander auf dem durchgesessenen Sofa niedergelassen. Ihre Blicke glitten über meinen Körper und blieben an meinen nackten, unversehrten Füßen hängen. Eine wirkte erleichtert, eine andere enttäuscht. Wenn ich noch eine Woche geblieben wäre, hätte ich mir wohl jedes Mienenspiel gut eingeprägt und mich mit rostigen Nägeln in Schuhsohlen und Kieselsteinchen in Chiliportionen gerächt. Einmal hatte ich einer schlafenden Zimmergenossin das Ende eines glühenden Drahtkleiderbügels an die Schulter gehalten, und zwar wegen eines weitaus geringfügigeren Vergehens als Brandstiftung.

Doch ich würde in einer Stunde fort sein. Das wussten die Mädchen. Jedes von ihnen.

Ein Mädchen, das in der Mitte der Couch gesessen hatte, erhob sich. Sie sah jung aus – fünfzehn, höchstens sechzehn – und war in einer Weise hübsch, wie ich es nur selten gesehen hatte: gute Haltung, reine Haut, neue Kleider. Ich erkannte sie nicht sofort, aber die Art, wie sie sich, mit angezogenen Armen und energisch, durch das Zimmer bewegte, kam mir vertraut vor. Obwohl sie gerade erst eingezogen war, war sie keine Fremde für mich; mir fiel ein, dass ich schon einmal mit ihr zusammengewohnt hatte, in den Jahren nach Elizabeth, als ich besonders zornig und aggressiv gewesen war.

Wenige Zentimenter vor mir blieb sie stehen, ihr Kinn ragte in den Raum zwischen uns.

»Das Feuer war von uns allen«, sagte sie ruhig. »Herzlichen Glückwunsch zum Geburtstag.«

Hinter ihr wand sich die Mädchenreihe auf dem Sofa. Eine Kapuze wurde aufgesetzt, eine Decke fester um die Schultern gezogen. Die Morgensonne beschien geschlossene Augenlider, und die Mädchen sahen plötzlich jung und wie Gefangene aus. Aus einer betreuten Wohngemeinschaft wie dieser entkam man nur durch Weglaufen, Volljährigwerden oder indem man in einer Anstalt landete. Jugendliche über vierzehn wurden nicht mehr zur Adoption vermittelt und kehrten in den seltensten Fällen, wenn überhaupt, nach Hause zurück. Diese Mädchen kannten ihre Zukunftsaussichten. In ihren Augen stand nichts als Angst: vor mir, vor ihren Hausgenossinnen und vor dem Leben, das sie sich selbst eingebrockt hatten oder in das sie hineingeboren worden waren. Zu meiner Überraschung überkam mich plötzlich Mitleid mit ihnen. Ich konnte gehen, sie aber waren gezwungen zu bleiben.

Als ich mich an dem Mädchen vorbei zur Tür vordrängen wollte, machte sie einen Schritt zur Seite und versperrte mir den Weg.

»Mach Platz«, befahl ich.

Eine junge Frau, die Nachtschicht hatte, steckte den Kopf aus der Küchentür. Sie war wahrscheinlich noch keine zwanzig und fürchtete sich mehr vor mir als die Mädchen im Zimmer.

»Bitte«, meinte sie mit flehender Stimme. »Es ist ihr letzter Vormittag. Lass sie einfach in Ruhe.«

Ich wartete, auf alles gefasst, während das Mädchen vor mir den Bauch einzog und die Fäuste fest ballte. Nach einem kurzen Moment schüttelte sie den Kopf und wandte sich ab. Ich ging um sie herum.

Ich hatte noch eine Stunde, bis Meredith mich abholen würde. Ich öffnete die Eingangstür und trat hinaus. Es war ein nebliger Morgen in San Francisco. Der Betonboden der Veranda fühlte sich unter meinen nackten Füßen kühl an. Nachdenklich blieb ich stehen. Eigentlich hatte ich eine Retourkutsche für die Mädchen geplant, etwas Kränkendes und Hasserfülltes. Aber ich war seltsam nachsichtig gestimmt. Vielleicht lag es daran, dass ich nun achtzehn war und mit einem Schlag alles ausgestanden hatte, jedenfalls konnte ich ihnen ihren üblen Streich verzeihen. Deshalb wollte ich ihnen, bevor ich ging, etwas mitteilen, das die Angst aus ihren Augen vertrieb.

Also spazierte ich die Fell Street hinunter zur Market Street. Als ich eine belebte Kreuzung erreichte, wurde ich langsamer, denn ich hatte noch nicht entschieden, wohin ich wollte.

An einem gewöhnlichen Tag hätte ich Sommerblumen im Duboce Park gepflückt, die Brachfläche Ecke Page Street und Buchanan Street geplündert oder auf dem Straßenmarkt Kräuter gestohlen. Fast zehn Jahre lang hatte ich jede freie Minute damit verbracht, mir die Bedeutung und wissenschaftliche Beschreibung der verschiedenen Blumen einzuprägen, auch wenn ich dieses Wissen kaum nutzte. Wieder und wieder verwendete ich die gleichen Blumen. Ein Strauß Ringelblumen: *Trauer*. Ein Eimer Disteln: *Menschenfeindlichkeit*. Eine Prise getrocknetes Basilikum: *Hass*. Nur gelegentlich änderte ich meine Botschaften. Eine Hosentasche voller roter Nelken für die Richterin, als ich begriff, dass ich nie wieder in den Weinberg zurückkehren würde; und Pfingstrosen für Meredith, sooft ich welche auftreiben konnte. Nun suchte ich die Market Street nach einem Blumengeschäft ab und blätterte dabei in Gedanken in meinem Wörterbuch.

Drei Häuserblocks weiter stieß ich auf einen Getränkeladen, wo in Papier gewickelte Sträuße in Eimern unter den vergitterten Fenstern vor sich hin welkten. Ich blieb vor dem Laden stehen. Da die meisten Sträuße gemischt waren, vermittelten sie widersprüchliche Aussagen. Die Auswahl an Gebinden, die nur aus einer Blumensorte bestanden, war gering: gewöhnliche Rosen in Rot oder Rosa und ein schlaffer Strauß gestreifter Nelken. Ein Büschel violetter Dahlien quoll aus einem Papierhörnchen: *Würde.* Sofort wusste ich, dass das meine Botschaft war. Ich drehte mich mit dem Rücken zu dem schräg hängenden Spiegel über der Tür, schob die Blumen unter meine Jacke und rannte los.

Als ich zu dem Haus zurückkam, war ich außer Atem. Das Wohnzimmer war leer, und ich trat ein, um die Dahlien auszupacken. Die Blumen ähnelten formvollendeten Sternen, Schicht um Schicht violetter Blütenblätter mit weißem Rand, die aus einer fest zusammengeballten Mitte ragten. Ich durchtrennte das Gummiband mit den Zähnen und entwirrte die Stengel. Die Mädchen würden niemals verstehen, was die Dahlien ihnen sagen wollten (außerdem war die aufmunternde Botschaft eine zweischneidige Sache). Dennoch fühlte ich mich seltsam unbeschwert, als ich den langen Flur entlangging und unter jeder geschlossenen Zimmertür eine Blume durchschob. Die restlichen Blumen gab ich der jungen Frau, die die

Nachtschicht machte. Sie stand am Küchenfenster und wartete auf ihre Ablösung.

»Danke«, sagte sie verdattert, als ich ihr den Strauß reichte. Sie drehte die starren Stengel zwischen den Handflächen.

Meredith erschien wie versprochen um zehn. Ich erwartete sie, einen Pappkarton auf dem Schoß, auf der Veranda. In den achtzehn Jahren hatte ich hauptsächlich Bücher angesammelt: Das Lexikon der Blumen und *Peterson Field Guide to Pacific States Wildflowers,* beides geschickt von Elizabeth, einen Monat nachdem ich ihr Haus verlassen hatte. Dazu Botaniklehrbücher aus Bibliotheken überall entlang der East Bay und dünne Taschenbücher mit viktorianischen Gedichten, stibitzt in stillen Buchläden. Die Bücher waren unter Stapeln gefalteter Kleider versteckt, eine Sammlung gefundener und gestohlener Sachen, von denen manche passten, viele auch nicht. Meredith würde mich zum Gathering House bringen, einem Übergangswohnheim im Bezirk Sunset. Ich stand auf der Warteliste, seit ich zehn war.

»Alles Gute zum Geburtstag«, meinte Meredith, während ich meinen Karton auf dem Rücksitz ihres Dienstwagens verstaute. Ich antwortete nicht. Wir wussten beide, dass es vielleicht gar nicht mein wirklicher Geburtstag war. In meiner ersten Gerichtsakte wurde mein Alter mit schätzungsweise drei Wochen angegeben. Geburtsdatum und Geburtsort waren ebenso unbekannt wie meine leiblichen Eltern. Man hatte sich für den 1. August entschieden, damit ich irgendwann volljährig werden konnte, nicht um ihn festlich zu begehen.

Ich setzte mich nach vorne neben Meredith, schloss die Tür und dachte, dass sie jetzt losfahren würde. Sie klopfte mit ihren Fingernägeln auf das Lenkrad. Ich schnallte mich an. Aber das Auto bewegte sich noch immer nicht von der Stelle. Ich drehte mich zu Meredith um. Da ich noch im Pyjama war, zog ich die in Flanell steckenden Knie hoch bis zum Brustbein und wickelte mir die Jacke um die Beine. Mein Blick war auf das Dach von Merediths Auto gerichtet, während ich darauf wartete, dass sie etwas sagte.

»Nun, bist du bereit?«, fragte sie.

Ich zuckte die Achseln.

»Jetzt ist es so weit«, fügte sie hinzu. »Ab heute beginnt dein Leben. Von diesem Moment an kannst du niemandem mehr die Verantwortung zuschieben als dir selbst.«

Meredith Combs, die Sozialarbeiterin, der ich die endlose Reihe von Adoptivfamilien verdankte, die mich stets wieder abgeschoben hatten, wollte mit mir über Verantwortung reden.

2.

Ich presste die Stirn gegen die Fensterscheibe und sah zu, wie die staubigen sommerlichen Hügel vorbeiglitten. In Merediths Auto roch es nach Zigarettenrauch, und der Sicherheitsgurt wies Schimmelflecke von etwas auf, das ein anderes Kind hatte essen dürfen. Ich war neun Jahre alt und saß, im Nachthemd und mit wild zerzaustem, kurzgeschnittenem Haar, auf dem Rücksitz. Meredith hatte sich das ganz anders vorgestellt. Sie hatte mir sogar eigens für diesen Anlass ein Kleid gekauft, ein fließendes, hellblaues mit Stickereien und Spitze. Aber ich hatte mich geweigert, es anzuziehen.

Meredith starrte geradeaus auf die Straße. Deshalb sah sie nicht, wie ich meinen Sicherheitsgurt öffnete, das Fenster aufmachte und den Kopf hinausstreckte, bis sich mein Schlüsselbein an den Rand der Tür drückte. Ich hielt mein Kinn in den Wind und wartete darauf, dass sie mir befahl, mich zu setzen. Sie warf mir einen kurzen Blick zu, schwieg aber. Ihr Mund war zu einer schmalen Linie zusammengepresst, ihren Augenausdruck konnte ich wegen der Sonnenbrille nicht erkennen.

Ich verharrte in dieser Haltung und beugte mich mit jedem Kilometer ein Stück weiter vor, bis Meredith ohne Vorwarnung einen Knopf an ihrer Tür bediente, so dass sich das Fenster ein Stück schloss. Das dicke Glas grub sich in meinen ausgestreckten Hals. Ich fuhr zurück und fiel auf den Boden. Meredith schloss das Fenster weiter, bis das Geräusch des Windes, der durch das Wageninnere brauste, von Stille abgelöst wurde. Sie drehte sich nicht um.

Ich rollte mich auf dem schmutzigen Bodenbelag zusammen, kramte ein Babyfläschchen mit verdorbenem Inhalt unter dem Beifahrersitz hervor und warf es nach Meredith. Es prallte an ihrer Schulter ab und flog zu mir zurück. Eine säuerliche Pfütze ergoss sich über meine Knie. Meredith zuckte nicht mit der Wimper.

»Möchtest du Pfirsiche?«, fragte sie.

Beim Essen konnte ich nicht nein sagen, was Meredith sehr wohl wusste.

»Ja.«

»Dann setz dich wieder hin und schnall dich an. Am nächsten Obststand kaufe ich dir, was du willst.«
Ich kletterte auf meinen Sitz und zog mir den Sicherheitsgurt über die Brust.
Eine Viertelstunde später bog Meredith von der Schnellstraße ab. Sie kaufte mir zwei Pfirsiche und ein halbes Pfund Kirschen, die ich zählte, während ich sie verspeiste.
»Eigentlich dürfte ich es dir nicht verraten«, begann Meredith. Sie sprach langsam, dehnte dramatisch die Silben, hielt inne und sah mich an. Ich blickte, die Wange an die Glasscheibe gelehnt, gleichmütig aus dem Fenster, ohne zu antworten. »Aber ich finde, du solltest dir darüber im Klaren sein. Das hier ist deine letzte Chance. Deine allerletzte. Victoria, hast du mich verstanden?« Ich reagierte nicht. »Wenn du zehn wirst, giltst du für die Behörden als nicht mehr vermittelbar, und nicht einmal *ich* werde mich weiter bemühen, dich bei einer Familie unterzubringen. Das heißt, eine Einrichtung nach der anderen, bis du volljährig bist, falls es diesmal nicht klappt. Versprich mir einfach, dass du dir das zu Herzen nehmen wirst.«
Ich öffnete das Fenster und spuckte Kirschkerne in den Wind. Meredith hatte mich vor gerade einmal einer Stunde aus meinem ersten Kinderheim abgeholt. Mir schoss durch den Kopf, dass ich vielleicht absichtlich dort einquartiert worden war, um mich genau auf diesen Moment vorzubereiten. Mich traf keine Schuld daran, dass meine letzte Pflegefamilie mich vor die Tür gesetzt hatte. Außerdem hatte ich nur eine Woche im Heim gelebt, bis Meredith kam und mich zu Elizabeth brachte.

Wie ich fand, hätte es zu Meredith gepasst, mich zu quälen, um ihren Standpunkt zu untermauern. Die Mitarbeiterinnen im Heim waren grausam zu uns gewesen. Jeden Morgen hatte die Köchin ein dickes dunkelhäutiges Mädchen gezwungen, beim Essen das Hemd bis zum Hals hochzuziehen und ihren mächtigen Bauch zu zeigen, damit sie nicht vergaß, sich zu mäßigen. Nach dem Frühstück pickte sich Miss Gayle, die Hausmutter, eine von uns heraus, die sich an den Kopf des langen Tisches stellen und erzählen musste, warum ihre Familie sie abgeschoben hatte. Mich ließ Miss Gayle nur einmal antreten, und da ich als Neugeborenes ausgesetzt worden war, kam ich mit der Aussage: *Meine Mutter wollte kein Baby* davon. Andere Mädchen berichteten von den schrecklichen Dingen, die sie ihren Geschwistern angetan hatten oder dass sie verantwortlich für die Drogensucht ihrer Eltern seien. Fast immer weinten sie dabei.

Doch wenn Meredith mich ins Heim gesteckt hatte, um mir Angst zu machen, damit ich mich endlich benahm, war ihr Plan nicht aufgegangen, denn trotz des Personals hatte es mir dort gefallen. Es gab regelmäßige Mahlzeiten, ich schlief unter zwei Decken, und niemand heuchelte mir vor, mich zu lieben.

Ich aß die letzte Kirsche und spuckte Meredith den Kern an den Hinterkopf.

»Nimm es dir einfach zu Herzen«, wiederholte sie. Wie um mich zu bestechen, hielt sie an und kaufte an einem Drive-in-Imbiss eine dampfende Schale mit Fish and Chips und einen Schokomilchshake. Hastig stopfte ich alles in mich hinein, während ich zusah, wie die staubigen Hügel an der East Bay ins quirlige Durcheinander von

San Francisco und schließlich in ebene Küstenlandschaft übergingen. Als wir die Golden Gate Bridge überquerten, war mein Nachthemd mit Pfirsichsaft, Kirschen, Ketchup und Milchshake beschmiert.

Wir kamen an verdorrten Feldern, einer Gärtnerei und einem verlassenen Parkplatz vorbei und erreichten schließlich einen Weinberg, wo sich die Rebstöcke in ordentlichen Reihen den geschwungenen Hügel hinauf erstreckten. Meredith trat fest auf die Bremse und bog rechts in eine lange, nicht geteerte Auffahrt ein. Sie beschleunigte auf der holperigen Straße, als könne sie es kaum erwarten, mich aus dem Auto zu werfen. Wir sausten an Picknicktischen und sorgfältig gepflegten Reben mit dicken Stämmen vorbei, die sich um lange Drähte rankten. An einer Kurve ging Meredith ein wenig vom Gas, beschleunigte dann wieder und hielt auf einen Hain hoher Bäume in der Mitte des Anwesens zu. Ihr Dienstwagen war in eine Staubwolke gehüllt.

Nachdem Meredith angehalten und der Staub sich gelegt hatte, sah ich ein weißes Farmhaus. Es hatte zwei Stockwerke, ein Satteldach und eine verglaste Veranda. Spitzenvorhänge verdeckten die Fenster. Rechts davon standen ein niedriger Wohnwagen aus Metall und einige windschiefe Schuppen. Dazwischen lagen Spielsachen, Werkzeuge und Fahrräder herum. Da ich schon einmal in so einem Wohnwagen gelebt hatte, fragte ich mich sofort, ob Elizabeth wohl ein Klappsofa hatte oder ob ich in ihrem Bett würde schlafen müssen. Ich hörte anderen Leuten nicht gern beim Atmen zu.

Meredith wartete nicht ab, ob ich freiwillig aussteigen würde, sondern öffnete meinen Sicherheitsgurt, packte mich unter den Achseln und zerrte mich zu dem großen Haus, während ich wild um mich trat. Da ich damit rechnete, dass Elizabeth aus dem Wohnwagen kommen würde, kehrte ich der Veranda den Rücken zu und sah sie nicht, als ich ihre knochigen Finger auf meiner Schulter fühlte. Mit einem Aufschrei riss ich mich los, rannte barfuß zum Auto und versteckte mich dahinter.

»Sie lässt sich nicht gerne anfassen«, hörte ich Meredith, offensichtlich ungehalten, zu Elizabeth sagen. »Das habe ich Ihnen ja schon erklärt. Sie müssen abwarten, bis sie von selbst auf Sie zukommt.« Es ärgerte mich, dass Meredith das wusste. Ich rieb mir die Stelle, wo sie mich angepackt hatte, um ihre Fingerabdrücke zu beseitigen, und blieb hinter dem Auto in Deckung.

»Dann warte ich eben«, erwiderte Elizabeth. »Das habe ich Ihnen versprochen, und ich werde mein Wort auch halten.«

Meredith begann, ihre übliche Litanei von Gründen herunterzubeten, warum sie nicht bleiben könne, um uns zu helfen, einander besser kennenzulernen: eine kranke Großmutter, ein besorgter Ehemann und ihre Angst, nachts Auto zu fahren. Beim Zuhören klopfte Elizabeth ungeduldig mit dem Fuß an den Hinterreifen. In wenigen Minuten würde Meredith fort sein und mich schutzlos auf dem mit Kies bestreuten Platz zurücklassen. Also schlich ich mich geduckt und rückwärts davon, machte einen Satz hinter einen Walnussbaum, richtete mich auf und rannte los.

Am Ende der Baumreihe kroch ich zwischen die Reben, versteckte mich in einer dichten Pflanze und zog die losen Ranken um meinen mageren Körper. In meinem Unterschlupf hörte ich, wie Elizabeth auf mich zukam, und als ich die Ranken zurechtschob, konnte ich sehen, wie sie eine der Reihen entlangging. Erleichtert nahm ich die Hand vom Mund, als sie meine Reihe links liegenließ.

Ich streckte die Hand aus, pflückte eine Traube vom nächstbesten Büschel ab und biss in die dicke Haut. Die Traube war sauer. Ich spuckte sie aus und zertrat das restliche Büschel, Traube für Traube, dass mir der Saft zwischen den Zehen hervorquoll.

Ich bemerkte nicht, dass Elizabeth umgekehrt war. Als ich gerade anfing, das zweite Büschel Trauben zu zerquetschen, griff sie in die Rebe, packte mich an den Armen und zerrte mich aus meinem Versteck. Dann hielt sie mich mit ausgestreckten Armen hoch. Meine Füße schwebten drei Zentimeter über dem Boden, während sie mich musterte.

»Ich bin hier aufgewachsen«, meinte sie. »Ich kenne alle guten Verstecke.«

Ich wollte mich befreien, aber Elizabeth umklammerte meine Arme. Auch als sie mich auf die Füße stellte, wurde ihr Griff nicht lockerer. Ich wirbelte Staub in Richtung ihrer Schienbeine, und da sie mich immer noch nicht losließ, trat ich sie gegen die Knöchel. Sie wich nicht zurück.

Mit einem Knurren wollte ich sie in den Finger beißen, doch sie sah es kommen und griff nach meinem Gesicht. Sie drückte mir die Wangen zusammen, bis meine Kiefer sich lockerten und es mir die Lippen zusammenschob. Vor Schmerzen schnappte ich nach Luft.

»Hier wird nicht gebissen«, sagte sie und beugte sich vor, als wolle sie mich auf die geschürzten Lippen küssen.

Wenige Zentimeter vor meinem Gesicht hielt sie inne und bedachte mich mit einem bohrenden Blick aus dunklen Augen. »Ich werde gerne angefasst«, fügte sie hinzu. »Du wirst dich daran gewöhnen müssen.«

Dann grinste sie belustigt und gab mein Gesicht frei.

»Niemals«, schwor ich. »Ich werde mich nie daran gewöhnen.«

Doch ich hörte auf, mich zu wehren, und ließ mich von ihr auf die Veranda und ins kühle, dunkle Haus ziehen.

3.

Meredith bog vom Sunset Boulevard ab und fuhr viel zu langsam die Noriega Street hinunter, wobei sie jedes Straßenschild las. Hinter uns hupte ein ungeduldiger Autofahrer.

Seit der Fell Street redete sie wie ein Wasserfall. Die Liste der Gründe, warum mein Überleben in den Sternen stand, war so lang, dass sie sich vermutlich über halb San Francisco erstreckt hätte: kein Highschool-Abschluss, kein Antrieb, keine Beziehungen, nicht die Spur von gesellschaftlichen Umgangsformen. Dann erkundigte sie sich nach meinen Plänen und verlangte, ich solle mich mit dem Gedanken anfreunden, endlich selbständig zu werden.

Ich tat, als wäre sie nicht vorhanden.

Es war zwischen uns nicht immer so gewesen. Als kleines Kind hatte ich ihren geschwätzigen Optimismus in mich aufgesaugt und auf der Bettkante gesessen, während sie mein dünnes Haar kämmte, flocht und mit einer Schleife zusammenband, um mich wie ein Geschenk einer neuen

Mutter und einem neuen Vater zu überreichen. Doch als die Jahre vergingen und ich von einer Familie nach der anderen zurückgegeben wurde, kühlte Merediths Zuversicht merklich ab. Die früher so sanfte Haarbürste ziepte nun und bewegte sich im Gleichtakt mit ihren Gardinenpredigten. Die Aufstellung der Verhaltensregeln wurde mit jedem Vermittlungsversuch länger und hatte immer weniger mit dem Kind zu tun, für das ich mich hielt. Meredith führte in ihrem Terminkalender eine Liste mit meinen Verfehlungen, die sie dem Richter vortrug, als handle es sich um ein Vorstrafenregister. Abweisend. Aufbrausend. Verstockt. Uneinsichtig. Ich erinnere mich noch an jedes ihrer Worte.

Doch trotz ihrer Frustration beharrte Meredith hartnäckig darauf, mich weiter zu betreuen. Sie weigerte sich, mich für unvermittelbar erklären zu lassen, obwohl ein erschöpfter Richter im Sommer, als ich acht Jahre alt wurde, andeutete, sie habe vielleicht alles Menschenmögliche versucht. Meredith stritt das rundheraus ab. Einen glücklichen und verwirrenden Moment lang deutete ich ihre Reaktion als Zeichen dafür, dass sie mich insgeheim gernhatte. Doch als ich sie ansah, stellte ich fest, dass sich ihre helle Haut vor Verlegenheit rötete. Seit meiner Geburt war sie meine Sozialarbeiterin. Wenn man mich zum hoffnungslosen Fall abstempeln würde, bedeutete das, dass sie an mir gescheitert war.

Wir hielten vor dem Gathering House, einem pfirsichfarbenen verputzten Gebäude mit Flachdach, das inmitten weiterer pfirsichfarbener verputzter Gebäude mit Flachdächern stand.

»Drei Monate«, verkündete Meredith. »Ich möchte, dass

du mir nachsprichst und es auch verstehst. Drei Monate mietfrei. Danach musst du bezahlen oder ausziehen.«
Ich schwieg. Meredith stieg aus und knallte die Autotür hinter sich zu.

Mein Karton hinten im Wagen war unterwegs umgefallen, so dass meine Kleider verstreut auf dem Rücksitz lagen. Ich stapelte sie wieder auf die Bücher und folgte Meredith auf die Treppe vor dem Haus hinauf. Sie läutete.

Es dauerte eine gute Minute, bis sich die Tür öffnete, und als sie es schließlich tat, drängten sich einige Mädchen auf der Schwelle. Ich drückte den Karton fester an meine Brust.

Ein zu klein geratenes Mädchen mit stämmigen Beinen schob die Fliegengittertür auf und streckte die Hand aus. »Ich bin Eve«, sagte sie.

Obwohl Meredith mir auf den Fuß trat, griff ich nicht nach der Hand. »Das ist Victoria Jones«, erwiderte Meredith und gab mir einen Schubs. »Sie ist heute achtzehn geworden.«

Einige murmelten *herzlichen Glückwunsch*. Zwei Mädchen wechselten Blicke.

»Alexis musste letzte Woche gehen«, verkündete Eve. »Du bekommst ihr Zimmer.« Sie drehte sich um, als wolle sie mich zu dem Raum begleiten. Also folgte ich ihr einen dunklen, mit Teppichboden ausgelegten Flur entlang zu einer offenen Tür, trat ein, machte die Tür hinter mir zu und schloss ab.

Das Zimmer war grellweiß. Es roch nach frischer Farbe, und als ich die Wände anfasste, waren sie noch klebrig. Der Maler hatte schlampig gearbeitet. Der Teppich, ehemals weiß wie die Wände, aber inzwischen voller

Schmutzflecken, wies entlang der Fußbodenleiste Farb-
kleckse auf. Ich wünschte, der Maler hätte weitergemacht
und auch den gesamten Teppich, die schmale Matratze
und das Nachtkästchen aus dunklem Holz angestrichen.
Das Weiß war sauber und neu, und es gefiel mir, dass es
vor mir noch niemandem gehört hatte.

Meredith stand auf dem Flur und rief nach mir. Sie klopfte wieder und wieder. Ich stellte meinen schweren Karton mitten im Zimmer ab. Dann nahm ich die Kleider
heraus, stapelte sie im Wandschrank auf dem Boden und
schichtete meine Bücher auf dem Nachtkästchen. Als der
Karton leer war, zerriss ich ihn zu Streifen, um die kahle
Matratze abzudecken, und legte mich darauf. Durch ein
kleines Fenster strömte Licht herein und wärmte mir die
nackte Haut an Gesicht, Hals und Händen. Ich stellte
fest, dass das Fenster nach Süden zeigte. Gut für Orchideen und Zwiebelpflanzen.

»Victoria?«, rief Meredith wieder. »Ich muss wissen, was
du für Pläne hast. Erzähl es mir einfach, dann lasse ich
dich in Ruhe.«

Ich schloss die Augen und ignorierte das Geräusch ihrer
Fingerknöchel auf Holz. Nach einer Weile verstummte
die Klopferei.

Als ich die Augen aufschlug, lag ein Umschlag auf dem
Teppich an der Tür. Darin befanden sich ein Zwanzigdol-
larschein und ein Zettel. *Kauf dir etwas zu essen und such
dir einen Job,* stand darauf.

Merediths zwanzig Dollar reichten für fünf Vier-Liter-
Kartons Vollmilch. Eine Woche lang kaufte ich jeden
Morgen einen im Laden an der Ecke und trank die cremi-

ge Flüssigkeit langsam über den Tag verteilt, während ich zwischen städtischen Parks und Schulhöfen umherschlenderte und die hiesige Pflanzenwelt in Augenschein nahm. Da ich noch nie so nah am Meer gewohnt hatte, hatte ich mit einer fremdartigen Landschaft gerechnet. Ich hatte erwartet, dass der dichte Morgennebel, der nur wenige Zentimeter über dem Boden waberte, eine Unzahl von Pflanzen hervorbringen würde, die ich noch nicht kannte. Doch bis auf gewaltige Ansammlungen von Aloe am Ufer, deren lange, rote Blüten in den Himmel aufragten, entdeckte ich erstaunlich wenig Neues. Das Viertel wurde von den gleichen Importpflanzen – Wandelröschen, Bougainvillea, Nachtschattengewächse und Brunnenkresse – geprägt, die ich in Gärten und Gärtnereien überall an der Bucht gesehen hatte. Nur in ihren Dimensionen unterschieden sie sich. Eingehüllt in den feuchten Dunst an der Küste, wurden die Pflanzen größer, bunter und ausladender und verdeckten die niedrigen Zäune und Gartenlauben.

Wenn wieder ein Milchkarton leer war, kehrte ich nach Hause zurück, zerschnitt ihn mit einem Küchenmesser in zwei Hälften und wartete auf die Nacht. Die Erde im Blumenbeet nebenan war dunkel und üppig. Mit einem Suppenlöffel schaufelte ich sie in meine improvisierten Blumentöpfe. Dann bohrte ich Löcher in den Boden der Kartons und stellte sie mitten in meinem Zimmer auf den Fußboden, wo sie nur am späten Vormittag einige Stunden lang der direkten Sonneneinstrahlung ausgesetzt sein würden.

Ich würde mich nach einem Job umschauen, denn ich wusste, dass ich einen finden musste. Allerdings hatte ich zum ersten Mal im Leben ein eigenes Zimmer mit einer Tür zum Abschließen, und es gab niemanden, der mir Vorschriften machte. Deshalb beschloss ich, einen Garten anzulegen, bevor ich mit der Arbeitssuche begann.

Am Ende der ersten Woche hatte ich vierzehn Blumentöpfe hergestellt und durchkämmte einen Umkreis von sechzehn Häuserblocks nach meinen Optionen. Meine Hauptwahl fiel auf Herbstblüher, und so grub ich ganze Pflanzen in Vorgärten, Kleingartenanlagen und auf Spielplätzen aus. Für gewöhnlich ging ich, die Hände um einen schlammigen Wurzelballen geschlossen, zu Fuß nach Hause. Doch mehr als einmal verirrte ich mich oder fand mich zu weit entfernt vom Gathering House wieder. Bei diesen Gelegenheiten schlich ich mich durch die rückwärtige Tür in einen überfüllten Bus, drängte mich zu einem Sitzplatz durch und fuhr herum, bis mir das Viertel vertraut war. Zurück in meinem Zimmer, breitete ich die strapazierten Wurzeln vorsichtig aus, bedeckte sie mit nährstoffreicher Erde und goss sie ausgiebig. Das Wasser sickerte aus den Milchkartons in den Teppich ein, bis nach einigen Tagen Unkraut aus dem fadenscheinigen Material spross. Aber ich war wachsam und auf der Hut und zupfte die Störenfriede aus, fast ehe es ihnen gelang, ihre Köpfe ins Licht zu strecken.

Meredith sah wöchentlich nach mir. Der Richter hatte sie zu meiner ständigen Bezugsperson erklärt, da das Gesetz, das die Anerkennung der Volljährigkeit regelte, es so vorsah und man in meiner Akte sonst niemanden gefunden hatte, der diese Aufgabe hätte übernehmen können. Ich ging ihr nach Möglichkeit aus dem Weg. Wenn ich von meinen Ausflügen zurückkehrte, beobachtete ich das Gathering House von der Straßenecke aus und betrat die Treppe nur, wenn ihr Auto nicht in der Auffahrt stand. Nach einer Weile kam sie mir jedoch auf die Schliche. Als ich eines Tages Anfang September die Tür öffnete, fand ich sie am Esstisch sitzend vor.

»Wo ist dein Auto?«, wollte ich wissen.

»Steht um die Ecke«, erwiderte sie. »Ich habe dich seit über einem Monat nicht angetroffen und deshalb den Verdacht, dass du mir ausweichst. Gibt es dafür einen besonderen Grund?«

»Nein.« Ich näherte mich dem Tisch und schob das von jemand anderem hinterlassene schmutzige Geschirr beiseite. Nachdem ich Platz genommen hatte, legte ich faustgroße Lavendelpflanzen, die ich in einem Vorgarten in Pacific Heights ausgegraben hatte, zwischen uns auf die zerkratzte Holzplatte. »Lavendel«, verkündete ich und reichte ihr einen Zweig. *Argwohn.*

Meredith drehte den Zweig zwischen Daumen und Zeigefinger und legte ihn gelangweilt weg. »Job?«, erkundigte sie sich.

»Was für ein Job?«

»Hast du einen?«

»Warum sollte ich?«

Meredith seufzte auf. Dann griff sie wieder nach dem Lavendelzweig, den ich ihr gegeben hatte, und warf ihn, die Spitze voran, nach mir. Er sackte ab wie ein schlecht gefalteter Papierflieger. Ich nahm ihn vom Tisch und glättete mit dem Daumen vorsichtig seine zerzausten Nadeln.

»Du hättest einen«, meinte Meredith, »wenn du einen gesucht und dich beworben hättest und eingestellt worden wärst. Denn anderenfalls landest du in sechs Wochen auf der Straße, und niemand wird dir in kalten Nächten die Tür öffnen.«

Ich blickte zur Eingangstür und fragte mich, wann sie wohl endlich verschwinden würde.

»Du musst es selbst wollen«, fuhr Meredith fort. »Ich habe meine Grenzen. Letztlich ist entscheidend, ob du es willst.«

Was sollte ich wollen? Es war mir schon immer rätselhaft gewesen, was sie damit meinte. Ich *wollte*, dass Meredith ging. Ich *wollte* die Milch mit der Aufschrift LORRAINE austrinken, die im Kühlschrank auf dem obersten Fach stand, um mit dem leeren Karton die Sammlung in meinem Zimmer zu erweitern. Ich *wollte* den Lavendel neben meinem Kopfkissen einpflanzen und, eingehüllt in seinen kühlen, trockenen Duft, einschlafen.

Meredith stand auf. »Nächste Woche komme ich wieder, und zwar wenn du überhaupt nicht damit rechnest. Und dann möchte ich einen dicken Stapel Bewerbungen in deinem Rucksack sehen«, fügte sie hinzu. An der Tür blieb sie noch einmal stehen. »Es wird mir nicht leichtfallen, dich auf die Straße zu setzen, aber du solltest wissen, dass ich es tun werde.«

Ich glaubte nicht, dass es ein Problem für sie sein würde. Ich ging in die Küche, öffnete den Gefrierschrank und kramte zwischen Frühlingsrollen und vom Gefrierbrand gezeichneten panierten Würstchen herum, bis ich hörte, dass die Vordertür ins Schloss fiel.

Meine letzten Wochen im Gathering House verbrachte ich damit, meinen Zimmergarten in den McKinley Square, einen kleinen städtischen Park auf dem Gipfel des Potrero Hill, zu verpflanzen. Ich hatte ihn entdeckt, als ich, nach Schildern mit der Aufschrift »Mitarbeiter gesucht« Ausschau haltend, durch die Straßen gepilgert und davon abgelenkt worden war, dass der Park eine wundervolle Mischung aus Sonne, Schatten, Einsamkeit und Geborgenheit bot. Potrero Hill war einer der wärmsten Stadtteile; der Park befand sich auf einem Gipfel, von dem aus man freie Sicht in alle Richtungen hatte. In der Mitte eines gepflegten viereckigen Rasenstücks ragte ein kleines Klettergerüst aus einem Sandkasten. Hinter dem Rasen wurde der Park bewaldet und steil und fiel in eine von Gebüsch überwucherte Böschung mit Blick auf das San Francisco General Hospital und eine Brauerei ab. Anstatt die Arbeitssuche fortzusetzen, brachte ich einen Karton nach dem anderen zu diesem abgelegenen Fleckchen Erde. Für jede Pflanze wählte ich ganz bewusst den richtigen Standort aus – Schattengewächse kamen unter hohe Bäume. Pflanzen, die Sonne brauchten, wurden ein paar Meter weiter bergab eingesetzt, wo es heller war.

Am Morgen meines Rauswurfs wachte ich vor Tagesanbruch auf. Mein Zimmer war leer, der Boden noch feucht und voller Flecke, wo die Milchkartons gestanden hatten. Ich hatte mich nicht bewusst für meine unmittelbar bevorstehende Obdachlosigkeit entschieden; dennoch stellte ich zu meiner Überraschung fest, dass ich mich nicht fürchtete, als ich an dem Morgen, an dem ich auf der Straße landen würde, aufstand, um mich anzukleiden. Anstelle der erwarteten Wut oder Angst empfand ich eine bange Erwartung, ein ähnliches Gefühl wie während meiner Kindheit am Vorabend des Umzugs in wieder eine neue Adoptivfamilie. Nun, als Erwachsene, hatte ich nur noch geringe Ansprüche an die Zukunft. Ich wollte allein und von Blumen umgeben sein. Offenbar würde sich dieser Wunsch nun endlich erfüllen.

In meinem ausgeräumten Zimmer gab es nur noch drei Garnituren Kleidung, meinen Rucksack, eine Zahnbürste und die Bücher, die Elizabeth mir geschenkt hatte. Letzte Nacht im Bett hatte ich gelauscht, während meine Mitbewohnerinnen meine restlichen Sachen durchwühlten wie hungrige Tiere, die sich über einen gefallenen Artgenossen hermachen. Das Aufteilen der von gehetzten und weinenden Kindern zurückgelassenen Habe war in Heimen und betreuten Wohngemeinschaften ein alter Brauch, eine Tradition, die meine Hausgenossinnen offenbar auch als Volljährige aufrechterhielten.

Es war schon Jahre her – beinahe zehn –, dass ich mich zuletzt an einem solchen Beutezug beteiligt hatte. Doch ich erinnerte mich noch an meine Begeisterung, wenn ich auf etwas Essbares, etwas, das ich in der Schule für fünf Cent verkaufen konnte, oder etwas Geheimnisvolles und Persönliches stieß. In meiner Grundschulzeit fing ich an, diese kleinen vergessenen Gegenstände zu horten wie Schätze: ein silbernes Medaillon mit einem eingravierten M, ein Uhrarmband aus türkisfarbenem Schildkrötenlederimitat, ein Pillendöschen, etwa so groß wie ein Vierteldollar, das einen blutverkrusteten Backenzahn enthielt. Ich stopfte meine Funde in einen Wäschebeutel mit Reißverschluss, den ich in irgendeiner Waschküche gestohlen hatte. Als der Beutel prall und schwer wurde, drückten sich die Gegenstände durch die winzigen Maschen im Gewebe.

Eine Weile redete ich mir ein, dass ich diese Dinge für

ihre rechtmäßigen Besitzerinnen aufbewahrte – nicht etwa, um sie ihnen zurückzugeben, sondern um mich dafür mit Lebensmitteln und Privilegien entlohnen zu lassen, falls wir je wieder in derselben Einrichtung landen sollten. Aber als meine Sammlung größer wurde, wuchs sie mir allmählich ans Herz, und ich erzählte mir immer wieder die Geschichte jedes Gegenstands: Molly, eine frühere Mitbewohnerin, die Katzen liebte; die Zimmergenossin, der man die Armbanduhr abgerissen und dabei den Arm gebrochen hatte; die Kellerwohnung, in der Sarah über die Zahnfee aufgeklärt worden war. Ich hing an den Sachen nicht etwa, weil mir bestimmte Personen etwas bedeutet hätten. Meistens mied ich sie und interessierte mich weder für ihre Namen und ihre Lebensgeschichten noch für das, was sie sich von der Zukunft erhofften. Doch im Laufe der Zeit übernahmen die Dinge die Funktion einer Indizienkette, die in meine Vergangenheit zurückreichte, einer Spur aus Brotkrümeln sozusagen, und ich entwickelte den noch vagen Wunsch, ihr bis zu dem Punkt vor dem Einsetzen meiner Erinnerungen zu folgen. Irgendwann kam es dann zu einem überstürzten und außerplanmäßigen Heimwechsel, bei dem ich den Beutel nicht mitnehmen durfte. Noch viele Jahre später weigerte ich mich deshalb beharrlich, bei einem Umzug meine Sachen zu packen, und trat jede neue Pflegestelle mit leeren Händen an.

Rasch schlüpfte ich in meine Kleider: zwei Sonnentops, gefolgt von drei T-Shirts und einem Kapuzensweatshirt, eine braune Stretchhose, Socken und Schuhe. Da meine braune Wolldecke nicht in den Rucksack passte, faltete ich sie in der Mitte zusammen, wickelte sie mir um die

Taille und steckte alle zweieinhalb Zentimeter mit Sicherheitsnadeln eine Falte ab. Den Saum raffte ich zu Volants wie beim Unterrock eines Abendkleides. Darüber kamen zwei unterschiedlich lange Röcke, der erste durchscheinend und orangefarben, der zweite ausgestellt und weinrot. Als ich mir die Zähne putzte und das Gesicht wusch, musterte ich mich im Badezimmerspiegel und stellte zufrieden fest, dass ich weder einen anziehenden noch einen abstoßenden Eindruck machte. Meine weiblichen Rundungen waren unter den Kleiderschichten gut versteckt, und der extrakurze Haarschnitt, den ich mir am Vorabend selbst verpasst hatte, ließ meine hellblauen Augen – das einzig Bemerkenswerte in einem ansonsten durchschnittlichen Gesicht – so auffällig groß wirken, dass sie meine Züge auf beinahe beängstigende Weise beherrschten. Ich lächelte in den Spiegel. Ich sah nicht aus wie eine Obdachlose. Zumindest noch nicht.

An der Tür meines leeren Zimmers blieb ich stehen. Das Sonnenlicht fing sich an den weißen Wänden. Ich fragte mich, wer wohl als Nächstes hier einziehen und was diejenige von dem Unkraut halten würde, das am Fußende des Bettes aus dem Teppich wuchs. Ich hatte nicht daran gedacht, meiner Nachfolgerin einen Milchkarton mit Fenchel zu hinterlassen. Die Pflanze mit ihren fedrigen Blättern und dem süßen Lakritzeduft wäre ihr sicher ein Trost gewesen. Aber es war zu spät. Als ich dem Zimmer, das nun nicht mehr meines war, zum Abschied zunickte, war ich plötzlich dankbar für den Einfallswinkel der Sonne, die abschließbare Tür und die Zeit und den Raum, die man mir für eine Weile geschenkt hatte.

Ich hastete ins Wohnzimmer, schaute aus dem Fenster

und bemerkte, dass Merediths Auto bereits mit abgeschaltetem Motor in der Einfahrt stand. Sie betrachtete sich im Rückspiegel. Mit verkrampften Händen umfasste sie das Lenkrad. Ich wirbelte herum, schlich mich zur Hintertür hinaus und setzte mich in den erstbesten Bus, der vorbeikam.

Ich habe Meredith nie wiedergesehen.

4.

Aus der Brauerei am Fuße des Hügels stieg Tag und Nacht Dampf in den Himmel auf wie eine Rauchwolke. Beim Unkrautjäten beobachtete ich die weiße Masse, deren Anblick dafür sorgte, dass sich ein Hauch von Verzweiflung in meine Zufriedenheit mischte.

Der November in San Francisco war mild, der McKinley Square ruhig. Mein Garten hatte, mit Ausnahme einer empfindlichen Mohnblume, die Verpflanzung überlebt, und genau vierundzwanzig Stunden lang bildete ich mir ein, ich könnte mit einem Leben im Verborgenen, unsichtbar im Schutz der Bäume, glücklich werden. Während der Arbeit spitzte ich die Ohren, um beim Klang von Schritten sofort die Flucht zu ergreifen. Doch nie verließ jemand den gepflegten Rasen oder steckte neugierig den Kopf in den Wald, wo ich kauerte. Selbst der Spielplatz wurde nur in einem fünfzehnminütigen Zeitfenster vor Schulbeginn genutzt, wenn sorgsam behütete Kinder (ein-, zwei- oder dreimal) schaukelten, bevor sie den Weg den Hügel hinunter fortsetzten. Am dritten Tag konnte ich die Stimmen der Kinder mit einem Namen in

Verbindung bringen. Ich wusste, wer auf seine Mutter hörte (Genna), wer bei der Lehrerin beliebt war (Chloe) und wer sich lieber bei lebendigem Leibe im Sandkasten begraben lassen wollte, als noch einen weiteren Tag Unterricht erdulden zu müssen (Greta, die kleine Greta. Hätten meine Astern schon geblüht, ich hätte ihr einen Eimer voll in den Sandkasten gestellt, so verzweifelt klang sie, wenn sie ihre Mutter anflehte, doch noch bleiben zu dürfen). Obwohl die Familien und ich einander nicht sehen konnten, fing ich im Laufe der Tage an, mich auf ihren Besuch zu freuen. Am frühen Vormittag überlegte ich stets, welchem Kind ich wohl am ehesten geähnelt hätte, hätte ich eine Mutter gehabt, die mich jeden Morgen zur Schule brachte. Ich malte mir aus, dass ich gehorsam anstatt trotzig und stets vergnügt anstatt verstockt gewesen wäre. Ob ich dennoch Blumen geliebt und mich nach Einsamkeit gesehnt hätte? Nicht zu beantwortende Fragen plätscherten dahin wie das Wasser, das die Wurzeln meiner ausgiebig und häufig gegossenen wilden Geranien umspülte.

Wenn sich mein Hunger ins Unerträgliche steigerte, stieg ich in irgendeinen Bus und fuhr zur Marina, in die Fillmore Street oder nach Pacific Heights. Dort klapperte ich die teuren Feinkostläden ab, wo ich mich an Theken aus poliertem Marmor herumdrückte und eine Olive, eine Scheibe kanadischen Speck oder ein Stückchen Harvarti verkostete. Dabei stellte ich die Fragen, die Elizabeth gestellt hätte: Welche Olivenöle unfiltriert, wie »frisch« der Thunfisch, der Lachs oder die Scholle und wie süß die ersten Mandarinen der Saison seien. Unentschlossenheit vortäuschend, ließ ich mir weitere Kostproben reichen. Wenn die Verkäuferin sich dann dem nächsten Kunden zuwandte, spazierte ich zur Tür hinaus.

Danach schlenderte ich, mit kaum gestilltem Hunger, über die Hügel und suchte nach Pflanzen zur Erweiterung meines immer größer werdenden Gartens. Dabei durchkämmte ich Privatgärten ebenso wie öffentliche Parks und schlüpfte unter Pergolas aus Winden und Passionsblumen hindurch. Falls ich, was selten vorkam, an eine Pflanze geriet, die ich nicht bestimmen konnte, pflückte ich einen Stengel ab und ging damit rasch in ein belebtes Restaurant. Ich setzte mich an Tische mit stehengelassenen Tellern voller halbverzehrter Lasagne oder Risotto, und stellte die misshandelte Blume in ein beschlagenes Wasserglas, wobei ihr schlaffer Stiel über den Rand hing. Während ich in kleinen Bissen das leckere Essen verspeiste, blätterte ich in meinem Pflanzenführer, musterte die Pflanze und arbeitete methodisch einen Fragenkatalog ab.

Blütenblätter – zahlreich oder nicht auszumachen? Blätter – spitz zulaufend, voneinander abzweigend oder herzförmig? Pflanze sondert ausgiebig eine milchige Flüssigkeit ab, Fruchtknoten hängt seitlich aus der Blüte? Die milchige Flüssigkeit fehlt, Fruchtknoten aufgerichtet? Nachdem ich die Pflanzengattung ermittelt und mir ihren gebräuchlichen und ihren wissenschaftlichen Namen eingeprägt hatte, presste ich die Blume zwischen den Seiten des Buches und schaute mich in der Hoffnung, einen weiteren nicht ganz leer gegessenen Teller zu entdecken, um. Aber ich sah nie einen.

In der dritten Nacht fand ich keinen Schlaf. Mein leerer

Magen rumorte, und zum ersten Mal beruhigten meine Blumen mich nicht. Ihre Schatten schienen mich eher dazu zu ermahnen, dass es an der Zeit sei, einen neuen Job zu suchen, ein neues Leben zu beginnen. Ich zog meine Decke dichter über meinen Kopf und schloss die Augen, während ich immer wieder in einen Halbschlaf verfiel und mich so weigerte, darüber nachzudenken, was ich am nächsten Tag tun würde. Oder den Tag danach.

Mitten in der Nacht wurde ich von scharfem Tequilageruch aus dem Schlaf gerissen. Ruckartig schlug ich die Augen auf. Der Heidebusch, den ich aus einer Seitengasse der Divisadero Street hierher verpflanzt hatte, breitete seine mit Nadeln bewachsenen Zweige über meinem Kopf aus. Durch die jungen Triebe und die leuchtenden, glockenförmigen Blüten erkannte ich die Umrisse eines Mannes, der sich vorbeugte und einen Stengel von meinem Helenenkraut abpflückte. Bei der Bewegung nach vorne kippte die Tequilaflasche, so dass Alkohol hinausschwappte und sich auf den Busch ergoss, unter dem ich mich versteckte. Das Mädchen hinter dem Mann griff nach der Flasche. Sie setzte sich mit dem Rücken zu mir auf den Boden und reckte das Gesicht zum Himmel.

Der Mann hielt ihr die Blume hin. Im Mondlicht stellte ich fest, dass er noch jung war. Zu jung, um Alkohol zu trinken, ja, sogar zu jung, um sich nach Einbruch der Dunkelheit noch draußen herumzutreiben. Er strich mit den Blütenblättern über Kopf und Gesicht des Mädchens. »Ein Gänseblümchen für meinen Liebling«, sagte er mit gespieltem Südstaatenakzent. Er war betrunken.

»Das ist eine Sonnenblume, Blödmann«, erwiderte das Mädchen lachend. Ihr Pferdeschwanz wurde von einem

Band zusammengehalten, das zu Bluse und Faltenrock passte, und schwang hin und her. Sie nahm ihm die Blume aus der Hand und schnupperte daran. Der kleinen orangefarbenen Blüte fehlte die Hälfte der Blütenblätter. Sie entfernte die wenigen, die übrig geblieben waren, bis die Mitte einsam in der Nachtluft schwankte, und schnippte die Blume dann in den Wald.

Der Junge ließ sich dicht neben ihr nieder. Er roch nach Schweiß, überdeckt von Drogeriemarktparfüm. Das Mädchen warf die leere Flasche ins Gebüsch und drehte sich zu ihm um. Dann zog sie die Bluse aus und warf sie hinterher. Ihr Kichern war nervös.

Sofort fing der Junge an, begleitet von schmatzenden und schnalzenden Geräuschen, das Gesicht des Mädchens zu bearbeiten, während seine Hände sich auf ihren Brüsten befanden. Er öffnete ihr mit der Zunge den Mund, und ich dachte schon, dass sie gleich zu würgen beginnen würde. Aber stattdessen täuschte sie ein Stöhnen vor und griff ihm ins fettige Haar. Mir drehte es fast den Magen um, so dass mir ein Stück Salami hochkam und in der Kehle stecken blieb. Ich hielt mir zwar mit der einen Hand den Mund und mit der anderen die Augen zu, konnte die beiden jedoch immer noch hören. Die saugenden, fordernden Geräusche wehten so glasklar zu mir hinüber, dass sie sich anfühlten wie gierige Finger, die meine Lippen, meinen Hals und meine Brüste betasteten. Ich rollte mich fest zusammen. Unter mir knisterte mein Bett aus Laub. Das Paar küsste sich weiter.

Am nächsten Morgen beobachtete ich von der Bushaltestelle aus eine hochgewachsene Frau mit einem Eimer voller weißer Tulpen, wie sie gerade einen Blumenladen aufschloss. Als das Licht anging, leuchtete in dem großen Schaufenster das Wort FLORA, geformt aus gebündelten Stengeln, auf. Ich überquerte die Straße und ging zu der Frau hinüber.

»Die haben nicht mehr Saison«, meinte ich und wies mit dem Kopf auf die Tulpen.

Die Frau zog die Augenbrauen hoch. »Bräute.« Sie stellte den Eimer ab und bedachte mich mit einem Blick, als warte sie darauf, dass ich etwas sagte.

Ich dachte an das eng umschlungene Liebespaar unter meinem Heidebusch. Sie waren sogar noch dichter bei mir zu Boden gesunken, als ich befürchtet hatte, so dass ich dem Jungen aufs Schulterblatt getreten war, bevor ich sie in der Dunkelheit bemerkte. Sie hatten sich nicht bewegt. Die Lippen des Mädchens ruhten am Hals des Jungen, als sei sie mitten im Kuss bewusstlos geworden. Das Kinn des Jungen zeigte nach oben, und er presste den Hinterkopf in das wuchernde Helenenkraut, als habe es ihm tatsächlich Spaß gemacht. In Sekundenschnelle war meine Illusion von Sicherheit und Einsamkeit zerstört worden.

»Kann ich Ihnen helfen?«, fragte die Frau und fuhr sich ungeduldig durchs stachelige graue Haar.

Mir fiel ein, dass ich mein morgendliches Haargel vergessen hatte. Hoffentlich hatte ich keine Blätter in den Haaren. Verlegen schüttelte ich den Kopf, bevor ich antwortete. »Ist bei Ihnen vielleicht eine Stelle frei?«

Sie musterte mich von Kopf bis Fuß. »Haben Sie Erfahrung?«

Ich scharrte mit der Fußspitze entlang einer tiefen Rille im Beton und dachte über meine Erfahrung nach. Marmeladengläser voller Disteln und von Isolierband zusammengehaltene spitze Aloeblätter galten in der Welt des Blumenarrangierens sicher nicht viel. Ich konnte zwar einige lateinische Pflanzennamen nennen und die Historie von Pflanzengattungen herunterbeten, bezweifelte jedoch, dass sie davon beeindruckt sein würde. Wieder schüttelte ich den Kopf. »Nein.«

»Dann nein.« Erneut betrachtete sie mich. Ihr Blick war so eindringlich wie der von Elizabeth. Es schnürte mir die Kehle zu, und ich umklammerte meinen braunen Wolldeckenunterrock, voller Angst, er könnte sich lockern und mir über die Füße rutschen.

»Wenn Sie meinen Laster entladen, kriegen Sie fünf Dollar«, fügte sie hinzu. Ich biss mir auf die Lippe und nickte. Bestimmt hatte ich Blätter in den Haaren, sagte ich mir.

5.

Das Bad war schon eingelassen. Zu meiner Bestürzung hatte Elizabeth offenbar geahnt, dass ich schmutzig eintreffen würde.

»Soll ich dir helfen?«, erkundigte sie sich.

»Nein.« Die Badewanne war blendend weiß; die Seife ruhte zwischen Muscheln in einer reflektierenden Metallschale.

»Komm runter, wenn du angezogen bist, und beeil dich.« Saubere Kleider lagen auf dem Frisiertisch aus weiß lackiertem Holz für mich bereit.

Ich wartete, bis sie fort war, wollte die Tür abschließen und stellte fest, dass das Schloss entfernt worden war.

Also klemmte ich den kleinen Stuhl vom Frisiertisch unter den Türknauf, damit ich sie wenigstens kommen hören würde. Dann zog ich mich so schnell wie möglich aus und tauchte im heißen Wasser unter.

Als ich herunterkam, saß Elizabeth am Küchentisch. Ihr Essen war unberührt, und sie hatte eine Serviette auf dem Schoß. Ich trug die Sachen, die sie gekauft hatte, eine weiße Bluse und eine gelbe Hose. Elizabeth musterte mich. Sicher entging ihr nicht, dass mir alles viel zu groß war. Obwohl ich die Hose an der Taille heruntergerollt und die Beine hochgekrempelt hatte, saß sie noch immer so tief, dass man meine Unterhose gesehen hätte, wäre die Bluse darüber nicht so lang gewesen. Ich war einen Kopf kleiner als die meisten meiner Mitschülerinnen in der dritten Klasse und hatte allein im Juni zweieinhalb Kilo abgenommen.

Als ich Meredith die Gründe für meinen Gewichtsverlust schilderte, nannte sie mich eine Lügnerin. Dennoch holte sie mich aus der Pflegefamilie und strengte eine offizielle Untersuchung an. Der Richter hörte sich erst meine, dann Ms. Tapleys Geschichte an. *Ich lasse mich nicht zur Verbrecherin abstempeln, nur weil ich mich weigere, nach der Pfeife einer mäkeligen Esserin zu tanzen*, hatte sie in ihrer Stellungnahme geschrieben. Der Richter verkündete, die Wahrheit liege vermutlich irgendwo in der Mitte, und sah mich dabei streng und vorwurfsvoll an. Aber er irrte sich. Ms. Tapley log. Ich hatte zwar mehr Fehler, als Meredith in einem Gerichtsformular aufführen konnte, doch Mäkeligkeit beim Essen gehörte eindeutig nicht dazu.

Den ganzen Monat Juni hatte Ms. Tapley mich gezwungen, ihr zu beweisen, dass ich wirklich hungrig war. Es fing bereits am ersten Tag bei ihr, dem Tag nach Ende des Schuljahrs, an. Sie half mir, in meinem neuen Zimmer meine Sachen auszupacken, und fragte mich in einem Ton, der so freundlich war, dass er meinen Argwohn weckte, was denn mein Lieblingsessen sei und was ich überhaupt nicht möge. Doch der Hunger diktierte mir die Antwort: Pizza, sagte ich, und Tiefkühlerbsen. An diesem Abend stellte sie eine Schale Erbsen, noch im gefrorenen Zustand, vor mich hin und verkündete, wenn ich wirklich hungrig sei, würde ich sie essen. Ich verließ den Raum. Ms. Tapley schloss den Kühlschrank und alle Küchenschränke ab.

Zwei Tage kam ich nur aus meinem Zimmer, um auf die Toilette zu gehen. In regelmäßigen Abständen wehten Essensgerüche unter meiner Tür hindurch, das Telefon läutete, und der Fernseher wurde lauter und leiser. Ms. Tapley sah kein einziges Mal nach mir. Nach vierundzwanzig Stunden rief ich Meredith an. Aber da ich mich so häufig über Essensentzug beschwerte, rief sie mich nicht zurück. Als ich am dritten Abend am Küchentisch erschien, schwitzte ich und zitterte am ganzen Leib. Ms. Tapley beobachtete, wie ich mit bebenden Armen versuchte, den schweren Stuhl vom Tisch wegzuziehen. Schließlich gab ich es auf und zwängte meinen mageren Körper in die Lücke zwischen Tisch und Stuhllehne. Die Erbsen in der Schale waren verschrumpelt und hart. Ms. Tapley betrachtete mich über den Rand eines Geschirrtuchs hinweg, während auf dem Herd Fett schmurgelte, und hielt mir einen Vortrag darüber, dass Pflegekinder zu viel äßen, weil sie traumatisiert seien. *Lebensmittel sind kein Trostpflaster,* stellte sie fest, als ich die erste Erbse in den Mund steckte. Sie rollte mir über die Zunge und blieb mir wie ein Kieselstein in der Kehle stecken. Ich schluckte kräftig, aß die nächste und zählte jede Erbse, die mir durch die Kehle glitt. Der Geruch nach etwas, das in Fett gebraten wurde, half mir durchzuhalten. Sechsunddreißig, siebenunddreißig. Nach der achtunddreißigsten Erbse erbrach ich alles wieder in die Schüssel. *Versuch es noch einmal,* forderte sie mich auf und wies auf die halbverdauten Erbsen. Sie setzte sich auf einen Barhocker, holte ein dampfendes Stück Fleisch aus der Pfanne, verspeiste die heißen Bissen und sah mir zu. Ich unternahm noch einen Anlauf. So ging es wochenlang weiter, bis Meredith zu ihrem monatlichen Besuch erschien. Doch da hatte ich bereits abgenommen.

Elizabeth lächelte, als ich in die Küche kam.

»Du bist ja wirklich eine Schönheit«, rief sie aus, ohne ihre Überraschung zu verhehlen. »Das war unter der Ketchupkruste nicht zu erkennen. Fühlst du dich jetzt besser?«

»Nein«, erwiderte ich, obwohl es nicht der Wahrheit entsprach. Ich konnte mich nicht mehr an die letzte Pflegefamilie erinnern, die mir erlaubt hatte, ein Bad zu nehmen. Jackie hatte oben vermutlich eine Badewanne gehabt, aber die erste Etage war für uns Kinder tabu. Davor hatte ich in einer endlosen Reihe kleiner Wohnungen gelebt, mit engen Duschkabinen, vollgestellt mit Kosmetikprodukten und überzogen von Schimmelschichten. Das heiße Bad war angenehm gewesen. Aber als ich Elizabeth nun betrachtete, fragte ich mich, welchen Preis ich wohl dafür würde bezahlen müssen.

Ich setzte mich auf einen Stuhl an den Küchentisch. Es

war genug Essen für eine sechsköpfige Familie aufgefahren. Große Schüsseln mit Nudeln, dicke Schinkenscheiben, Kirschtomaten, grüne Äpfel, Schmelzkäsestapel mit durchsichtiger Plastikfolie zwischen den Scheiben, ja, sogar ein Löffel Erdnussbutter auf einer weißen Stoffserviette. Es war so viel, dass ich es gar nicht zählen konnte. Mein Herz klopfte wie wild. Meine Lippen spannten sich an, und ich presste sie fest zusammen. Elizabeth würde mich sicher zwingen, alles, was auf dem Tisch stand, aufzuessen. Zum ersten Mal seit Monaten hatte ich keinen Hunger. Ich sah sie an und wartete auf den Befehl.

»Essen, das Kinder mögen«, meinte sie und wies schüchtern auf den Tisch. »Habe ich es richtig gemacht?«

Ich schwieg.

»Ich denke nicht, dass du großen Hunger hast«, fuhr sie fort, als ihr klarwurde, dass ich nicht antworten würde. »Nicht, wenn dein Nachthemd ein Hinweis darauf ist, womit du den Nachmittag verbracht hast.«

Ich schüttelte den Kopf.

»Iss nur so viel, wie du willst«, sagte sie. »Aber bleib bei mir am Tisch sitzen, bis ich fertig bin.«

Im ersten Moment erleichtert, atmete ich auf. Doch als mein Blick zum Tisch wanderte, bemerkte ich einen kleinen Strauß weißer Blüten. Er wurde von einem fliederfarbenen Band zusammengehalten und lag oben auf meiner Nudelschale. Nachdem ich die zarten Blütenblätter gemustert hatte, schnippte ich das Sträußchen von meinem Essen. Mir fielen die Geschichten von Vergiftungen und Krankenhausaufenthalten ein, die mir andere Kinder erzählt hatten. Ich ließ den Blick durch den Raum schweifen, um festzustellen, ob die Fenster offen waren, nur für den Fall, dass ich würde fliehen müssen. Die mit weiß lackierten Holzschränken und antiken Geräten ausgestattete Küche hatte nur ein einziges Fenster: ein winziges Quadrat über der Spüle mit einem Fensterbrett, auf dem winzige blaue Glasflaschen aufgereiht waren. Das Fenster war geschlossen.

Ich wies auf die Blumen. »Sie dürfen mich nicht vergiften, mir gegen meinen Willen Medikamente geben und mich auch nicht schlagen, selbst wenn ich es verdient habe. Das sind die Regeln.« Bei diesen Worten sah ich sie über den Tisch hinweg finster an und hoffte, dass sie die Drohung verstanden hatte. Ich hatte mich mehr als einmal über Schläge von Pflegeeltern beschwert.

»Wenn ich dich vergiften wollte, würde ich Fingerhut, Hortensie oder vielleicht Anemone nehmen, abhängig davon, wie große Schmerzen ich dir zufügen und welche Botschaft ich dir vermitteln will.«

Die Neugier siegte über meine Wortkargheit. »Wovon reden Sie?«

»Diese Blumen nennt man Sternmieren«, erwiderte sie. »Sie bedeuten ›willkommen‹. Indem ich dir einen Strauß Sternmiere schenke, begrüße ich dich in meinem Zuhause und in meinem Leben.« Sie wickelte gebutterte Spaghetti um ihre Gabel und blickte mir bitterernst in die Augen.

»Für mich sehen sie aus wie Gänseblümchen«, beharrte ich. »Und ich glaube immer noch, dass sie giftig sind.«

»Sie sind nicht giftig, und es sind auch keine Gänseblümchen. Schau, sie haben nur fünf Blütenblätter, obwohl es aussieht, als hätten sie zehn. Jedes Paar Blütenblätter ist in der Mitte verbunden.« Ich nahm den kleinen weißen Blumenstrauß und untersuchte ihn. Die Blütenblätter wuchsen zusammen, bevor sie mit dem Stengel zusammentrafen, so dass jedes die Form eines Herzens hatte.

»Das ist eine Eigenschaft der Art *Stellaria*«, fuhr Elizabeth fort, als sie bemerkte, dass ich sie verstanden hatte. »Gänseblümchen ist ein weit gefasster Begriff, der viele verschiedene Gattungen einschließt, doch die Blumen, die wir als Gänseblümchen bezeichnen, haben normalerweise mehr Blütenblätter. Außerdem wächst jedes Blütenblatt einzeln. Es ist wichtig, den Unterschied zu kennen, weil man sonst die Bedeutung missversteht. Das Gänseblümchen symbolisiert Unschuld, was etwas völlig anderes ist als ›willkommen‹.«

»Ich kapiere immer noch nicht, was Sie meinen«, sagte ich.

»Hast du genug gegessen?«, fragte Elizabeth und legte die Gabel weg. Ich hatte zwar nur an den Schinkenscheiben herumgestochert, nickte aber. »Dann komm mit, und ich erkläre es dir.«

Als Elizabeth aufstand und sich umdrehte, um die Küche zu verlassen, stopfte ich mir eine Handvoll Spaghetti in die Hosentasche und kippte die kleinen Tomaten aus der Schale in die andere. Elizabeth blieb an der Tür, die hinters Haus führte, stehen, drehte sich aber nicht um. Ich zog meine Kniestrümpfe hoch und schob mir Schmelzkäsescheiben zwischen Strumpf und Wade. Ehe ich von meinem Stuhl sprang, griff ich nach dem Löffel mit Erdnussbutter und leckte ihn langsam ab, während ich Elizabeth folgte. Vier Holzstufen brachten uns in einen tiefer liegenden großen Blumengarten.

»Ich rede von der Sprache der Blumen«, begann Elizabeth. »Sie stammt – wie dein Name – aus dem viktorianischen Zeitalter, in dem sich Menschen durch Blumen verständigten. Wenn ein Mann einer jungen Dame einen Blumenstrauß schenkte, lief sie damit nach Hause und versuchte, ihn wie eine Geheimbotschaft zu entschlüsseln. Rote Rosen bedeuten Liebe, gelbe Rosen Untreue. Deshalb musste ein Mann seine Blumen sorgfältig aussuchen.«

»Was ist Untreue?«, fragte ich, als wir in einen Pfad einbogen, der auf beiden Seiten von gelben Rosen gesäumt wurde.

Elizabeth hielt inne. Als ich aufblickte, stellte ich fest, dass ihre Miene traurig geworden war. Im ersten Moment befürchtete ich, etwas Falsches gesagt zu haben, doch dann wurde mir klar, dass ihre Augen auf den Rosen ruhten, nicht auf mir. Ich überlegte, wer sie wohl gepflanzt haben mochte. »Das heißt, dass man Freunde hat … im Verborgenen«, erwiderte sie schließlich. »Freunde, die man nicht haben sollte.«

Ich verstand die Erklärung nicht, aber Elizabeth war bereits weitergegangen und wollte nach meinem Erdnussbutterlöffel greifen, um mich mitzuschleppen. Ich entzog ihr den Löffel und folgte ihr um die nächste Kurve.

»Das hier ist Rosmarin, er steht fürs Erinnern. Ich zitiere Shakespeare, den wirst du später in der Highschool lesen. Und das ist Akelei: im Stich lassen. Stechpalme: Voraussicht. Lavendel: Argwohn.« Der Weg gabelte sich, und Elizabeth duckte sich unter einem tief hängenden Ast durch. Mit einem langsamen Lecken vertilgte ich den letzten Rest Erdnussbutter und warf den Löffel ins Gebüsch. Dann sprang ich hoch, um an dem Ast zu schaukeln. Der Baum schwankte nicht.

»Das ist ein Mandelbaum. Seine Blüten im Frühling sind ein Symbol für Indiskretion – was das ist, brauchst du noch nicht zu wissen. Aber es ist ein wunderschöner Baum«, fügte sie hinzu. »Ich glaube, dass er sich großartig für ein Baumhaus eignet. Ich werde Carlos bitten, eines zu bauen.«

»Wer ist Carlos?«, erkundigte ich mich und sprang runter. Da Elizabeth bereits vorausgegangen war, musste ich laufen, um sie einzuholen.

»Der Vorarbeiter. Er wohnt in dem Wohnwagen zwischen den Werkzeugschuppen, aber du wirst ihn diese Woche noch nicht kennenlernen. Er macht mit seiner Tochter einen Campingausflug. Perla ist neun wie du. Sie wird sich um dich kümmern, wenn die Schule beginnt.«

»Ich gehe nicht zur Schule«, widersprach ich, während ich mühsam mit ihr Schritt hielt. Elizabeth hatte die Mitte des Gartens erreicht und kehrte nun zum Haus zurück. Dabei wies sie mich weiterhin auf verschiedene Pflanzen und ihre Bedeutung hin, aber sie war zu schnell für mich. Also fing ich an zu rennen und erreichte sie, als sie gerade an den Stufen der hinteren Veranda stehen blieb. Sie kauerte sich hin, so dass wir auf Augenhöhe waren.

»Am Montag in einer Woche fängst du mit der Schule an«, verkündete sie. »In der vierten Klasse. Und ins Haus lasse ich dich erst, wenn du mir meinen Löffel bringst.«

Mit diesen Worten richtete sie sich auf, trat ins Haus und schloss die Tür hinter sich ab.

6.

Ich steckte den Fünfdollarschein der Floristin in die Lücke unter dem Körbchen meines BHs und spazierte durch das Viertel.

Da es noch früh war, hatten mehr Kneipen als Cafés geöffnet, als ich durch den Mission District schlenderte. An der Ecke 26. Straße und Alabama Street schlüpfte ich in eine mit rosafarbenem Plastik bezogene Sitznische, verbrachte zwei Stunden damit, vier Donuts zu verspeisen, und wartete darauf, dass die kleinen Läden in der Valencia Street öffneten. Um zehn zählte ich mein restliches Geld – ein Dollar und siebenundachtzig Cent – und ging los, bis ich einen Stoffladen fand, wo ich einen halben Meter weißes Satinband und eine Nadel mit einer einzigen Perle darauf kaufte.

Als ich zum McKinley Square zurückkehrte und lautlos über das Gras zu meinem Garten schlich, war es später Vormittag. Ich hatte schon befürchtet, das Pärchen könnte noch immer auf meinen Blumen herumliegen, aber die beiden waren fort. Lediglich der Abdruck, den der Rücken des Jungen in meinem Helenenkraut hinterlassen hatte, und die Tequilaflasche, die aus einem dichten Busch ragte, waren zurückgeblieben.

Ich hatte nur eine Chance. Mir war klar, dass die Floristin eine Mitarbeiterin brauchte; ihr Gesicht war so bleich und faltig gewesen wie das von Elizabeth in den Wochen vor der Weinlese. Wenn ich sie von meinen Fähigkeiten überzeugen könnte, würde sie mich sicher einstellen. Mit dem so verdienten Geld würde ich mir ein Zimmer mit abschließbarer Tür mieten und meinen Garten nur bei

Tageslicht pflegen, damit ich Fremde rechtzeitig kommen sah.

Unter einem Baum sitzend, wog ich meine Möglichkeiten ab. Die Herbstblumen standen in voller Blüte: Eisenkraut, Goldrute, Chrysanthemen und eine spät blühende Rose. Die ordentlich in Schuss gehaltenen städtischen Beete rings um den Park waren mit dichtem, vielschichtigem Immergrün bepflanzt, boten allerdings wenig Farbiges.

Ich machte mich an die Arbeit, begutachtete Länge, Dichte, Beschaffenheit und Duftnoten der Blumen und zupfte vorsichtig zerdrückte Blütenblätter ab. Als ich fertig war, ragten spiralförmige weiße Chrysanthemen aus einem Bett aus schneefarbenem Eisenkraut, während Büschel aus hellen Rosen über den Rand des fest gebundenen Straußes hingen. Ich hatte sämtliche Dornen entfernt. Der Strauß war so weiß wie eine Hochzeit und erzählte von Gebeten, der Wahrheit und einem in diesen Dingen unerfahrenen Herzen. Doch das würde keiner wissen.

Als ich zurückkehrte, schloss die Frau gerade den Laden ab. Es war noch nicht Mittagszeit.

»Falls Sie sich noch einmal fünf Dollar verdienen wollen, kommen Sie zu spät«, sagte sie und wies mit einer Kopfbewegung auf den Laster. Er war voller schwerer Gestecke. »Ich hätte Ihre Hilfe gebrauchen können.«

Ich hielt ihr meinen Strauß hin.

»Was ist das?«, erkundigte sie sich.

»Erfahrung«, antwortete ich und gab ihr die Blumen.

Sie schnupperte an den Chrysanthemen und den Rosen, bohrte den Finger in das Eisenkraut und betrachtete ihre

Fingerspitze. Sie war sauber. Dann ging sie den Hügel hinauf zu ihrem Laster und bedeutete mir, ihr zu folgen. Aus dem Laster nahm sie einen Strauß steifer weißer Rosen, die fest mit einem rosafarbenen Satinband zusammengebunden waren, und hielt die beiden Sträuße nebeneinander. Es war kein Vergleich. Als sie mir die weißen Rosen zuwarf, fing ich sie mit einer Hand auf.

»Bringen Sie die zu Spitaris oben auf dem Hügel. Fragen Sie nach Andrew und sagen Sie ihm, ich hätte Sie geschickt. Er wird Ihnen für die Blumen ein Mittagessen spendieren.«

Ich nickte, und sie stieg in den Laster. »Ich heiße Renata.« Sie ließ den Motor an. »Wenn Sie nächsten Samstag arbeiten wollen, seien Sie um fünf Uhr morgens hier. Falls Sie auch nur eine Minute zu spät kommen, bin ich weg.«

Vor lauter Erleichterung wäre ich am liebsten den Hügel hinuntergerannt. Es spielte keine Rolle, dass mir nur Arbeit für einen Tag versprochen worden war und dass das Geld lediglich reichen würde, um ein Zimmer für ein paar Nächte zu mieten. Es war ein erster Schritt. Und wenn ich mich geschickt anstellte, würde sie mich bitten wiederzukommen. Ich lächelte dem Gehweg zu. Die Zehen zuckten in meinen Schuhen.

Renata fuhr los, blieb noch einmal stehen und kurbelte das Fenster hinunter. »Name?«, wollte sie wissen.

»Victoria«, erwiderte ich, schaute auf und unterdrückte ein Lächeln. »Victoria Jones.«

Sie nickte einmal und fuhr davon.

Am folgenden Samstag war ich schon kurz nach Mitternacht am Flora. Ich hatte in meinem Garten, den Rücken an einen Baum gelehnt, Wache gehalten, war dabei eingeschlafen und von nahendem Gelächter aufgeschreckt worden. Diesmal war es eine Horde betrunkener junger Männer. Der, der mir am nächsten war, ein zu groß gewordener Junge, dem das Haar bis unter das Kinn reichte, grinste mir zu, als wären wir Liebende, die sich an einem verabredeten Ort trafen. Ich wich seinem Blick aus, ging rasch zu einer Straßenlaterne und dann den Hügel hinunter zum Blumenladen.

Während ich wartete, benutzte ich Deo und Haargel, lief auf und ab und zwang mich, wach zu bleiben. Als Renatas Laster auftauchte, hatte ich mein Äußeres schon zweimal in den Außenspiegeln geparkter Autos überprüft und dreimal meine Kleider neu geordnet. Trotzdem wusste ich, dass ich allmählich anfing, wie eine Obdachlose auszusehen und zu riechen.

Renata stoppte den Wagen, entriegelte die Beifahrertür und signalisierte mir einzusteigen.

Ich setzte mich so weit wie möglich von ihr weg und knallte mir daher beim Zuziehen die Tür gegen die magere Hüfte.

»Guten Morgen«, sagte Renata. »Sie sind pünktlich.« Sie wendete und fuhr auf der menschenleeren Straße den Weg zurück, den sie gekommen war.

»Zu früh, um mir einen guten Morgen zu wünschen?«, fragte sie dann. Ich nickte, rieb mir die Augen und tat, als wäre ich gerade erst aufgewacht. Schweigend umrundeten wir einen Kreisverkehr. Renata verpasste die richtige Ausfahrt und musste ihn ein zweites Mal umfahren. »Offenbar ist es für mich auch ein bisschen früh.«

Sie nahm verschiedene Einbahnstraßen südlich der Market Street und bog schließlich in einen überfüllten Parkplatz ein.

»Bleiben Sie immer in meiner Nähe«, meinte sie, stieg aus und reichte mir einen Stapel leerer Eimer. »Da drinnen ist die Hölle los, und ich habe nicht die Zeit, auf Sie aufzupassen. Um zwei habe ich eine Hochzeit. Die Blumen müssen um zehn geliefert werden. Zum Glück sind es nur Sonnenblumen. Das Arrangieren dürfte also nicht lange dauern.«

»Sonnenblumen?«, fragte ich mich verwundert. *Trügerische Reichtümer*. Das wären keine Blumen für meine Hochzeit, dachte ich und verdrehte dann die Augen, weil ich die Wörter *meine Hochzeit* so absurd fand.

»Ich weiß, die Saison für sie ist vorbei«, sagte Renata. »Aber auf dem Blumenmarkt bekommt man, was man will, egal in welcher Jahreszeit. Und wenn die Paare mir das Geld nachwerfen, beklage ich mich nicht.« Sie drängte sich durch den Eingang, wo es hoch herging. Ich folgte ihr auf den Fersen und zuckte jedes Mal zusammen, wenn ein Eimer, ein Ellbogen oder eine Schulter meinen Körper streifte.

Das Innere des Blumenmarktes erinnerte an eine Höhle – hoch, fensterlos, die Decke aus Metall, der Boden betoniert. Der Anblick des unnatürlichen Blumenmeers, so gänzlich ohne Erde und Licht, beunruhigte mich. Buden quollen von Blumen der Saison über. Alles war vorhanden, was auch in meinem Garten wuchs, allerdings geschnitten und in Sträußen zur Schau gestellt. Andere Händler hatten tropische Blumen im Sortiment: Orchideen, Hibiskus und exotische Pflanzen, deren Namen ich nicht kannte und die aus Hunderte von Meilen entfern-

ten Gewächshäusern stammten. Im Vorbeihasten pflückte ich eine Passionsblume ab und steckte sie in mein Tail-
lenbündchen.

Renata blätterte die Sonnenblumen durch wie die Seiten
eines Buches. Sie verhandelte über Preise, ging ein paar
Schritte und kehrte wieder zurück. Ich fragte mich, ob sie
in Amerika geboren oder in einem Land aufgewachsen
war, wo das Feilschen zum Leben dazugehörte. Sie hatte
einen leichten Akzent, den ich nicht einordnen konnte.
Andere Kunden erschienen, zückten Banknotenbündel
oder Kreditkarten und verabschiedeten sich, die Eimer
voller Blumen. Renata debattierte weiter. Offenbar waren die Händler an sie gewöhnt, denn sie widersprachen
nur halbherzig. Sie schienen zu wissen, dass sie letztlich
gewinnen würde, was auch tatsächlich geschah. Nachdem sie Bündel orangefarbener Sonnenblumen mit einem
halben Meter langen Stengeln in meine Eimer gestopft
hatte, eilte sie zum nächsten Stand.

Als ich Renata einholte, hielt sie Dutzende hängender
Callalilien mit fest zusammengerollten rosa- und orange-
farbenen Blütenblättern in der Hand. Das Wasser, das aus
den Stengeln tropfte, durchweichte die Ärmel ihrer dün-
nen Baumwollbluse. Als ich näher kam, warf sie mir die
Blumen zu. Nur die Hälfte landete in dem leeren Eimer.
Langsam bückte ich mich, um die heruntergefallenen
Blumen aufzuheben.

»Heute ist ihr erster Tag«, erklärte Renata dem Händler.
»Sie hat noch nicht verstanden, wie wichtig der Zeitfak-
tor ist. Ihre Lilien werden in einer Viertelstunde ausver-
kauft sein.«

Nachdem die letzte Blume im Eimer steckte, stand ich

auf. Der Händler führte Dutzende verschiedener Liliensorten: Tigerlilien, Prachtlilien, Königslilien und reinweiße Casablancalilien. Ich wischte ein Stück Pollen vom Blütenblatt einer offenen Prachtlilie und hörte zu, wie Renata über den Preis verhandelte. Beinahe ohne innezuhalten, ratterte sie Summen herunter, die das, was die anderen Kunden bezahlt hatten, weit unterschritten. Als der Händler zustimmte, verstummte sie schlagartig. Ich schaute auf.

Renata holte das Portemonnaie heraus und schwenkte ein dünnes Bündel Geldscheine vor dem Gesicht des Händlers hin und her. Doch dieser griff nicht danach. Stattdessen sah er mich an. Sein Blick wanderte von meinen gegelten Haarspitzen über mein Gesicht, umspielte mein Schlüsselbein und brachte meine bedeckten Arme zum Glühen, bis er an dem klebrigen braunen Pollen auf meinen Fingerspitzen hängenblieb. Der Blick war wie ein Übergriff. Ich umklammerte den Rand des Eimers in meiner Hand so sehr, dass meine Knöchel weiß wurden.

Das ungeduldige Flattern der Banknoten in Renatas Hand durchbrach die Stille. »Hallo?«

Er nahm das Geld, allerdings ohne in seiner unverhohlenen Musterung meines Körpers innezuhalten. Seine Augen glitten über meine geschichteten Röcke, und er betrachtete das Stück Bein, das zwischen Socken und Stretchhose sichtbar war.

»Das ist Victoria«, sagte Renata und zeigte mit dem Finger auf mich. Sie schwieg, als warte sie darauf, dass der Blumenhändler sich vorstellte, aber er tat es nicht.

Seine Augen richteten sich wieder auf mein Gesicht. Unsere Blicke trafen sich. Seiner hatte etwas Beunruhigendes, ein Funke des Erkennens, der mich aufmerken ließ. Als ich ihn ansah, war mein erster Eindruck der eines Mannes, der es im Leben ebenso schwer gehabt hatte wie ich, wenn auch auf andere Weise. Er war älter als ich, meiner Schätzung nach mindestens fünf Jahre, und hatte das staubige, gezeichnete Gesicht eines Menschen, der körperlich arbeitete. Wahrscheinlich hatte er die Blumen eigenhändig gepflanzt, gepflegt und gepflückt. Deshalb war sein Körper kräftig und muskulös, und er zuckte weder zusammen, noch lächelte er, als ich ihn meinerseits musterte. Seine dunkle Haut war sicher salzig. Bei diesem Gedanken klopfte mein Herz aus einem anderen Grund als vor Zorn, ein Gefühl, das ich nicht kannte und von dem es mir innerlich ganz warm wurde. Ich biss mir auf die Lippe und schaute ihn wieder an.

Er zog eine orangefarbene Tigerlilie aus einem Eimer.

»Nimm dir eine«, sagte er und wollte sie mir reichen.

»Nein«, erwiderte ich. »Ich mag Lilien nicht.« *Außerdem bin ich keine Königin,* fügte ich bei mir hinzu.

»Das solltest du aber«, meinte er. »Sie passen zu dir.«

»Und woher weißt du, was zu mir passt?« Ohne nachzudenken, brach ich der Lilie in seiner Hand die Blüte ab. Sechs spitz zulaufende Blütenblätter gerieten ins Trudeln, das Gesicht der Blume machte Bekanntschaft mit dem harten Boden. Renata atmete hörbar ein.

»Ich weiß es nicht«, entgegnete er.

»Das war mir klar.« Ich schwenkte den vollen Blumeneimer in meinen Armen, um die Hitze zu verteilen, die mein Körper abstrahlte. Die Bewegung sorgte dafür, dass ich das Zittern meiner Arme spürte.

Ich wandte mich zu Renata um. »Draußen«, sagte sie und

wies auf den Ausgang. Voller Angst, schon eine knappe Stunde nachdem ich meine erste Stelle angetreten hatte, fristlos gekündigt zu werden, wartete ich darauf, dass sie etwas hinzufügte. Doch Renatas Aufmerksamkeit galt der länger werdenden Schlange an der nächsten Bude. Als sie sich umdrehte und feststellte, dass ich mich nicht gerührt hatte, zog sie verdattert die Augenbrauen hoch. »Was ist?«, fragte sie. »Gehen Sie und warten Sie am Auto.«

Ich drängte mich durch die dichte Menschenmenge zum Ausgang. Obwohl mir von dem Gewicht des vollen Eimers die Arme weh taten, schleppte ich ihn über den Parkplatz, ohne eine Ruhepause einzulegen. An Renatas Laster angekommen, stellte ich den Eimer ab und ließ mich erschöpft auf den harten Beton sinken.

7.

Ich war mir sicher, dass Elizabeth mich durch die dunklen Fenster beobachtete, auch wenn ich ihre Umrisse nicht hinter der Scheibe erkennen konnte. Die Hintertür blieb verschlossen. Zitternd sah ich zu, wie die Sonne unterging. Ich hatte noch zehn Minuten, nicht mehr, dann würde ich den Löffel bei Finsternis suchen müssen.

Mit dem Ausgesperrtwerden hatte ich Erfahrung. Das erste Mal war ich fünf Jahre alt gewesen, mein aufgedunsener Bauch leer in einem Haus, in dem es zu viele Kinder und zu viele Bierflaschen gab. Auf dem Küchenboden sitzend, schaute ich zu, wie eine winzige weiße Chihuahuahündin ihr Abendessen aus einem Keramikschälchen verspeiste. Getrieben von Neid, rutschte ich näher heran. Ich hatte nicht vor, dem Hund das Futter wegzuessen, doch als mein Pflegevater bemerkte, dass mein Gesicht nur wenige Zentimeter über dem Napf schwebte, packte er mich am Rollkragenpullover und warf mich hinaus. *Wer sich verhält wie ein Tier, wird auch so behandelt,* waren seine Worte. Den Körper an die Glastür gepresst, sog ich die Wärme des Hauses in mich auf und beobachtete, wie die Familie sich bettfertig machte. Nie hätte ich geglaubt, dass sie mich die ganze Nacht im Freien verbringen lassen würden. Aber sie taten es. Ich zitterte vor Kälte und Angst und hatte dauernd das Bild vor Augen, wie die kleine Hündin bebte, bis ihre dreieckigen Ohren vibrierten, wenn sie sich fürchtete. Meine Pflegemutter schlich sich zwar mitten in der Nacht nach unten und warf eine Decke durch ein hoch gelegenes Küchenfenster, doch sie öffnete die Tür erst am nächsten Morgen.

Ich saß auf Elizabeths Hintertreppe, vertilgte die Nudeln und die Tomaten aus meinen Hosentaschen und überlegte, ob ich den Löffel suchen sollte. Es war durchaus möglich, dass Elizabeth mich trotzdem zwingen würde, draußen zu schlafen, selbst wenn ich ihn fand und ihr zurückgab. Gehorsam war noch nie ein Garant dafür gewesen, dass ein Versprechen auch gehalten wurde. Allerdings hatte ich auf dem Weg nach unten einen Blick in mein Zimmer geworfen, das um einiges einladender wirkte als die splittrige Holztreppe. Also beschloss ich, es zu versuchen.

Langsam schlenderte ich durch den Garten bis zu der Stelle, wo ich den Löffel weggeworfen hatte. Ich kniete mich unter den Mandelbaum und tastete mit den Händen. Dornen bohrten sich in meine Finger, als ich ins dichte Gebüsch griff. Ich teilte hohe Halme und zupfte Blütenblätter von dichten Sträuchern ab. Ich riss Blätter ab und brach Zweige. Der Löffel blieb verschollen.

»Elizabeth!«, rief ich mit zunehmender Verzweiflung. Das Haus blieb still.

Inzwischen wurde die Dunkelheit immer bedrückender. Der Weinberg schien sich in alle Richtungen zu erstrecken wie ein unentrinnbares Meer, so dass ich plötzlich große Angst bekam. Mit beiden Händen umfasste ich den Stamm eines kräftigen Busches, dessen Dornen mir die weichen Handflächen aufrissen, und zog, so fest ich konnte. Die Wurzeln der Pflanze lösten sich aus der Erde. Ich entwurzelte alles, was ich in die Finger bekam, bis der Boden kahl war. In der aufgewühlten Erde lag der einsame Löffel und funkelte im Mondlicht.

Nachdem ich mir die blutigen Hände an der Hose abgewischt hatte, griff ich danach und rannte zum Haus. Immer wieder stolperte und stürzte ich und rappelte mich auf, ohne meinen Schatz loszulassen. Schließlich lief ich die Treppe hinauf und klopfte mit dem schweren Metalllöffel heftig an die Holztür. Der Schlüssel drehte sich im Schloss, und Elizabeth stand vor mir.

Einen Moment sahen wir einander schweigend an – zwei weit aufgerissene, starre Augenpaare –, dann schleuderte ich den Löffel mit aller Kraft, die ich in meinem mageren Arm hatte, ins Haus.

Ich zielte auf das Fenster über der Spüle. Der Löffel flog nur wenige Zentimeter an Elizabeths Ohr vorbei, beschrieb einen hohen Bogen in Richtung Decke, prallte vom Fenster ab und landete klappernd im Spülbecken aus Porzellan. Eine der kleinen blauen Flaschen an der Kante des Fensterbretts geriet ins Schwanken. Sie fiel und zerbrach.

»Hier haben Sie Ihren Löffel«, rief ich.

Elizabeth schnappte erschrocken nach Luft und stürzte sich auf mich. Ihre Finger bohrten sich unten in meinen Brustkorb, als sie mich zur Spüle schleppte und mich beinahe hineinwarf. Meine Hüftknochen wurden gegen die gefliese Arbeitsfläche gepresst, und mein Gesicht schwebte so dicht über den Scherben, dass meine Welt einen Moment blau wurde.

»Die«, sagte Elizabeth und schob mein Gesicht noch weiter zu den Glassplittern hinunter, »hat meiner Mutter gehört.« Obwohl sie mich völlig ruhig hielt, spürte ich die Wut, die ihre Fingerspitzen erfüllte und drohte, mich in die Scherben zu drücken.

Mit einer ruckartigen Bewegung zog sie mich aus der Spüle, setzte mich ab und ließ mich los, ehe meine Füße den Boden berührten. Ich fiel rückwärts zu Boden. Sie stand über mir, und ich wartete darauf, dass ihre Hand auf mein Gesicht heruntersauste. Nur ein einziger Schlag war nötig. Meredith würde wiederkommen, bevor die Spuren verblasst waren, und dann würde endlich Schluss mit diesem letzten Experiment sein. Man würde mich für nicht vermittelbar erklären. Und Meredith konnte aufhören, eine Familie für mich zu suchen. Ich war bereit – mehr als bereit.

Aber Elizabeth ließ die Hand sinken, richtete sich auf und trat einen Schritt zurück.

»Meine Mutter«, verkündete sie, »hätte dich nicht gemocht.« Sie stupste mich mit der Zehe an, bis ich aufstand. »Und jetzt geh nach oben und ins Bett.«

Also, dachte ich enttäuscht, ist es doch noch nicht vorbei. Die niederdrückende und überwältigende Furcht, die Besitz von meinem Körper ergriff, konnte man mit Händen greifen. Es *würde* enden. Da ich auch nicht den Hauch einer Möglichkeit sah, dass mein Aufenthalt bei Elizabeth mehr als nur von kurzer Dauer sein würde, wollte ich sofort einen Schlussstrich ziehen, ohne eine einzige Nacht in ihrem Haus verbringen zu müssen. Deshalb machte ich mit trotzig gerecktem Kinn einen Schritt auf sie zu, in der Hoffnung, dass sie die Beherrschung verlieren würde, wenn ich ihr zu nah kam.

Aber der Augenblick war verstrichen. Elizabeth schaute ruhig atmend über meinen Kopf hinweg.

Mit schweren Schritten wandte ich mich ab. Ich nahm mir eine Scheibe Schinken vom Tisch und stieg die Treppe hinauf. Die Tür meines Zimmers stand offen. Eine Weile verharrte ich auf der Schwelle und betrachtete alles, was vorübergehend mir gehören würde: die Möbel aus dunklem Holz, der runde rosafarbene Flickenteppich und die Schreibtischlampe, die einen Schirm aus perlmuttfarbenem Glas hatte. Alles sah neu aus: die aufgeplusterte Daunendecke mit Lochstickerei, die dazu passenden Vorhänge, die Kleider, die in ordentlichen Reihen im Wandschrank hingen oder in gefalteten Stapeln sämtliche Schubladen der Kommode füllten. Ich kroch ins Bett und knabberte an dem Schinken, der salzig und dort, wo meine blutigen Hände ihn berührt hatten, metallisch schmeckte. Zwischen den einzelnen Bissen hielt ich inne, um zu lauschen.

Soweit ich mich erinnern konnte, hatte ich bis jetzt in zweiunddreißig Häusern gelebt, die alle eines gemeinsam hatten: Lärm. Busse, quietschende Bremsen, das Rattern vorbeifahrender Güterzüge. Drinnen: gegeneinander anplärrende Fernseher, das Piepsen von Mikrowellen und Flaschenwärmern, das Läuten der Türglocke, Geschimpfe, das Knacken von Riegeln. Dazu die Geräusche der anderen Kinder: Babygeschrei, Geschwister, die sich weinend gegen eine Trennung wehrten, das Kreischen unter einer zu kalten Dusche und das Wimmern einer Zimmergenossin, die einen Alptraum hatte. Doch in Elizabeths Haus war alles anders. Wie der Weinberg, der sich bei Dämmerung zur Ruhe legte, war es auch im Inneren des Hauses still. Nur ein leises, hohes Surren drang zum offenen Fenster herein. Es ähnelte dem Raunen von Stromleitungen, auch wenn ich hier auf dem Land von einer natürlichen Ursache ausging. Ein Wasserfall vielleicht oder ein Bienenschwarm.

Schließlich hörte ich Elizabeth auf der Treppe. Ich zog mir die Decke über Kopf und Ohren, um ihre Schritte nicht wahrnehmen zu müssen. Zu meiner Überraschung spürte ich, wie sie sich auf meiner Bettkante niederließ. Ich hob die Decke ein Stück von meinen Ohren, allerdings ohne mein Gesicht zu zeigen.

»Meine Mutter hat *mich* auch nicht gemocht«, flüsterte Elizabeth. Ihr Tonfall war sanft und entschuldigend. Ich hatte große Lust, unter der Decke hervorzuspähen; die Stimme, die durch die Daunen drang, war so anders als die der Frau, die mich gegen die Spüle gedrückt hatte, dass ich sie im ersten Moment nicht für die von Elizabeth hielt.

»Also haben wir wenigstens etwas gemeinsam.« Bei diesen Worten ruhte ihre Hand auf meinem Rücken. Ich rutschte weg und drängte mich an die Wand neben dem Bett. Mein Gesicht wurde in die Schinkenscheibe gepresst. Elizabeth redete weiter und erzählte mir von der Geburt ihrer älteren Schwester Catherine und den darauffolgenden sieben von Totgeburten erfüllten Jahren. Insgesamt vier Babys, alles Jungen.

»Als ich zur Welt kam, bat meine Mutter die Ärzte, mich wegzubringen. Ich erinnere mich nicht daran, aber mein Vater hat mir gesagt, meine Schwester, die damals erst sieben war, habe mich gefüttert, gebadet und gewickelt, bis ich alt genug gewesen sei, um mich selbst zu versorgen.« Elizabeth beschrieb die Depression ihrer Mutter und wie ihr Vater sie aufopferungsvoll gepflegt hatte. Sie schilderte mir, sie habe, noch ehe sie sprechen konnte, gelernt, wo genau sie hintreten musste, damit die alten Holzdielen nicht knarzten, wenn sie auf Zehenspitzen durch die Flure schlich. Ihre Mutter habe nämlich nicht das leiseste Geräusch ertragen.

Ich hörte Elizabeth zu. Die Gefühle, die in ihrer Stimme mitschwangen, interessierten mich – bis jetzt hatte nur selten jemand so mit mir gesprochen, als sei ich in der Lage, die Erfahrungen eines anderen Menschen zu verstehen. Ich aß ein Stück Schinken. »Es war meine Schuld«, fuhr Elizabeth fort. »Die Krankheit meiner Mutter. Daraus machte niemand einen Hehl. Meine Eltern wollten keine zweite Tochter. Mädchen hätten angeblich nicht die Geschmacksknospen, die nötig seien, um eine reife Weintraube zu erkennen. Aber ich habe ihnen das Gegenteil bewiesen.«

Elizabeth tätschelte mir den Rücken, und ich merkte ihr an, dass sie am Ende ihrer Geschichte angelangt war. Ich verspeiste den letzten Rest Schinken. »Wie war das als Gutenachtgeschichte?«, fragte sie. Ihre Stimme hallte zu laut durch das stille Haus und täuschte eine Zuversicht vor, die sie, wie ich wusste, nicht empfand.

Ich steckte die Nase unter der Decke hervor und holte Luft. »Nicht so toll«, meinte ich.

Elizabeth lachte scharf auf. »Ich glaube, du kannst den anderen auch das Gegenteil beweisen, Victoria. Dein Verhalten ist deine freie Entscheidung. Das hier bist nicht wirklich du.«

Falls Elizabeth das wirklich glaubte, dachte ich, standen ihr in naher Zukunft noch einige Enttäuschungen bevor.

8.

Renata und ich verbrachten den Großteil des Vormittags schweigend und an der Arbeit. Das Flora bestand aus einem kleinen Laden, an den sich eine größere Werkstatt mit einem langen Holztisch und eine begehbare Kühlkammer anschlossen. Um den Tisch standen sechs Stühle. Ich entschied mich für den, der der Tür am nächsten war.

Renata legte ein Buch mit dem Titel *Sonnenblumenhochzeiten* vor mich hin. *Wie man eine Ehe unter die Vorzeichen Betrug und Materialismus stellt,* hätte in meinen Augen der passende Untertitel gelautet. Ohne auf das Buch zu achten, schuf ich sechzehn identische Tischdekorationen aus Sonnenblumen, Lilien und einigen hauchzarten Asparaguszweigen. Renata band die Sträuße für Braut und Brautjungfern. Nachdem sie fertig war, begann sie mit einer Blumenskulptur in einem Behälter aus Wellblech, der länger war als ihre Beine. Wenn sich die Ladentür öffnete, ging Renata nach vorne. Sie kannte ihre Kunden beim Namen und brauchte keine Anweisungen, um für jeden das Richtige auszuwählen.

Als ich alles fertig hatte, stellte ich mich vor Renata hin und wartete darauf, dass sie aufblickte. Sie betrachtete den Tisch, wo die gefüllten Vasen in Reih und Glied standen.

»Gut«, sagte sie mit einem beifälligen Nicken. »Sogar besser als gut. Erstaunlich. Kaum zu glauben, dass du keine Ausbildung hast.«

»Habe ich nicht«, erwiderte ich.

»Ich weiß.« Sie musterte mich von Kopf bis Fuß auf eine Art, die mir gar nicht gefiel. »Belade schon mal den Laster. Ich bin gleich so weit.«

Ich schleppte jeweils zwei Vasen den Hügel hinauf. Nachdem Renata fertig war, trugen wir den großen Behälter gemeinsam und legten ihn vorsichtig auf die bereits volle Ladefläche. Dann kehrte Renata in den Laden zurück, nahm alles Geld aus der Kasse, schloss die Schublade und drehte den Schlüssel um. Eigentlich rechnete ich damit, dass sie mich nun bezahlen würde. Doch stattdessen reichte sie mir Papier und Bleistift.

»Dein Geld bekommst du, wenn ich zurück bin«, meinte sie. »Die Hochzeit findet nicht weit von hier auf der anderen Seite des Hügels statt. Kümmere dich um den Laden und sag den Kunden, sie könnten beim nächsten Mal zahlen.« Renata wartete ab, bis ich nickte, und ging hinaus.

Allein im Blumenladen, war ich nicht sicher, was ich tun sollte. Eine Weile stand ich vor der mechanischen Kasse und betrachtete den abblätternden grünen Lack. Draußen auf der Straße war es still. Eine Familie spazierte vorbei, ohne stehen zu bleiben oder ins Fenster zu schauen. Ich überlegte, ob ich die Tür öffnen und ein paar Eimer mit Orchideen hinausstellen sollte. Dann aber fiel mir ein, wie oft ich mich im Laufe der Jahre in Auslagen bedient hatte. Renata wäre sicher nicht einverstanden gewesen.

Also ging ich in die Werkstatt, entfernte die übrig gebliebenen Stengel vom Tisch und warf sie in den Müll. Danach wischte ich den Tisch mit einem feuchten Lappen ab und fegte den Fußboden. Als mir nichts mehr einfiel, öffnete ich die schwere Eisentür der Kühlkammer und spähte hinein. Sie war dunkel und kühl, Blumen stapelten sich entlang der Wände. Der Raum zog mich an, und ich sehnte mich so sehr danach, mich aus meinem braunen Deckenunterrock zu wickeln und mich zwischen den Eimern schlafen zu legen. Ich war müde. Die ganze Woche hatte ich nur in halbstündigen Etappen geschlafen und war immer wieder von Stimmen, Alpträumen oder beidem geweckt worden. Der Himmel war stets weiß vom Dampf aus der Brauerei, der über mir waberte. Es dauerte jedes Mal mehrere Minuten, mich aus meinen panischen, von Qualm erfüllten Träumen zu lösen, die in den Nachthimmel entschwanden wie dieser Dampf. Dann lag ich reglos da und hielt mir vor Augen, dass ich achtzehn und allein war: Ich war nicht länger ein Kind und hatte nichts mehr zu verlieren.

Nun, im sicheren Blumenladen, wollte ich nur noch

schlafen. Die Tür fiel hinter mir zu. Ich ließ mich zu Boden sinken und lehnte die Schläfe an den Rand eines Eimers.

Gerade hatte ich eine bequeme Körperhaltung gefunden, als eine gedämpfte Stimme in die Kühlkammer drang.

»Renata?«

Ich sprang auf, fuhr mir rasch mit den Fingern durchs kurze Haar und trat aus der Kühlkammer ins helle Licht.

Ein weißhaariger Mann lehnte an der Theke und klopfte ungeduldig darauf.

»Renata?«, wiederholte er bei meinem Anblick.

Ich schüttelte den Kopf. »Sie liefert Blumen für eine Hochzeitsfeier aus. Kann ich Ihnen helfen?«

»Ich brauche Blumen. Warum wäre ich sonst hier?« Er beschrieb eine Geste in den Raum hinein, als wolle er mich an meine Pflichten erinnern. »Renata fragt mich nie, was ich möchte. Ich könnte eine Rose nicht von einem Rettich unterscheiden.«

»Was ist denn der Anlass?«, erkundigte ich mich.

»Der sechzehnte Geburtstag meiner Enkelin. Sie hat sicher keine Lust, ihn mit uns zu feiern, aber ihre Mutter will es so.« Er nahm eine weiße Rose aus einem blauen Eimer und schnupperte daran. »Ich freue mich ganz und gar nicht darauf. Das Mädchen ist in letzter Zeit ziemlich verstockt.«

Ich ließ die Blumen in der Kühlkammer im Geiste Revue passieren und sah mich im Verkaufsraum um. Ein Geburtstagsgeschenk für einen verstockten Teenager. Die Worte des alten Mannes waren ein Rätsel, eine Herausforderung.

»Weiße Rosen eignen sich gut für ein junges Mädchen«,

sagte ich. »Vielleicht noch ein paar Maiglöckchen?« Ich zog einen langen Stengel mit hängenden elfenbeinfarbenen Blütenglocken heraus.

»Was immer Sie für richtig halten«, erwiderte er.

Während ich die Blumen arrangierte und sie in braunes Papier wickelte, wie ich es bei Renata beobachtet hatte, wurde ich von einem ähnlichen Hochgefühl ergriffen wie beim Durchschieben der Dahlien unter den Türen meiner Mitbewohnerinnen am Morgen meines achtzehnten Geburtstags. Es war eine eigenartige Mischung aus dem Wissen um ein Geheimnis und der Befriedigung, die es bereitet, sich nützlich gemacht zu haben. So neu und wundervoll angenehm war es, dass ich plötzlich das Bedürfnis hatte, dem Mann von den Blumen zu erzählen und ihm ihre verborgene Bedeutung zu erklären.

»Wussten Sie«, begann ich, um einen beiläufigen und freundlichen Ton bemüht, obwohl mir die Worte vor Aufregung fast im Halse steckenblieben, »dass manche glauben, Maiglöckchen brächten das Glück zurück?«

Ungeduldig und zweifelnd rümpfte der alte Mann die Nase. »Das wäre ein Wunder«, meinte er kopfschüttelnd. Ich reichte ihm die Blumen. »Ich denke, ich habe das Mädchen nicht mehr lachen gehört, seit es zwölf war, und eins verrate ich Ihnen, es fehlt mir.«

Als er die Brieftasche herausholen wollte, hob ich die Hand. »Renata möchte, dass Sie später bezahlen.«

»Einverstanden«, erwiderte er und wandte sich zum Gehen. »Richten Sie ihr aus, dass Earl hier war. Sie kennt meine Adresse.« Die Blumen erbebten in ihren Eimern, als er die Tür zuknallte.

Bei Renatas Rückkehr eine Stunde später hatte ich schon sechs Kunden bedient. Auf dem Blatt Papier, das sie mir gegeben hatte, war jeder Geschäftsabschluss in allen Einzelheiten vermerkt: Name des Kunden, Art der Blumen und die Menge. Renata überflog die Liste rasch und nickte, als hätte sie genau gewusst, wer in den Laden kommen und was derjenige kaufen würde. Sie steckte den Zettel in die Kasse, nahm ein Bündel Zwanzigdollarscheine aus der Tasche und zählte drei ab.

»Sechzig Dollar«, sagte sie. »Sechs Stunden. In Ordnung?«

Ich nickte, rührte mich jedoch nicht. Renata schaute mich an, als warte sie darauf, dass ich etwas sagte. »Möchtest du mich fragen, ob ich dich nächsten Samstag wieder brauche?«

»Und brauchst du mich?«

»Ja, um fünf«, erwiderte sie. »Und am Sonntag auch. Keine Ahnung, warum jemand an einem Sonntag im November heiraten will, aber es geht mich ja nichts an. Normalerweise ist um diese Jahreszeit nicht viel los, doch die Geschäfte laufen momentan wie noch nie.«

»Dann also bis nächste Woche«, meinte ich und schloss vorsichtig die Tür hinter mir, als ich auf die Straße trat.

Mit Geld im Rucksack fühlte sich die Stadt wie neu an. Ich spazierte den Hügel hinunter, blickte interessiert in Schaufenster, las Speisekarten und informierte mich über die Preise in billigen Motels südlich der Market Street. Unterwegs dachte ich über meinen ersten Arbeitstag nach: eine ruhige Kühlkammer voller Blumen, ein kahles Ladenlokal, eine Chefin mit einer direkten und sachlichen Art. Mein Traumjob. Nur eine Begegnung hatte Befangenheit in mir ausgelöst: das kurze Gespräch mit dem Blumenhändler. Die Vorstellung, ihn am kommenden Samstag wiederzusehen, machte mich nervös. Ich beschloss, mich darauf vorzubereiten.

In North Beach stieg ich aus dem Bus. Es war früher Abend, und gerade senkte sich der erste Nebel über Russian Hill, so dass sich die Scheinwerfer der Autos in weichgezeichnete gelbe und rote Kugeln verwandelten. Ich lief so lange, bis ich auf eine schmutzige, billige Jugendherberge stieß, zeigte der Frau am Empfang mein Geld und wartete ab.

»Wie viele Nächte?«, erkundigte sie sich.

Mit einer Kopfbewegung wies ich auf die Geldscheine auf der Theke. »Für wie viele reicht das?«

»Ich gebe Ihnen vier«, erwiderte sie. »Aber nur, weil wir Nachsaison haben.« Sie stellte mir eine Quittung aus und zeigte den Flur entlang. »Der Mädchenschlafsaal ist rechts.«

In den nächsten vier Tagen schlief und duschte ich und ernährte mich von dem, was die Touristen in den Restaurants in der Columbus Avenue übrig ließen. Als meine Nächte in der Jugendherberge endeten, zog ich wieder in den Park, voller Angst vor dem zu groß geratenen Jungen und seinen zahlreichen Artgenossen, allerdings wohl wissend, dass mir nicht viel anderes übrigblieb. Ich pflegte meinen Garten und wartete auf das Wochenende.

Am Freitag blieb ich wach, da ich befürchtete, zu verschlafen und Renata zu verpassen. Die ganze Nacht wanderte ich durch die Straßen, und als ich müde wurde, ging ich vor dem Nachtclub am Fuße des Hügels auf und ab und ließ die Musik auf meinen zufallenden Augenlidern vibrieren. Als Renatas Laster erschien, lehnte ich wartend an der geschlossenen Glastür des Flora.

Renata bremste gerade so viel ab, dass ich in den Wagen springen konnte. Während ich die Tür schloss, setzte sie schon zum Wendemanöver an.

»Ich hätte dich schon um vier bestellen sollen«, erklärte sie. »Ich habe nicht in den Terminkalender geschaut. Wir brauchen heute Blumen für vierzig Tische. Allein die Brautjungfern und Trauzeugen sind insgesamt über fünfundzwanzig Personen. Wozu muss man zwölf Brautjungfern haben?« Ich konnte nicht feststellen, ob das eine rhetorische Frage war, und schwieg deshalb. »Wenn ich heiraten würde, hätte ich nicht einmal zwölf Gäste«, fügte sie hinzu. »Wenigstens nicht in diesem Land.«

Ich hätte keinen einzigen Gast, dachte ich. Weder in diesem Land noch in einem anderen. Am Kreisverkehr ging Renata vom Gas und verpasste diesmal die Ausfahrt nicht.

»Earl war im Laden«, meinte sie. »Ich soll dir ausrichten, dass seine Enkelin glücklich war – es sei ganz wichtig, dass ich ›glücklich‹ sage und kein anderes Wort benutze. Es liege daran, dass du etwas mit den Blumen gemacht hättest, meinte er.«

Lächelnd wandte ich mich von Renata ab und blickte aus dem Fenster. Also hatte er es nicht vergessen. Zu meiner Überraschung bereute ich es nicht, ihm mein Geheimnis verraten zu haben. Allerdings wollte ich es nicht mit Renata teilen. »Keine Ahnung, wovon er redet«, erwiderte ich. Sie blickte von der Straße zu mir, dann wieder auf die Straße, wobei sie eine Augenbraue fragend hochzog. Nach einem ausgedehnten Schweigen sprach sie weiter:

»Nun, Earl ist ein komischer alter Kauz. Meistens schlechter Laune und dann wieder auf eine Weise einfühlsam, wie man es nie vermuten würde. Gestern meinte er, er sei alt genug, um sich von Gott abgewandt zu haben und wieder zu ihm zurückzukehren.«

»Was soll das heißen?«

»Offenbar glaubt er, du hättest unseren Schöpfer zu Rate gezogen, bevor du letztes Wochenende die Blumen ausgesucht hast.«

»Ha«, schnaubte ich.

»Ja, ich weiß. Er sagte außerdem, er würde heute wiederkommen, damit du etwas für seine Frau zusammenstellst.«

Der neue Auftrag erfüllte mich mit Aufregung.

»Wie ist sie denn so?«, fragte ich.

»Still«, antwortete Renata kopfschüttelnd. »Viel mehr weiß ich auch nicht. Earl hat mir einmal erzählt, sie sei Dichterin. Doch inzwischen spricht sie kaum noch und schreibt gar nicht mehr. Er schenkt ihr fast jede Woche Blumen. Wahrscheinlich vermisst er die Art, wie sie früher war.«

Immergrün, dachte ich. *Zärtliche Erinnerung.* Die Entscheidung stand fest. Es würde schwierig, jedoch nicht unmöglich sein, es zu einem Strauß zu binden. Ich würde es mit etwas Langstieligem, Widerstandsfähigem umwickeln.

Auf dem Blumenmarkt war es zwar nicht so voll wie vor einer Woche, doch Renata brauste trotzdem durch die Gänge, als würde gleich der letzte Rosenstrauß versteigert werden. Wir brauchten fünfzehn Dutzend orangefarbene Rosen und mehr Prachtlilien, als in meine Eimer passten. Deshalb musste ich die Blumen zum Wagen bringen und anschließend die zweite Ladung holen. Als alles ordentlich verstaut war, kehrte ich in das von Menschen wimmelnde Gebäude zurück, um Ausschau nach Renata zu halten.

Ich fand sie ausgerechnet an der Bude, um die ich bis jetzt einen Bogen gemacht hatte. Sie verhandelte über den Preis eines Straußes rosafarbener Ranunkeln. Der Großhandelspreis, in fast unleserlicher Schrift mit Kreide auf einer kleinen schwarzen Tafel vermerkt, betrug vier Dollar. Renata schwenkte einen Dollarschein über den Blumen hin und her. Der Händler antwortete nicht und sah sie auch nicht an. Stattdessen beobachtete er, wie ich den Gang entlang näher kam, bis ich vor ihm stand.

Unsere Begegnung vor einer Woche hatte mir keine Ruhe gelassen. Deshalb hatte ich den McKinley Square abgesucht, bis ich endlich die richtige Pflanze gefunden hatte, um seiner unerwünschten Aufmerksamkeit ein Ende zu machen. Also nahm ich den Rucksack ab und holte einen Stengel mit dicken Blättern heraus.

»Rhododendron«, verkündete ich und legte den Schössling vor ihn auf die Theke aus Pressspan. Die violetten Blüten hatten sich noch nicht geöffnet, die Knospen – fest zusammengeballt und giftig – zeigten auf ihn. *Warnung.*

Er betrachtete die Pflanze und bemerkte meinen drohenden Blick. Als er den Blick abwandte, wusste ich, er hatte verstanden, dass die Blume nicht als Geschenk gedacht war. Mit spitzen Fingern griff er danach und warf sie in den Müll.

Renata feilschte immer noch, doch der Händler brachte sie mit einer raschen Handbewegung zum Schweigen. Sie könne die Blumen haben, ließ er sie mit dieser Geste der Ungeduld wissen und scheuchte sie weg.

Renata wandte sich zum Gehen. Ich folgte.

»Was war das gerade, Victoria?«, fragte sie verwundert, als wir außer Hörweite waren.

Ich zuckte die Achseln und trottete weiter. Verdattert blickte Renata zurück zur Bude, dann auf mich und schließlich wieder zur Bude.

»Ich brauche Immergrün«, sagte ich, um das Thema zu wechseln. »Aber es wird nicht geschnitten verkauft. Es ist ein Bodendecker.«

»Ich weiß, was Immergrün ist«, erwiderte sie und wies mit dem Kopf auf eine Wand, wo die Pflanzen, die Wurzeln intakt, in Behältern ruhten. Dann reichte sie mir ein Bündel Geldscheine, ohne weitere Fragen zu stellen.

Den ganzen Vormittag lang arbeiteten Renata und ich wie die Besessenen. Die Hochzeit fand in Palo Alto statt, einem teuren Vorort etwa fünfzig Kilometer südlich der Stadt. Renata musste zweimal fahren, um alle Blumen auszuliefern. Sie nahm die erste Hälfte der Arrangements mit, während ich mich an die zweite machte. Als sie fort war, schloss ich die Ladentür ab und löschte das Licht im Verkaufsraum. Die Kunden standen draußen an und warteten auf sie. Ich fühlte mich wohl in der dunklen Einsamkeit.

Bei ihrer Rückkehr legte ich gerade letzte Hand an mein Werk, entfernte Pollen und schnitt mit einer scharfen Schere hin und wieder ein abstehendes Blatt heraus. Renata betrachtete meine Sträuße und wies mit dem Kopf auf die Menschenmassen hinter ihr.

»Ich fange mit der Hochzeitsgesellschaft an, du kümmerst dich um den Laden.« Sie reichte mir eine laminierte Preisliste und den kleinen goldenen Schlüssel zur Kasse. »Und bilde dir bloß nicht ein, ich wüsste nicht genau, wie viel drin ist.«

Earl stand bereits an der Theke und winkte mir zu. Ich ging zu ihm hinüber.

»Für meine Frau«, sagte er. »Hat Renata es Ihnen nicht erzählt? Ich habe nur ein paar Minuten und möchte, dass Sie etwas aussuchen, das sie glücklich macht.«

»Glücklich?«, wiederholte ich und ließ den Blick über die verfügbaren Blumen schweifen. »Können Sie das nicht ein wenig genauer ausdrücken?«

Earl neigte den Kopf zur Seite und dachte einen Moment nach. »Wissen Sie, wenn ich es mir genauer überlege, war sie eigentlich nie wirklich *glücklich*.« Er lachte in sich hinein. »Aber sie war leidenschaftlich. Und klug. Und interessiert. Sie hatte zu allem eine Meinung, selbst zu Dingen, von denen sie keine Ahnung hatte. Das fehlt mir.«

Auf diese Bitte hatte ich mich vorbereitet. »Ich verstehe«, antwortete ich und machte mich an die Arbeit. Ich knipste die einzelnen Zweige des Immergrüns an der Wurzel ab, bis sie lang und schlaff herunterhingen. Dann nahm ich ein Dutzend grellweißer Chrysanthemen und wickelte das Immergrün fest um die Stengel wie ein Band und benutzte Blumendraht, um den dichten Bodendecker zu lockeren Schlaufen rings um die vielschichtigen Chrysanthemenblüten zu formen. Das Ergebnis war wie ein Feuerwerk, atemberaubend und prächtig.

79

»Nun, das wird sicher eine Reaktion auslösen«, meinte Earl, als ich ihm die Blumen gab. Er reichte mir zwanzig Dollar. »Der Rest ist für Sie, meine Liebe.« Ich konsultierte Renatas Preisliste, legte den Zwanziger in die Kasse und nahm mir einen Fünfer heraus.

»Danke«, sagte ich.

»Bis nächste Woche«, rief Earl.

»Vielleicht«, antwortete ich, aber er war schon zur Tür hinaus und knallte sie hinter sich zu.

Im Laden wimmelte es von Kundschaft, und ich wandte mich dem Nächsten in der Warteschlange zu. Ich wickelte Rosen, Orchideen und Chrysanthemen in allen Farben ein und verkaufte Sträuße an Paare, ältere Damen und Jugendliche, die Besorgungen machten. Bei der Arbeit dachte ich an Earls Frau und versuchte, mir die früher leidenschaftliche Frau und ihr erschöpftes, in sich zurückgezogenes und ahnungsloses Gesicht vorzustellen. Würde sie auf den auffälligen Strauß aus Chrysanthemen und Immergrün ansprechen? *Wahrheit* und *zärtliche Erinnerung*. Ich war überzeugt, dass der Strauß seine Wirkung nicht verfehlen würde, und malte mir Earls erleichterte und dankbare Miene aus, während er Teewasser aufsetzte und die meinungsstarke Frau, die er so sehr vermisst hatte, in eine Diskussion über Politik und Dichtung verstrickte. Das Bild sorgte dafür, dass meine Finger sich bei der Arbeit schneller bewegten und meine Schritte leichter wurden.

Als der Laden sich gerade leerte, war Renata mit den Sträußen für die Hochzeitsgesellschaft fertig.

»Belade den Laster«, wies sie mich an. Ich transportierte die Blumen zu dem Laster, so schnell ich konnte, denn es war schon fast zwei. Renata setzte sich ans Steuer und sagte, ich solle mich bis zu ihrer Rückkehr in einer Stunde um den Laden kümmern.

Die Auslieferung dauerte viel länger, als Renata gedacht hatte. Um halb sechs kam sie, lauthals schimpfend über Ansteckstäußchen und Frackfliegen, ins Flora gestürmt. Ich schwieg und wartete darauf, dass sie mich bezahlte, damit ich gehen konnte. Schließlich hatte ich zwölf Stunden ohne Pause gearbeitet und freute mich auf ein Zimmer zum Abschließen und vielleicht sogar ein Bad. Doch Renata griff nicht in ihre Handtasche.
Am Ende ihrer erbitterten Tirade angelangt, öffnete sie die Kasse und wühlte in zerknitterten Scheinen, Schecks und Quittungen. »Ich habe nicht genug Bargeld da«, sagte sie. »Auf dem Weg zum Abendessen gehe ich zur Bank. Komm mit. Wir müssen über Geschäftliches reden.«
Obwohl ich lieber ihr Geld genommen hätte und in die Nacht geflohen wäre, folgte ich ihr nach draußen. Schließlich wusste ich um meine Abhängigkeit.
»Zum Mexikaner?«, fragte sie.
»Ja.«
Sie steuerte auf den Mission District zu.
»Du bist nicht sehr redselig, was?«, meinte Renata.
Ich schüttelte den Kopf.
»Anfangs dachte ich, dass du einfach nur kein Morgenmensch bist«, fuhr sie fort. »Meine Nichten und Neffen kann man vor zwölf Uhr mittags vergessen. Aber danach betet man für einen Moment Ruhe.«
Sie sah mich an, als rechne sie mit einer Antwort.
»Oh«, erwiderte ich.

Sie lachte. »Ich habe zwölf Nichten und Neffen, doch ich kriege sie nur selten zu Gesicht. Ich weiß, ich sollte mich mehr bemühen, aber ich tue es nicht.«

»Nein?«

»Nein«, bestätigte sie. »Ich liebe sie, ertrage sie allerdings nur in kleinen Dosen. Meine Mutter witzelt immer, ich hätte offenbar ihre Mütterlichkeitsgene nicht geerbt.«

»Was soll das sein?«, erkundigte ich mich.

»Du weißt schon, die biologische Eigenschaft, die dafür sorgt, dass Frauen beim Anblick eines Babys auf der Straße aus dem Häuschen geraten. Das war bei mir nie so.«

Als Renata vor einem Taco-Lokal parkte, beugten sich gerade zwei Frauen begeistert über einen Kinderwagen, wie um ihre Worte zu untermauern. »Geh schon mal rein und bestell, worauf du Lust hast«, meinte sie zu mir. »Ich bezahle, wenn ich von der Bank zurück bin.«

Renata und ich aßen bis acht Uhr. Die Zeit reichte für ein Taco und drei große Cola-Light für sie und ein Hühnchen-Burrito, zwei Käse-Enchiladas, ein Schälchen Guacamole und drei Portionen Pommes für mich. Ein zufriedenes Lächeln auf dem Gesicht, sah Renata mir beim Essen zu. Sie füllte das Schweigen, indem sie mir Geschichten aus ihrer Kindheit in Russland erzählte und mir schilderte, wie sie mit einer Horde Geschwister in einem Schiff über das Meer gefahren war.

Als ich aufgegessen hatte, lehnte ich mich zurück und spürte das Gewicht der Nahrung in meinem Körper. Ich hatte ganz vergessen, welche Mengen ich verschlingen konnte – ebenso wie die absolute Lähmung, die auf diese Heißhungerattacken folgte.

»Was ist dein Geheimnis?«, fragte Renata.

Ich sah sie verständnislos an und straffte die Schultern.

»Wie schafft man es, so viel zu essen und so dünn zu bleiben?«, ergänzte sie.

Ganz einfach, dachte ich. Indem man kein Geld, keine Freunde und kein Zuhause hat und wochenlang von den Essensresten anderer Leute oder von gar nichts lebt.

»Cola-Light«, fuhr sie fort, so als wolle sie meine Antwort nicht hören oder kenne sie bereits. »Das ist mein Geheimnis. Koffein und leere Kalorien. Noch ein Grund, warum ich nie Kinder wollte. Was für ein Baby würde sich unter solchen Umständen entwickeln?«

»Ein hungriges«, sagte ich.

Renata schmunzelte. »Ich habe heute beobachtet, wie du Earl bedient hast. Er war guter Dinge, als er gegangen ist. Ich kann mir vorstellen, dass er deinetwegen jede Woche wiederkommt.«

Würde ich dort sein?, fragte ich mich. Wollte Renata mir auf diese Weise eine feste Stelle anbieten?

»So habe ich mein Geschäft aufgebaut«, sprach sie weiter. »Ich habe gewusst, was die Kunden brauchten, ehe sie selbst es taten, und ihre Wünsche vorausgeahnt. Zum Beispiel habe ich die Blumen eingewickelt, bevor sie hereinkamen, und konnte einschätzen, wann sie in Eile sein und wann sie sich umschauen und plaudern würden. Ich glaube, du hast diese Art Intuition in dir, wenn du willst.«

»Das habe ich«, erwiderte ich rasch. »Ich will es.«

Da fielen mir Merediths Worte ein, die sie im Gathering House und Hunderte von Malen davor zu mir gesagt hatte: *Du musst es wollen.* Du musst Tochter, Schwester, Freundin, Schülerin sein wollen, hatte sie mir wieder und wieder eingebleut. Ich jedoch hatte nichts von alldem gewollt, und auch Meredith mit ihren Versprechungen, Drohungen und Bestechungsversuchen hatte nichts an meiner Überzeugung ändern können. Aber plötzlich wusste ich, dass ich Floristin sein wollte. Ich wollte mein Leben damit verbringen, Blumen für wildfremde Menschen auszusuchen, jeder Tag ein gleichförmiges Hin und Her zwischen der kalten Kühlkammer und der ratternden Kasse.

»Dann bezahle ich dich schwarz«, meinte Renata. »Jeden zweiten Sonntag. Zweihundert Dollar für zwanzig Stunden Arbeit. Und du stehst auf Abruf bereit. Einverstanden?«

Ich nickte. Als Renata mir die Hand hinhielt, schlug ich ein.

Am nächsten Morgen lehnte Renata an den Glastüren des Blumenmarktes und wartete auf mich. Ich sah auf die Uhr. Wir waren beide zu früh dran. Die heutige Hochzeit fand nur im kleinen Kreis statt, kein Empfang, nur knapp fünfzig Gäste an zwei langen Tischen. Wir schlenderten umher und hielten Ausschau nach verschiedenen Gelbtönen, die einzige Vorgabe der Braut, wie Renata mir mitteilte. Sie wünschte sich sonnenscheinfarbige Blumen, nur für den Fall, dass es regnete. Der Himmel war zwar trocken, aber grau; sie hätte im Juni heiraten sollen.

»Seine Bude ist sonntags geschlossen«, merkte Renata im Gehen an und wies in Richtung des geheimnisvollen Blumenhändlers.

Doch als wir uns seinem leeren Stand näherten, kam eine Gestalt im Kapuzenpulli in Sicht, die, an die Wand gelehnt, auf einem Hocker saß. Bei meinem Anblick stand er auf und beugte sich über die nicht mit Blumen bestückten Eimer, so dass er sich in den ruhigen runden Wasserflächen spiegelte. Aus der Tasche seines Sweatshirts zog er etwas Grünes, Stacheliges und hielt es hoch.

Renata begrüßte ihn, während wir vorbeispazierten. Ich nahm seine Gegenwart nur zur Kenntnis, indem ich, den Blick weiter zu Boden gesenkt, die Hand ausstreckte und nach dem Mitbringsel griff. Erst als ich wohlbehalten hinter der nächsten Ecke und außer Sichtweite war, schaute ich in meine Hand.

Ovale graugrüne Blätter wuchsen aus einem Gewirr limettengrüner Zweige. Durchsichtige Kugeln hingen wie Regentropfen daran. Der Schössling passte genau in meine Handfläche. Die weichen Blätter scharrten an meiner Haut.

Ein Mistelzweig.

Ich überwinde alle Hürden.

9.

Meine Kratzwunden bildeten über Nacht Krusten, die mit den dünnen Baumwolllaken verklebten. Als ich aufwachte, brauchte ich einen Moment, um den Ursprung des brennenden Schmerzes in meinem Körper zu orten, und ich erinnerte mich nicht einmal mehr daran, wie ich mir die Verletzung zugezogen hatte. Abwartend kniff ich die Augen zu, und da stürmte es wieder auf mich ein: die Dornen, der Löffel, die lange Fahrt und Elizabeth. Mit einem Ruck zog ich die Hände unter der Decke hervor und betrachtete meine Handflächen. Die

Wunden waren wieder aufgerissen. Frisches Blut rann heraus.

Es war früh und noch dunkel. Ich tastete mich den Flur entlang zum Bad, wobei meine Hände auf allem, was ich berührte, schmierige Flecken hinterließen. Elizabeth war schon wach und angezogen. Sie saß am Frisiertisch und schaute in den Spiegel, als wolle sie sich schminken. Allerdings befand sich kein Schminkzeug auf dem Tisch, nur eine halbleere Cremedose. Sie tauchte den Ringfinger mit seinem kurzen stumpfen Nagel in die Creme und verteilte sie unter ihren braunen Augen, auf die markanten Wangenknochen und den Rücken ihrer geraden Nase. Elizabeths Haut war faltenlos und strahlte die dunkle Wärme des Sommers aus. Vermutlich war sie viel jünger, als sie mit ihrer hochgeschlossenen Bluse und dem in der Mitte gescheitelten und festgesteckten Haar wirkte.

Bei meinem Anblick drehte sie sich um, so dass sich ihr Profil scharf im Spiegel abzeichnete.

»Wie hast du geschlafen?«, fragte Elizabeth.

Ich trat vor und hielt ihr die Hände so dicht vors Gesicht, dass sie sich zurücklehnen musste, um richtig sehen zu können.

Sie schnappte nach Luft. »Warum hast du mir das nicht schon gestern Abend gesagt?«

Ich zuckte die Achseln.

Elizabeth seufzte. »Nun, dann gib mir deine Hände. Ich möchte nicht, dass sie sich entzünden.«

Sie klopfte auf ihren Schoß, damit ich mich setzte, aber ich wich zurück. Elizabeth holte eine kleine Schüssel unter dem Waschbecken hervor, füllte sie mit Peroxyd und tauchte meine Hände nacheinander hinein. Dabei musterte sie mein Gesicht und hielt Ausschau nach Anzeichen dafür, dass ich Schmerzen hatte, doch ich biss die Zähne zusammen und zuckte nicht mit der Wimper. Meine Wunden wurden weiß und schaumig. Elizabeth kippte die Schüssel aus, füllte sie erneut und tauchte meine Hände wieder ein.

»Ich werde dir hier nichts durchgehen lassen«, verkündete sie. »Aber wenn du den Löffel nach einem ernstgemeinten Versuch nicht gefunden hättest, wäre ich auch mit einer aufrichtigen Entschuldigung zufrieden gewesen.« Ihr Tonfall war streng und direkt. In meiner Schlaftrunkenheit und wegen der frühen Stunde fragte ich mich, ob ich mir die sanfte Stimme vom Vorabend nur eingebildet hatte.

Wieder badete sie meine Hände und beobachtete zum dritten Mal, wie weiße Bläschen aufstiegen. Dann hielt sie meine Hände unter kaltes Wasser und tupfte sie mit einem sauberen weißen Handtuch trocken. Die kleinen Einstiche sahen tief und leer aus, als hätte das Peroxyd kreisrunde Stellen in die Haut gefressen. Elizabeth wickelte weiße Gaze um meine Handgelenke und arbeitete sich langsam in Richtung Finger vor.

»Weißt du«, begann Elizabeth, »mit sechs Jahren hatte ich gelernt, dass ich meine Mutter nur aus dem Bett holen konnte, wenn ich mich danebenbenahm. Also habe ich mich schrecklich aufgeführt, nur damit sie aufstand, um mich zu bestrafen. Als ich zehn war, hatte sie genug davon und steckte mich in ein Internat. Dir wird das nicht passieren. Du kannst nichts tun, was mich dazu bringen würde, dich wegzuschicken. Überhaupt nichts. Stell mich ruhig auf die Probe, indem du das Silber meiner Mutter durch die Küche wirfst, wenn es unbedingt sein muss. Doch meine Reaktion wird immer gleich ausfallen: Ich werde dich lieben und behalten. Einverstanden?«

Ich starrte Elizabeth an. Mein Körper war vor Argwohn steif wie ein Brett, und im dampfigen Badezimmer verschlug es mir den Atem. Ich verstand sie nicht. Sie hatte die Schultern angespannt, ihre Sprache war knapp und präzise, und sie hatte eine förmliche Ausdrucksweise, wie ich ihr noch nie begegnet war. Und dennoch schwang in Elizabeths Worten eine unerklärliche Sanftheit mit. Auch ihre Berührung war anders; als sie meine Hände reinigte, geschah das nicht mit der schicksalsergebenen Leidensmiene, die ich bei all meinen anderen Pflegemüttern erlebt hatte. Ich traute der Sache nicht.

Das Schweigen zwischen uns wurde länger. Elizabeth schob mir eine Haarsträhne hinters Ohr, sah mir tief in die Augen und wartete auf eine Antwort.

»Okay«, sagte ich schließlich, weil das, wie ich wusste, der schnellste Weg war, das Gespräch zu beenden und der Hitze des kleinen Badezimmers zu entrinnen.

Elizabeths Mundwinkel bogen sich nach oben. »Dann komm«, sagte sie. »Es ist Sonntag. Am Sonntag gehen wir auf den Bauernmarkt.«

Sie drehte mich herum und führte mich zurück in mein Zimmer, wo sie meine in Gaze gehüllten Hände aus dem Nachthemd befreite und in ein weißes, gesmoktes Sommerkleid schob. In der Küche machte sie mir Rührei und fütterte mich mit kleinen Bissen auf einem Löffel, der genauso aussah wie der, den ich am Vorabend durch den Raum geworfen hatte. Ich kaute und schluckte nach Anweisung, während ich noch immer versuchte, Elizabeths

Wechsel im Tonfall und ihr unberechenbares Verhalten miteinander in Einklang zu bringen. Während des Frühstücks sagte sie kein Wort, sondern beobachtete nur den Weg der Eier vom Löffel in meinen Mund und die Kehle hinunter. Nachdem sie mich gefüttert hatte, aß sie selbst eine kleine Portion Rührei, spülte das Geschirr, trocknete es ab und räumte es weg.

»Bist du bereit?«, fragte sie.

Ich zuckte die Achseln.

Draußen überquerten wir den mit Kies bestreuten Platz, wo sie mir in ihren alten grauen Pick-up half. Der blaue Plastikbezug löste sich von den gepaspelten Kanten, und es gab keine Sicherheitsgurte. Der Wagen rumpelte die Auffahrt entlang, während Staub, Wind und Abgase ins Führerhaus wehten. Keine Minute später bog Elizabeth in einen Parkplatz ein. Als ich mit Meredith hier vorbeigekommen war, war er leer gewesen. Nun drängten sich Pick-ups und Obststände, und Familien schlenderten auf den schmalen Wegen hin und her.

Elizabeth marschierte von Stand zu Stand, als wäre ich nicht vorhanden, und bezahlte in bar für schwere Tüten voller Obst und Gemüse: rosafarben und weiß gestreifte Bohnen, hellbraune Kürbisse mit langen Hälsen und violette, gelbe und rote Tomaten. Während sie damit beschäftigt war, eine Tüte Nektarinen zu kaufen, schnappte ich mir mit den Zähnen eine grüne Traube von einem überquellenden Tisch.

»Bitte!«, rief ein kleiner, bärtiger Mann aus, den ich nicht bemerkt hatte. »Probier nur! Sie sind köstlich und absolut reif.« Er riss ein Büschel Trauben ab und legte es in meine verbundenen Hände.

»Bedank dich«, forderte Elizabeth mich auf, aber ich hatte den Mund voller Trauben.

Elizabeth erstand anderthalb Kilo Trauben, sechs Nektarinen und eine Tüte getrocknete Aprikosen. Dann setzten wir uns zusammen auf eine Bank mit Blick auf ein längliches, mit Gras bewachsenes Feld. Elizabeth hielt mir eine gelbe Pflaume ein paar Zentimeter vor die Lippen. Ich beugte mich vor und aß sie ihr aus der Hand, so dass mir der Saft übers Kinn und aufs Kleid tropfte.

Als nur noch der Kern übrig war, warf Elizabeth ihn ins Feld und blickte zum anderen Ende des Marktes hinüber. »Siehst du den Blumenstand da drüben, den letzten in der Reihe?«, fragte sie mich.

Ich nickte. Auf der offenen Ladefläche eines Pick-ups saß ein Jugendlicher und ließ die in schweren Stiefeln steckenden Füße baumeln. Auf einem Tisch vor ihm lagen zu festen Sträußen gebundene Rosen.

»Das ist der Stand meiner Schwester«, fuhr Elizabeth fort. »Und siehst du den Jungen? Inzwischen ist er offenbar fast schon ein junger Mann. Das ist mein Neffe Grant. Wir sind uns noch nie begegnet.«

»Was?«, sagte ich verwundert. Aus Elizabeths Gutenachtgeschichte hatte ich geschlossen, dass sie und ihre Schwester sich nahestanden. »Warum nicht?«

»Das ist eine lange Geschichte. Meine Schwester und ich haben seit fünfzehn Jahren nicht mehr miteinander gesprochen. Nur, um nach dem Tod meiner Eltern den Besitz aufzuteilen. Catherine hat die Gärtnerei übernommen, ich den Weinberg.« Der Jugendliche sprang von der Ladefläche, um einem Kunden Wechselgeld herauszugeben. Langes braunes Haar fiel ihm ins Gesicht, und er schob es sich aus den Augen, bevor er einem alten Mann die Hand schüttelte. Seine Hosenbeine waren ein wenig zu kurz und seine langen, mageren Gliedmaßen das Einzige, was er, soweit ich es aus dieser Entfernung beurteilen konnte, mit Elizabeth gemeinsam hatte. Anscheinend betrieb er den Blumenstand allein, und ich fragte mich, warum Catherine nicht hier war.

»Das Seltsame ist«, sagte Elizabeth, während sie mit ihrem Blick den Bewegungen des Jungen folgte, »dass ich sie heute zum ersten Mal in fünfzehn Jahren vermisse.«

Als der Junge den letzten Rosenstrauß einem vorbeigehenden Paar zuwarf, drehte Elizabeth sich zu mir um, legte mir den Arm um den Rücken und zog mich näher zu sich heran. Ich wollte mich losreißen, aber sie grub die Finger in meine Seiten und hielt mich fest.

10.

Der Mistelzweig ruhte auf meinem Brustbein, und ich beobachtete, wie er sich unregelmäßig hob und senkte. Weder mein Herzschlag noch mein Atem hatten sich beruhigt, seit ich die Antwort des fremden Mannes in meiner Handfläche gelesen hatte.

Ich erinnerte mich nicht, was ich mit den Eimern voller gelber Blumen getan hatte. Jedenfalls musste ich irgendetwas mit ihnen gemacht haben, denn zur Mittagszeit standen auf der Ladefläche von Renatas Laster viele Sträuße Sonnenschein und rollten die Schnellstraße entlang, um einer Frau die Hochzeit so kurz vor Wintereinbruch zu erhellen. Ich war allein und hatte mich auf dem Arbeitstisch ausgestreckt. Renata hatte mich gebeten, mich um den Laden zu kümmern, aber niemand erschien. Für gewöhnlich war sonntags geschlossen. Ich hatte zwar die Tür offen gelassen, allerdings das Licht gelöscht. Das hieß, dass ich nicht im eigentlichen Sinne gegen Renatas Anweisungen verstieß, jedoch auch keine Kundschaft anlockte.

Trotz des kühlen Morgens war meine Stirn schweißnass. Ich war in einem an Todesangst grenzenden Zustand der Begeisterung erstarrt. Jahrelang waren meine Blumenbotschaften hartnäckig missachtet worden, ein Grund, warum meine Art, mich mitzuteilen, mir Sicherheit vermittelte. Leidenschaft, Vertrautheit, Widerspruch oder Zurückweisung – nichts von alldem war möglich in einer Sprache, in der einem niemand antwortete. Doch dieser kleine Mistelzweig änderte alles, falls der, der ihn mir gegeben hatte, seine Bedeutung verstand.

Ich versuchte, mich zu beschwichtigen, indem ich einen Zufall herbeiredete. Der Mistelzweig galt als romantische Pflanze. Vermutlich malte er sich aus, wie ich ihn mit einem roten Band am Holzgerüst seiner Bude befestigte und mich darunterstellte, um mich von ihm küssen zu lassen. Allerdings kannte er mich nicht gut genug, um auch nur zu erahnen, dass ich so viel Nähe niemals gestatten würde. Aber obwohl wir nur wenige Worte miteinander gewechselt hatten, wurde ich das Gefühl nicht los, dass er mich durchschaute. Ihm war klar, dass ein Kuss nicht in Frage kam.

Ich würde reagieren müssen. Falls er mir erneut eine Blume schenkte, deren Botschaft wieder genau passte, würde ich nicht länger leugnen können, dass er genau wusste, was er tat.

Mit zitternden Beinen kletterte ich vom Tisch und schleppte mich in die Kühlkammer, wo ich mich zwischen den kalten Blumen niederließ und mir eine Antwort zurechtlegte.

Renata kehrte zurück und fing an, mich in der Kühlkammer hin und her zu scheuchen. Es musste noch ein Auftrag, ein kleiner, ein Stück den Hügel hinunter ausgeliefert werden. Während ich die übrig gebliebenen gelben Blumen einsammelte, holte sie eine blaue Keramikvase.

»Wie viel?«, erkundigte ich mich, weil der Umfang der Sträuße vom Preis abhing.

»Das spielt keine Rolle. Aber sag ihr, sie kann die Vase nicht behalten. Ich hole sie nächste Woche ab.« Als ich mit dem Strauß fertig war, schob Renata mir einen Zettel zu, auf den sie die Adresse gekritzelt hatte. »Bring du ihn hin«, meinte sie.

Als ich, die schwere Vase in den Armen, aus der Tür trat, spürte ich, wie Renata mir etwas in den Rucksack steckte. Ich drehte mich um. Sie hatte schon hinter mir abgeschlossen und steuerte auf ihren Laster zu.

»Ich brauche dich erst nächsten Samstag um vier Uhr morgens wieder«, meinte sie und winkte zum Abschied. »Mach dich auf einen langen Tag gefasst. Keine Pausen.« Ich nickte und beobachtete, wie sie in ihren Wagen stieg und davonfuhr. Nachdem sie um die Ecke gebogen war, stellte ich die Vase ab und öffnete meinen Rucksack. Ich fand einen Umschlag mit vier nagelneuen Hundertdollarscheinen. *Bezahlung für die ersten beiden Wochen. Enttäusche mich nicht,* stand auf einem Zettel. Ich faltete das Geld zusammen und verstaute es in meinem BH.

Die Adresse gehörte zu einem Haus, nur zwei Straßen vom Flora entfernt, das aussah wie ein Bürogebäude. Die Glasfront des Ladenlokals war dunkel, und ich konnte nicht feststellen, ob die hier ansässige Firma sonntags geschlossen hatte oder nicht mehr bestand. Als ich klopfte, klapperten die Türscharniere aus Metall.

Im ersten Stock öffnete sich ein Fenster, und eine körperlose Stimme wehte zu mir hinunter. »Ich komme gleich. Lauf nicht davon.« Also ließ ich mich, die Blumen zu meinen Füßen, am Randstein nieder.

Zehn Minuten später öffnete sich langsam die Tür. Die Frau, die aufmachte, war nicht außer Atem. Sie griff nach den Blumen. »Victoria«, sagte sie. »Natalya.« Mit ihrer milchweißen Haut und den hellblauen Augen ähnelte sie Renata, nur dass ihr Haar schrillpink und tropfnass war. Ich reichte ihr die Blumen und wandte mich zum Gehen.

»Hast du es dir anders überlegt?«, fragte Natalya.

»Verzeihung?«

Natalya wich zurück, als wolle sie mich hereinbitten. »Wegen des Zimmers. Ich habe Renata gewarnt, dass es eher ein Wandschrank ist, aber sie meinte, das würde dich nicht stören.«

Ein Zimmer. Das Geld in meinem Rucksack. Renata hatte eine Lösung für mich arrangiert, und zwar ohne mir zu verraten, dass sie alles wusste. Mein erster Impuls war, vor dieser offenen Tür davonzulaufen. Doch die Erkenntnis, dass ich keine Ahnung hatte, wohin, siegte.

»Wie viel?«, erkundigte ich mich und trat einen Schritt zurück.

»Zweihundert im Monat. Du wirst schon noch sehen, warum.«

Sprachlos blickte ich die Straße hinauf und hinunter. Als ich mich wieder umdrehte, hatte Natalya den leeren Laden bereits durchquert und stieg eine steile Treppe hinauf. »Ob du mitkommst oder nicht, ist deine Sache, aber mach auf jeden Fall die Tür zu.«

Ich holte tief Luft, ließ beim Ausatmen die Lippen flattern und trat ein.

Die Zweizimmerwohnung über dem leeren Laden wirkte, als sei sie eigentlich als Bürofläche geplant gewesen. Ein dünner strapazierfähiger Teppichboden auf Beton und eine Küche mit einem langen Tresen und einem kleinen Kühlschrank. Das Fenster über der Kochzeile stand offen und bot Blick auf ein Flachdach.

»Offiziell darf ich das Zimmer nicht vermieten«, sagte Natalya und wies auf eine halbhohe Tür an der Wand neben dem Wohnzimmersofa. Sie schien zu einem Lagerraum oder einer Wassertherme zu führen. Natalya reichte mir einen Schlüsselbund mit sechs numerierten Schlüsseln. »Nummer eins«, verkündete sie.

Ich ging in die Knie, öffnete die niedrige Tür und kroch hinein. Das Zimmer war zu dunkel, um es sich anzuschauen. »An der Lampe hängt eine Schnur«, meinte Natalya. Ich tastete in der Finsternis herum, bis ich die Schnur im Gesicht spürte, und zog daran.

Eine nackte Glühbirne beleuchtete ein leeres blaues Zimmer, so blau wie die Palette eines Malers an Bord eines Schiffs auf hoher See und so strahlend wie von der Sonne beschienenes Wasser. Der Teppich war weiß und flauschig und wirkte beinahe lebendig. Fenster gab es keine. Der Raum war groß genug, um sich auf dem Boden auszustrecken, allerdings zu klein für ein Bett oder eine Kommode, selbst wenn ich Möbel hätte finden können, die durch die niedrige Tür passten. An einer Wand entdeckte ich eine Reihe von Messingscharnieren, und als ich genauer hinsah, stellte ich fest, dass sie den Abstand zwischen der Wand und einer Tür von gewöhnlicher Größe überbrückten. Licht drang durch die Ritze. Natalya hatte recht: Das Zimmer war buchstäblich ein Wandschrank.

»Meine letzte Mitbewohnerin litt an paranoider Schizophrenie«, erklärte Natalya und wies auf die Riegel. »Diese Tür führt in mein Zimmer. Das sind die Schlüssel zu allen Schlössern.« Sie wies auf den Schlüsselring in meiner Hand.

»Ich nehme es«, sagte ich, streckte die Hand ins Wohnzimmer und legte zwei Hundertdollarscheine auf die Armlehne des Sofas. Dann zog ich die kleine Tür zu, schloss ab und legte mich mitten hinein ins Blau.

11.

Bei Elizabeth wirkte der Himmel auf mich weiter. Er erstreckte sich von einer niedrigen Horizontlinie zur anderen. Sein Blau ging in die staubigen Hügel über und ließ das Gelb des Sommers matter aussehen. Der Himmel spiegelte sich im Wellblechdach des Gartenschuppens, in den abgerundeten Seiten des Wohnwagens und in den Pupillen von Elizabeths Augen. Die Farbe war so unentrinnbar und drückend wie Elizabeths Schweigen.

Ich saß in einem Liegestuhl auf einem Gartenweg und wartete darauf, dass Elizabeth aus der Küche zurückkehrte. An diesem Morgen hatte sie Pfannkuchen mit Pfirsi-

chen und Bananen gemacht, und ich hatte mich vollgestopft, bis ich bewegungsunfähig über dem Küchentisch
zusammengesackt war. Doch anstatt mich wie sonst mit
Fragen zu überhäufen, von denen ich manche sogar beantwortete, war Elizabeth beklemmend still gewesen. Sie
hatte in ihrem Essen herumgestochert, nur die gebratenen
Pfirsiche herausgezupft und den Rest des Pfannkuchens
in einem See aus Ahornsirup liegengelassen.

Ich schloss die Augen und lauschte dem Quietschen des
Stuhls, als sie ihn zurückschob, ihren Schritten auf dem
Holzboden und dem Klappern des Geschirrs in der Spüle. Aber anstelle des Plätscherns von Wasser, das sonst
darauf folgte, hörte ich das Surren einer Wählscheibe. Als
ich aufsah, lehnte Elizabeth am Küchenschrank und hielt
einen altmodischen Telefonhörer in der Hand. Sie zwir-
belte an dem spiralförmigen Kabel herum, das den Hörer
mit dem Gerät verband, und starrte auf die Wählscheibe,
als hätte sie die Nummer vergessen. Nach einer Weile betätigte sie sie wieder. Nach der sechsten Ziffer hielt sie
inne, verzog den Mund und legte mit einer heftigen Bewegung auf. Das Knallen des Hörers auf die Gabel er-
schütterte meinen übervollen Magen. Ich stöhnte auf.

Elizabeth fuhr zusammen, und als sie sich umdrehte,
schien sie überrascht, mich dort sitzen zu sehen. Offenbar hatte sie sich so sehr auf das Telefonat, das sie nicht
führen konnte, konzentriert, dass sie mich ganz vergessen hatte. Mit einem Aufseufzer zog sie mich vom Kü-
chenstuhl hoch und schob mich in den Garten, wo ich
nun auf sie wartete.

Schließlich trat sie, eine schlammige Schaufel und eine
dampfende Tasse in der Hand, aus der Hintertür.

»Trink das«, sagte sie und reichte mir die Tasse. »Das ist gut für die Verdauung.«

Ich hielt die Tasse zwischen den in Gaze gewickelten Händen. Obwohl es schon eine Woche her war, dass Elizabeth meine Stichwunden gereinigt und verbunden hatte, genoss ich die durch die Verbände erzwungene Hilflosigkeit. Elizabeth kochte und putzte, während ich den ganzen Tag untätig herumlag. Wenn sie mich fragte, wie meine Hände heilten, erwiderte ich, sie seien schlimmer geworden.

Ich pustete in den Tee, nahm vorsichtig einen Schluck und spuckte ihn aus.

»Er schmeckt mir nicht«, protestierte ich und kippte die Tasse nach vorne, so dass sich die Flüssigkeit vor meinem Liegestuhl auf den Gartenweg ergoss.

»Versuch es noch einmal«, antwortete Elizabeth. »Du wirst dich daran gewöhnen. Pfefferminzblüten stehen für warme Gefühle.«

Ich trank noch einmal. Diesmal behielt ich den Tee ein bisschen länger im Mund, bevor ich ihn über die Armlehne spuckte. »Du meinst wohl warmes Igitt.«

»Nein, warme Gefühle«, verbesserte mich Elizabeth. »Du weißt schon, das Prickeln, das man empfindet, wenn man einen Menschen sieht, den man mag.«

Dieses Gefühl kannte ich nicht. »Warme Kotze«, beharrte ich.

»Die Sprache der Blumen ist nicht verhandelbar, Victoria«, sagte Elizabeth, wandte sich ab und zog ihre Gartenhandschuhe an. Dann nahm sie die Schaufel und bearbeitete die Erde an der Stelle, wo ich auf meiner Suche nach dem Löffel ein Dutzend Pflanzen entwurzelt hatte.

»Was heißt nicht verhandelbar?«, fragte ich. Ich trank von dem Pfefferminztee, schluckte, verzog das Gesicht und wartete darauf, dass mein Magen sich wieder beruhigte.

»Dass es für jede Blume nur eine Definition, eine Bedeutung gibt. Rosmarin steht zum Beispiel für …«

»Erinnern«, sagte ich. »Von Shakespeare, wer auch immer das ist.«

»Ja«, entgegnete Elizabeth mit überraschter Miene. »Und Akelei …«

»Im Stich lassen.«

»Stechpalme?«

»Voraussicht.«

»Lavendel?«

»Argwohn.«

Elizabeth legte die Gartengeräte weg, zog die Handschuhe aus und kniete sich neben mich. Ihr Blick war so durchdringend, dass ich mich zurücklehnte, bis der Liegestuhl ins Kippen geriet. Elizabeths Hand fuhr nach vorne und hielt mich am Knöchel fest.

»Warum hat Meredith behauptet, dass du lernbehindert bist?«, erkundigte sie sich.

»Weil es stimmt«, erwiderte ich.

Sie packte mich am Kinn und drehte mein Gesicht herum, so dass sie mir in die Augen schauen konnte.

»Es stimmt nicht«, stellte sie fest. »Vier Jahre Grundschule, und du kannst noch immer kein einfaches Diktat schreiben. Meredith hat mich gewarnt. Sie meinte, wenn du weiterhin auf der Regelschule nicht mitkämst, würde sie dich in eine Förderschule schicken.«

In vier Jahren hatte ich sowohl die erste als auch die zweite Klasse wiederholt. Ich täuschte meine Unfähigkeit nicht vor, es hatte mich nur nie jemand gefragt, was ich wusste. Nach dem ersten Schuljahr galt ich als so hochgradig verstockt und aggressiv, dass man mir in jeder Schulklasse die Außenseiterrolle zuwies. Stapel von fotokopierten Arbeitsblättern brachten mir Buchstaben, Zahlen und einfache Rechenaufgaben bei. Das Lesen lernte ich mit Hilfe der Bilderbücher, die ich meinen Mitschülern aus dem Tornister stibitzte oder aus der Klassenbücherei stahl.

Einmal hatte ich mich einen Monat lang in der Hoffnung gewiegt, dass die Schule auch anders sein könnte. Als ich am ersten Tag an meinem winzigen, ordentlich aufgereihten Pult saß, bemerkte ich, dass sich zwischen mir und den übrigen Kindern kein sichtbarer Abgrund auftat. Ms. Ellis, meine Klassenlehrerin, sprach meinen Namen sanft und mit Betonung auf der mittleren Silbe aus und behandelte mich wie alle anderen auch. Sie setzte mich neben ein Mädchen, das noch kleiner war als ich. Ihre mageren Handgelenke streiften meine, wenn wir in Zweierreihen vom Klassenzimmer in den Pausenhof und wieder zurückgingen. Ms. Ellis fand außerdem, dass das Gehirn Nahrung brauchte. Täglich nach der Pause stellte sie einen Becher mit einer Sardine darin auf jedes Pult. Wenn die Sardine aufgegessen war, mussten wir den Becher umdrehen und nachschauen, was für ein Buchstabe auf dem Boden stand. Wer den Buchstaben benennen und aussprechen konnte und ein Wort kannte, das damit anfing, bekam eine zweite Sardine. Schon in der ersten Woche prägte ich mir alle Buchstaben und Ausspracheregeln ein und sicherte mir so die zweite Sardine.

Doch nach fünf Wochen in dieser Schule brachte Meredith mich bei einer neuen Familie in einem anderen Vorort unter.

Der bloße Gedanke an den glitschigen Fisch versetzte mich nun in Wut. Mein Zorn kippte Pulte um, zerschnitt Vorhänge und stahl Pausenbrote. Ich wurde vom Unterricht ausgeschlossen, kam in die nächste Familie und wurde abermals ausgeschlossen. Als jenes erste Schuljahr zu Ende ging, galt die allgemeine Aufmerksamkeit nur noch meinen gewalttätigen Ausbrüchen, während meine Schulbildung in Vergessenheit geriet.

Elizabeth drückte mir die Wangen zusammen. Ihr Blick forderte eine Antwort.

»Ich kann lesen«, sagte ich.

Elizabeth starrte mir weiter in die Augen, als wolle sie jede Lüge zutage fördern, die ich je von mir gegeben hatte. Ich schloss die Augen, bis sie mich losließ.

»Nun, das ist schön zu wissen«, meinte sie. Kopfschüttelnd wandte sie sich wieder der Gartenarbeit zu und zog ihre Handschuhe an, bevor sie die von mir entwurzelten Pflanzen in flachen Gruben versenkte. Ich beobachtete, wie Elizabeth die oberste Erdschicht ersetzte und rings um jeden Stamm sanft festklopfte. Als sie fertig war, schaute sie auf. »Ich habe Perla eingeladen, um mit dir zu spielen. Ich muss mich ausruhen, und für dich wäre es gut, wenn du eine Freundin fändest, bevor morgen die Schule beginnt.«

»Perla wird nie meine Freundin sein«, entgegnete ich.

»Du kennst Perla doch gar nicht!«, seufzte Elizabeth auf. »Woher willst du dann wissen, ob sie deine Freundin wird oder nicht?«

Ich wusste es deshalb, weil ich in neun Jahren noch nie

eine Freundin gehabt hatte. Das hatte Meredith Elizabeth doch sicher erzählt. Sie sagte es nämlich all meinen Pflegemüttern. Die warnten daraufhin die anderen Kinder im Haus, sie sollten sich beim Essen beeilen und ihre an Halloween ergatterten Süßigkeiten tief unter dem Kopfkissen verstecken.

»Und jetzt komm mit. Wahrscheinlich wartet sie schon am Tor.«

Elizabeth führte mich durch den Garten zu dem niedrigen weißen Lattenzaun am anderen Ende, wo Perla bereits stand. Obwohl sie aus dieser geringen Entfernung sicher jedes Wort gehört hatte, wirkte sie nicht verärgert, sondern eher voller Hoffnung. Sie war nur wenige Zentimeter größer als ich und hatte einen weichen, runden Körper. Ihr T-Shirt war zu eng und zu kurz. Limettengrüner Stoff spannte sich über ihrem Bauch und endete oberhalb des Taillenbündchens ihrer Hose. Tiefrote Striemen verliefen rund um ihre Arme, wo die Gummibündchen ihrer Puffärmel gesessen hatten, bevor sie ihr in die Achselhöhlen gerutscht waren. Sie zerrte sie hervor und zog die Ärmel nacheinander hinunter.

»Guten Morgen«, sagte Elizabeth. »Das ist meine Tochter Victoria. Victoria, das ist Perla.« Als ich das Wort *Tochter* hörte, bekam ich wieder Magenschmerzen. Ich wirbelte Elizabeth eine Staubwolke entgegen, bis sie mir mit dem rechten Schuh auf beide Füße trat und ihre Finger in mein Genick krallte. Ihre Berührung brannte mir auf der Haut.

»Hallo, Victoria«, sagte Perla schüchtern. Sie nahm ihren dicken schwarzen Haarzopf von der Schulter und kaute an dem bereits feuchten Ende herum.

»Gut«, stellte Elizabeth fest, als hätten Perlas ruhige Worte und mein hartnäckiges Schweigen etwas besiegelt. »Ich gehe jetzt rein und lege mich hin. Victoria, du bleibst hier draußen und spielst mit Perla, bis ich dich rufe.«

Ohne eine Antwort abzuwarten, ging sie ins Haus. Perla und ich standen allein da und starrten vor uns hin. Nach einer Weile streckte Perla zögernd die Hand aus und berührte mit einem pummeligen Finger die Spitzen meiner verbundenen Hände. »Was ist denn mit dir passiert?«

Von dem plötzlichen verzweifelten Bedürfnis ergriffen, meine Hände zu benutzen, zerrte ich mit den Zähnen an der Gaze. »Dornen«, sagte ich. »Mach den Verband ab.«

Perla zupfte an den Rändern des Klebebands, und ich schüttelte den Stoff weg. Die Haut darunter war bleich und schrumpelig, die Krusten hatten sich in kleine, trockene Kreise verwandelt. Ich kratzte mit dem Fingernagel an einer Kruste. Sie löste sich mühelos und schwebte zu Boden.

»Wir werden morgen in der Schule in derselben Klasse sein«, sagte Perla. »Es gibt nur eine vierte Klasse.«

Ich antwortete nicht. Elizabeth dachte, dass ich in die Schule gehen würde. Allerdings dachte sie auch, dass ich ihre Tochter sein würde und dass sie mich zwingen konnte, eine Freundin zu haben. Doch sie hatte sich in all diesen Dingen schwer geirrt. Als ich auf den Gartenschuppen zusteuerte, hörte ich hinter mir Perlas schwere Schritte. Ich wusste nicht, was ich eigentlich vorhatte, aber plötzlich wollte ich Elizabeth klarmachen, wie sehr sie sich in mir täuschte. Ich schnappte mir ein Messer und eine Schere von einem Regal vor dem Schuppen und schlich am Rand des Gartens entlang.

Auf der anderen Seite des Mandelbaums folgte ich einer Reihe grauer und grüner Sukkulenten, bis sie im Kies endete. Hier, wo die staubige unbefestigte Straße mit dem üppig grünen Garten zusammentraf, stand ein gewaltiger, verästelter Kaktus. Er war größer als Merediths Dienstwagen und hatte einen braunen, schuppigen Stamm, der aussah wie wieder und wieder zerkratzt von den eigenen Stacheln. Die Äste erinnerten an eine Ansammlung flacher Hände, von denen eine – rechts, links, rechts und dann wieder links – aus der anderen herauswuchs, so dass jede im Gleichgewicht blieb und kerzengerade hoch in den Himmel ragte. Ich wusste, was ich tun würde.

»Nopales«, meinte Perla und zeigte auf den Kaktus. »Feigenkaktus.«

»Was?«

»Das ist ein Feigenkaktus. Siehst du die Früchte ganz oben? In Mexiko kann man sie auf dem Markt kaufen. Sie schmecken gut, solange man sie ordentlich schält.«

»Abschneiden«, befahl ich.

Perla rührte sich nicht. »Was? Das ganze Ding?«

Ich schüttelte den Kopf. »Nur den Ast mit den Früchten. Ich will ihn Elizabeth geben. Aber du musst es machen, sonst tue ich mir wieder an den Händen weh.« Perla bewegte sich noch immer nicht, sondern blickte den Kaktus hinauf, der zweimal so groß war wie sie. Flammend rote Früchte wuchsen wie geschwollene Finger aus jeder Handfläche. Ich hielt Perla das Messer so hin, dass die stumpfe Klinge auf ihren Unterleib wies.

Sie streckte die Hand aus, prüfte die Klinge mit dem weichen Finger, kam dann einen Schritt näher und nahm das Messer beim Griff.

»Wo?«, fragte sie leise. Ich deutete auf eine Stelle dicht oberhalb des braunen Stamms, wo ein langer grüner Arm begann. Perla drückte die Klinge an den Kaktus und schloss die Augen, bevor sie sich mit ihrem ganzen Körpergewicht dagegenstemmte. Die Rinde war zwar hart, doch nachdem sie die äußere Schicht durchtrennt hatte, drang das Messer mühelos ein, und der Ast fiel herunter. Als ich auf die Früchte zeigte, sägte Perla jede einzelne ab. Sie lagen auf dem Boden. Roter Saft sickerte heraus.

»Warte hier«, wies ich sie an und rannte durch den Garten zurück zu der Stelle, wo ich die schmutzige Gaze weggeworfen hatte.

Bei meiner Rückkehr hatte Perla sich nicht von der Stelle gerührt. Ich hielt die Früchte mit der Gaze fest, griff nach dem Messer und entfernte vorsichtig die Stacheln von den Kaktusfeigen, als würde ich ein totes Tier häuten. Dann streckte ich Perla die reifen, essbaren Früchte entgegen.

»Hier«, sagte ich. Sie musterte mich verdattert.

»Ich dachte, du wolltest sie haben«, wunderte sie sich. »Für Elizabeth.«

»Dann bring du sie ihr, wenn du möchtest«, entgegnete ich. »Ich brauche nur das hier.« Ich wickelte die mit Stacheln besetzten Streifen Schale in die Gaze.

»Jetzt geh nach Hause«, meinte ich.

Beide Hände um die Früchte geschlossen, trollte Perla sich langsamen Schrittes. Dabei seufzte sie, als hätte sie sich für ihre Treue mehr von mir erwartet.

Ich hatte ihr nichts zu geben.

12.

Natalya war Renatas jüngste Schwester. Insgesamt waren sie zu sechst, alles Mädchen. Renata war die Zweitälteste, Natalya die Jüngste. Ich brauchte eine Woche, um das zu erfahren, wofür ich dankbar war. Meistens schlief Natalya bis in den späten Nachmittag hinein, und wenn sie wach war, redete sie nicht viel. Einmal meinte sie, sie wolle ihre Stimme nicht vergeuden. Dass sie ein Gespräch mit mir als Stimmverschwendung einstufte, störte mich nicht.

Natalya war Sängerin in einer Punkband, die es – wie sie sagte – nur in einem Umkreis von zwanzig Häuserblocks rings um die Wohnung zu etwas gebracht hatte. Sie hatten viele Anhänger im Mission District und ein paar Fans in der Gegend von Dolores Park, waren jedoch in den übrigen Stadtvierteln, ganz zu schweigen von anderen Städten, völlig unbekannt. Die Band probte im Erdgeschoss. Der restliche Häuserblock bestand nur aus Bürogebäuden, einige vermietet, andere leer stehend. Jedenfalls schlossen alle um fünf. Natalya überreichte mir eine Schachtel Ohrstöpsel und einen Haufen Kissen, mit deren Hilfe ich die Lautstärke der Musik auf die Klangvibrationen im Teppich senken konnte, der sich dadurch noch lebendiger anfühlte. Da die Proben meistens erst nach Mitternacht begannen, blieben mir vor dem Aufstehen nur wenige Stunden, um einigermaßen ungestört zu schlafen.

Obwohl ich erst am folgenden Samstag wieder arbeiten würde, ging ich in dieser Woche jeden Morgen zu Fuß durch die Straßen zum Blumenmarkt und beobachtete, wie die Großhändler überladene Laster rückwärts in den belebten Parkplatz rangierten. Ich hielt nicht Ausschau nach dem geheimnisvollen Blumenhändler; wenigstens sagte ich mir das. Wenn ich ihn sah, schlüpfte ich in eine Seitengasse und rannte, bis ich außer Atem war.

Als es Samstag wurde, hatte ich mich für eine Antwort entschieden. Löwenmaul. *Anmaßung.* Um vier, eine Stunde vor Renata, traf ich am Blumenmarkt ein. Ich war mit einem Fünfdollarschein bewaffnet und hatte eine neue, senfgelbe Strickmütze tief in die Stirn gezogen.

Der Blumenhändler beugte sich gerade vor, um Bündel von Lilien, Rosen und Ranunkeln in weißen Plastikeimern zu verstauen, und sah mich deshalb nicht kommen. Ich nützte die Zeit, um ihm die unverhohlene Musterung meines Körpers bei unserer ersten Begegnung heimzuzahlen, und betrachtete ihn vom Nacken bis hinunter zu den schlammigen Arbeitsstiefeln. Er trug dasselbe schwarze Kapuzensweatshirt wie am ersten Tag, nur dass es inzwischen schmutziger war, und dazu eine fleckige weiße Arbeitshose. Es war eine mit einer Schlaufe, um einen Hammer darin einzuhaken, doch die Schlaufe war leer. Als er sich aufrichtete, stand ich vor ihm. Meine Arme quollen über vor Löwenmäulchen. Ich hatte fünf Dollar für die Blumen ausgegeben und zum Großhandelspreis sechs gemischte Sträuße in Violett, Rosa und Gelb bekommen. Die Blumen hielt ich so, dass meine Mütze dort endete, wo die Blüten anfingen; mein Gesicht war völlig verborgen.

Als seine Hände sich um die Enden der Stengel schlossen, berührten sich unsere Finger. Seine Haut hatte die Temperatur des frühmorgendlichen Novemberhimmels.

Kurz hatte ich das Bedürfnis, sie zu wärmen. Nicht mit meinen Händen, die genauso kalt waren, sondern mit meiner Mütze oder meinen Socken, etwas, das ich zurücklassen konnte. Er zog die Blumen weg, bis ich ungeschützt seinen Blicken ausgesetzt war. Meine Wangen glühten rosig. Rasch ging ich davon.

Renata erwartete mich aufgelöst und hektisch an der Tür. Sie musste wieder eine große Hochzeit beliefern; die Braut hatte Hollywoodallüren und traktierte sie mit übertriebenen Forderungen. Sie hatte Renata eine ellenlange Liste von Blumen mitgegeben, die sie mochte beziehungsweise ablehnte. Hinzu kamen Farbmuster und genaue Durchmesserangaben in Zentimetern. Renata zerriss die Liste in zwei Hälften und reichte mir eine, zusammen mit einem Geldkuvert.

»Bezahl bloß nicht den vollen Preis!«, rief sie mir nach, als ich loslief. »Sag, dass sie für mich sind.«

Am nächsten Tag schickte Renata mich allein zum Blumenmarkt. Bis fünf Uhr hatten wir für eine um sechs Uhr angesetzte Hochzeit Blumen arrangiert und Sträuße gebunden, bis sie, völlig erschöpft, beschlossen hatte, einmal so richtig auszuschlafen. Inzwischen war der Laden auch sonntags geöffnet. Renata hatte ein neues Schild gemalt und allen Stammkunden mitgeteilt, dass ich da sein würde. Sie drückte mir Geld, ihren Großmarktausweis und einen Schlüssel in die Hand. Nachdem sie ihre Privatnummer mit Klebestreifen an der Kasse befestigt hatte, wies sie mich an, sie unter gar keinen Umständen zu stören.

Als ich am Blumenmarkt eintraf, war es noch dunkel, so

dass ich beinahe nicht bemerkt hätte, dass er rechts neben dem Eingang stand. Er rührte sich nicht, hatte keine Blumen bei sich und hielt den Kopf gesenkt. Doch seine Augen waren abwartend nach vorne gewandt. Den Blick auf die Klinke gerichtet, marschierte ich zielstrebig zur Tür. Obwohl es drinnen laut und geschäftig zuging, herrschte draußen beinahe Totenstille. Als ich an ihm vorbeiging, hob er die Hand und hielt mir eine von einem gelben Band zusammengebundene Papierrolle hin. Ich nahm sie, ohne stehen zu bleiben, wie ein Staffelläufer die Stafette und öffnete die Tür. Lautes Stimmengewirr schlug mir entgegen. Ich schaute mich noch einmal schnell um. Er war fort.

Sein Stand war menschenleer. Ich kauerte mich hinter den weißen Holzverschlag, knotete das Band auf und entrollte das Papier. Es war offenbar alt, vergilbt und brüchig an den Ecken und ließ sich nicht glatt streichen. Also fixierte ich die beiden unteren Ecken mit den großen Zehen, die oberen mit den Daumen.

Auf der Seite befand sich eine verblasste Bleistiftzeichnung, die keine Blume, sondern einen Baumstamm mit rauher, abblätternder Rinde darstellte. Ich fuhr mit dem Finger über die Rinde, und obwohl das Papier glatt war, war die Zeichnung so naturgetreu, dass ich die knorrigen Knoten beinahe fühlen konnte. Am rechten unteren Rand stand in geschwungener Schrift das Wort *Silberpappel*.

Silberpappel. Die Bedeutung dieser Pflanze kannte ich nicht. Ich nahm den Rucksack ab und holte mein Blumenlexikon heraus. Zuerst sah ich unter S, dann unter P nach, doch es waren weder Pappeln noch Silberpappeln verzeichnet. Falls der Baum eine Botschaft vermittelte, würde mein Lexikon sie mir nicht verraten. Als ich die Seite zusammenrollte und wieder mit dem Band verschnüren wollte, hielt ich mitten im Binden inne.

In der kritzeligen Handschrift, die ich von den Preisangaben auf der Tafel kannte, war etwas auf die Innenseite des Bandes geschrieben: *Montag, fünf Uhr, 16. Straße, Ecke Mission Street. Donuts zum Abendessen.* Die schwarze Tinte war in die Seide eingesickert, so dass man die Wörter kaum lesen konnte. Doch Uhrzeit und Ort waren eindeutig auszumachen.

An diesem Morgen kaufte ich Blumen, ohne nachzudenken oder zu verhandeln. Und als ich eine Stunde später den Laden betrat, war ich überrascht von den Dingen, die ich mitgebracht hatte.

Zu meiner Erleichterung gab es am Vormittag nicht viel zu tun. Ich saß auf einem Barhocker hinter der Kasse und blätterte ein schweres Telefonbuch durch. Als ich die Nummer der San Francisco Public Library wählte, wurde eine lange Tonbandnachricht abgespielt. Ich hörte sie zweimal ab und notierte mir Öffnungszeiten und Adressen auf den Handrücken. Die Hauptfiliale schloss sonntags um fünf, genau wie das Flora. Also würde ich bis Montag warten müssen. Dann würde ich, abhängig von der Bedeutung, die ich entschlüsselte, entscheiden, ob ich mich auf ein paar Donuts mit ihm traf.

Kurz vor Ladenschluss, ich hatte gerade die Blumen aus dem Schaufenster in die Kühlkammer geräumt, öffnete sich die Tür. Eine einsame Frau stand da und schaute sich verdattert im leeren Laden um.

»Kann ich Ihnen helfen?«, fragte ich. Ich war ungeduldig und wollte endlich gehen.

»Sind Sie Victoria?«, fragte sie.

Ich nickte.

»Earl schickt mich. Ich soll Ihnen ausrichten, er brauche wieder das Gleiche und mehr davon.« Sie gab mir dreißig Dollar. »Der Rest ist für Sie.«

Ich legte das Geld auf die Theke und ging in die Kühlkammer, wobei ich mich fragte, ob wir noch genügend Chrysanthemen hatten. Beim Anblick des gewaltigen Büschels, meiner Ausbeute von diesem Vormittag, lachte ich auf. Das restliche Immergrün stand vergessen auf dem Boden, wo ich es eine Woche zuvor hingestellt hatte. Da Renata die Pflanze nicht gegossen hatte, war sie trocken, aber noch nicht eingegangen.

»Warum ist Earl nicht selbst gekommen?«, fragte ich, während ich anfing, den Strauß zu binden.

Der Blick der Frau huschte zwischen meinen arbeitenden Händen und dem Fenster hin und her. Sie hatte die Lebenskraft eines Vogels im Käfig.

»Er wollte, dass ich Sie kennenlerne.«

Ich schwieg und hob auch nicht den Kopf. Aus dem Augenwinkel sah ich, dass sie an den Ansätzen ihres rötlich braunen Haars zupfte. Vermutlich sollte die Farbe graue Strähnen überdecken.

»Er dachte, Sie könnten vielleicht einen Strauß für mich zusammenstellen. Etwas Besonderes.«

»Für welchen Anlass?«, erkundigte ich mich.

Sie hielt inne und schaute wieder aus dem Fenster. »Ich bin alleinstehend und möchte, dass sich das ändert.«

Ich blickte mich um. Mein Erfolg bei Earl hatte mein

Selbstbewusstsein gestärkt. Sie brauchte rote Rosen und Flieder, beschloss ich, was ich jedoch beides nicht gekauft hatte. Für gewöhnlich ließ ich die Finger von diesen Blumen. »Nächsten Samstag«, meinte ich. »Könnten Sie wiederkommen?«

Sie nickte. »Der Himmel weiß, dass ich gelernt habe zu warten«, erwiderte sie und verdrehte die Augen. Schweigend beobachtete sie, wie meine Finger rasch mit den Chrysanthemen hantierten. Als sie zehn Minuten später ging, wirkte sie leichter und lief die Straße entlang zu Earls Haus wie eine viel jüngere Frau.

Am nächsten Morgen fuhr ich mit dem Bus zur Hauptfiliale der Bibliothek und setzte mich auf die Treppe, bis sie öffnete. Ich brauchte nicht lange, um das Gesuchte zu finden. Die Bücher über die Sprache der Blumen standen in der obersten Etage, eingezwängt zwischen viktorianischer Lyrik und einer umfangreichen Auswahl an Gartenbüchern. Es waren mehr, als ich erwartet hatte. Die Palette reichte von alten, mürben Bänden wie dem, den ich bei mir hatte, bis hin zu illustrierten Taschenbüchern, die von antiken Couchtischen zu stammen schienen. All diese Bücher hatten eines gemeinsam – sie sahen aus, als hätte sie seit Jahren niemand mehr angerührt. Elizabeth hatte mir erzählt, die Sprache der Blumen sei früher Allgemeingut gewesen. Es hatte mich schon immer gewundert, dass sie in der Versenkung verschwunden war. Ich stapelte so viele Bücher auf meine zitternden Arme, wie ich tragen konnte.

Am nächstbesten Tisch schlug ich einen in Leder gebundenen Folianten auf, dessen einst vergoldeter Titel zu

Goldstaub verblasst war. Die Leihkarte, die darin steckte, war vor meiner Geburt zum letzten Mal abgestempelt worden. Das Buch enthielt die vollständige Geschichte der Sprache der Blumen. Am Anfang war das ursprüngliche Wörterbuch der Blumensprache abgedruckt, das im neunzehnten Jahrhundert in Frankreich erschienen war. Es führte auch eine lange Liste von Mitgliedern des Königshauses auf, die einander in der Sprache der Blumen den Hof gemacht hatten, und schilderte in allen Einzelheiten die ausgetauschten Sträuße. Ich überflog das kurze Blumenwörterbuch am Ende des Bandes. Silberpappeln wurden nicht erwähnt.

Ich blätterte ein weiteres halbes Dutzend Bücher durch, und meine Angst wuchs mit jedem Band. Obwohl ich mich vor der Botschaft des fremden Mannes fürchtete, machte es mir noch größere Angst, dass ich die Antwort vielleicht nicht finden und deshalb nie erfahren würde, was er mir hatte sagen wollen. Nach einer etwa zwanzigminütigen Suche stieß ich endlich auf die gewünschte Information. Es war nur ein einziges Wort zwischen Löwenmaul und Pflaume: *Zeit*. Erleichtert, aber auch verwirrt, atmete ich auf.

Ich schloss das Buch und lehnte die Stirn an den kühlen Einband. *Zeit* als Reaktion auf *Anmaßung* war zweideutiger, als ich erhofft hatte. Die Zeit wird es zeigen? Gib mir Zeit? Seine Antwort war unklar. Er war offenbar nicht bei Elizabeth in die Lehre gegangen. Ich schlug das nächste Buch und dann noch eines auf, in der Hoffnung, eine ausführlichere Definition der Silberpappel zu entdecken. Doch eine Durchsicht der ganzen Sammlung förderte keine weiteren Ergebnisse zutage. Das wunderte mich nicht. Immerhin war die Pappel ein Baum, eine Pflanze also, die sich aber nicht unbedingt zum Übermitteln romantischer Botschaften eignete. Man drückte seine Sehnsüchte nicht dadurch aus, dass man jemandem ein Zweiglein oder einen langen Rindenstreifen überreichte. Ich wollte die Bücher schon wieder zurückstellen, als mir ein kleines Taschenbuch ins Auge stach. Auf dem Einband waren Zeichnungen von Blumen in einem kleinen Gitterrost abgebildet. Unter jeder Zeichnung stand in winziger Schrift die Bedeutung. Die unterste Reihe zeigte detailgetreue Zeichnungen von Rosen in allen Farben. *Eifersucht,* lautete der Schriftzug unter der verblassten gelben Rose.

Bei jeder anderen Blume wäre mir der Widerspruch nicht aufgefallen. Doch ich hatte die Trauer nie vergessen, die sich in Elizabeths Gesicht gezeigt hatte, wenn sie auf ihre gelben Rosenbüsche wies. Auch nicht die Sorgfalt, mit der sie im Frühjahr alle jungen Knospen abschnitt und sie in einem Haufen am Gartenzaun verwelken ließ. Wenn man *Untreue* durch *Eifersucht* ersetzte, veränderte sich die Bedeutung vollständig: Das eine war eine Handlung, das andere nur ein Gefühl. Ich öffnete das kleine Buch, überflog die Seiten, legte es weg und griff nach einem anderen.

Stunden vergingen, während ich Hunderte von Seiten neuer Informationen in mich aufsog. Wie erstarrt saß ich da. Nur die Seiten der Bücher bewegten sich. Ich schlug eine Blume nach der anderen nach und verglich alles, was ich mir eingeprägt hatte, mit den Definitionen in den Wörterbüchern auf dem Tisch.

Schließlich hatte ich verstanden: Elizabeth hatte sich in der Sprache der Blumen ebenso geirrt wie in mir.

13.

Elizabeth saß auf der Vortreppe und badete ihren Fuß in einer Schüssel mit Wasser. Von der Bushaltestelle aus, wo ich stand, sah sie klein aus. Ihre nackten Knöchel waren blass.

Als ich näher kam, hob sie den Kopf. Ich wurde von Angst ergriffen – sie war noch nicht fertig mit mir, so viel war klar. An diesem Morgen hatten mir Elizabeths Aufschrei und das laute Poltern eines Holzabsatzes auf dem Linoleumboden verraten, dass sie die Kaktusstacheln gefunden hatte. Ich stand auf, zog mich an und eilte nach unten. Aber als ich in die Küche kam, saß Elizabeth schon am Tisch und verspeiste in aller Seelenruhe ihren Haferbrei. Bei meinem Eintreten schaute sie nicht auf und sagte kein Wort, als ich mich an den Tisch setzte.

Dass sie nicht reagierte, brachte mich in Rage. *Was hast du mit mir vor?*, schrie ich. Elizabeths Erwiderung zog mir den Boden unter den Füßen weg. Der Kaktus, entgegnete sie mit einem spöttischen Funkeln in den Augen, stehe für brennende Liebe. Obwohl ihre Schuhe vermutlich endgültig ruiniert seien, wisse sie die Geste zu schätzen. Ich schüttelte heftig den Kopf. Aber Elizabeth erinnerte mich an das, was sie mir im Garten erklärt hatte: Jede Pflanze habe nur eine einzige Bedeutung, um Missverständnisse auszuschließen. Ich griff nach meinem Tornister und ging zur Tür. Doch Elizabeth folgte mir und hielt mir einen Strauß an den Nacken. *Möchtest du meine Antwort nicht sehen?*, fragte sie. Ich wirbelte herum und betrachtete die winzigen violetten Blütenblätter. *Sonnenwende*, fügte sie hinzu. *Hingebungsvolle Zuneigung.*

Da ich den Atem angehalten hatte, stieß ich den nächsten Satz mit einem zornigen Zischen hervor.

Kaktus heißt, dass ich dich hasse, flüsterte ich und knallte ihr die Tür vor der Nase zu.

Nach einem langen Schultag war mein Zorn zu etwas verblasst, was an Bedauern erinnerte. Doch Elizabeth lächelte bei meinem Anblick so erfreut, als hätte sie meine Hassbekundung vor nur wenigen Stunden völlig vergessen.

»Wie war dein erster Schultag?«, fragte sie.

»Scheußlich«, erwiderte ich. Ich nahm zwei Stufen auf einmal und streckte die Beine, so weit ich konnte, um an Elizabeth vorbeizukommen. Doch ihre knochigen Finger schossen nach vorne und schlossen sich um meinen Knöchel.

»Setz dich«, befahl sie. Ihr fester Griff verhinderte meinen Fluchtversuch. Also drehte ich mich um und ließ mich eine Stufe unter ihr nieder, um ihrem Blick auszuweichen. Aber sie zog mich am Kragen hoch, so dass ich sie ansehen musste.

»Schon besser«, meinte sie und gab mir einen Teller mit einer aufgeschnittenen Birne und einem Muffin darauf. »Jetzt iss. Ich habe eine Aufgabe für dich, die wahrscheinlich den ganzen Nachmittag in Anspruch nehmen wird. Also fängst du am besten gleich nach dem Essen an.« Es ärgerte mich, dass Elizabeth eine gute Köchin war. Sie versorgte mich so ausgezeichnet, dass ich den Schmelzkäse in meiner Schreibtischschublade noch nicht hatte anrühren müssen. Die Birnenscheiben auf meinem Teller waren geschält und vom Kerngehäuse befreit. Der Muffin strotzte von warmen Bananenstücken und geschmolzenen Erdnussbutterklümpchen. Ich aß ihn bis auf den letzten Bissen auf und trank anschließend ein Glas Milch.

»So«, meinte sie. »Jetzt müsstest du gestärkt genug sein, um so lange zu arbeiten, wie nötig ist, um jeden einzelnen Stachel aus meinen Schuhsohlen zu entfernen.« Sie reichte mir ein Paar Lederhandschuhe, die für meine Hände viel zu groß waren, eine Pinzette und eine Taschenlampe. »Wenn du fertig bist, ziehst du die Schuhe an und gehst dreimal die Treppe rauf und runter, damit ich sehe, ob du auch erfolgreich warst.«

Ich schleuderte die Handschuhe die Treppe hinunter, dass sie wie vergessene Hände im Staub landeten. Dann steckte ich die bloßen Hände in die dunkle Höhle ihres Schuhs und tastete mit den Fingern das weiche Leder nach Stacheln ab. Wenn ich auf einen stieß, umfasste ich ihn mit den Fingernägeln, zog ihn heraus und warf ihn auf den Boden.

Elizabeth beobachtete mich, während ich ruhig und konzentriert mit meiner Tätigkeit fortfuhr: erst die Unterseite jedes Schuhs, dann die Seiten und zu guter Letzt die Schuhspitze. Der Schuh, den Elizabeth angezogen hatte, bereitete mir die größte Mühe, denn ihr Gewicht hatte die Stacheln ganz durch das Leder getrieben. Wie eine achtlose Chirurgin hebelte ich jeden Stachel mit der Pinzette heraus.

»Was dann, wenn nicht brennende Liebe?«, erkundigte sich Elizabeth, als ich beinahe fertig war. »Wenn du nicht deine ewige Hingabe und leidenschaftliche Treue zu mir ausdrücken wolltest, was dann?«

»Das habe ich dir schon vor der Schule gesagt«, entgegnete ich. »Kaktus heißt, dass ich dich hasse.«

»Tut es eben nicht«, gab Elizabeth mit Nachdruck zurück.
»Ich kann dir zeigen, welche Blume für Hass steht. Allerdings ist das Wort Hass ziemlich ungenau. Hass kann leidenschaftlich oder eiskalt sein. Er kann aus Abneigung, aber auch aus Angst entstehen. Wenn du mir genau erklärst, was du empfindest, kann ich dir helfen, die richtige Blume zu finden, um deine Gefühle zu äußern.«

»Ich mag dich nicht«, erwiderte ich. »Ich mag es nicht, wenn du mich aussperrst oder mich ins Spülbecken schubst. Ich mag es nicht, wenn du mich am Rücken anfasst oder nach meinem Gesicht greifst oder mich zwingst, mit Perla zu spielen. Ich mag deine Blumen, deine Botschaften und deine knochigen Finger nicht. Ich mag überhaupt nichts an dir, und an der Welt mag ich auch nichts.«

»Viel besser!« Elizabeth schien von meinem hasserfüllten Monolog tatsächlich beeindruckt. »Die Blume, die du suchst, ist eindeutig die Gemeine Distel, die Misanthropie symbolisiert. Misanthropie bedeutet Hass oder Argwohn gegenüber der Menschheit als solcher.«

»Heißt Menschheit alle Leute?«

»Ja.«

Ich dachte darüber nach. *Misanthropie.* Noch nie hatte jemand meine Gefühle in einem einzigen Wort zusammengefasst. Ich wiederholte es, bis ich sicher war, dass ich es nicht mehr vergessen würde.

»Hast du welche da?«

»Ja«, antwortete sie. »Wenn du deine Aufgabe erledigt hast, suchen wir gemeinsam. Ich muss noch ein Telefonat führen und bin in der Küche, bis ich es hinter mir habe. Wenn wir beide fertig sind, schauen wir uns zusammen nach einer Distel um.«

Elizabeth humpelte ins Haus. Nachdem die Fliegengittertür zugefallen war, kauerte ich mich unter das Fenster. Dabei tastete ich weiter das weiche Leder von Elizabeths Schuhen nach zurückgebliebenen Stacheln ab. Wenn Elizabeth nun endlich den Anruf tätigte, den sie seit Tagen vor sich herschob, wollte ich zuhören. Ich fand es spannend, dass Elizabeth, die niemals über ein Wort zu stolpern schien, etwas auf dem Herzen hatte, das sie offenbar nicht ausdrücken konnte. Als ich durchs Fenster spähte, sah ich Elizabeth an der Küchentheke sitzen. Rasch wählte sie eine siebenstellige Nummer, lauschte dem ersten Läuten und legte auf. Langsam wählte sie wieder. Diesmal drückte sie den Hörer ans Ohr. Von meinem Beobachtungsposten am Fenster aus konnte ich erkennen, dass sie die Luft anhielt. Sie wartete eine ganze Weile.

Endlich begann Elizabeth zu sprechen. »Catherine.« Sie presste die Hand auf den Hörer und stieß ein Geräusch aus, das gleichzeitig ein Seufzer und ein Aufschluchzen war. Ich stellte fest, dass sie sich die Augenwinkel abwischte. Dann hielt sie sich die Sprechmuschel wieder an den Mund. »Ich bin es, Elizabeth.« Erneut verstummte sie. Ich spitzte aufmerksam die Ohren, um die Stimme der Person am anderen Ende der Leitung zu hören, aber ich konnte es nicht. Währenddessen fuhr Elizabeth mit zitternder Stimme fort. »Ich weiß, dass es fünfzehn Jahre her ist. Wahrscheinlich hast du gedacht, dass ich mich nie wieder melden würde. Offen gestanden hatte ich das auch fest vor. Doch inzwischen habe ich eine Tochter und muss ständig an dich denken.«

In diesem Moment wurde mir klar, dass Elizabeth nicht

mit einem Menschen redete, sondern mit einem Anrufbeantworter. Sie wurde immer schneller, und ihre Worte überschlugen sich.

»Weißt du«, sagte sie, »wenn eine meiner Freundinnen ein Baby bekommt, ruft sie als Erstes ihre Mutter an. Sie wollen ihre Mütter bei sich haben – selbst die Freundinnen, die ihre Mütter hassen.« Elizabeth lachte auf, und ihre bis fast zu den Ohren hochgezogenen Schultern lockerten sich. Sie wickelte sich das spiralförmige Kabel um den Finger. »Mittlerweile verstehe ich das. Allerdings auf eine völlig andere Weise. Da unsere Eltern tot sind, habe ich nur noch dich, und ich denke ständig an dich – ich kann an fast nichts anderes mehr denken.« Elizabeth verstummte. Vielleicht überlegte sie, was sie als Nächstes sagen oder wie sie es in Worte fassen sollte. »Ich habe kein Baby zur Welt gebracht. Ich wollte eines adoptieren, habe aber ein neunjähriges Mädchen bekommen. Wenn ich dich sehe, erzähle ich dir die ganze Geschichte. Hoffentlich sehe ich dich. Wie dem auch sei, wenn du Victoria begegnest, wirst du verstehen. Sie hat diesen wilden Blick, wie ich ihn als kleines Mädchen hatte, als ich begriff, dass ich unsere Mutter nur aus ihrem Zimmer locken konnte, indem ich auf dem Herd Fett anzündete oder alle Gläser mit den in diesem Jahr eingeweckten Pfirsichen zerbrach.« Wieder lachte Elizabeth und wischte sich die Augen. Ich bemerkte, dass sie weinte, obwohl sie keinen traurigen Eindruck machte. »Erinnerst du dich? Also – ich rufe an, um dir zu sagen, dass ich dir verzeihe, was geschehen ist. Es ist so lange her. Eigentlich eine ganze Lebenszeit. Ich hätte mich längst melden sollen, und es tut mir leid, dass ich es nicht getan habe.

Ich habe gehofft, du würdest mich anrufen oder mich besuchen. Du fehlst mir. Und ich möchte so gerne Grant kennenlernen. Bitte.« Elizabeth wartete, lauschte und legte dann so vorsichtig auf, dass ich die Gabel kaum klicken hörte.

Ich hastete die Stufen hinunter, richtete den Blick starr auf Elizabeths Schuhe und hoffte, sie würde nicht bemerken, dass ich gelauscht hatte. Schließlich kam sie aus der Küche und humpelte die Treppe hinab. Ihre Augen waren zwar trocken, glänzten aber noch, und sie wirkte gelöster, ja, sogar glücklicher, als ich sie je erlebt hatte.

»Also, lass mich schauen, ob du Erfolg hattest«, sagte sie. »Zieh sie an.«

Ich schlüpfte in ihre Schuhe, zog sie wieder aus, entfernte einen Stachel unter der großen Zehe, den ich übersehen hatte, und zog sie erneut an. Dann ging ich dreimal die Treppe hinauf und hinunter.

»Danke«, meinte sie und steckte mit einem zufriedenen Seufzer den unversehrten Fuß in den Schuh. »Viel, viel besser.« Langsam stand sie auf. »Und jetzt lauf in die Küche und hol ein leeres Marmeladenglas aus dem Gläserschrank, ein Geschirrtuch und die Schere vom Küchentisch.«

Ich tat es. Als ich zurückkehrte, stand sie auf der untersten Stufe und versuchte, ihren verletzten Fuß zu belasten. Sie blickte zwischen Straße und ihrem Garten hin und her und schien zu überlegen, wohin sie wollte.

»Gemeine Disteln wachsen überall«, verkündete sie. »Vielleicht ist das der Grund, warum Menschen so gnadenlos grausam miteinander umgehen«, fügte sie hinzu. Sie machte den ersten Schritt in Richtung Straße und verzog das Gesicht. »Du musst mir helfen. Sonst schaffen wir es nie«, sagte sie und streckte die Hand nach meiner Schulter aus.

»Hast du denn keinen Stock?«, fragte ich und wich der Berührung aus.

Elizabeth lachte. »Nein, du vielleicht? Ich bin keine alte Frau, auch wenn es dir so vorkommt.« Als Elizabeth wieder die Hand nach mir ausstreckte, fuhr ich nicht zurück. Sie war so groß, dass sie sich aus der Taille vorbeugen musste, um sich auf meine Schulter zu stützen. Langsam steuerten wir auf die Straße zu. Einmal blieb sie stehen, um ihren Schuh zurechtzurücken, bevor wir weitergehen konnten. Meine Schulter brannte unter ihrer Hand.

»Hier«, meinte Elizabeth, als wir die Straße erreicht hatten. Sie setzte sich in den Kies und lehnte sich an den Holzpfahl, auf dem der Briefkasten ruhte. »Siehst du? Überall.« Sie wies auf den Graben, der die Straße von den Reihen der Weinreben trennte. Der Graben war etwa so tief, wie ich groß war, und ein wenig breiter. Er strotzte nur so von steifen, trockenen Pflanzen ohne Blüten.

»Ich kann nichts erkennen.« Ich war enttäuscht.

»Klettere runter«, schlug sie vor. Ich drehte mich um und rutschte die steile Böschung aus Erde hinab. Elizabeth reichte mir Marmeladenglas und Schere. »Halte Ausschau nach zehn Cent großen Blüten, die früher einmal violett waren. Um diese Jahreszeit haben sie sich vermutlich braun verfärbt wie alles im nördlichen Kalifornien. Aber sie stechen. Also pass auf beim Pflücken, wenn du welche findest.«

Ich nahm Glas und Schere und kauerte mich ins Unkraut. Das Gestrüpp war dicht und golden und roch nach Spät-

122

sommer. Ich schnitt eine trockene Pflanze, die, auf allen Seiten von Unkraut umgeben, hoch emporragte, an der Wurzel ab. Nachdem ich sie aus dem Gewirr gelöst hatte, warf ich sie Elizabeth auf den Schoß.

»Ist das eine?«

»Ja, aber sie hat keine Blüte. Such weiter.«

Ich kletterte ein Stück die Böschung hinauf, um einen besseren Überblick zu haben, entdeckte allerdings trotzdem nichts Violettes. In meiner Wut griff ich nach einem Stein und schleuderte ihn, so fest ich konnte. Er traf ein Mauerstück an der gegenüberliegenden Böschung und flog zu mir zurück, so dass ich zur Seite springen musste. Elizabeth lachte.

Wieder stieg ich ins Unkraut, teilte das Gestrüpp mit den Händen und musterte jeden trockenen Stengel. »Hier!«, rief ich schließlich aus, schnappte mir die kleeblattgroße Knospe und verstaute sie im Marmeladenglas. Die Blüte ähnelte einem kleinen goldenen Kugelfisch mit einem verblassten violetten Haarschopf. Als ich zu Elizabeth kletterte, um ihr die Blüte zu zeigen, hüpfte sie im Marmeladenglas hin und her wie etwas Lebendiges. Ich bedeckte das Glas mit der Hand, um sie an der Flucht zu hindern.

»Distel!«, sagte ich und reichte ihr das Glas. »Für dich«, ergänzte ich. Dann streckte ich verlegen die Hand aus und tätschelte ihr kurz die Schulter. Es war vielleicht das erste Mal im Leben, dass ich, von mir aus, einen Schritt auf einen anderen Menschen zuging – zumindest, soweit ich wusste. Meredith hatte mir erzählt, ich sei ein anlehnungsbedürftiges Baby gewesen, das sich mit unruhigen, rosigen Fäusten an Haaren, Ohren oder Fingern festklammerte, wenn es sie erwischen konnte. Ansonsten hätte ich mich an die Gurte des Kindersitzes gehalten. Doch ich erinnerte mich nicht daran, weshalb mich meine Handlung – der kurze Kontakt meiner Handfläche mit Elizabeths Schulterblatt – überraschte. Ich wich zurück und betrachtete Elizabeth zornig, als hätte sie mich dazu gezwungen.

Aber Elizabeth lächelte nur. »Wenn ich die Bedeutung nicht kennen würde, wäre ich begeistert«, meinte sie. »Ich glaube, so nett bist du noch nie zu mir gewesen, und all das nur, um deinen Hass und deinen Argwohn gegenüber der Menschheit auszudrücken.« Zum zweiten Mal an diesem Nachmittag traten ihr die Tränen in die Augen. Und wie zuvor wirkte sie nicht traurig.

Sie schickte sich an, mich zu umarmen. Doch ehe sie mich an sich ziehen konnte, entschlüpfte ich ihr und flüchtete mich in den Graben.

14.

Der eigentlich feste Stuhl, auf dem ich saß, begann sich zu verflüssigen.

Ehe ich wusste, wie mir geschah, lag ich bäuchlings auf dem Fußboden der Bibliothek. Die Bücher waren in einem Halbkreis um mich verstreut. Je länger ich las, desto stärker wurde mein Gefühl, dass mein Verständnis vom Universum als solchem mir entglitt. Akelei symbolisierte nicht nur *im Stich lassen*, sondern auch *Narrheit*. Mohnblume: *Phantasie* und *Extravaganz*. Mandelblüte, in Elizabeths Wörterbuch das Sinnbild der *Indiskretion,* wurde in anderen Büchern im Zusammenhang mit *Hoff-nung* und manchmal sogar mit *Gedankenlosigkeit* er-wähnt. Die Definitionen unterschieden sich nicht nur, sie widersprachen sich sogar häufig. Selbst die Gemeine Dis-tel – mein liebstes Kommunikationsmittel – stand nur für *Misanthropie,* wenn sie nicht mit *Kargheit* in Verbindung gebracht wurde.

Mit der Sonne stieg auch die Temperatur in der Biblio-thek. Am Nachmittag schwitzte ich und wischte mir mit einer feuchten Hand die Stirn ab, wie um Erinnerungen aus einem übervollen Verstand zu vertreiben. Ich hatte Meredith Pfingstrosen geschenkt: *Wut,* aber auch *Scham.* Mich zu dieser Scham zu bekennen war das Höchste, was ich mir an Entschuldigung erhoffen konnte. Mere-dith hätte das Recht gehabt, mich mit Pfingstrosen nur so zu überschütten, meine Bettdecken mit Pfingstrosen zu besticken und mir mit Pfingstrosen dekorierte Kuchen zu backen. Wenn man eine Pfingstrose so missverstehen konnte, wie oft hatte ich dann wohl wie vielen Menschen etwas Falsches mitgeteilt? Beim bloßen Gedanken drehte es mir den Magen um.

Meine Botschaft an den Blumenhändler war eine gefähr-liche Unbekannte. Rhododendron wurde zwar in sämt-lichen Nachschlagewerken eindeutig als *Warnung* inter-pretiert. Doch wahrscheinlich waren noch Hunderte, wenn nicht Tausende anderer Wörterbücher im Umlauf. Also war es unmöglich, herauszufinden, wie er meine Nachricht gedeutet hatte oder was er nun dachte, wäh-rend er in dem Donut-Café saß.

Es war nach fünf. Sicher wartete er und beobachtete die Tür.

Ich musste los. Ich ließ die Bücher verstreut auf dem Boden liegen, hastete vier Stockwerke hinunter und trat in das dämmrige San Francisco hinaus.

Als ich das Café erreichte, war es fast sechs Uhr. Aber ich wusste, dass er noch dort sein würde. Ich öffnete die doppelflüglige Glastür und sah ihn allein an einem Tisch sitzen. Er hatte einen rosafarbenen Karton mit sechs Donuts vor sich.

Ich ging auf den Tisch zu, nahm aber nicht Platz.

»Rhododendron?«, fragte ich fordernd, wie Elizabeth es früher getan hatte.

»Warnung.«

»Mistelzweig?«

»Ich überwinde alle Hürden.«

Ich nickte. »Löwenmaul?«, fuhr ich fort.

»Anmaßung.«

»Silberpappel?«

»Zeit.«

Wieder nickte ich und verteilte die unterwegs gesammelten Disteln vor ihm auf dem Tisch.

»Gemeine Distel«, sagte er. »Misanthropie.«

Ich setzte mich. Er hatte meine Prüfung bestanden. Meine Erleichterung war jedoch trotz der fünf richtigen Antworten übertrieben. Plötzlich hungrig, nahm ich einen Donut mit Ahornsirupgeschmack aus der Schachtel. Ich hatte den ganzen Tag nichts gegessen.

»Warum Distel?«, fragte er und entschied sich für einen, der mit Creme gefüllt war.

»Darum«, entgegnete ich zwischen zwei großen Bissen. »Mehr brauchst du über mich nicht zu wissen.«

Er verspeiste seinen Donut und machte sich an den nächsten. Dann schüttelte er den Kopf. »Unmöglich.«

Ich griff nach einem Donut mit Glasur und einem mit Streuseln und legte sie auf eine Serviette. Er aß so schnell, dass ich befürchtete, die Schachtel könnte leer sein, ehe ich mit dem ersten fertig war.

»Also, was willst du?«, erkundigte ich mich mit vollem Mund.

Er hielt inne und sah mir in die Augen.

»Wo warst du in den letzten acht Jahren?«

Die Frage verschlug mir die Sprache.

Ich hörte auf zu kauen und versuchte zu schlucken, aber ich hatte zu viel auf einmal in den Mund gesteckt. Also spuckte ich eine braune Kugel auf die Serviette und schaute auf.

Im nächsten Moment fiel es mir wie Schuppen von den Augen. Die Erkenntnis erschreckte mich nicht nur, weil sie auf der Hand lag, sondern weil wir uns tatsächlich wieder über den Weg gelaufen waren. Ich konnte nicht fassen, dass ich nicht sofort gewusst hatte, wer der Junge war, der sich in diesem Mann verbarg. Sein Blick war noch immer eindringlich und furchtsam. Sein Körper war kräftiger geworden, aber er zog noch immer, wie zum Schutz, die Schultern nach vorne. Ich erinnerte mich an den Tag, als ich ihn zum ersten Mal gesehen hatte, einen schlaksigen Jugendlichen, der sich ans Heck eines Pick-ups lehnte und einen Rosenstrauß warf.

»Grant.«

Er nickte.

Am liebsten wäre ich weggerannt. So viele Jahre hatte ich damit verbracht, möglichst nicht an das zu denken, was ich getan, und das zu vergessen, was ich verloren hatte. Aber so gern ich auch geflohen wäre, siegte mein Wunsch, zu erfahren, was aus Elizabeth und den Trauben geworden war.

Ich schlug die Hände vors Gesicht. Sie rochen nach Zucker. Dann flüsterte ich meine Frage durch die Lücken zwischen meinen Fingern, bezweifelte allerdings, dass er antworten würde: »Elizabeth?«

Er schwieg. Ich beobachtete ihn durch die Ritzen meiner Hände. Anders als erwartet, wirkte er nicht zornig, sondern bestürzt. Als er an einem Haarbüschel oberhalb seines Ohrs zupfte, spannte sich seine Kopfhaut. »Ich weiß nicht«, erwiderte er. »Ich habe sie nicht mehr gesehen, seit ...«

Er hielt inne, schaute aus dem Fenster und blickte mich an. Ich ließ die Hände sinken und wartete auf seine Wut. Er schien immer noch bedrückt. Das Schweigen zwischen uns war dick wie eine Wand.

»Warum hast du mich hierher eingeladen?«, erkundigte ich mich schließlich. »Warum wolltest du mich sehen, nach allem, was passiert ist.«

Grant pustete Luft aus. Seine angespannten Augenbrauen lockerten sich. »Ich habe befürchtet, du könntest das Gleiche sagen.«

Er leckte einen Finger ab. Das Neonlicht spiegelte sich in seinen Augen und fing sich in den Bartstoppeln auf seinem Kinn. Da ich meine Jugend in ausschließlich von Frauen bevölkerten Betreuungseinrichtungen verbracht hatte und nur gelegentlich einem männlichen Therapeuten oder Lehrer begegnet war, war ich Männer nicht gewohnt. Außerdem konnte ich mich nicht erinnern, je so nah bei einem Mann gesessen zu haben, der so jung und gutaussehend war. Grant war vollkommen anders als das, was ich kannte: die Größe seiner Hände, die schwer auf dem Tisch lagen, und seine dunkle, leise Stimme, die in das lange Schweigen zwischen uns hineinhallte.

»Hat deine Mutter es dir beigebracht?«, fragte ich und wies auf die verstreuten Disteln.

Er nickte. »Aber sie ist vor sieben Jahren gestorben. Dein Rhododendron war die erste Blume mit einer Botschaft, die ich seitdem bekommen habe. Ich habe mich gewundert, dass ich die Bedeutung noch wusste.«

»Es tut mir leid«, sagte ich. »Das mit deiner Mutter.« Obwohl meine Worte nicht von Herzen kamen, schien Grant das nicht zu bemerken. Er zuckte die Achseln.

»Hast du es von Elizabeth?«, erkundigte er sich.

Ich nickte. »Sie hat mir erklärt, was sie wusste«, fügte ich hinzu. »Allerdings hat sie nicht alles gewusst.«

»Was soll das heißen?«

»*Die Sprache der Blumen ist nicht verhandelbar, Victoria*«, entgegnete ich und machte dabei Elizabeths strengen Tonfall nach. »Allerdings habe ich heute in der Bibliothek erfahren, dass die Mandelblüte drei einander widersprechende Bedeutungen hat.«

»Indiskretion.«

»Ja. Und nein.« Ich berichtete Grant, dass die Silberpappel nicht in meinem Wörterbuch aufgeführt sei, von meinem Besuch in der Bibliothek und der gelben Rose.

»Eifersucht«, meinte Grant, als ich die kleine Abbildung auf dem Bucheinband schilderte.

»Genau das stand da«, erwiderte ich. »Aber ich habe es nicht so gelernt.« Ich verspeiste den letzten Donut, leckte mir die Finger ab, holte mein abgewetztes Wörterbuch aus dem Rucksack, schlug es bei R auf, suchte die Seite nach Rose, gelb, ab und zeigte darauf.

»Untreue.« Seine Augen weiteten sich. »Hoppla.«

»Das ändert alles, richtig?«

»Ja«, sagte er. »Das ändert alles.«

Er griff in seinen Rucksack und förderte ein Buch mit rotem Stoffeinband und grünen Seitenkanten zutage. Nachdem er ebenfalls die Seite mit den gelben Rosen aufgeschlagen hatte, legte er die Wörterbücher nebeneinander. *Eifersucht. Untreue.* Dieser simple Unterschied und die Art und Weise, wie die gelbe Rose unser beider Leben beeinflusst hatte, hing zwischen uns in der Luft. Vielleicht kannte Grant die Einzelheiten. Ich nicht, aber ich hakte auch nicht nach. Mit ihm zusammen zu sein genügte. Ich hatte nicht das Bedürfnis, weiter in der Vergangenheit zu wühlen.

Grant erging es in dieser Hinsicht offenbar ähnlich. Er klappte den leeren Donutkarton zu. »Hast du Hunger?«, fragte er.

Ich hatte immer Hunger. Doch wichtiger war, dass ich mich noch nicht von ihm verabschieden wollte. Grant war mir nicht böse. Seine Gegenwart war wie eine Vergebung. Ich wollte sie in mich aufsaugen und mitnehmen, um mich ein bisschen weniger getrieben und hasserfüllt dem nächsten Tag stellen zu können.

Also holte ich Luft. »Ich sterbe vor Hunger«, antwortete ich.

»Ich auch.« Er schob mein Wörterbuch zu mir hinüber. »Dann lass uns etwas essen und vergleichen. Es ist die einzige Möglichkeit.«

Grant und ich entschieden uns für Mary's Diner, weil dieses Restaurant die ganze Nacht geöffnet hatte. Schließlich mussten wir Hunderte von Seiten voller Blumen miteinander abgleichen und bei jedem Widerspruch über die bessere Lösung debattieren. Wir einigten uns darauf, dass der Verlierer die alte Definition in seinem Wörterbuch durchstreichen und die neue hineinschreiben würde.

Schon bei der ersten Blume gerieten wir ins Stocken. Laut Grants Wörterbuch stand die Akazie für Freundschaft, laut meinem für heimliche Liebe.

»Heimliche Liebe«, sagte ich. »Weiter.«

»Weiter? Einfach so? Deine Begründung war nicht sehr überzeugend.«

»Sie ist dornig und kommt aus dem Ausland. Allein das Schwanken des Baums lässt einen an Männer denken, die einen im Supermarkt so komisch anstarren. Nicht vertrauenswürdig.«

»Und was hat mangelndes Vertrauen mit heimlicher Liebe zu tun?«, erkundigte sich Grant.

»Und was nicht?«, gab ich zurück.

Da Grant offenbar keine Antwort darauf einfiel, versuchte er es mit einer anderen Taktik. »Akazie. Unterart: Mimosoideae. Art: Fabaceae. Hülsenfrucht. Bietet Nahrung und Kraft und stärkt den menschlichen Körper. Wie ein guter Freund.«

»Pah«, widersprach ich. »Fünf Blütenblätter. So klein, dass der große Stempel sie beinahe verbirgt. Verbirgt«, wiederholte ich. »Heimlich. Stempel: Liebe.« Obwohl ich bei diesen Worten rot anlief, wandte ich mich nicht ab. Grant auch nicht.

»Du hast gewonnen«, sagte er schließlich und griff nach dem schwarzen Markierstift, der zwischen uns auf dem Tisch lag.

So aßen und diskutierten wir stundenlang weiter. Vor Grant war ich noch nie jemandem begegnet, der Bissen für Bissen mit mir mithalten konnte und wie ich offenbar niemals satt wurde. Als die Sonne aufging, hatten wir drei Gerichte pro Person verspeist und die Cs erst zur Hälfte durchgearbeitet.

Grant gab sich in Sachen Clematis geschlagen und klappte sein Wörterbuch zu. Ich hatte ihn kein einziges Mal gewinnen lassen. »Heute wird offenbar nichts aus dem Markt«, meinte er und sah mich schuldbewusst an.

Ich schaute auf die Uhr. Es war sechs. Renata war sicher schon dort und betrachtete erstaunt Grants leeren Stand. Ich zuckte die Achseln. »Im November ist nicht viel los, dienstags auch nicht. Nimm dir einen Tag frei.«

»Und was mache ich damit?«, fragte Grant.

»Woher soll ich das wissen?« Ich war müde und wollte allein sein.

Also stand ich auf, streckte mich und steckte das Wörterbuch ein. Nachdem ich Grant die Rechnung hingeschoben hatte, verließ ich das Restaurant, ohne mich zu verabschieden.

2.
Ein unerfahrenes Herz

1.

Wie Elizabeth war Grant ein Mensch, den man nur schwer vergaß. Es lag nicht nur daran, dass unsere Wege sich in der Vergangenheit gekreuzt hatten. Auch nicht an der Zeichnung, die die Silberpappel darstellte und mir durch ihre Uneindeutigkeit die Wahrheit über die Sprache der Blumen eröffnet hatte. Der Grund war Grant selbst, der Ernst, den er Blumen angedeihen ließ, und der gleichzeitig flehende und bestimmte Klang seiner Stimme beim Debattieren. Dass er auf mein Beileid zum Tod seiner Mutter mit einem Achselzucken reagiert hatte, machte mich ebenfalls neugierig. Seine Vergangenheit war, mit Ausnahme der Momente, die ich hatte miterleben können, ein Geheimnis für mich. Da Mädchen in Betreuungseinrichtungen ihre Vorgeschichte für gewöhnlich gnadenlos preisgaben, hatte ich die seltene Mitbewohnerin, die ihre Kindheit nicht in allen Einzelheiten ausbreitete, stets als eine Erleichterung empfunden. Bei Grant war es anders. Nach nur einer Nacht wollte ich mehr erfahren.

Eine Woche lang stand ich früh auf und verbrachte die Stunden, die die Bibliothek geöffnet hatte, damit, die Definitionen zu vergleichen. Ich hatte mir die Taschen mit glatten Steinen vollgestopft, die aus einem Kunstwerk vor dem japanischen Teehaus im Golden Gate Park stammten, und benutzte sie nun als Briefbeschwerer. Ich reihte die Wörterbücher auf zwei Tischen auf, öffnete sie bei demselben Buchstaben und legte die Steine auf die Ecken der Seiten. Dann ging ich von Buch zu Buch und verglich die Eintragungen zu jeder Blume. Wenn ich auf eine widersprüchliche Definition stieß, führte ich in Gedanken lange und ausufernde Debatten mit Grant. Hin und wieder ließ ich ihn gewinnen.

Am Samstag war ich vor Renata auf dem Blumenmarkt und überreichte Grant die Papierrolle, die ich angefertigt hatte. Sie enthielt eine Liste von Definitionen bis zum Buchstaben E und außerdem meine Korrekturen unserer gemeinsamen Liste.

Als Renata und ich eine Stunde später zu seinem Stand zurückkehrten, las er noch immer. Er blickte auf und beobachtete, wie Renata seine Rosen betastete.

»Gibt es heute eine Hochzeit?«, fragte er.

Renata nickte. »Zwei. Allerdings nur kleine. Eine ist die meiner ältesten Nichte. Sie will mit ihrem Freund durchbrennen, hat es mir aber erzählt, weil sie möchte, dass ich ihr die Blumen besorge.« Renata verdrehte die Augen. »Die Kleine benutzt mich.«

»Dann wird es heute ein kurzer Tag?«, erkundigte sich Grant und sah mich an.

»Bei Victorias Arbeitstempo wahrscheinlich schon«, entgegnete sie. »Ich würde den Laden gerne um drei schließen. Um diese Jahreszeit habe ich nicht viel Laufkundschaft.«

Grant wickelte die Rosen für Renata ein und gab ihr zu viel Wechselgeld zurück. Inzwischen feilschte sie nicht mehr mit ihm. Es war überflüssig geworden. Wir wandten uns zum Gehen.

»Bis später!«, rief er uns nach.

Ich drehte mich mit fragendem Blick zu ihm um. Er hielt drei Finger hoch.

In meinem Brustkorb weitete sich etwas. Der Raum wurde unnatürlich hell und war plötzlich von zu viel Sauerstoff erfüllt. Gerade hatten wir alles in den Laster geladen, als mir mein Versprechen von letzter Woche einfiel.

»Warte«, sagte ich, knallte die Wagentür zu und ließ Renata im Führerhaus sitzen.

Auf der Suche nach roten Rosen und Flieder hastete ich durch den Markt. Grant hatte diese Blumen eimerweise, doch ich lief an ihm vorbei, ohne aufzuschauen. Auf dem Rückweg zum Auto kam ich erneut an Grants Stand vorbei. Ich hielt mir einen Stengel weißen Flieder vors Gesicht und spähte in seine Richtung. Wieder hielt er drei Finger hoch und lächelte schüchtern. Mein Gesicht war ganz heiß vor Verlegenheit. Hoffentlich glaubte er nicht, dass die Blumen in meinen Armen für ihn bestimmt waren.

Den ganzen Tag arbeitete ich hektisch und wie in einem Nebel. Die Tür öffnete und schloss sich, und Kunden kamen und gingen, ohne dass ich ein einziges Mal aufgeblickt hätte.

Um halb zwei schob Renata mir das Haar aus der Stirn, und als ich den Kopf hob, waren ihre Augen nur wenige Zentimeter von meinen entfernt.

»Hallo? Ich habe dich schon dreimal gerufen«, sagte sie. »Eine Dame wartet auf dich.«

Ich schnappte mir die Rosen und den Flieder aus der Kühlkammer und ging in den Verkaufsraum. Die Frau hatte sich zur Tür gewandt, als habe sie aufgegeben, und ließ die Schultern hängen.

»Ich habe Sie nicht vergessen«, meinte ich bei ihrem Anblick.

Sie drehte sich um. »Earl war sicher, dass Sie das nicht tun würden.«

Sie beobachtete mich bei der Arbeit. Ich arrangierte den weißen Flieder um die Rosen, bis man das Rot nicht mehr sah. Dann wickelte ich Rosmarinzweige, die, wie ich in der Bibliothek erfahren hatte, nicht nur fürs Erinnern, sondern auch für Nähe standen, wie ein Band um die Stengel. Da die Rosmarinzweige frisch und biegsam waren, brachen sie nicht ab, als ich sie zusammenknotete. Nachdem ich sicherheitshalber noch ein weißes Band darum geschlungen hatte, schlug ich das Ganze in braunes Papier ein.

»Erwachende Liebe, wahre Liebe und Nähe«, verkündete ich, als ich ihr die Blumen reichte. Sie gab mir vierzig Dollar. Ich nahm das Wechselgeld aus der Kasse, doch als ich aufblickte, war sie fort.

Ich kehrte zum Arbeitstisch zurück. Renata musterte mich mit einem schiefen Lächeln. »Was machst du da draußen?«

»Ich erfülle den Menschen nur ihre Wünsche«, erwiderte ich und verdrehte die Augen wie Renata am Tag unserer ersten Begegnung, als sie außerhalb der Saison mit Dutzenden von Tulpen auf dem Gehweg gestanden hatte.

»Sie sollen bekommen, was sie wollen«, stimmte Renata zu und entfernte eine Reihe spitzer Dornen von einer gelben Rose. Eine gelbe Rose für die Hochzeit ihrer Nichte: ihrer flüchtenden, verstohlenen, ihre Mitmenschen benutzenden Nichte. Eifersucht, Untreue. Ich fand, dass die genaue Definition in diesem Fall keine Rolle spielte, denn ich gab der Angelegenheit keine große Chance. Nachdem ich mit der letzten Tischdekoration fertig war, sah ich auf die Uhr: 14:15.

»Ich lade nur noch die da in den Laster«, meinte ich zu Renata und griff nach so vielen Vasen, wie ich tragen konnte. Da sie zu voll waren, schwappte Wasser über den Rand und durchtränkte mein Hemd.

»Zerbrich dir nicht den Kopf darüber«, erwiderte Renata. »Grant wartet schon seit zwei Stunden auf der Vortreppe. Ich habe ihn gewarnt, bloß nicht meine Kundschaft zu vergraulen, indem er dort herumsitzt. Außerdem müsse er als Gegenleistung die schweren Lasten für mich schleppen.«

»Und er war einverstanden?«

Sie nickte.

Ich stellte die Vasen ab. Als ich meinen Rucksack schulterte und Renata zum Abschied zuwinkte, wich ich ihrem Blick aus. Grant saß, an die von der Sonne erwärmte Backsteinmauer gelehnt, auf dem Gehweg. Bei meinem Anblick zuckte er zusammen und sprang auf.

»Was machst du hier?« Mein vorwurfsvoller Tonfall überraschte mich.

»Ich möchte dich in meine Gärtnerei mitnehmen. Ich habe Schwierigkeiten mit einigen deiner Definitionen, und wenn du die Blumen in der Hand hältst, wirst du sie besser verstehen. Du weißt, dass ich nicht gut im Diskutieren bin.«

Ich schaute den Hügel hinauf und hinunter. Obwohl ich Grant gerne begleiten wollte, machte mich seine Gegen-

wart nervös. Ich fühlte mich, als täte ich etwas Verbote-
nes. Ob es ein Überrest aus meiner Zeit mit Elizabeth
war oder ob unser Verhältnis einer Liebelei oder Freundschaft, zwei Dingen, die ich mein Leben lang umschifft
hatte, zu nahe kam, konnte ich nicht sagen. Also ließ ich
mich auf dem Randstein nieder, um nachzudenken.

»Gut«, meinte er, als handle es sich bei meinem Hinsetzen um eine Geste der Zustimmung. Er hielt mir seinen
Autoschlüssel hin und wies mit dem Kopf auf die andere
Straßenseite. »Du kannst im Laster warten, wenn du
willst, während ich Renatas Blumen einlade. Ich habe etwas zum Mittagessen mitgebracht.«

Das Wort Mittagessen vertrieb meine Zweifel, so dass ich
nach dem Schlüssel griff. Im Führerhaus stand eine weiße
Papiertüte auf dem Beifahrersitz. Ich nahm sie und stieg
ein. Überall im Laster lagen die Überreste von Blumen
herum. Der Boden war mit abgebrochenen Stengeln bedeckt, und welke Blütenblätter rieben sich in die Sitz-
polster ein. Ich lehnte mich zurück und öffnete die Tüte.
Ein großes Baguettebrötchen belegt mit Truthahn, Speck,
Tomate und Avocado mit Mayonnaise. Ich biss hinein.

Auf der anderen Straßenseite trug Grant die Vasen paar-
weise den Hügel hinauf. Nur einmal blieb er stehen und
schaute hinunter, wo ich im geparkten Auto saß. Er lächelte. *Schmeckt's?*, las ich ihm von den Lippen ab.

Ich versteckte mein Gesicht hinter dem Sandwich.

2.

Als ich in den Schulbus stieg, wich der Fahrer zurück. Ich erkannte seinen Gesichtsausdruck – Mitleid, Abneigung und ein ordentliches Quentchen Angst – und knallte beim Hinsetzen meinen Tornister auf den leeren Sitz. Der einzige Grund, mich zu bemitleiden, war die Tatsache, dass ich den ganzen Weg bis zur Schule seinen hässlichen Glatzkopf würde anschauen müssen, dachte ich wütend.

Perla ließ sich auf der anderen Seite des Gangs nieder und rückte ihr Schinkenbrot heraus, bevor ich Gelegenheit hatte, es einzufordern. Nach zwei Monaten Schule hatte sie gelernt zu parieren. Ich riss große Stücke davon ab, stopfte sie in den Mund und dachte dabei daran, dass Elizabeth heute Morgen aus dem Haus gehetzt war. Ich hatte selbst mein Pausenbrot einpacken und meine Schuhe suchen müssen. Dabei hatte ich gar nicht zur Schule gehen wollen und sie angefleht, am ersten Tag der Weinlese zu Hause bleiben zu dürfen. Doch sie hatte nicht auf meine Bitten geachtet, selbst dann nicht, als ich gehässig geworden war. *Wenn du mich lieben würdest, würdest du mich hierbehalten wollen,* hatte ich gerufen und mit meinem Mathebuch auf ihren Hinterkopf gezielt, als sie hinausgeeilt war. Aber ich war zu langsam gewesen. Sie hastete davon, lief die Vortreppe hinunter und drehte sich nicht einmal um, als das Buch den Türrahmen traf. An ihrem Schritt erkannte ich, dass sie nicht an mich dachte. Das war den ganzen Morgen schon so gewesen. Die Weinlese war anstrengend und nahm sie voll in Anspruch, weshalb sie nicht wollte, dass ich ihr im Weg herumstand.

Zum ersten Mal hatte ich das Gefühl, zu wissen, was wirklich in Elizabeth vorging, und schrie ihr nach, sie sei auch nicht anders als meine übrigen Pflegemütter. Dann marschierte ich zornig zur Bushaltestelle, ohne auf die Blicke der in zahlreichen Lastwagen eintreffenden Arbeiter zu achten.

Der Busfahrer sah mich im Rückspiegel giftig an. Seine Augen, die er eigentlich auf die Straße hätte richten sollen, verfolgten jeden Bissen Sandwich, den ich in den Mund schob. Als ich mit offenem Mund kaute, verzog er angewidert das Gesicht.

»Dann schauen Sie halt nicht hin!«, schrie ich und sprang auf. »Wenn es Sie so ekelt, schauen Sie einfach nicht hin.« Ich griff nach meinem Rucksack und überlegte kurz, ob ich aus dem fahrenden Bus springen und den Rest des Schulwegs zu Fuß zurücklegen sollte. Doch stattdessen holte ich weit aus und ließ den Tornister auf den glänzenden Kahlkopf des Busfahrers niedersausen. Als meine Thermosflasche aus massivem Stahl auf seinen Schädel krachte, knackte es ausgesprochen befriedigend. Der Bus geriet ins Schleudern, der Busfahrer fluchte, und die anderen Kinder kreischten beinahe ohrenbetäubend. Irgendwo in all dem Radau ertönte Perlas dünne Stimme, die mich anflehte aufzuhören. Dann brach sie in Tränen aus. Als der Bus schlitternd am Straßenrand hielt und der Fahrer den Motor abschaltete, war es bis auf Perlas Schluchzen ruhig geworden.

»Raus«, befahl der Fahrer. Auf seinem Schädel entstand bereits eine dicke Beule, und er presste die Handfläche darauf, während er mit der anderen Hand nach dem Funkgerät griff. Ich nahm meinen Tornister und stieg aus. Straßenstaub umwehte mich, als ich durch die offenen Türen in den Bus blickte.

»Wie heißt deine Mutter?«, fragte der Fahrer und zeigte mit dem Finger auf mich.

»Ich habe keine«, antwortete ich.

»Dann der Name deines Vormunds.«

»Der Staat Kalifornien.«

»Bei wem, zum Teufel, wohnst du dann?« Als abgehackte Wortfetzen aus dem Funkgerät hallten, schaltete der Fahrer es ab. Im Bus herrschte Totenstille. Selbst Perla hatte aufgehört zu weinen und saß reglos da.

»Elizabeth Anderson«, erwiderte ich. »Telefonnummer und Adresse kenne ich nicht.« In meiner Kindheit hatte ich mich standhaft geweigert, Telefonnummern auswendig zu lernen, um Fragen wie diese nicht beantworten zu können.

Wütend schleuderte der Busfahrer das Funkgerät zu Boden. Als er mich voller Zorn anstarrte, hielt ich seinem Blick trotzig stand. Ich hoffte, er würde einfach losfahren und mich am Straßenrand stehen lassen. Das wäre mir lieber gewesen, als in die Schule gebracht zu werden. Außerdem gefiel mir der Gedanke, dass der Busfahrer dann wegen Verletzung seiner Aufsichtspflicht vermutlich seine Stelle verlieren würde. Er klopfte mit den Daumen auf die Hupe, während meine Erwartung sich die menschenleere Straße entlang erstreckte.

Im nächsten Moment erhob sich Perla und stellte sich vor den Fahrer hin. »Sie können meinen Vater anrufen«, sagte sie. »Er wird sie abholen.«

Mit zusammengekniffenen Augen starrte ich Perla an, sie schaute weg.

Carlos holte mich tatsächlich ab. Nachdem er mich in den Pick-up geschubst hatte, hörte er sich die Schilderung des Busfahrers an und fuhr dann schweigend mit mir zurück zum Weinberg. Unterwegs schaute ich aus dem Fenster und prägte mir jede Einzelheit ein, als sähe ich die Landschaft zum letzten Mal. Nach diesem Vorfall würde Elizabeth mich sicherlich wegschicken. Mein Magen krampfte sich zusammen.

Doch als Carlos Elizabeth berichtete, was ich getan hatte, und mir dabei grob die schwielige Hand auf den Nacken legte, so dass ich sie ansehen musste, fing sie zu lachen an. Das Geräusch war so unerwartet und kurz, dass ich glaubte, ich hätte es mir nur eingebildet, sobald es verstummte.

»Danke, Carlos«, meinte Elizabeth mit inzwischen ernster Miene. Als sie die Hand ausstreckte, um seine zu schütteln und rasch wieder loszulassen, war die Geste dankbar und abweisend zugleich. Rasch wandte Carlos sich zum Gehen um. »Brauchen die Arbeiter etwas?«, rief Elizabeth ihm nach. Carlos schüttelte den Kopf. »Ich bin in einer Stunde wieder da, vielleicht auch später. Bitte pass auf die Trauben auf, während ich fort bin.«

»Wird gemacht«, entgegnete er und verschwand zwischen den Schuppen.

Elizabeth steuerte schnurstracks auf ihren Pick-up zu. Als sie sich umdrehte und bemerkte, dass ich ihr nicht folgte, kehrte sie zu mir zurück. »Du kommst mit«, wies sie mich an. »Sofort.« Sie machte einen Schritt auf mich zu, und mir fiel ein, wie sie mich vor nur zwei Monaten ins Haus geschleppt hatte. Obwohl ich inzwischen gewachsen war und die verlorenen Pfunde wieder zugenommen hatte, bezweifelte ich nicht, dass sie mich noch immer in den Pick-up werfen konnte, wenn es ihr in den Kram passte. Während ich hinter ihr her zum Wagen trottete, malte ich mir aus, was nun kommen würde: die Fahrt zum Jugendamt, das weißgestrichene Wartezimmer, Elizabeth, die sich aus dem Staub machte, bevor die diensthabende Sozialarbeiterin auch nur Zeit für die Aufnahmeformalitäten fand. Damit hatte ich Erfahrung. Ich ballte die Fäuste und starrte aus dem Fenster.

Doch auf unserem Weg die Auffahrt hinunter sagte Elizabeth etwas, das mich überraschte. »Wir fahren zu meiner Schwester«, verkündete sie. »Der Zwist dauert nun schon viel zu lange, meinst du nicht auch?«

Mein Körper erstarrte. Als Elizabeth mich, offenbar in Erwartung einer Antwort, anblickte, nickte ich steif. Allmählich begriff ich, was sie eigentlich gesagt hatte:

Sie würde mich behalten.

Mir traten die Tränen in die Augen. Die Wut, die ich noch am Morgen auf Elizabeth gehabt hatte, verrauchte und wurde im nächsten Moment von Erschrecken abgelöst. Elizabeths Beteuerungen, ich könnte sie durch nichts dazu bringen, mich zurückzugeben, hatte ich keinen Augenblick geglaubt. Aber nun saß ich hier. Gerade hatte man mich von der Schule nach Hause geschickt, worauf sicher ein Ausschluss vom Unterricht, wenn nicht gar ein Schulverweis folgen würde, und Elizabeth redete über ihre Schwester. Verlegenheit und noch ein anderes, unbekanntes Gefühl – möglicherweise Erleichterung oder gar Freude – stiegen in mir auf. Ich presste die Lippen zusammen und unterdrückte ein Lächeln.

»Catherine wird nicht glauben, dass du den Busfahrer während der Fahrt auf den Kopf geschlagen hast«, sprach

Elizabeth weiter. »Das heißt, sie wird es nicht glauben, weil ich es auch getan habe – genau das Gleiche! Ich denke, es war in der zweiten Klasse, bin aber nicht sicher. Jedenfalls fuhr er los und sah mich plötzlich im Rückspiegel finster an. Bevor ich wusste, wie mir geschah, war ich schon aufgesprungen. *Schau auf die Straße, du fettes Schwein!,* habe ich geschrien. Und er war wirklich fett, das kann ich dir sagen.«

Ich fing an zu lachen, und als ich erst einmal angefangen hatte, war es unmöglich, damit aufzuhören. Vornübergebeugt und die Stirn ans Armaturenbrett gepresst, stieß ich erstickte Lachsalven aus, die wie Schluchzer klangen. Ich schlug die Hände vors Gesicht. »Mein Busfahrer ist nicht dick«, keuchte ich, als ich wieder einen Ton herausbrachte. »Aber hässlich.«

Ich begann wieder zu lachen, doch Elizabeths Schweigen ließ mich verstummen.

»Denk bloß nicht, dass ich dein Verhalten gutheiße«, sagte sie. »Was du getan hast, war eindeutig nicht richtig. Allerdings habe ich ein schlechtes Gewissen, weil ich nicht auf deine Wut geachtet und dich in diesem Zustand zur Schule geschickt habe. Ich hätte mich deutlicher ausdrücken müssen und dich nicht ausschließen dürfen.«

Elizabeth verstand mich.

Ich hob den Kopf vom Armaturenbrett und legte ihn in Elizabeths Schoß. Plötzlich fühlte ich mich so wenig allein wie noch nie zuvor in meinem ganzen Leben. Das Lenkrad nur ein kleines Stück von meiner Nase entfernt, schmiegte ich den Hinterkopf an Elizabeths Schoß. Falls sie von dieser plötzlichen Zuneigungsbekundung überrascht war, ließ sie sich nichts anmerken. Ihre Hand wanderte vom Schaltknüppel zu meinem Haaransatz, und sie streichelte meine Schläfe und meinen Nasenrücken.

»Hoffentlich ist sie zu Hause«, sagte sie. Ich wusste, dass sie wieder an Catherine dachte. Sie setzte den Blinker, wartete, bis der Gegenverkehr vorbei war, und bog dann von der Auffahrt in die Straße ein.

In den Wochen vor der Weinlese waren Elizabeths Gedanken ständig um ihre Schwester gekreist. Das erkannte ich an den Dutzenden von Anrufen und den Nachrichten, die sie auf Catherines Anrufbeantworter hinterließ. Die ersten ähnelten der, die ich auf der Veranda belauscht hatte: Erinnerungsfetzen, gefolgt von Beteuerungen, sie hätte ihr verziehen. In letzter Zeit jedoch hatten sich die Nachrichten geändert. Sie waren ausführlich und im Plauderton gehalten und manchmal so lang, dass der Anrufbeantworter sich abschaltete und Elizabeth noch einmal die Nummer wählen musste. Sie erzählte, schilderte unseren Alltag in allen Einzelheiten und beschrieb das ständige Verkosten der Trauben und das Reinigen der Behälter. Oft sprach sie beim Kochen über das Gericht, das sie gerade zubereitete, und verhedderte sich auf dem Weg zum Gewürzregal und wieder zurück in das lange spiralförmige Kabel.

Je mehr Elizabeth sich mit Catherine, oder besser ihrem Anrufbeantworter, unterhielt, desto auffälliger wurde für mich, dass sie sonst mit kaum jemandem redete. Sie verließ das Anwesen nur, um zum Bauernmarkt, zum Lebensmittelladen, zum Baumarkt und hin und wieder zur Post zu fahren. Letzteres tat sie nur, um Pflanzen abzuholen, die sie aus einem Gartenkatalog bestellt hatte, nie, um Briefe abzuschicken oder zu empfangen. Dabei war offensichtlich, dass sie jeden in dieser kleinen Ortschaft kannte. Sie bat den Metzger, seiner Frau Grüße auszurichten, und wenn sie sich auf dem Bauernmarkt einem Stand näherte, nannte sie jeden Händler beim Namen. Doch sie betrieb keine Konversation mit diesen Leuten. Ich war ziemlich sicher, dass ich in der ganzen Zeit, die ich bei ihr verbrachte, kein einziges Mal Zeugin eines Gesprächs wurde. Wenn nötig, wechselte sie ein paar Worte mit Carlos, jedoch ging es dabei immer nur um das Weingut. Sie wichen kein einziges Mal vom Thema ab.

Als wir, ich den Kopf in Elizabeths Schoß, zu Catherine fuhren, verglich ich mein ruhiges Leben bei ihr mit den Bedingungen, die ich bis jetzt für selbstverständlich gehalten hatte: große Familien, von Lärm erfüllte Häuser, Sozialbehörden, geschäftige Städte, Gewaltausbrüche. Ich wollte nicht zurück. Ich mochte Elizabeth. Ihre Blumen, ihre Weintrauben und ihre hingebungsvolle Aufmerksamkeit. Endlich hatte ich, wie mir klarwurde, einen Ort gefunden, an dem ich mich zu Hause fühlte.

Elizabeth fuhr an den Straßenrand, stoppte den Wagen und holte ängstlich und tief Luft.

»Was hat sie dir denn getan?«, erkundigte ich mich, plötzlich interessiert wie noch niemals je zuvor.

Meine Frage schien Elizabeth nicht zu überraschen, auch wenn sie nicht sofort antwortete. Sie streichelte mir Stirn, Wange und Schulter. Als sie endlich das Wort ergriff, war ihre Stimme nur ein Flüstern. »Sie hat die gelben Rosen gepflanzt.«

Mit diesen Worten zog sie die Handbremse an und umfasste den Türgriff. »Komm«, sagte sie. »Es ist Zeit, dass du Catherine kennenlernst.«

3.

Grant fuhr durch die Stadt. Sein riesiger Pick-up wurde langsamer, wenn er auf einer verstopften Kreuzung eine enge Kurve nehmen musste.

»Grant?«, begann ich.

»Ja.«

Ich suchte die zerknitterte weiße Papiertüte nach Krümeln ab, fand jedoch keine. »Ich will Elizabeth nicht sehen.«

»Und?«

Die Antwort war so unklar wie die Anspielung mit der Silberpappel. »Was und?«

»Wenn du sie nicht sehen willst, dann sieh sie eben nicht.«

»Kommt sie nicht zur Gärtnerei?«

»Sie war nicht mehr dort, seit dem Tag, an dem du sie begleitet hast, und das ist fast zehn Jahre her.« Grant schaute hinaus aufs Wasser, so dass ich sein Gesicht nicht sehen konnte. Doch als er weitersprach, war seine Stimme leise. »Sie war nicht einmal auf der Beerdigung meiner Mutter. Glaubst du etwa, sie würde sich blicken lassen, nur weil du da bist?«

Als er das Fenster herunterkurbelte, bildete der Wind eine Wand zwischen uns.

Grant und Elizabeth hatten keinen Kontakt zueinander. Obwohl er das schon im Donut-Café gesagt hatte, hatte ich es nicht für möglich gehalten. Sicher kannte Grant die Wahrheit, und falls sich das so verhielt, hätte ihn doch nichts daran gehindert, sie Elizabeth zu verraten. Während der restlichen Fahrt grübelte ich über einer Erklärung. Aber als Grant vor dem abgeschlossenen Metalltor hielt, war mir noch immer nichts eingefallen. Er hielt an, stieg aus, kehrte zum Wagen zurück und lenkte ihn durch das offene Tor.

Der Anblick der Blumen riss mich aus meinen Gedanken. Ich sprang aus dem Auto und fiel am Straßenrand auf die Knie. Gewiss gab es irgendwo einen Zaun, der das Grundstück begrenzte, doch er war nicht zu sehen, so dass sich die Blumen bis in die Unendlichkeit zu erstrecken schienen. Ein kleiner Gartenpfosten, auf dem ein mir unbekannter lateinischer Name stand, benannte die Art und Spezies der daneben wachsenden Pflanze. Ich hielt mir Fäuste voller kleiner gelber Blüten ans Gesicht, als wäre ich nach vielen Tagen in der Wüste endlich auf Wasser gestoßen. Pollen klebte an meinen Wangen, und Blütenblätter ergossen sich über Brust, Bauch und Schenkel. Grant lachte.

»Ich gebe dir einen Moment«, meinte er und stieg wieder in den Laster. »Wenn du fertig bist, komm hinters Haus.« Gefolgt von einer Staubwolke, holperte sein Wagen die Straße entlang.

Ich legte mich zwischen die Blumenreihen auf die Erde und tauchte unter.

Grant saß hinter dem Haus an einem verwitterten Picknicktisch. Auf dem Tisch befanden sich eine Schachtel Pralinen, zwei Gläser Milch und die Papierrolle, die ich ihm am Morgen gegeben hatte. Ich setzte mich ihm gegenüber und wies mit dem Kopf auf das Papier.

»Also, wo ist das Problem?«

Dann griff ich nach den Pralinen und begutachtete die Auswahl. Hauptsächlich dunkle Schokolade mit Nüssen und Karamell. Genau das, was ich auch ausgesucht hätte.

Grant fuhr mit dem Finger die Seite entlang, verharrte auf einer Zeile und tippte auf ein Wort, das ich, auf dem Kopf stehend, nicht entziffern konnte.

»Haselnuss«, begann er. »Versöhnung. Was hast du gegen Frieden?«

»Es liegt an der Geschichte der Familie Betulaceae, die jahrhundertelang in zwei Arten aufgeteilt war: Betulaceae und Corylaceae. Erst vor kurzem wurden sie als Unterarten derselben Art zusammengeführt«, erklärte ich. »Zusammenführung – Versöhnung.«

Grant betrachtete die Tischplatte. Aus seiner Miene schloss ich, dass er die Vorgeschichte bereits kannte. »Bei dir habe ich wohl keine Chance, zu gewinnen, was?«

»Das weißt du selbst«, erwiderte ich. »Hast du mich wirklich hergebracht, um es zu versuchen?«

Er blickte zum Haus und dann über die Felder.

»Nein«, gab er zu. »Habe ich nicht.« Er schnappte sich eine Handvoll Pralinen und stand auf. »Iss von der Schokolade. Ich bin gleich wieder da. Dann machen wir einen Spaziergang.«

Ich trank meine Milch. Als Grant zurückkam, hatte er eine Kamera bei sich, die, schwer und schwarz, an einem bestickten Riemen um seinen Hals hing. Sie sah aus, als gehöre sie, wie die Sprache der Blumen, ins viktorianische Zeitalter.

Er nahm die Kamera und reichte sie mir. »Für dein Wörterbuch«, verkündete er. Ich verstand sofort. Ich sollte mein eigenes Wörterbuch verfassen, und seine Blumen würden die Seiten bebildern. »Mach eine Kopie für mich«, fügte er hinzu. »Damit wir einander nie missverstehen.«

Das alles ist nichts als ein Missverständnis, dachte ich, während ich nach der Kamera griff. Ich fahre nicht mit jungen Männern in Pick-ups herum, sitze an Picknicktischen und esse Schokolade. Und ich trinke keine Milch, während ich mich über Familien – pflanzliche und andere – unterhalte.

Als Grant losging, folgte ich ihm. Er brachte mich zu einer ungeteerten Straße, die nach Westen führte. Vor uns versank die Sonne hinter den Hügeln. Der Himmel war unentschlossen und wechselte, in banger Erwartung eines Regengusses, hinter herannahenden Gewitterwolken zwischen Orangefarben und Blau. Ich schlang die Arme fest um den Leib und blieb einen Schritt zurück. Grant wies nach links auf eine lange Reihe von Holzschuppen, alle mit Vorhängeschlössern gesichert. Das sei die Trockenblumenproduktion gewesen, erklärte er. Doch er habe sie eingestellt, als seine Mutter krank wurde. Er habe nicht viel für die Leichen von Lebewesen übrig. Rechts erstreckten sich beleuchtete Gewächshäuser viele Quadratkilometer weit. Lange Schläuche schlängelten sich aus einem Spalt weit offen stehender Türen. Grant trat auf eine zu und hielt sie mir auf. Ich schlüpfte hinein.

»Orchideen«, stellte er fest und deutete auf die Regalbretter voller gestapelter Töpfe. »Noch nicht zum Verkauf bereit.« Es war keine Blüte in Sicht.

Wir verließen das Gewächshaus und folgten weiter dem Pfad, der einen Hügel hinauf- und auf der anderen Seite wieder hinunterführte. Irgendwo hinter den Blumenfeldern begann der Weinberg, aber die Grundstücksgrenze lag außer Sichtweite. Der Weg beschrieb schließlich eine Kurve um die Gewächshäuser und zurück durch die Blumenfelder, bis wir wieder vor dem Haus standen.

Grant ging mit mir einen Abhang hinab in einen Rosengarten. Er war klein und sorgfältig gepflegt und wirkte, als gehöre er zum Haus, nicht zur Gärtnerei. Als Grants Hand unterwegs meine streifte, wich ich zurück.

»Hast du schon einmal jemandem eine rote Rose geschenkt?«, fragte Grant. Ich starrte ihn an, als hätte er versucht, mir Fingerhut einzutrichtern. »Moosrosen? Myrte? Federnelke?«, hakte er nach.

»Liebesgeständnis? Liebe? Reine Liebe?«, erkundigte ich mich, um sicherzugehen, dass wir dieselbe Bedeutung voraussetzten. Er nickte. »Nein, nein und nein.«

Ich pflückte eine hellrosafarbene Blüte und zupfte ein Blütenblatt nach dem anderen ab.

»Ich bin eher der Typ Distel, Pfingstrose und Basilikum«, erklärte ich.

»Misanthropie, Wut, Hass«, meinte Grant. »Hmmm.«

Ich wandte mich ab. »Du hast gefragt«, stellte ich fest.

»Es ist schon merkwürdig, findest du nicht?«, fuhr er fort und betrachtete die Rosen um uns herum. Alle standen in voller Blüte, und keine von ihnen war gelb. »Du bist fasziniert von einer romantischen Sprache, einer Sprache, die erfunden wurde, damit Liebende sich miteinander verständigen können, und benutzt sie, um Feindseligkeit zu verbreiten.«

»Warum blühen die Rosen alle?«, erkundigte ich mich, ohne auf seine Bemerkung einzugehen. Für Rosen war es ziemlich spät im Jahr.

»Meine Mutter hat mir beigebracht, sie in der zweiten Oktoberwoche gründlich zurückzustutzen. So würden wir zu Thanksgiving immer Rosen haben.«

»Feierst du Thanksgiving?«, fragte ich mit einem Blick zum Haus.

Das Fenster im spitzen Giebel war noch immer zerbrochen. Jemand hatte es mit Pressspan vernagelt.

»Nein«, räumte er ein. »Meine Mutter hat es getan, als ich noch klein war. Das war, bevor sie den Großteil des Tages im Bett verbracht hat. Ich habe immer ihre Rosen zurechtgestutzt, wie sie es mir gezeigt hatte, in der Hoffnung, der Anblick aus ihrem Zimmerfenster könnte sie in die Küche locken. Einmal hat es geklappt, an dem Thanksgiving-Tag, bevor sie starb. Jetzt, nach ihrem Tod, tue ich es aus reiner Gewohnheit.«

Ich überlegte, ob Thanksgiving schon vorbei war oder in der kommenden Woche stattfinden würde. Obwohl es in der Blumenbranche schwierig war, nicht auf Feiertage zu achten, kümmerte ich mich kaum darum. Allerdings dachte ich, dass der Tag noch bevorstand. Als ich aufschaute, betrachtete Grant mich, als erwarte er eine Antwort. »Was ist?«, wollte ich wissen.

»Kennst du deine leibliche Mutter?«

Ich schüttelte den Kopf. Als er noch etwas fragen wollte, fiel ich ihm ins Wort. »Wirklich. Vergeude deine Zeit nicht damit, nachzubohren. Ich weiß genauso wenig über sie wie du.« Ich ging los, kniete mich auf den Boden und hielt mir den Sucher der Kamera ans Auge. Dann schoss ich ein verschwommenes Foto von knorrigem altem Holz und dem Ansatz tiefer Wurzeln.

»Sie ist mechanisch. Weißt du, wie man sie benutzt?« Ich

verneinte. Er zeigte mir die verschiedenen Knöpfe und Anzeigen und benutzte dabei Fachausdrücke aus der Fotografie, die ich noch nie zuvor gehört hatte. Ich achtete nur auf den Abstand zwischen seinen Fingern und der Kamera um meinen Hals. Wenn er meiner Brust zu nah kam, wich ich einen Schritt zurück.

»Versuch es«, forderte Grant mich auf, als er am Ende seiner Ausführungen angelangt war. Wieder hielt ich die Kamera hoch und drehte einen Regler nach links. Eine offene rosafarbene Blüte verwandelte sich von einer verschwommenen in eine unkenntliche Masse. »In die andere Richtung«, sagte Grant. Verwirrt von seiner Stimme, die zu dicht an meinem Ohr war, drehte ich den Regler weiter nach links.

Seine Hand schloss sich um meine, und gemeinsam bewegten wir den Regler nach rechts. Seine Hände waren weich, und die Berührung brannte nicht. »Ja«, sagte er. »So ist es richtig.« Er legte meine andere Hand oben auf die Kamera und drückte meinen Zeigefinger auf einen runden Metallknopf. Mein Herz stockte und fing wieder an zu schlagen. Die Blende öffnete und schloss sich mit einem Klicken.

Als Grant die Hände wegnahm, ließ ich die Kamera nicht sinken. Ich traute meinem Gesichtsausdruck nicht und wusste nicht, ob er Freude oder Hass in meinen Augen lesen und Angst oder Glück auf meinen hochroten Wangen erkennen würde. Ich konnte nicht sagen, wie ich mich fühlte. Nur atemlos.

»Spul den Film vor und mach noch ein Foto«, meinte Grant. Ich rührte mich nicht. »Soll ich es dir zeigen?«
Ich wich zurück. »Nein«, erwiderte ich. »Es ist genug.«

»Zu viele Informationen für einen Tag?«, erkundigte sich Grant.

»Ja«, antwortete ich, nahm die Kamera ab und gab sie ihm zurück. »Viel zu viele.«

Wir kehrten zum Haus zurück. Grant bat mich nicht herein. Stattdessen steuerte er direkt auf seinen Pick-up zu, öffnete die Beifahrertür und hielt mir die Hand hin. Nach kurzem Zögern griff ich danach. Er half mir beim Einsteigen.

Schweigend fuhren wir zurück in die Stadt. Es begann zu regnen, anfangs nur ein Nieseln, dann ein plötzlicher Wolkenbruch, der uns die Sicht raubte. Autofahrer stoppten am Straßenrand, um abzuwarten, bis das Unwetter nachließ. Doch es regnete immer heftiger. Da es der erste Regen in diesem Jahr war, öffnete sich die Erde der lange ersehnten Wasserzufuhr und sonderte einen metallischen Geruch ab. Grant fuhr langsam und orientierte sich eher an seinem Erinnerungsvermögen als an dem, was von der Straße zu sehen war. Die Golden Gate Bridge war verlassen. Wasser bäumte sich in der Bucht auf und stürzte mit gleicher Wucht vom Himmel herab. Ich stellte mir vor, wie das Wasser in den Wagen eindrang und wie der Pegel während der Fahrt anstieg, bis Füße, Bauch und Kehle überschwemmt waren.

Da ich die Adresse von Natalyas Apartment nicht preisgeben wollte, bat ich Grant, mich vor dem Flora abzusetzen. Als wir dort ankamen, regnete es immer noch. Ich weiß nicht, ob er mir zuwinkte, denn ich konnte ihn durch die nasse Windschutzscheibe nicht erkennen.

Natalya und ihre Band bauten gerade ihre Instrumente auf, als ich die Tür öffnete. Sie nickten mir zu, während ich die Treppe hinaufhuschte. Ich nahm die Schüssel aus dem Rucksack, schloss meine kleine Tür auf, kroch hinein und rollte mich auf dem Boden zusammen. Das Wasser aus meinen nassen Kleidern sickerte in den Fellteppich ein, und die ganze Welt war nass, blau und kalt. Mit weit aufgerissenen Augen und zitternd lag ich da. In dieser Nacht fand ich keinen Schlaf.

4.

Bist du bereit?«, fragte Elizabeth.
Es wunderte mich, dass wir nur ein kurzes Stück gefahren waren. Elizabeth hatte hinter einem abgeschlossenen Metalltor in einer Auffahrt geparkt. Rechts von uns lag der Parkplatz, wo der Bauernmarkt abgehalten wurde. Unmittelbar dahinter begannen die Weinberge. Mir wurde klar, dass die beiden Anwesen irgendwo jenseits der riesigen asphaltierten Fläche aneinandergrenzten.

Elizabeth stieg aus und holte einen Generalschlüssel aus der Tasche. Sie steckte ihn ins Schloss, und das Tor schwang auf. Ich wartete darauf, dass sie zum Wagen zurückkehrte, aber sie winkte mich zu sich.

»Wir wollen zu Fuß gehen«, meinte sie, als ich neben ihr stand. »Es ist lange her, dass ich dieses Land betreten habe.«

Langsam schlenderte sie die Auffahrt entlang zum Haus. Hin und wieder blieb sie stehen, um eine verwelkte Blüte abzuzupfen oder den Daumen in die Erde zu stecken. Hier, inmitten der Blumen, begriff ich erst wirklich, welche gewaltigen Ausmaße das Zerwürfnis zwischen den beiden Schwestern haben musste. Mir fiel nichts ein, was Elizabeth so wütend gemacht haben konnte, dass sie nicht nur ihre Schwester verstoßen, sondern außerdem jahrelang auf diese endlosen Blumenfelder verzichtet hatte. Offenbar war es ein ungeheurer Verrat gewesen.

Als Elizabeth sich dem Haus näherte, wurde sie schneller. Es war kleiner als unseres und außerdem gelb, hatte aber ein ähnliches Satteldach. Während wir die Haustreppe hinaufstiegen, bemerkte ich, dass das Holz schwammig war, als sei es nach den Regenfällen des letzten Frühjahrs nicht richtig getrocknet. Rings um die Tür blätterte der gelbe Anstrich in großen Fladen ab, und tief über der Tür hing eine windschiefe Regenrinne, so dass Elizabeth sich ducken musste.

Oben an der Treppe machte Elizabeth einen Schritt auf die Tür zu. In das blaulackierte Holz war ein kleines rechteckiges Fenster eingelassen. Sie beugte sich vor. Ich stellte mich auf die Zehenspitzen und zwängte meinen Kopf in die Lücke unter Elizabeths Kinn. Wir spähten hinein. Die verzogene Glasscheibe war schmutzig, so dass man den Eindruck hatte, durch Wasser zu schauen. Die Kanten der Möbelstücke waren verschwommen, die gerahmten Fotografien über dem Kaminsims schienen zu schweben. Ein dünner geblümter Teppich verschwand, als das Glas unter unserem Atem beschlug. Ich erkannte, dass der Raum leer war. Keine Menschen, kein Geschirr, keine Zeitungen oder sonstige Hinweise auf Bewohner.

Dennoch klopfte Elizabeth, erst leise, dann lauter. Sie wartete, und als niemand erschien, wurde ihr Klopfen heftiger. Das Geräusch war Ausdruck ihrer Enttäuschung. Trotzdem kam niemand an die Tür.

Elizabeth machte kehrt und marschierte die Stufen hinunter. Da ich befürchtete, sie könnten unter mir nachgeben, folgte ich ihr auf Zehenspitzen. Nach zehn Schritten drehte Elizabeth sich um und musterte das Haus. Sie wies auf einen Giebel, dessen Fenster geschlossen, jedoch nicht mit einem Vorhang versehen war.

»Siehst du dieses Fenster?«, fragte Elizabeth. »Dahinter befindet sich der Dachboden, wo wir als Kinder gespielt haben. Als ich ins Internat geschickt wurde – ich war zehn, also muss Catherine siebzehn gewesen sein –, hat sie ihr Atelier dort eingerichtet. Sie war begabt, sehr begabt. Jede Kunstakademie im ganzen Land hätte sie aufgenommen. Doch sie wollte unsere Mutter nicht allein lassen.« Elizabeth hielt inne, und wir schauten beide zum Fenster hinauf. Das Sonnenlicht fing sich in den Wasserflecken und dem Staub auf der Scheibe, so dass ich nicht ins Zimmer hineinblicken konnte. »Sie ist jetzt dort drin«, fuhr Elizabeth fort. »Das weiß ich genau. Meinst du, sie hat unser Klopfen nicht gehört?«

Wenn sie wirklich im Haus war, musste sie das Klopfen bemerkt haben. Das Haus hatte zwar zwei Stockwerke, war allerdings nicht groß. Aber als ich Elizabeths hoffnungsvollen Augenausdruck bemerkte, konnte ich ihr nicht die Wahrheit sagen. »Keine Ahnung«, erwiderte ich. »Vielleicht.«

»Catherine?«, rief Elizabeth. Das Fenster öffnete sich nicht, und ich konnte dahinter keine Bewegung erkennen. »Ob sie schläft?«

»Lass uns einfach gehen«, sagte ich und zerrte an Elizabeths Ärmel.

»Erst wenn wir wissen, ob sie uns gesehen hat. Falls sie

uns sieht und trotzdem nicht herunterkommt, hat sie klargemacht, was sie empfindet.«

Elizabeth drehte sich um und stieß ihren Fuß vor der ersten Blumenreihe in den Boden. Dann bückte sie sich und hob einen Stein auf. Er war rauh und etwa so groß wie eine Walnuss. Sie zielte auf das Fenster und warf den Stein mit einer sanften Bewegung. Er prallte vom Schindeldach des Giebels ab und landete wenige Schritte vor uns auf dem Boden. Sie griff wieder danach und versuchte es ein ums andere Mal. Ihre Treffsicherheit besserte sich nicht.

Ungeduldig riss ich Elizabeth den Stein aus der Hand und schleuderte ihn in Richtung Fenster. Er traf sein Ziel, durchschlug die Glasscheibe wie eine Kugel und hinterließ ein formvollendet kreisrundes Loch. Als ich mich zu Elizabeth umdrehte, stellte ich fest, dass sie sich mit beiden Händen die Ohren zuhielt. Sie hatte die Zähne zusammengebissen und die Augen geschlossen. »Oh, Victoria«, sagte sie bedrückt. »Zu fest. Viel, viel zu fest.«

Elizabeth öffnete die Augen und hob das Gesicht zum Fenster. Ich folgte ihrem Blick. Drinnen erschien eine magere, blasse Hand. Finger schlossen sich um einen Kordelstrang. Im nächsten Moment senkte sich hinter der zerbrochenen Scheibe eine Jalousie herab. Elizabeth neben mir seufzte und starrte weiter zu der Stelle hinauf, wo die Hand gerade noch gewesen war.

»Komm«, meinte ich, fasste Elizabeth am Ellbogen und drehte sie in Richtung Straße. Ihre Füße bewegten sich langsam, als wate sie durch Sand, während ich sie sanft zum Auto zog. Nachdem ich ihr in den Wagen geholfen hatte, wandte ich mich um und schloss das Tor.

5.

Eine ganze Woche lang litt ich an Schlafmangel und war zu nichts zu gebrauchen. Da mein Fellfußboden tagelang nicht trocknete, spürte ich das Wasser durch mein Hemd wie Grants Hände, sobald ich mich hinlegte; es erinnerte mich ständig an seine Berührung. Im Schlaf träumte ich, die Kamera richte sich auf meine nackte Haut und finge meine Handgelenke, die Unterseite meines Kieferknochens und – einmal – meine Brustwarzen ein. Wenn ich die menschenleeren Straßen entlangschlenderte, hörte ich die Blende einer Kamera klicken und wirbelte herum, in der Erwartung, Grant würde nur wenige Schritte hinter mir stehen. Aber es war nie jemand da.

Dass ich nicht in der Lage war, zusammenhängende Sätze zu bilden oder die Kasse zu bedienen, entging Renata nicht. Es war die Woche vor Thanksgiving, und im Laden wimmelte es von Kundschaft. Dennoch schickte Renata mich ins Hinterzimmer, wo sich von orangefarbenen und gelben Blüten strotzende Eimer und langstielige trockene Blätter in bunten Herbstfarben drängten. Sie gab mir zwar ein Buch mit Fotos von Feiertagsgestecken, doch ich schaute nicht hinein. Ich war zwar nicht ganz bei mir, aber Blumenarrangieren war etwas, das ich auch im Schlaf beherrschte. Also brachte sie mir Zettel mit hastig hingekritzelten Bestellungen und kam sie holen, wenn ich fertig war.

Am Freitag, der Feiertagsansturm war vorbei, ließ Renata mich die Werkstatt fegen und den Tisch abschleifen, der nach jahrelanger Nutzung und aufgrund der vielen Wasserpfützen allmählich splittrig wurde. Als sie eine

Stunde später nachsah, ob ich schon Fortschritte gemacht hatte, lag ich, bäuchlings und die Wange an das rauhe Holz geschmiegt, schlafend auf dem Tisch.

Sie rüttelte mich wach. Ich hatte das Schmirgelpapier noch in der Hand. Seine Oberflächenstruktur hatte sich in meine Fingerspitzen eingegraben. »Wenn du nicht so gefragt wärst, würde ich dich rausschmeißen«, meinte Renata. Allerdings schwang eher Belustigung als Zorn in ihrem Tonfall mit. Ich fragte mich, ob sie glaubte, dass ich verliebt war. Die Wahrheit war, wie ich fand, um einiges komplizierter.

»Steh auf«, sagte Renata. »Die eine Dame ist wieder da.« Ich seufzte. Wir hatten keine roten Rosen mehr.

Die Frau stützte die Ellbogen auf die Theke. Sie trug einen apfelgrünen Regenmantel. Neben ihr stand eine zweite Frau, jünger und hübscher, die einen ebenso geschnittenen roten Mantel mit Gürtel anhatte. Die schwarzen Stiefel der beiden waren nass. Ich schaute aus dem Fenster. Es hatte wieder zu regnen angefangen. Dabei waren meine Kleider und mein Zimmer nach dem Wolkenbruch der letzten Woche gerade erst getrocknet. Ich zitterte.

»Das ist die berühmte Victoria«, verkündete die Frau und wies mit dem Kopf auf mich. »Victoria, das ist meine Schwester Annemarie. Ich heiße übrigens Bethany.« Als sie mir die Hand hinhielt, schüttelte ich sie. Ihr fester Händedruck zerquetschte mir fast die Knochen.

»Wie geht es Ihnen?«, erkundigte ich mich.

»So gut wie noch nie«, erwiderte Bethany. Ihre Schwester wandte sich kopfschüttelnd ab. »Ich habe Thanksgiving bei Ray verbracht. Da wir beide noch nie ein Thanksgiving-Essen gekocht hatten, haben wir den halbgaren

Truthahn schließlich weggeworfen und uns Tomatensuppe aus der Dose warm gemacht. Wundervoll«, fügte sie hinzu. Ihrem Tonfall war eindeutig zu entnehmen, dass sie nicht nur die Suppe meinte. Ihre Schwester stöhnte auf.

»Wer ist Ray?«, fragte ich. Als Renata, den Besen in der Hand, in der Tür erschien, wich ich ihrem zweifelnden Blick aus.

»Ein Kollege aus dem Büro. Bis jetzt haben wir immer nur gemeinsam über die unbequemen Arbeitsplätze gejammert. Aber dann, am Mittwoch, stand er plötzlich vor meinem Schreibtisch und lud mich zu sich ein.«

Bethany war am kommenden Abend wieder mit Ray verabredet und brauchte einen Strauß für ihre Wohnung. Etwas Verführerisches, wie sie sagte, allerdings nichts zu Offensichtliches. »Keine Orchideen«, ergänzte sie, als handle es sich hierbei um erotische Blumen, nicht um das Symbol der eleganten Schönheit.

»Und für Ihre Schwester?«, meinte ich. Annemarie wirkte zwar verlegen, protestierte jedoch nicht, als Bethany Einzelheiten aus ihrem Liebesleben schilderte.

»Sie ist *verheiratet*«, begann sie und betonte dabei das Wort, als ob es die Wurzel allen Übels sei. »Jetzt macht sie sich Sorgen, ihr Mann könnte sie nicht mehr anziehend finden, was, wenn man sie sich ansieht, einfach nur albern ist. Aber es läuft nichts … Sie wissen schon. Und zwar bereits seit langem.« Annemarie sah aus dem Fenster, ohne ihren Mann oder ihre Ehe in Schutz zu nehmen.

»Gut«, sagte ich, als ich verstanden hatte. »Morgen?«

»Bis Mittag«, erwiderte Bethany. »Ich brauche den ganzen Nachmittag, um meine Wohnung sauber zu machen.«

»Annemarie?«, fragte ich. »Ist Mittag in Ordnung?«

Annemarie antwortete nicht sofort, sondern schnupperte an den Rosen, den Dahlien und den übrig gebliebenen orangefarbenen und gelben Blumen. Als sie aufschaute, lag ein leerer Blick in ihren Augen, den ich nachvollziehen konnte. Sie nickte. »Ja«, meinte sie. »Bitte.«

»Dann also bis morgen«, verabschiedete ich mich, als sie sich zum Gehen wandten.

Nachdem die Tür ins Schloss gefallen war, drehte ich mich zu Renata um, die noch immer mit dem Besen in der Tür stand. »Die berühmte Victoria«, spöttelte sie. »Die den Menschen ihre Wünsche erfüllt.«

Achselzuckend schob ich mich an ihr vorbei, nahm meine Jacke vom Haken und wollte gehen.

»Morgen?«, erkundigte ich mich. Renata hatte mir nie feste Arbeitszeiten gegeben. Ich trat zum Dienst an, wenn sie es so wollte.

»Vier Uhr morgens«, erwiderte sie. »Hochzeit am frühen Nachmittag. Zweihundert Gäste.«

Den Abend verbrachte ich damit, in meinem blauen Zimmer zu sitzen und über Annemaries Bitte nachzudenken. Mit dem Gegenteil von Nähe war ich gut vertraut: Hortensie – *Gleichgültigkeit* – war schon immer eine meiner Lieblingsblumen gewesen. Sie blühte in den gepflegten Gärten San Franciscos das halbe Jahr über und eignete sich großartig dazu, Mitbewohnerinnen und Betreuerinnen auf Abstand zu halten. Doch Intimität, Vertrautheit und Lust waren Dinge, mit denen ich mich noch nie beschäftigt hatte. Stundenlang brütete ich im Schein der nackten Glühbirne, deren gelbliches Licht auf die wasserfleckigen Seiten fiel, über meinem Wörterbuch und suchte nach den passenden Blumen.

Die Linde stand für die eheliche Liebe, war aber in meinen Augen nicht ganz das Richtige, denn die Definition las sich eher wie eine Schilderung der Vergangenheit als wie eine zukünftige Verheißung. Außerdem gab es da noch die Schwierigkeit, eine Linde zu bestimmen, einen kleinen Zweig abzuknicken und Annemarie zu erklären, warum sie diesen anstelle eines Blumenstraußes auf den Esszimmertisch stellen sollte. Nein, sagte ich mir, mit einem Lindenzweig würde es nicht klappen.

Als Natalyas Band unten anfing, ihre Instrumente zu bearbeiten, griff ich nach den Ohrstöpseln. Die Seiten des Buches auf meinem Schoß vibrierten. Ich stieß auf Pflanzen, die Zuneigung, Sinnlichkeit und Freude symbolisierten, doch keine von ihnen erschien mir stark genug, um den leeren Ausdruck aus Annemaries Augen zu vertreiben. Zunehmend verzweifelt, war ich schließlich bei der letzten Blume im Buch angelangt und wandte mich wieder dem Anfang zu. Ich war sicher, dass Grant die Antwort kannte, konnte ihn aber nicht fragen. Die Frage allein wäre schon zu intim gewesen.

Während meiner Suche fiel mir ein, dass ich einfach einen kühnen, bunten Strauß für Annemarie zusammenstellen und, was seine Bedeutung anging, lügen konnte, falls ich das Richtige nicht fand. Es waren ja nicht die Blumen selbst, die die Fähigkeit besaßen, Symbolik in Wirklichkeit zu verwandeln. Ich hatte eher den Eindruck, dass Earl und auch Bethany mit einer Veränderung gerechnet hatten, als sie mit einem Strauß nach Hause gegangen waren. Und dann hatte der Glaube an diese Möglichkeit dazu geführt, dass tatsächlich etwas geschah.

Ich kam zu dem Schluss, dass es besser war, Gerbera in

braunes Papier zu wickeln und zu behaupten, dass sie für die sexuelle Erfüllung standen, als Grant um seine Meinung zu diesem Thema zu bitten.

Also klappte ich das Buch zu, schloss die Augen und versuchte zu schlafen.

Zwei Stunden später stand ich auf und zog mich für den Markt an. Es war kalt, und noch während ich mich umkleidete und in meine Jacke schlüpfte, wusste ich, dass ich Annemarie keine Gerbera überreichen konnte. Bis jetzt war ich noch nie einer Sache treu gewesen, mit Ausnahme der Sprache der Blumen. Wenn ich nun anfing, auch in diesem Bereich zu lügen, würde es in meinem Leben nichts Schönes und Wahres mehr geben. Also hastete ich zur Tür hinaus und rannte zwölf Häuserblocks weit durch die Kälte, um Renata zuvorzukommen.

Grant war noch auf dem Parkplatz und entlud seinen Laster. Ich wartete darauf, dass er mir Eimer in die Hand drückte, und schleppte sie hinein. In seinem Stand gab es nur einen Hocker. Ich setzte mich darauf. Grant lehnte sich an die Pressspanwand.

»Du bist früh dran«, stellte er fest.

Ich sah auf die Uhr. Es war kurz nach drei. »Du auch.«

»Ich konnte nicht schlafen«, sagte er.

Ich auch nicht, aber ich schwieg.

»Ich habe eine Frau kennengelernt«, setzte ich an und wandte mich langsam von Grant ab, als wolle ich einen Kunden durchs Fenster bedienen. Doch der Markt war nahezu menschenleer.

»Ja?«, meinte Grant. »Wen denn?«

»Einfach nur eine Frau«, antwortete ich. »Sie kam gestern

ins Flora. Letztes Wochenende habe ich ihrer Schwester geholfen. Sie sagt, ihr Mann wolle sie nicht mehr. Du weißt schon ...« Ich konnte den Satz nicht beenden und verstummte.

»Hmmm«, brummte Grant. Obwohl ich seinen Blick überall auf meinem Rücken spürte, drehte ich mich nicht zu ihm um. »Das ist schwierig. Schließlich reden wir hier vom viktorianischen Zeitalter. Damals wurde nicht viel über Sex gesprochen.«

Daran hatte ich noch gar nicht gedacht. Schweigend beobachteten wir, wie der Markt sich füllte. Jede Minute würde Renata zur Tür hereinkommen, und dann würde ich in den nächsten Stunden ausschließlich mit den Hochzeitsblumen einer anderen Frau beschäftigt sein.

»Begierde«, meinte Grant schließlich. »Ich würde es mit Begierde versuchen. Eine bessere Möglichkeit sehe ich nicht.«

Mit Begierde kannte ich mich nicht aus. »Wie?«

»Jonquille«, entgegnete Grant. »Das ist eine Narzissenart, die in den Südstaaten wild wächst. Ich habe zwar ein paar Zwiebeln auf Lager, aber sie blühen erst im Frühling.«

Bis zum Frühling waren es noch Monate. Annemarie machte nicht den Eindruck, als ob sie so lange würde warten können. »Gibt es keinen anderen Weg?«

»Wir könnten die Zwiebeln in meinem Gewächshaus heranziehen. Normalerweise mache ich das nicht, weil diese Blumen so sehr mit dem Frühling in Zusammenhang gebracht werden, dass sie sich bis Ende Februar eigentlich nicht verkaufen. Doch wenn du möchtest, können wir es versuchen.«

»Wie lange dauert das?«, erkundigte ich mich.

»Nicht lange«, entgegnete er. »Ich wette, Mitte Januar hast du Blüten.«

»Ich frage sie«, sagte ich. »Danke.« Als ich mich aus dem Staub machen wollte, legte Grant mir die Hand auf die Schulter und hielt mich zurück. Ich wandte mich um.

»Heute Nachmittag?«, meinte er.

Ich dachte an die Blumen, seine Kamera und mein Wörterbuch. »Ich müsste um zwei fertig sein.«

»Ich hole dich ab.«

»Ich werde Hunger haben«, antwortete ich im Gehen.

Grant lachte. »Ich weiß.«

Annemarie wirkte eher erleichtert als enttäuscht, als ich ihr die Mitteilung machte. Januar sei in Ordnung, erwiderte sie. Mehr als in Ordnung. Während der Feiertage würde sie sehr beschäftigt sein. Der Monat würde nur so vorbeirauschen. Sie schrieb mir ihre Telefonnummer auf, zog den roten Gürtel ihres Mantels fest zusammen und folgte Bethany, die schon fast an der Straßenecke war. Ich hatte ihr Ranunkeln gegeben: *Dein Liebreiz lässt dich strahlen.*

Wie schon in der Woche zuvor kam Grant zu früh. Renata bat ihn herein. Er saß am Tisch, sah uns bei der Arbeit zu und aß dabei Hühnercurry aus einem dampfenden Styroporbehälter. Ein zweiter verschlossener Behälter stand neben ihm.

Als ich mit den Tischdekorationen fertig war, sagte Renata, dass ich gehen könne.

»Was ist mit den Anstecksträußen?«, fragte ich und warf einen Blick in den Karton, in den sie die Sträuße für die Brautjungfern geschichtet hatte.

»Ich erledige das«, meinte sie. »Ich habe genug Zeit. Verschwinde nur.« Sie scheuchte mich zur Tür.

»Willst du hier essen?«, erkundigte sich Grant und reichte mir eine Plastikgabel und eine Serviette.

»Im Auto. Ich möchte kein Tageslicht vergeuden.« Renata sah uns zwar neugierig an, hakte jedoch nicht nach. Sie war der diskreteste Mensch, den ich kannte, und ich wurde von Zuneigung für sie ergriffen, als ich Grant zur Tür hinaus folgte.

Auf der langen Fahrt zu Grants Haus waren die Scheiben vom Curry und unserem Atem beschlagen. Wir schwiegen. Das stete Surren der Lüftung war das einzige Geräusch. Draußen war es feucht, doch der Nachmittag klarte auf. Als Grant das Tor öffnete und zum Haus fuhr, war der Himmel blau. Er ging hinein, um die Kamera zu holen. Aber zu meiner Überraschung betrat er das viereckige, dreistöckige Gebäude, nicht das Haus.

»Was ist das?«, wollte ich wissen, als Grant zurückkehrte, und wies darauf.

»Der Wasserturm«, antwortete er. »Ich habe ihn zu einer Wohnung umgebaut. Möchtest du sie dir anschauen?«

»Licht«, sagte ich und schaute in Richtung der bereits untergehenden Sonne.

»Richtig.«

»Vielleicht danach.«

»Gut. Soll ich dir wieder eine Unterrichtsstunde geben?«, fragte Grant. Er machte einen Schritt auf mich zu und legte mir den Riemen der Kamera um den Hals. Seine Hände strichen über meinen Nacken.

Ich schüttelte den Kopf. »Blendengeschwindigkeit, Belichtungsdauer, Schärfe«, meinte ich, betätigte verschiedene Regler und wiederholte die Begriffe, mit denen er mich in der letzten Woche bombardiert hatte. »Ich bringe es mir selbst bei.«

»Einverstanden«, erwiderte er. »Ich bin drinnen.« Er drehte sich um und kehrte in den Wasserturm zurück. Ich wartete, bis in einem Fenster im zweiten Stock das Licht anging, bevor ich mich dem Rosengarten zuwandte.

Ich wollte mit der weißen Rose beginnen, in meinen Augen ein passender Anfang. Also setzte ich mich vor den blühenden Strauch und kramte ein unbenutztes Notizbuch aus meinem Rucksack. Ich wollte mir selbst das Fotografieren beibringen, indem ich meine Erfolge und Fehlschläge dokumentierte. Wenn ich die Fotos in der nächsten Woche entwickeln ließ und feststellte, dass nur ein Foto scharf geworden war, musste ich genau wissen, was ich getan hatte, um dieses Ergebnis zu erzielen. Ich schrieb die Zahlen eins bis sechsunddreißig auf eine Seite.

Im schwindenden Licht fotografierte ich dieselbe halboffene weiße Rosenblüte. Danach beschrieb ich, ohne Fachausdrücke zu verwenden, was der Belichtungsmesser angezeigt hatte, sowie die genaue Stellung der diversen Regler und Knöpfe. Ich notierte mir die Schärfeneinstellung, den Sonnenstand und den Einfallswinkel der Schatten. Außerdem maß ich den Abstand zwischen Kamera und Rose ab, indem ich die Länge meiner Handfläche zu Hilfe nahm. Als der Film zu Ende und es zu dunkel war, hörte ich auf.

Bei meiner Rückkehr saß Grant am Küchentisch. Die Tür stand offen, so dass es drinnen genauso kalt war wie draußen. Mit dem Sonnenuntergang war auch die Wärme verflogen. Ich rieb mir die Hände.

»Tee?«, fragte Grant. Er hielt mir eine dampfende Tasse hin.

Ich trat ein und schloss die Tür hinter mir. »Bitte.«

Wir saßen einander an einem verwitterten Holzpicknicktisch gegenüber, der genauso aussah wie der draußen. Er war an ein kleines Fenster gerückt, das Blick auf das Anwesen bot: sanft abfallende Reihen von Blumen, Schuppen und Gewächshäuser und das leere Haus. Grant stand auf, um den Deckel des Reiskochers zurechtzurücken. Flüssigkeit spritzte aus dem kleinen Ventil. Dann öffnete er einen Schrank und entnahm ihm eine Flasche Sojasauce, die er auf den windschiefen Tisch stellte.

»Das Essen ist fast fertig«, verkündete er. Ich betrachtete den Herd. Nichts kochte, bis auf den Reis. »Möchtest du dir das Haus anschauen?«

Ich zuckte die Achseln, stand jedoch auf.

»Das ist die Küche.« Die Schränke waren hellgrün lackiert, die Arbeitsflächen bestanden aus Resopal und hatten einen silberfarbenen Rand. Offenbar besaß Grant kein Schneidebrett, denn sie waren mit Kratzern und Dellen übersät. Der antike weiße und verchromte Gasherd verfügte über eine herausklappbare Platte, auf der ich einige leere grüne Glasvasen und einen Holzlöffel bemerkte. An der Spitze des Löffels war ein weißes verblasstes Preisschild zu sehen, woraus ich schloss, dass er entweder nie benutzt oder nie gespült worden war. Jedenfalls hatte ich keine große Lust, Grants Kochkünste zu kosten.

In einer Ecke des Raums führte eine schwarze Wendeltreppe durch eine kleine viereckige Öffnung nach oben. Als Grant hinaufstieg, folgte ich ihm. Der erste Stock enthielt ein Wohnzimmer, das gerade groß genug für ein orangefarbenes zweisitziges Sofa aus Velours und ein vom Boden bis zur Decke reichendes Bücherregal war. Durch eine offene Tür erkannte ich ein weißgekacheltes Bad mit einer Wanne mit Löwentatzen. Es gab weder Fernseher noch Stereoanlage, ja, nicht einmal ein Telefon.

Grant kehrte zurück zur Treppe und brachte mich in den zweiten Stock, wo der Raum von Wand zu Wand mit einer dicken Schaumstoffmatratze ausgelegt war. An den Kanten waren die Laken verrutscht, so dass man den bröckeligen Schaumgummi sah. In zwei Ecken bemerkte ich Kleiderstöße, der eine gefaltet, der andere nicht. Wo eigentlich die Kopfkissen hätten sein sollten, stapelten sich Bücher.

»Mein Schlafzimmer«, sagte Grant.

»Wo schläfst du?«, fragte ich.

»In der Mitte. Normalerweise näher an den Büchern als an den Kleidern.« Er machte einen Schritt über die Schaumstoffmatratze und schaltete die Leselampe ab. Ich hielt mich am Geländer fest und kehrte zurück in die Küche.

»Hübsch«, meinte ich. »Ruhig.«

»Mir gefällt es so. Ich kann vergessen, wo ich bin, weißt du?« Ich wusste, wovon er sprach. In Grants Wasserturm, in dem sämtliche technischen und digitalen Geräte fehlten, war es leicht, nicht nur zu vergessen, an welchem Ort man sich befand, sondern auch, in welchem Jahrzehnt.

»Die Punkband meiner Mitbewohnerin probt die ganze Nacht in der Etage unter unserer Wohnung«, erklärte ich ihm.

»Das klingt ja schrecklich.«

»Ist es auch.«

Er ging zur Arbeitsfläche und löffelte heißen, matschigen Reis in große Suppenschalen aus Keramik. Dann reichte er mir eine Schale und einen Löffel. Wir aßen. Der Reis wärmte mir Mund, Kehle und Magen und schmeckte viel besser als erwartet.

»Kein Telefon?«, fragte ich und schaute mich um. Bis jetzt hatte ich gedacht, der einzige junge Mensch in dieser modernen Welt zu sein, der nicht ständig an einem Kommunikationsgerät hing. Grant schüttelte den Kopf. »Und auch keine Familie?«, fuhr ich fort.

Wieder ein Kopfschütteln. »Mein Vater ist gegangen, bevor ich geboren wurde. Er wollte zurück nach London. Ich habe ihn nie kennengelernt. Als meine Mutter starb, hat sie mir das Land und die Blumen vermacht, sonst nichts.« Er aß einen Löffel Reis.

»Vermisst du sie?«, fragte ich ihn.

Grant kippte mehr Sojasauce auf seinen Reis. »Manchmal. Ich vermisse sie, wie sie in meiner Kindheit war. Damals hat sie mir jeden Abend ein Essen gekocht und mir Pausenbrote mit essbaren Blumen gemacht. Doch als es mit ihr zu Ende ging, fing sie an, mich mit meinem Vater zu verwechseln. Sie bekam Wutanfälle und warf mich aus dem Haus. Wenn ihr dann klarwurde, was sie getan hatte, hat sie sich mit Blumen entschuldigt.«

»Wohnst du deshalb hier?«, meinte ich.

Grant nickte. »Außerdem war ich schon immer gern allein. Das versteht niemand.«

Ich verstand.

Grant aß seinen Reis auf und nahm sich einen Nachschlag. Dann griff er nach meiner Schale und füllte sie ebenfalls nach.

Schweigend verzehrten wir den Rest unserer Mahlzeit.

Er stand auf, spülte seine Schale und legte sie kopfüber auf ein Trockengestell aus Metall. Ich spülte meine und tat das Gleiche. »Wollen wir fahren?«, fragte Grant.

»Der Film?«, erinnerte ich ihn, holte die Kamera, die an einem Haken hing, und reichte sie ihm. »Ich weiß nicht, wie man ihn rauskriegt.«

Grant spulte den Film zurück und nahm ihn aus der Kamera. Ich steckte ihn ein.

»Danke.«

Wir stiegen in Grants Laster und rollten die Straße entlang. Als wir schon fast wieder in der Stadt waren, fiel mir Annemaries Bitte ein. Ich schnappte nach Luft.

»Was ist?«, wollte Grant wissen.

»Die Jonquille. Ich habe sie vergessen.«

»Ich habe die Zwiebeln gesetzt, während du im Rosengarten warst. Sie sind in einem Pappkarton im Gewächshaus. Sie brauchen Dunkelheit, bis sich Blätter bilden. Du kannst sie dir nächsten Samstag anschauen.«

Nächsten Samstag. Als ob wir eine feste Verabredung hätten. Ich beobachtete Grant beim Fahren. Sein Profil war hart und ernst. Ich würde nächsten Samstag nach den Blumen sehen. Das war eine einfache Aussage, allerdings eine, die alles von Grund auf änderte, so wie die Entdeckung der gelben Rose.

Eifersucht, Untreue. Einsamkeit, Freundschaft.

6.

Als ich zum Abendessen hereinkam, war es schon dunkel. Das Haus war hell erleuchtet, und Elizabeth saß, eingerahmt von der offenen Tür, am Küchentisch. Sie hatte Hühnersuppe gekocht – der Duft war bis zwischen die Weinreben zu mir hinübergeweht und hatte mich körperlich angezogen –, und sie beugte sich über ihre Schale, als wolle sie ihr Spiegelbild in der Brühe betrachten.

»Warum hast du keine Freunde?«, fragte ich.

Die Worte waren mir unüberlegt herausgerutscht. Eine Woche lang hatte ich beobachtet, wie Elizabeth bedrückt und niedergeschlagen über die Weinlese wachte. Und als ich sie so allein und offenbar einsam am Küchentisch sah, platzte die Frage geradezu aus mir heraus.

Elizabeth blickte zu mir herüber. Schweigend stand sie auf und kippte den Inhalt ihrer Schale zurück in den Suppentopf. Dann zündete sie mit einem Streichholz die blaue kreisförmige Gasflamme darunter an.

Sie drehte sich zu mir um. »Nun, warum hast du keine?«

»Weil ich keine will«, erwiderte ich. Außer Perla, die inzwischen ein gutes Stück die Straße hinunter auf mich wartete, damit man sie nicht mit mir sah, waren meine Mitschüler die einzigen Kinder, die ich kannte. Sie nannten mich *Waisenmädchen*. Inzwischen war ich sicher, dass sich nicht einmal die Lehrerin meinen Namen gemerkt hatte.

»Warum nicht?«, hakte Elizabeth nach.

»Ich weiß nicht«, entgegnete ich in abwehrendem Ton. Allerdings wusste ich es sehr genau.

Wegen meines Angriffs auf den Busfahrer war ich fünf Tage lang vom Unterricht ausgeschlossen worden und fühlte mich zum ersten Mal im Leben nicht elend. Zu Hause bei Elizabeth brauchte ich sonst niemanden mehr. Ich folgte ihr auf Schritt und Tritt, während sie die Lese beaufsichtigte, die Arbeiter zu den reifen Trauben schickte und sie von denen fernhielt, die noch einen oder zwei Tage Sonne brauchten. Sie steckte sich selbst und dann auch mir Trauben in den Mund und ratterte dann Zahlen herunter, die sich auf den Reifegrad bezogen: *74/6, 73/7, 75/6. Das,* sagte sie, wenn wir auf ein reifes Büschel stießen, *musst du dir merken. Genau diesen Geschmack – Zuckergehalt bei 75, Tannin bei 7. Das ist eine optimal reife Weintraube, was weder eine Maschine noch ein Laie erkennt.* Am Ende der Woche hatte ich Trauben von fast jeder Rebe gekaut und wieder ausgespuckt und konnte die Zahlen aufsagen, fast noch ehe die Traube meinen Mund erreichte. Es war, als sei meine Zunge in der Lage, sie abzulesen wie die Wertangabe auf einer Briefmarke.

Die Suppe begann zu brodeln. Elizabeth rührte sie mit einem Holzlöffel um. »Zieh deine Schuhe aus«, wies sie mich an. »Und wasch dir die Hände. Die Suppe ist heiß.« Elizabeth stellte zwei Suppenschalen auf den Tisch und legte Brotlaibe, so groß wie Zuckermelonen, daneben. Ich zerriss das Brot in zwei Hälften, kratzte das weiche weiße Innere heraus und tauchte es in die dampfende Brühe.

»Ich hatte eine Freundin«, erklärte Elizabeth. »Meine Schwester war meine Freundin. Ich hatte meine Schwester, meinen Beruf und meine erste Liebe. Sonst brauchte ich nichts in der Welt. Und dann, plötzlich, hatte ich nur noch meinen Beruf. Was ich verloren hatte, erschien mir unersetzlich. Deshalb habe ich jeden wachen Moment darauf verwendet, ein erfolgreiches Geschäft zu betreiben und die gefragtesten Weintrauben der Region anzubauen. Ich habe mir hohe Ziele gesteckt, die so viel Zeit in Anspruch nahmen, dass mir keine Minute Zeit blieb, um über meinen Verlust nachzudenken.«

Mir wurde klar, dass das anders geworden war, seit sie mich bei sich aufgenommen hatte. Ich erinnerte sie ständig an ihre Familie und an die Liebe und fragte mich deshalb, ob sie ihre Entscheidung bereute.

»Victoria, bist du glücklich hier?«, fragte Elizabeth unvermittelt.

Ich nickte. Mein Herz schlug auf einmal schneller. Noch nie hatte jemand das von mir wissen wollen, ohne eine Bemerkung wie: *Wenn du glücklich wärst, würdest du begreifen, was für ein Glückspilz du bist, dass du hier sein darfst, und würdest dich nicht wie ein undankbares kleines Biest aufführen,* hinzuzufügen. Aber Elizabeths Lächeln wirkte ausschließlich erleichtert. »Gut«, sagte sie. »Denn ich bin glücklich, weil du bei mir bist. Offen gestanden freue ich mich gar nicht darüber, dass du morgen wieder zur Schule gehst. Es ist schön, dich zu Hause zu haben. Du hast dich ein bisschen geöffnet. Zum ersten Mal scheinst du dich für etwas zu interessieren. Und obwohl ich zugeben muss, dass ich etwas eifersüchtig auf die Trauben bin, bin ich froh, dass du dich in die Welt einbringst.«

»Ich hasse die Schule«, entgegnete ich. Allein das Wort auszusprechen sorgte dafür, dass mir übel wurde und mir die Suppe in der Kehle aufstieg.

»Hasst du die Schule wirklich? Ich weiß nämlich, dass du gerne lernst.«

»Ich hasse die Schule wirklich.« Ich schluckte und berichtete ihr dann, wie die anderen mich nannten und dass die Schule genauso war wie alle anderen, die ich je besucht hatte. Ich wurde zur Außenseiterin abgestempelt, in eine Schublade gesteckt und beobachtet, ohne dass mir jemand etwas beibrachte.

Elizabeth aß den letzten Bissen Brot und trug ihre Schale zur Spüle.

»Dann melden wir dich morgen ab. Hier kann ich dir mehr vermitteln, als du in dieser Schule jemals lernen wirst. Und wenn du mich fragst, hast du im Leben schon genug durchgemacht.« Sie kehrte zum Tisch zurück, nahm meine Schale und füllte sie bis zum Rand nach.

Ich war so unbeschreiblich erleichtert, dass ich die zweite Schale und dann noch eine dritte leerte. Und dennoch empfand ich eine innere Schwerelosigkeit, die mich von meinem Stuhl zu heben und mich die Treppe hinauf ins Bett zu katapultieren drohte.

7.

Meine Fotos waren grauenhaft. Sie waren so schlecht, dass ich dem Fotolabor, in dem ich sie hatte entwickeln lassen, die Schuld gab und den Film zu einer Spezialfirma brachte. Das Schild an der Tür verhieß, dass hier nur die Filme von professionellen Fotografen bearbeitet wurden. Die Anfertigung der Abzüge dauerte drei Tage, und als ich sie abholte, waren sie genauso miserabel, ja, sogar noch schrecklicher, da meine Fehler stärker in den Vordergrund traten und sich die verschwommenen grauen und weißen Klumpen schärfer vom schlammbraunen Hintergrund abhoben. Ich warf die Fotos in die Gosse und setzte mich enttäuscht vor das Fotolabor an den Straßenrand.

»Experimentierst du mit Abstraktionen?« Ich drehte mich um. Hinter mir stand eine junge Frau und betrachtete die auf der Straße liegenden Fotos. Sie trug eine Schürze und rauchte eine Zigarette. Die Asche umwehte die Fotos. Ich wünschte, sie würden Feuer fangen und verbrennen.

»Nein«, erwiderte ich. »Ich experimentiere mit meiner eigenen Unfähigkeit.«

»Neue Kamera?«, fragte sie.

»Nein, Anfängerin im Fotografieren.«

»Was möchtest du wissen?«, erkundigte sie sich.

Ich hob ein Foto von der Straße auf und reichte es ihr.

»Alles«, antwortete ich.

Sie trat die Zigarette aus und musterte den Abzug. »Ich glaube, das Problem ist die Belichtungsdauer«, stellte sie fest und bedeutete mir, ihr zu folgen. Sie führte mich zu einem Schaukasten mit Filmen und wies mich auf die Nummern an den Rändern der Schachteln hin, die mir bis jetzt gar nicht aufgefallen waren. Die Blende schlösse zu langsam, erklärte sie mir. Außerdem sei die Filmgeschwindigkeit nicht für die schlechten Lichtverhältnisse am späten Nachmittag geeignet. Ich notierte mir alles, was sie sagte, auf der Rückseite der Abzüge und steckte den Stapel in die Hosentasche.

Am kommenden Samstag konnte ich es kaum erwarten, den Blumenladen zu verlassen. Es war nichts los; keine

Hochzeit stand an. Renata saß über Büroarbeit und blickte den ganzen Vormittag nicht von ihrem Schreibtisch auf. Als ich keine Lust mehr hatte abzuwarten, dass sie mich endlich nach Hause schickte, stellte ich mich dicht vor ihren Schreibtisch und klopfte mit dem Fuß auf den Betonboden.

»Schon gut, geh nur«, meinte sie mit einer wegwerfenden Handbewegung. Ich drehte mich um und war schon fast zur Tür hinaus, als sie hinzufügte: »Und komm morgen und nächste und übernächste Woche nicht wieder.«

Ich erstarrte. »Was?«

»Du hast schon doppelt so viele Stunden gearbeitet, wie ich dir bezahlt habe. Das ist dir doch sicher aufgefallen.«

Ich hatte nicht mitgezählt. Schließlich lagen für jemanden wie mich die Jobs nicht auf der Straße, selbst wenn ich eine andere Stelle gewollt hätte. Ich konnte weder einen Highschool-Abschluss noch ein College-Diplom oder eine Ausbildung vorweisen. Deshalb hatte ich vermutet, dass Renata das wusste und ausnutzte. Aber es störte mich nicht.

»Na und?«

»Nimm dir ein paar Wochen frei. Komm übernächsten Sonntag wieder, und ich bezahle dich, als ob du gearbeitet hättest. Ich schulde dir das Geld. Gegen Weihnachten brauche ich dich wieder, und am Neujahrstag habe ich zwei Hochzeiten.« Sie reichte mir den Umschlag mit Geld, den sie mir eigentlich erst am nächsten Tag hätte geben sollen. Ich steckte ihn ein.

»Gut«, sagte ich. »Danke. Dann sehen wir uns in zwei Wochen.«

Als ich eintraf, lud Grant gerade einen Eimer mit unverkauften Blumen ins Auto. Beim Näherkommen hielt ich die verschwommenen Fotos hoch wie einen Fächer. »Na, möchtest du jetzt, dass ich dir Unterricht gebe?«, fragte er grinsend.

»Nein.« Ich stieg ein.

Grant schüttelte den Kopf. »Chinesisch oder Thailändisch?«, erkundigte er sich. Da ich gerade meine hingekritzelten Notizen auf der Rückseite der peinlichen Fotos las, antwortete ich nicht. Grant stoppte vor einem thailändischen Lokal. Ich wartete im Auto.

»Etwas Scharfes!«, rief ich durchs offene Fenster. »Mit Shrimps.«

Ich hatte zehn Filmrollen mit unterschiedlichen Belichtungszeiten gekauft. Im hellen Nachmittagslicht würde ich mit einem 100er anfangen und mich bis Sonnenuntergang zu einem 800er vorarbeiten. Grant setzte sich mit einem Buch an den Picknicktisch und schaute alle paar Seiten in meine Richtung. Ich kauerte zwischen zwei weißen Rosenbüschen, fast ohne mich zu rühren. Wie in der Woche zuvor numerierte ich alle Fotos und schrieb Aufnahmewinkel und Bedingungen auf. Ich war fest entschlossen, es richtig zu machen.

Als es fast vollständig dunkel war, legte ich die Kamera weg. Grant saß nicht mehr am Tisch. Aus den Fenstern des Wasserturms strömte Licht, gedämpft von einer dichten Dampfwolke. Grant kochte, und ich war am Verhungern. Also steckte ich die Filmrollen in meinen Rucksack und trat in die Küche.

»Hunger?«, meinte Grant. Er beobachtete, wie ich meinen Rucksack schloss und kräftig schnupperte.

»Fragst du das im Ernst?«

Grant lächelte. Ich ging zum Kühlschrank und öffnete ihn. Bis auf ein Joghurt und einen Vierliterkarton Orangensaft war er leer. Ich nahm den Orangensaft und trank aus dem Karton.

»Fühl dich nur wie zu Hause.«

»Danke.« Ich trank noch einen Schluck und ließ mich am Tisch nieder. »Was gibt es?«

Grant wies auf sechs leere Dosen Ravioli mit Rindfleischfüllung. Ich verzog das Gesicht.

»Möchtest du das Kochen übernehmen?«, fragte er.

»Ich kann nicht kochen. In Heimen erledigen das die Köchinnen, und seitdem esse ich auswärts.«

»Hast du immer in Heimen gelebt?«

»Nach Elizabeth schon. Davor habe ich bei vielen verschiedenen Leuten gewohnt«, erklärte ich. »Manche haben gut gekocht, andere nicht.«

Er musterte mich, als wolle er mehr erfahren, doch ich führte es nicht weiter aus. Wir setzten uns an unsere Schalen mit Ravioli. Draußen hatte es wieder zu regnen angefangen. Ein heftiger Wolkenbruch, der die Staubstraßen in Flüsse zu verwandeln drohte.

Nach dem Essen spülte Grant das Geschirr und ging nach oben.

Ich ließ mich am Küchentisch nieder und wartete darauf, dass er zurückkam, um mich nach Hause zu fahren, aber er tat es nicht. Also trank ich noch mehr Orangensaft und schaute aus dem Fenster. Als ich wieder hungrig wurde, durchsuchte ich den Schrank, stieß auf eine noch nicht angebrochene Packung Kekse und verspeiste den gesamten Inhalt. Von Grant fehlte noch immer jede Spur.

Ich setzte den Teekessel auf, stand daneben und wärmte mir die Hände an der offenen blauen Flamme. Der Teekessel pfiff.

Ich füllte zwei Tassen, holte Teebeutel aus einer Schachtel auf der Anrichte und stieg die Treppe hinauf.

Grant saß, ein aufgeschlagenes Buch auf dem Schoß, im ersten Stock auf dem orangefarbenen Sofa. Ich reichte ihm eine Tasse und setzte mich vor das Bücherregal auf den Boden. Das Zimmer war so klein, dass er meine Knie mit den Zehen hätte berühren können, wenn er die Beine ausstreckte, und das obwohl ich so weit entfernt wie möglich Platz genommen hatte. Ich drehte mich zum Bücherregal um. Auf dem untersten Regalbrett lag ein Stapel dicker Wälzer: Gartenbücher und dazwischen hauptsächlich Lehrbücher in Biologie und Botanik.

»Biologie?«, fragte ich erstaunt, griff nach einem und schlug es bei der wissenschaftlichen Abbildung eines Herzens auf.

»Ich hatte einen Kurs an einem staatlichen College belegt. Nach dem Tod meiner Mutter hatte ich mir kurz überlegt, ob ich die Gärtnerei verkaufen und studieren soll. Doch ich habe den Kurs nach der Hälfte abgebrochen. Ich konnte es in den Hörsälen nicht aushalten. Zu viele Menschen und zu wenig Blumen.«

Aus dem Herzen ragte eine dicke blaue Vene. Ich fuhr sie mit dem Finger nach und sah Grant an. »Was liest du da?«

»Gertrude Stein.«

Ich schüttelte den Kopf. Ich hatte noch nie von ihr gehört.

»Die Dichterin?«, meinte er. »Du weißt schon: ›Eine Rose ist eine Rose ist eine Rose.‹«

Wieder schüttelte ich den Kopf. »In ihrem letzten Lebensjahr war meine Mutter regelrecht besessen von ihr«, fuhr Grant fort. »Sie hatte den Großteil ihres Lebens die viktorianischen Dichter gelesen. Als sie Gertrude Stein entdeckte, sagte sie mir, sie fände sie tröstlich.«

»Was soll das heißen? ›Eine Rose ist eine Rose ist eine Rose.‹?«, fragte ich. Als ich das Biologiebuch zuklappte, starrte mir ein menschliches Skelett entgegen. Ich tippte auf die leere Augenhöhle.

»Dass die Dinge das sind, was sie sind«, erwiderte er.

»Eine Rose ist eine Rose.«

»Ist eine Rose«, beendete er mit einem leichten Lächeln den Satz.

Ich dachte an all die Rosen im Garten unter uns, an ihre verschiedenen Farben und Altersstufen. »Mit Ausnahme der gelben«, entgegnete ich, »und der roten, der rosafarbenen, der noch nicht aufgegangenen und der sterbenden.«

»Das habe ich auch immer gedacht«, meinte Grant. »Aber ich gebe Ms. Stein die Chance, mich zu überzeugen.« Er wandte sich wieder dem Buch zu.

Ich nahm noch ein Buch von einem höher gelegenen Regalbrett. Es war ein dünner Gedichtband. Elizabeth Barrett Browning. Ich hatte den Großteil ihrer Werke als Jugendliche gelesen, da ich festgestellt hatte, dass romantische Dichter sich häufig auf die Sprache der Blumen bezogen. Deshalb hatte ich alles verschlungen, was ich in die Finger bekommen konnte. Die Seiten des Buches hatten Eselsohren und waren an den Rändern mit Anmerkungen bekritzelt. Das Gedicht, das ich aufgeschlagen hatte, hatte elf Strophen, die alle mit den Worten *liebe mich* begannen. Ich war überrascht. Obwohl ich sicher war, das Gedicht zu kennen, erinnerte ich mich nicht an die Dutzenden von Anspielungen auf die Liebe, nur an die Blumen. Ich stellte das Buch zurück, nahm ein anderes und dann das nächste. Währenddessen saß Grant schweigend da und blätterte Seite um Seite um. Ich sah auf die Uhr. Zehn nach zehn.

Grant blickte auf. Er schaute ebenfalls auf die Uhr und dann aus dem Fenster. Es regnete immer noch. »Möchtest du nach Hause?«

Die Straßen waren aufgeweicht; das Vorwärtskommen würde mühsam werden. Außerdem würde ich nach dem zwei Häuserblocks weiten Weg zwischen dem Flora und meinem blauen Zimmer klatschnass sein. Hinzu kam, dass Natalyas Band probte. Renata brauchte mich am nächsten Tag nicht. Nein, mir wurde klar, dass ich eigentlich nicht unbedingt nach Hause wollte.

»Habe ich eine andere Wahl?«, sagte ich. »Ich schlafe nicht mit dir in einem Bett.«

»Ich bleibe nicht hier. Du kannst mein Bett haben. Oder auf dem Sofa übernachten. Wie du willst.«

»Woher weiß ich, dass du nicht mitten in der Nacht zurückkommst?«, fragte ich.

Grant kramte den Schlüsselbund aus der Tasche und nahm den Schlüssel zum Wasserturm ab. Nachdem er ihn mir gegeben hatte, ging er zur Treppe. Ich folgte ihm.

In der Küche holte er eine Taschenlampe aus einer Schublade und schnappte sich eine Flanelljacke vom Haken. Ich öffnete die Tür. Er trat hinaus und verharrte im Schutz des Vordaches. Rings um die trockenen Stufen stürzte eine Regenwand vom Himmel. »Gute Nacht«, sagte er.

»Ersatzschlüssel?«, entgegnete ich.

Seufzend schüttelte Grant den Kopf, doch er lächelte. Er bückte sich, hob eine verrostete, halb mit Regenwasser gefüllte Gießkanne hoch und kippte sie aus, als wolle er den durchweichten Kies wässern. Auf dem Boden der Kanne lag ein Schlüssel. »Wahrscheinlich ist er so verrostet, dass man ihn nicht mehr benutzen kann, aber hier hast du ihn, nur für alle Fälle.« Als er mir den Schlüssel reichte, umfassten unsere Hände das nasse Metall.

»Danke«, meinte ich. »Gute Nacht.«

Er stand reglos da, während ich die Tür zuzog und den Schlüssel umdrehte.

Ich atmete die Luft im menschenleeren Wasserturm ein und stieg die Treppe hinauf. Im zweiten Stock holte ich die Decke von Grants Bett, kehrte in die Küche zurück und rollte mich unter dem Picknicktisch zusammen. Falls sich die Tür öffnete, würde ich es hören.

Doch ich hörte die ganze Nacht nichts als den Regen.

Um halb elf am nächsten Morgen klopfte Grant an die Tür. Ich schlief noch unter dem Tisch. Da ich zwölf Stunden dort gelegen hatte, war ich völlig steif und hatte Mühe beim Aufstehen. Die Decke um die Knöchel verheddert, kroch ich durch den Raum. An der Tür lehnte ich mich an das feste Holz, rieb mir Augen, Wangenknochen und Nacken. Dann rappelte ich mich hoch und öffnete.

Grant trug dieselben Kleider wie gestern und wirkte nur wenig wacher, als ich mich fühlte. Er trat schwankend in die Küche und setzte sich an den Tisch.

Das Unwetter war vorbei. Als ich aus dem Fenster schaute, sah ich einen wolkenlosen Himmel. Die Blumen darunter funkelten. Ein wundervoller Tag zum Fotografieren.

»Bauernmarkt?«, fragte er. »Am Sonntag verkaufe ich am Ende der Straße, nicht in der Stadt. Möchtest du mitkommen?«

Wie ich mich erinnerte, war der Dezember keine gute Zeit für Obst und Gemüse. Orangen, Äpfel, Brokkoli, Grünkohl. Doch selbst wenn es mitten im Sommer gewesen wäre, hätte ich nicht auf den Bauernmarkt gewollt. Ich hatte keine Lust, Elizabeth zu begegnen. »Lieber nicht. Aber ich brauche Filme.«

»Dann komm mit. Du kannst im Auto warten, während ich die Reste von gestern verkaufe. Dann fahre ich dich zum Drogeriemarkt.«

Während Grant sich oben umzog, putzte ich mir die Zähne mit Zahnpasta und dem Finger. Nachdem ich mir Wasser in Gesicht und Haar gespritzt hatte, ging ich zum Pick-up. Als Grant wenige Minuten später erschien, hatte er sich rasiert und ein sauberes graues Sweatshirt und nur leicht angeschmuddelte Jeans angezogen. Er wirkte immer noch müde und zog die Kapuze hoch, als er den Wasserturm abschloss.

Da die Straße an einigen Stellen überflutet war, fuhr Grant langsam. Der Pick-up schwankte hin und her wie ein Boot im tiefen Wasser. Ich schloss die Augen.

Knapp fünf Minuten später stoppte Grant den Wagen, und als ich die Augen aufschlug, befanden wir uns auf einem belebten Parkplatz. Ich rutschte tief im Sitz hinunter, während Grant aus dem Wagen sprang. Die Kapuze in die Stirn gezogen, hievte er die Eimer aus dem Laster. Ich döste, den Kopf an die abgeschlossene Tür gelehnt, und versuchte die Geräusche des geschäftigen Marktes ebenso zu ignorieren wie die Erinnerungen an die vielen Male, die ich als Kind hier gewesen war. Schließlich kehrte Grant zurück.

»Kann es losgehen?«, erkundigte er sich.

Ich nickte. Grant fuhr zum nächsten Drogeriemarkt, eine für das platte Land typische Filiale, die alles von Angelutensilien bis hin zu Medikamenten im Sortiment hatte. In dieser Gegend und in Elizabeths Nähe unterwegs zu sein machte mich nervös.

Ich zögerte, meine Hand lag auf der Autotür. »Elizabeth?«

»Sie ist nicht hier. Ich weiß nicht, wo sie einkauft, aber ich kaufe seit mehr als zwanzig Jahren hier ein und ich habe sie noch nie getroffen.« Erleichtert betrat ich den Laden und ging schnurstracks zur Fototheke, steckte meine Filmdosen in einen Umschlag und warf diesen in einen Schlitz.

»Eine Stunde?«, fragte ich die gelangweilt wirkende Verkäuferin, die einen blauen Kittel trug.

»Weniger«, erwiderte sie. »Ich habe seit Tagen keinen Film mehr zum Entwickeln bekommen.«

Ich verdrückte mich in den nächsten Gang. Der Laden hatte T-Shirts im Sonderangebot – drei für fünf Dollar. Ich nahm die obersten drei von einem hohen Stapel und legte sie zu den Filmrollen, einer Zahnbürste, Deo und Haargel in meinen Einkaufskorb. Grant stand an der Kasse, verspeiste einen Schokoriegel und beobachtete mich, während ich durch die Gänge schlenderte. Ich streckte den Kopf um die Ecke. Als ich feststellte, dass der Laden leer war, gesellte ich mich zu ihm an die Kasse.

»Frühstück?«, fragte ich. Grant nickte. Ich griff nach einem Payday-Riegel und pickte die Erdnüsse heraus, bis nur noch ein klebriger Karamellstreifen übrig war.

»Das ist das Beste daran«, stellte Grant fest und wies mit dem Kopf auf das Karamell. Ich überließ es ihm, und er verspeiste es rasch, als könnte ich es mir anders überlegen und den Riegel zurückverlangen. »Offenbar magst du mich mehr, als du dir eingestehst«, sagte er grinsend.

Die Tür öffnete sich, und ein älteres Paar kam händchenhaltend auf uns zu. Der Rücken der Frau war gebeugt, und der Mann hatte ein steifes Bein, so dass es aussah, als zöge sie ihn durch die Tür. Der alte Mann musterte mich von Kopf bis Fuß. Sein jungenhaftes Lächeln wollte nicht zu seiner mit Altersflecken bedeckten Haut passen.

»Grant«, meinte er und wies mit dem Kopf auf mich. »Gut gemacht, mein Junge, gut gemacht.«

»Danke, Sir«, erwiderte Grant und blickte zu Boden. Der Mann hinkte weiter. Nach ein paar Schritten klopfte er seiner Frau auf den Po, drehte sich um und zwinkerte Grant zu.

Kopfschüttelnd schaute Grant zwischen mir und dem alten Mann hin und her. »Er war ein Freund meiner Mutter«, erklärte er, als das Paar außer Hörweite war. »Anscheinend glaubt er, dass es bei uns in sechzig Jahren auch so sein wird.«

Ich verdrehte die Augen, griff nach einem zweiten Payday-Riegel und ging zur Fotothek, um zu warten. Es gab auf der Welt nichts Unwahrscheinlicheres, als dass Grant und ich uns in sechzig Jahren an den Händen halten würden. Die Verkäuferin reichte mir die erste, bereits entwickelte Filmrolle. Die Abzüge waren fertig, die Negative geschnitten und in einer durchsichtigen Hülle verstaut. Ich reihte die Fotos auf der hellgelben Theke auf.

Die ersten zehn waren verschwommen. Keine unkenntlichen weißen Kleckse wie bei meinem ersten Versuch, aber weiterhin undeutlich. Ab dem elften wurden sie scharf, waren aber noch immer nichts, worauf ich stolz sein konnte. Die Verkäuferin schob einen Film nach dem anderen zu mir hinüber. Ich ordnete die Fotos an, wobei ich darauf achtete, nichts durcheinanderzubringen.

Grant stand da und fächelte sich mit fünf leeren Schokopapieren Kühlung zu. Den Abzug in der Hand, kam ich auf ihn zu.

Es war das sechzehnte Foto aus der achten Rolle – eine makellose weiße Rose, hell und klar. Der dunkle Hintergrund bildete einen natürlichen Rahmen. Grant beugte sich vor, als wolle er daran schnuppern, und nickte.

»Ausgezeichnet.«

»Lass uns verschwinden«, meinte ich, bezahlte für die Sachen in meinem Korb und Grants Schokoriegel und wollte hinausgehen.

»Deine Fotos?«, wandte Grant ein und betrachtete das Meer aus Abzügen, das ich auf der Fototheke zurückgelassen hatte.

»Ich brauche nur das hier«, erwiderte ich und hielt den Abzug hoch.

8.

Den Rücken an den Stamm einer dicken Weinrebe gepresst, lauschte ich dem Klicken von Elizabeths Wischmopp. Eigentlich hätte ich meinen Morgenspaziergang machen sollen, hatte aber keine Lust dazu. Elizabeth hatte sämtliche Fenster des Hauses geöffnet, um die erste warme Frühlingsluft hereinzulassen. Von meinem Posten in der dem Haus am nächsten gelegenen Reihe von Reben konnte ich jede ihrer Bewegungen hören.

Inzwischen verbrachte ich schon sechs Monate bei Elizabeth zu Hause und hatte mich an ihre Methode des Heimunterrichts gewöhnt. Ich hatte kein Pult. Elizabeth schaffte auch keine Tafel, Lehrbücher oder Diagramme an. Stattdessen hatte sie einen Zeitplan an die Kühlschranktür geheftet – ein hauchdünnes, zart beschriftetes Stück Reispapier, dessen Ecken sich um die silbernen runden Magnete kräuselten. Die Tätigkeiten und Aufgaben auf diesem dünnen Blatt Papier waren meine Pflichten.

Elizabeths Liste war ausführlich, fordernd und präzise, wurde jedoch niemals länger und veränderte sich auch nicht. Jeden Tag nach dem Frühstück und meinem Morgenspaziergang schrieb ich etwas in das schwarze in Leder gebundene Notizbuch, das sie für mich gekauft hatte. Obwohl ich einen guten Stil hatte und die Rechtschreibung ausgezeichnet beherrschte, machte ich absichtlich Fehler, damit Elizabeth an meiner Seite blieb, Wörter aussprach und die Seiten korrigierte. Wenn ich fertig war, half ich ihr, das Mittagessen zu kochen. Wir maßen ab, gossen Flüssigkeiten ein und verdoppelten oder halbierten die in den Rezepten angegebenen Mengen. Ordentlich gestapelte Besteckteile verwandelten sich in Brüche, und Tassen mit getrockneten Bohnen wurden zu schwierigen Buchstabenrätseln. Mit Hilfe des Kalenders, den sie benutzte, um das Wetter einzuschätzen, brachte sie mir bei, Durchschnittssummen zu bilden, und erklärte mir die Prozent- und die Wahrscheinlichkeitsrechnung.

Abends las Elizabeth mir immer etwas vor. Sie besaß regalweise Kinderbuchklassiker, staubige, gebundene Bücher, deren Titel in Goldbuchstaben eingeprägt waren: *The Secret Garden, Pollyanna* und *Ein Baum wächst in Brooklyn.* Allerdings interessierte ich mich mehr für Elizabeths Gartenbaubücher, die Abbildungen der Pflanzen und die chemischen Formeln, die mir die Welt um mich herum erschlossen. Ich prägte mir den Wortschatz ein – Nitratauswaschung, Kohlenstoffrückhalt, integrierte Schädlingsbekämpfung – und benutzte ihn in beiläufigen Gesprächen mit einer Ernsthaftigkeit, die Elizabeth zum Lachen brachte.

Vor dem Schlafengehen markierten Elizabeth und ich jeden Tag in einem Kalender, der in meinem Zimmer hing. Im Januar kritzelte ich einfach nur ein kleines rotes X in das Kästchen unter dem Datum, doch Ende März trug ich bereits die Höchst- und die Tiefsttemperatur ein, wie Elizabeth es bei ihrem eigenen Kalender tat, vermerkte außerdem, was es zum Abendessen gegeben hatte, und listete die Unternehmungen des Tages auf. Elizabeth schnitt einen Stapel Post-it-Etiketten auf die Größe der Kalenderkästchen zurecht, und an vielen Abenden beschriftete ich fünf oder sechs davon, bevor ich ins Bett kroch.

Der Kalender war nicht nur ein allabendliches Ritual,

sondern auch ein Countdown. Der 2. August – der Tag nach meinem vermeintlichen Geburtstag – war markiert, das gesamte Kästchen rosafarben ausgemalt. Mit schwarzem Filzstift hatte Elizabeth *elf Uhr, zweiter Stock, Zimmer 305,* hineingeschrieben. Laut Gesetz musste ich ein ganzes Jahr bei Elizabeth gelebt haben, bevor die Adoption offiziell abgeschlossen werden konnte. Meredith hatte unseren Gerichtstermin so festgesetzt, dass er genau auf den Tag ein Jahr nach meiner Ankunft fiel.

Ich sah auf die Uhr, die Elizabeth mir gegeben hatte. Noch zehn Minuten, bis sie mich wieder hereinlassen würde. Ich lehnte den Kopf an die Weinranken. Die ersten grünen Blätter quollen schon aus den prallen Knospen. Ich betrachtete die makellosen, fingernagelgroßen Versionen dessen, was aus ihnen werden würde. Nachdem ich an einem Blatt geschnuppert hatte, knabberte ich eine Ecke ab, beschloss, etwas über den Geschmack von Weinblättern vor dem Wachsen der Trauben in mein Buch zu schreiben, und schaute wieder auf die Uhr. Fünf Minuten.

Plötzlich hallte Elizabeths Stimme durch die Stille. Sie klang klar und selbstbewusst, und im ersten Moment glaubte ich, dass sie mich gerufen hatte. Ich lief zum Haus, blieb aber ruckartig stehen, als mir klarwurde, dass sie telefonierte. Obwohl sie ihre Schwester seit unserem Besuch in der Gärtnerei kein einziges Mal erwähnt hatte, wusste ich sofort, dass sie Catherine anrief. Erschrocken setzte ich mich unter das Küchenfenster auf den Boden.

»Eine neue Ernte«, verkündete sie. »Es kann nichts mehr passieren. Ich trinke zwar nicht, habe inzwischen jedoch mehr Verständnis für Dad. Es ist verführerisch, sich morgens als Erstes einen Schluck Whiskey zu gönnen, um die Angst vor dem Frost zu betäuben, wie er zu sagen pflegte. Mittlerweile weiß ich, was er damit gemeint hat.« Eine kurze Pause entstand, und ich erkannte, dass sie wieder einmal nur mit Catherines Anrufbeantworter sprach. »Jedenfalls ist mir klar, dass du mich an diesem Tag im Oktober gesehen hast. Hast du Victoria auch gesehen? Ist sie nicht eine Schönheit? Offenbar wolltest du nicht mit mir reden, und ich möchte das respektieren und dir mehr Zeit geben. Aber ich kann nicht mehr warten. Deshalb habe ich beschlossen, immer wieder anzurufen. Jeden Tag. Vielleicht sogar mehr als einmal täglich, bis du bereit bist, mit mir zu sprechen. Ich brauche dich, Catherine. Begreifst du das nicht? Außer dir habe ich keine Familie.«

Als Elizabeth das sagte, schloss ich die Augen. *Außer dir habe ich keine Familie.* Seit acht Monaten waren wir nun zusammen, nahmen am Küchentisch drei Mahlzeiten täglich ein und arbeiteten Seite an Seite. Bis zu meiner Adoption waren es nur noch knapp vier Monate. Und dennoch betrachtete Elizabeth mich nicht als Familie. Statt Trauer empfand ich Zorn, und als ich hörte, wie das Telefon klickte, gefolgt vom Plätschern von Schmutzwasser im Ausguss, stürmte ich die Vortreppe hinauf. Mit geballten Fäusten trommelte ich an die Tür, als wollte ich sie einschlagen. *Was bin ich dann?*, hätte ich am liebsten geschrien. *Was machen wir uns hier vor?*

Doch als Elizabeth die Tür öffnete und ich ihr erstauntes Gesicht sah, brach ich in Tränen aus. Ich konnte mich nicht erinnern, je geweint zu haben, und die Tränen fühlten sich an wie ein Verrat an meiner Wut. Ich schlug mir ins tränennasse Gesicht. Der stechende Schmerz jedes Klapses sorgte dafür, dass ich noch heftiger weinte.

Elizabeth fragte mich nicht nach dem Grund für meine Tränen, sondern zog mich nur in die Küche. Sie setzte sich auf einen Holzstuhl und nahm mich verlegen auf den Schoß. In wenigen Monaten würde ich zehn werden. Ich war zu alt, um auf Elizabeths Schoß zu sitzen und mich umarmen und trösten zu lassen. Außerdem war ich zu alt, zurückgeschickt zu werden. Plötzlich bekam ich eine Todesangst davor, wieder im Heim zu landen, und war gleichzeitig überrascht, weil Merediths Einschüchterungstaktik anscheinend aufgegangen war. Bitterlich schluchzend vergrub ich das Gesicht an Elizabeths Hals. Sie drückte mich an sich. Ich wartete darauf, dass sie mich auffordern würde, mich zu beruhigen, aber sie tat es nicht.

Minuten vergingen. Am Herd surrte eine Küchenuhr. Doch Elizabeth stand nicht auf. Als ich endlich den Kopf hob, war die Küche von Schokoladenduft erfüllt. Elizabeth hatte ein Soufflé gemacht, um den Wetterwechsel zu feiern; der Geruch war süß und üppig. Ich wischte mir die Augen an Elizabeths Bluse ab, richtete mich auf und wich zurück, um sie anzusehen. Als unsere Blicke sich trafen, stellte ich fest, dass sie ebenfalls geweint hatte. Tränen hingen an ihren Kieferknochen und tropften herunter.

»Ich liebe dich«, sagte Elizabeth, und ich brach wieder in Tränen aus.

Im Backofen brannte das Schokoladensoufflé an.

9.

Am Montagmorgen brach Grant früh zum Blumenmarkt auf, aber ich begleitete ihn nicht. Als ich aufwachte, war ich nicht der einzige Mensch auf dem Anwesen. Männer riefen einander zwischen den Reihen etwas zu, während Frauen auf der feuchten Erde knieten und Unkraut zupften. Ich beobachtete alles durch die Fenster: das Jäten, Pflegen, Düngen und Pflücken.

Bis jetzt war ich noch gar nicht auf den Gedanken gekommen, dass mehrere Personen, nicht nur Grant, die viele Quadratmeter großen Felder bewirtschafteten. Doch während ich den Leuten bei der Arbeit zusah, kam ich mir ziemlich albern vor, weil ich es mir anders vorgestellt hatte. Die Aufgabe war gewaltig, und es gab viel zu tun. Obwohl es mir nicht gefiel, die Gärtnerei mit jemandem teilen zu müssen – insbesondere nicht am ersten Tag, den Grant mich hier allein ließ –, war ich dankbar dafür, dass die Arbeiter die vielen verschiedenen Blumen zum Blühen brachten.

Ich schlüpfte in ein sauberes, übergroßes weißes T-Shirt und putzte mir die Zähne. Dann griff ich nach einem Laib Brot und meiner Kamera und ging hinaus. Die Arbeiter begrüßten mich mit einem nachdrücklichen Nicken und einem Lächeln, versuchten aber nicht, ein Gespräch mit mir anzuknüpfen.

Ich betrat das erste Gewächshaus. Es war das, das Grant bei unserem ersten Spaziergang für mich geöffnet hatte, und enthielt hauptsächlich Orchideen. An einer Wand drängten sich verschiedene Hibiskusarten und Amaryllis. Da es hier wärmer war, empfand ich mein leichtes

T-Shirt als angenehm. Ich begann mit dem obersten Regal an der linken Wand. Nachdem ich die Nummern in mein Notizbuch eingetragen hatte, machte ich zwei Fotos von jeder Blume und schrieb anstatt der Kameraeinstellung ihren wissenschaftlichen Namen auf. Danach schlug ich in einem von Grants Gartenbüchern den gebräuchlichen Namen der Blumen nach, schrieb ihn an den Rand, öffnete mein Blumenwörterbuch und markierte die gerade fotografierte Blume mit einem X. Schließlich hatte ich vier Filmrollen verknipst und sechzehn X in mein Wörterbuch eingetragen. Ich würde die ganze Woche brauchen, um alles zu fotografieren, was in Blüte stand. Die Blumen, die noch nicht blühten, würden den gesamten Frühling in Anspruch nehmen. Und selbst dann würden mir sicher noch einige Blumen fehlen.

Da ich nur wenige Schritte von der rückwärtigen Wand entfernt war und den Sucher ans Auge gepresst hatte, stolperte ich über einen großen Gegenstand, der mitten im Gang stand. Als ich hinunterschaute, erkannte ich einen geschlossenen Pappkarton, auf dem mit einem dicken schwarzen Markierstift das Wort *Jonquille* vermerkt war. Ich spähte in den Karton. Sechs Tontöpfe standen dicht an dicht. Die sandige Erde war feucht, als wäre sie an diesem Morgen gegossen worden. In der Hoffnung, einen kurz vor dem Sprießen stehenden Schössling zu ertasten, steckte ich den Finger in die Erde. Aber da war nichts. Ich schloss den Karton und setzte meinen Weg fort. Die Kamera klickte, und der Film wurde weitergespult, sobald ich eine neue Blume mit wissenschaftlichem Namen und offener Blüte entdeckte.

So vergingen die Tage. Morgens fuhr Grant los, bevor ich

aufwachte. Ich verbrachte lange Nachmittage allein in den Gewächshäusern und begegnete auf den Wegen zwischen meiner Tätigkeit und dem Wasserturm höflichen Arbeitern. Abends brachte Grant meistens etwas vom Imbiss mit. Manchmal aßen wir auch Dosensuppe, ganze Brotlaibe oder Tiefkühlpizza.

Nach dem Essen lasen wir gemeinsam im ersten Stock und teilten manchmal sogar das Sofa. An diesen Abenden wartete ich darauf, dass das schwindelerregende Bedürfnis nach Einsamkeit Besitz von mir ergriff, doch immer wenn die Luft im Raum dünner zu werden schien, stand Grant auf, wünschte mir eine gute Nacht und stieg die Wendeltreppe hinunter. Manchmal kehrte er eine Stunde später zurück, dann wieder erst am nächsten Abend. Ich wusste nicht, wo er hinging oder wo er die Nacht verbrachte, und fragte auch nicht nach.

Ich war schon fast zwei Wochen bei Grant, als er eines späten Nachmittags mit einem Hähnchen nach Hause kam. Roh.

»Was sollen wir damit machen?«, fragte ich und hielt den kalten, in Plastikfolie verpackten Vogel hoch.

»Braten«, erwiderte Grant.

»Was meinst du mit *braten?*«, fragte ich nach. »Wir wissen ja nicht einmal, wie man es reinigt.«

Grant zeigte mir einen langen Kassenbon. Auf der Rückseite hatte er Anweisungen notiert, die er mir laut vorlas. Sie begannen damit, dass man das Backrohr vorheizen musste, und endeten mit Rosmarin und neuen Kartoffeln. Ich schaltete das Backrohr ein. »Das ist mein Beitrag«, verkündete ich. »Von jetzt an bist du auf dich allein gestellt.« Ich setzte mich an den Tisch.

Grant förderte ein Backblech zutage und schrubbte die Kartoffeln. Dann schnitt er sie in Würfel und bestreute sie mit Rosmarin. Nachdem er sie mit dem Hähnchen auf das Backblech gelegt hatte, rieb er das Ganze mit Olivenöl, Salz und Gewürzen aus einem kleinen Glas ein. Zu guter Letzt wusch er sich die Hände und schob das Backblech ins Rohr.

»Ich habe den Metzger nach einem möglichst einfachen Rezept gefragt, und das war sein Vorschlag. Nicht schlecht, oder?«

Ich zuckte die Achseln.

»Das einzige Problem besteht darin«, fügte er hinzu, »dass es über eine Stunde dauert, bis es gar ist.«

»Über eine Stunde!« Beim bloßen Gedanken, eine Stunde warten zu müssen, bekam ich Kopfschmerzen. Ich hatte seit dem Frühstück nichts gegessen, und mein Magen war so leer, dass mir fast übel wurde.

Grant zündete eine Kerze an und holte ein Kartenspiel heraus. »Zur Ablenkung«, meinte er. Er stellte die Küchenuhr ein und setzte sich mir gegenüber.

Wir spielten Mau-Mau bei Kerzenschein, das einzige Spiel, das wir beide kannten. Es beschäftigte uns einigermaßen, so dass wir nicht am Tisch umkippten. Als die Küchenuhr surrte, stellte ich Teller auf den Tisch. Grant schnitt die Hühnerbrust in dünne Scheiben. Ich riss eine Keule von dem goldbraunen Vogel ab und fing an zu essen.

Die Mahlzeit war köstlich und der Geschmack wirklich ein Lohn für so verhältnismäßig wenig Mühe. Das Fleisch war heiß und zart. Ich kaute, schluckte große Bissen hinunter und riss die andere Keule ab, bevor Grant sie sich schnappen konnte. Die gewürzte Haut verspeiste ich zuerst.

Grant saß mir gegenüber, aß eine Scheibe Hühnerbrust mit Messer und Gabel, schnitt kleine Stücke ab und verzehrte sie langsam. In seinem Gesicht malten sich Freude am Essen und Stolz auf seine Leistung ab. Schließlich legte er das Besteck weg, und als ich über den Tisch schaute, stellte ich fest, dass er den Anblick meines rasenden Hungers genoss. Seine forschenden Augen lösten Beklommenheit in mir aus.

Inzwischen waren auch von der zweiten Keule nur noch Knochen da. »Du weißt, dass nichts draus wird, richtig?«, fragte ich. »Aus uns?«

Grant sah mich verdattert an.

»Im Drogeriemarkt, das alte Ehepaar, das Hinternklopfen, das Zwinkern. Das wird uns nicht passieren. Du wirst mich in sechzig Jahren nicht mehr kennen«, fügte ich hinzu. »Wahrscheinlich nicht einmal in sechzig Tagen.« Sein Lächeln verflog.

»Wieso bist du dir da so sicher?«, fragte er.

Ich dachte darüber nach. Ich war eben sicher und wusste, dass er mir das anmerkte. Allerdings war meine Gewissheit schwierig zu erklären. »Ich habe noch nie jemanden länger als fünfzehn Monate gekannt, wenn man meine Sozialarbeiterin nicht mitzählt, was ich nicht tue.«

»Was ist nach fünfzehn Monaten passiert?«, hakte er nach.

Ich sah ihn flehend an. Als ihm die Antwort klarwurde, wandte er, offensichtlich verlegen, den Blick ab.

»Aber warum nicht jetzt?« Es war genau die richtige Frage, und als er sie stellte, wusste ich die Antwort.

»Ich traue mir selbst nicht«, erwiderte ich. »Ganz gleich,

wie du dir unser gemeinsames Leben auch vorstellst, wird es nicht dazu kommen. Ich würde alles verderben.« Ich merkte Grant an, dass er darüber nachdachte und versuchte, die Kluft zwischen der Endgültigkeit in meinem Tonfall und seinen Träumen von einer Zukunft mit mir zu erfassen und die Lücke mit einer Mischung aus Hoffnung und Selbsttäuschung zu überbrücken. Seine verzweifelte Sehnsucht erfüllte mich mit Mitleid und war mir gleichzeitig unangenehm.

»Bitte vergeude deine Zeit nicht«, sprach ich weiter, »indem du dir weiter Mühe gibst. Ich habe es einmal versucht und bin gescheitert. Ich kann das nicht.«

Als Grant mich wieder ansah, hatte sich sein Gesichtsausdruck verändert. Sein Kiefer war angespannt, und seine Nasenflügel blähten sich leicht.

»Du lügst«, stellte er fest.

»Was?«, gab ich zurück. Mit dieser Antwort hatte ich nicht gerechnet.

Grant zerrte an dem Haar über seiner Stirn, dass sich die Haut dehnte. »Lüg mich nicht an. Sag mir, dass du mir nicht verzeihen kannst, was meine Mutter getan hat, oder dass dir bei meinem Anblick jedes Mal schlecht wird. Aber sitz nicht da und lüg mir vor, es sei deine Schuld, dass wir nicht zusammen sein können.«

Ich griff nach den Hühnerknochen und pflückte das Fett von den Sehnen. Ich konnte ihn nicht anschauen, weil ich seine Worte zuerst verarbeiten musste. *Was meine Mutter getan hat.* Es gab nur eine Erklärung. Bei unserer ersten Begegnung hatte ich Grants Gesicht nach Anzeichen von Wut abgesucht. Und als ich sie nicht fand, hatte ich es als Zeichen dafür gedeutet, dass er mir verziehen hatte. Doch in Wirklichkeit steckte etwas völlig anderes dahinter. Grant war deshalb nicht böse auf mich, weil nicht einmal er die Wahrheit kannte. Ich begriff zwar nicht, wie es möglich war, dass er so viele Jahre mit seiner Mutter hatte zusammenleben können, ohne es zu erfahren. Aber ich fragte nicht nach.

»Ich lüge nicht«, war das Einzige, was mir einfiel.

Grant ließ die Gabel fallen, so dass das Metall auf dem Keramikteller klapperte. Er stand auf. »Sie hat nicht nur dein Leben ruiniert«, sagte er und trat aus der Küche in die Nacht hinaus.

Ich schloss die Tür hinter ihm ab.

10.

Im Juli ging es auf dem Bauernmarkt hoch her. Kinderwägen, in denen Kleinkinder mit nektarinenverschmierten Mündern zwischen Haufen von Gemüse saßen, blockierten die Gänge. Alte Männer mit Schubkarren winkten die abgehetzten Mütter ungeduldig beiseite. Unter meinen Füßen knirschten weggeworfene Pistazienschalen. Ich musste laufen, um mit Elizabeth mitzuhalten, die auf die Brombeeren zusteuerte.

Nach dem Mittagessen hatte Elizabeth mir mitgeteilt, wir würden Brombeerpudding und hausgemachte Eiscreme zubereiten. Das war Bestechung, damit ich im Haus blieb, mich nicht der rekordverdächtigen Hitze aussetzte und mich von ihren rasch reif werdenden Trauben fernhielt.

Widerstrebend stimmte ich zu. Den ganzen Frühling hatten Elizabeth und ich Seite an Seite im Weinberg gearbeitet. Nun, da man nichts mehr tun konnte als warten, wollte ich die Pflanzen nicht allein lassen. Mir fehlten die langen Vormittage, an denen wir die Ranken festgebunden und die unten am Stamm keimenden Schösslinge gekappt hatten, damit sie der Rebe nicht die Kraft raubten. Ich vermisste es, ein Küchenmesser in der Hand, dem kleinen Traktor zu folgen, mit dem Elizabeth die Reihen jätete, und das stehen gebliebene Unkraut mit der Hand auszuzupfen, wie sie es mir beigebracht hatte: Zuerst lockerte man die Wurzel mit der scharfen Messerspitze und zog dann die Pflanze aus der Erde. Drei Monate hatte ich schon mit dem Messer hantiert, als ich Elizabeth endlich mitteilte, es verstieße gegen das Kinderschutzgesetz, Pflegekinder Messer benutzen zu lassen. Aber sie nahm mir das Messer nicht weg. *Du bist kein Pflegekind,* sagte sie nur. Doch obwohl ich mich nicht mehr wie ein Pflegekind fühlte (offen gestanden fühlte ich mich ganz und gar nicht mehr wie das Mädchen, das vor einem knappen Jahr hier eingetroffen war, so dass ich mich morgens meistens noch lange, nachdem Elizabeth mich zum Frühstück gerufen hatte, im Badezimmerspiegel musterte und nach körperlichen Anzeichen für diese offenkundige Verwandlung suchte), entsprach das nicht den Tatsachen. Ich war noch immer ein Pflegekind, und das würde bis zu meinem Gerichtstermin im August auch so bleiben.

Ich drängte mich durch die Menschenmenge zu Elizabeth durch. »Brombeeren?«, fragte sie und reichte mir eine grüne Pappschale. Auf einem mit einem roten Tuch bedeckten Tisch hatte der Händler hohe Stöße von Brombeeren, Johannisbeeren, Himbeeren und Boysenbeeren aufgeschichtet. Ich nahm eine aus der Schale und steckte sie in den Mund. Sie war saftig und süß und verfärbte meine Fingerspitzen rot, wo diese die Beere berührt hatten. Ich nickte.

Elizabeth verstaute sechs Pappschalen in einer Plastiktüte, bezahlte und ging zum nächsten Stand. Ich folgte ihr durch die Gluthitze auf dem Markt und schleppte die Tüten, die nicht in ihren überquellenden Leinensack passten. Am Milchwagen reichte sie mir eine Milchflasche, von der das Kondenswasser perlte. »Fertig?«, fragte ich.

»Fast. Komm mit«, erwiderte sie und winkte mich zum Ende des Marktes. Noch ehe sie an Blenheims Aprikosenstand, dem letzten Händler in der Reihe, den wir kannten, vorbei war, wurde mir klar, wohin sie wollte. Die glitschige Milchflasche unter den Arm geklemmt, rannte ich Elizabeth nach und hielt sie am Ärmel fest. Aber sie ging nur noch schneller und blieb erst am Blumenstand stehen.

Rosensträuße lagen in Reih und Glied auf dem Tisch. Aus der Nähe betrachtet, sahen die Blumen atemberaubend makellos aus. Jedes Blütenblatt war steif und glatt und schmiegte sich an das nächste. Die Spitzen bogen sich formvollendet. Elizabeth verharrte und betrachtete wie ich die Blumen. Ich wies auf einen gemischten Strauß, in der Hoffnung, dass sie sich einen aussuchen, zahlen und gehen würde, ohne etwas zu sagen. Doch noch ehe sie etwas kaufen konnte, nahm der Jugendliche die Blumen vom Tisch und warf sie auf die Ladefläche seines Lasters. Ich riss die Augen auf. Er weigerte sich, Elizabeth zu bedienen. Fragend sah ich Elizabeth an, konnte ihrer Miene aber nichts entnehmen.

»Grant?«, meinte Elizabeth. Er antwortete nicht und schaute auch nicht in ihre Richtung. Sie versuchte es noch einmal. »Ich bin deine Tante Elizabeth. Das weißt du doch sicher.« Er beugte sich über die Ladefläche des Lasters und breitete eine Plane über die Blumen. Obwohl sein Blick auf die Rosen gerichtet war, schien er die Ohren zu spitzen und reckte das Kinn. Er wirkte älter, als es aus der Entfernung den Anschein hatte. Ein leichter Flaum bedeckte seine Oberlippe, und seine Arme und Beine, die ich für mager gehalten hatte, waren muskulös. Er trug nur ein schlichtes weißes Unterhemd, und ich fand den Schwung seiner Schulterblätter, die sich unter dem dünnen Stoff bewegten, faszinierend.

»Willst du mich ignorieren?«, fragte Elizabeth. Als er nicht antwortete, veränderte sich ihre Stimme so, wie ich es aus den ersten Wochen in ihrem Haus im Gedächtnis hatte: streng, geduldig und plötzlich unerwartet zornig. »Schau mich wenigstens an. Schau mich an, wenn ich mit dir rede.«

Er tat es nicht.

»Das Ganze hat nichts mit dir zu tun und hatte es auch nie. Seit Jahren beobachte ich aus der Entfernung, wie du älter wirst, und habe mich immer danach gesehnt, auf dich zuzulaufen und dich in die Arme zu nehmen.« Grant sicherte die Plane mit einem Seil. Seine Armmuskeln waren angespannt. Ich konnte mir nur schwer vorstellen, dass ihn jemand in die Arme nahm und dass er nicht immer so stark gewesen war. Nachdem Grant den letzten Knoten festgezurrt hatte, drehte er sich um.

»Wenn du das gewollt hast, hättest du es tun sollen.« Sein Tonfall war kalt und gleichgültig. »Niemand hat dich daran gehindert.«

»Nein.« Elizabeth schüttelte den Kopf. »Du weißt nicht, wovon du sprichst.« Ihre Stimme war leise, und es schwang ein tiefes Beben darin mit, das ich nach meiner Erfahrung in anderen Pflegefamilien als Vorbote eines Gewaltausbruchs erkannte.

Doch sie stürzte sich nicht auf ihn, wie ich es beinahe erwartet hatte. Stattdessen sagte sie etwas so Überraschendes, dass Grant sich abrupt zu mir drehte und mich zum ersten Mal ansah.

»Victoria macht Brombeerpudding«, flüsterte sie. »Du solltest vorbeikommen.«

11.

Das Bild von Grants enttäuschtem und verzweifeltem Gesicht hielt mich wach. Schließlich gab ich es auf, saß schon vor Morgengrauen in der Küche und wartete darauf, dass der Motor des Lasters ansprang. Ein leises Klopfen an der Tür schreckte mich auf. Als ich öffnete, ging Grant schlaftrunken an mir vorbei und die Treppe hinauf. Die Dusche sprang an. Mir wurde klar, dass es Sonntag war.

Ich wollte zurück in mein blaues Zimmer, zu Renata, dem Zahltag und dem bevorstehenden Feiertagschaos. Inzwischen war ich zu lange bei Grant. Aber Grant würde heute nicht in die Stadt fahren. Ich setzte mich auf die unterste Stufe und überlegte, wie ich ihn wohl überreden könnte, an seinem freien Tag drei Stunden im Auto zu verbringen.

Ich grübelte immer noch, als Grants Fuß mich zwischen den Schulterblättern anstupste. Die unerwartete Berührung sorgte dafür, dass ich von der untersten Stufe rutschte und auf dem Küchenfußboden landete. Ich rappelte mich hoch.

»Steh auf«, sagte er. »Ich bringe dich zurück.«

Dieser Satz war mir vertraut, und ich erinnerte mich an die vielen Variationen, in denen ich ihn im Laufe der Jahre gehört hatte: *Pack deine Sachen. Alexis möchte ihr Zimmer wieder für sich haben. Wir sind zu alt, um uns das noch einmal anzutun.* Meistens hieß es nur: *Meredith ist gleich da.* Hin und wieder gefolgt von: *Tut mir leid.*

Also antwortete ich Grant das Gleiche wie immer: »Ich komme.«

Ich griff nach meinem wegen der Kamera und den Dutzenden von Filmrollen schweren Rucksack und stieg in den Pick-up. Grant fuhr schnell über die noch dunklen Landstraßen und wechselte immer wieder auf die Gegenfahrbahn, um mit Gemüse beladene Pick-ups zu überholen. Er nahm die erste Ausfahrt südlich der Brücke und hielt am Straßenrand. Nirgendwo war eine Bushaltestelle in Sicht. Ich rührte mich nicht und blickte die Straße hinauf und hinunter.

»Ich muss zum Bauernmarkt«, verkündete er, ohne mich anzusehen.

Er stellte den Motor ab und ging um die Kühlerhaube herum. Dann öffnete er die Beifahrertür und zog den Rucksack zwischen meinen Füßen hervor. Seine Brust streifte meine Knie, und als er zurückwich, vertrieb ein

Schwall kalter Dezemberluft die Hitze zwischen unseren Körpern. Ich sprang aus dem Wagen und hob meinen Rucksack auf.

So endet es also, dachte ich. Mit einer Kamera voller Bilder von einer Gärtnerei, die ich nie wiedersehen würde. Ich vermisste die Blumen jetzt schon, würde es mir aber nicht gestatten, Grant zu vermissen.

Ich brauchte vier Busse, um nach Potrero Hill zurückzukehren, allerdings nur weil ich den 38er in die falsche Richtung nahm und in Point Lobos landete. Als ich im Flora eintraf, war es bereits später Vormittag.

Renata öffnete gerade den Laden. Bei meinem Anblick lächelte sie.

»Zwei Wochen nichts zu tun und keine Mitarbeiterin«, meinte sie. »Ich bin vor Langeweile fast wahnsinnig geworden.«

»Warum heiratet niemand im Dezember?«, fragte ich.

»Was ist romantisch an kahlen Bäumen und einem grauen Himmel? Die Paare warten auf den Frühling, blauen Himmel, die Ferienzeit und so weiter.«

Meiner Ansicht nach waren Blau und Grau gleichermaßen unromantisch. Außerdem wirkte grelles Licht auf Fotos nicht sehr schmeichelhaft. Doch Bräute dachten nicht vernünftig. Das immerhin hatte ich von Renata gelernt.

»Wann soll ich wieder zur Arbeit kommen?«, erkundigte ich mich.

»Ich habe am Weihnachtstag eine große Hochzeit. Und in der ersten Januarwoche brauche ich dich jeden Tag.«

Ich stimmte zu und fragte Renata, um welche Uhrzeit ich anfangen sollte.

»An Weihnachten? Ach, da kannst du ausschlafen. Die Hochzeit findet erst spät statt. Ich kaufe die Blumen am Vortag. Sei pünktlich um neun da.«

Ich nickte. Renata nahm einen Umschlag mit Geld aus der Kasse. »Frohe Weihnachten«, sagte sie.

Später, in meinem blauen Zimmer, öffnete ich den Umschlag und stellte fest, dass sie mir doppelt so viel bezahlt hatte wie abgemacht. Gerade noch rechtzeitig, um Weihnachtsgeschenke zu kaufen, dachte ich spöttisch und verstaute das Geld in meinem Rucksack.

Den Großteil meines Bonus gab ich für einen Karton Filme bei einem Großhändler für Fotobedarf und den Rest bei einem Laden für Künstlerbedarf in der Market Street aus. Mein Wörterbuch sollte kein Buch im eigentlichen Sinne werden. Stattdessen kaufte ich zwei mit Stoff bezogene Fotoboxen, die eine orangefarben, die andere blau, schwarzes Tonpapier im Format fünfzehn mal zwanzig Zentimeter, eine Sprühdose mit Fotokleber und einen silbermetallicfarbenen Markierstift.

Es war zehn Tage vor Weihnachten. Mit Ausnahme von einigen Aufnahmen meines vernachlässigten Gartens im McKinley Square – Heidekraut und Helenenkraut hatten das schlechte Wetter und die mangelnde Pflege überstanden – legte ich eine Fotografierpause ein.

Ich hatte bei Grant fünfundzwanzig Rollen verknipst und brauchte die gesamten zehn Tage, um die Filme entwickeln zu lassen, die Abzüge zu sortieren, sie auf das Tonpapier zu kleben und sie zu beschriften. Unter alle Blumenfotos trug ich den gebräuchlichen Namen und die wissenschaftliche Bezeichnung ein. Auf der Rückseite vermerkte ich die Bedeutung. Von jeder Blume fertigte ich zwei Karten an und steckte jeweils eine in die beiden Kisten.

Am Weihnachtsabend waren sämtliche Fotos aufgeklebt und getrocknet. Natalya und ihre Band waren irgendwo hingefahren, wo Leute wie sie die Feiertage eben verbrachten, so dass es angenehm ruhig in der Wohnung war. Ich brachte die Fotokartons nach unten, breitete die Karten in ordentlichen Reihen im leeren Probenraum aus und ließ dazwischen Lücken, damit ich hin- und hergehen konnte. Die Karten für die orangefarbene Box legte ich mit der Blumenseite nach oben hin, die für die blaue mit der Abbildung nach unten.

Stundenlang lief ich so herum und alphabetisierte zuerst nach Blumennamen, dann nach Bedeutung. Schließlich verstaute ich die Karten wieder in den Kisten und schlug Elizabeths Blumenwörterbuch auf, um mich an meinen Fortschritten zu erfreuen. Obwohl es mitten im Winter war, war mein illustriertes Wörterbuch zur Hälfte fertig.

Die Pizzeria oben auf dem Hügel war menschenleer. Ich holte mir eine Pizza zum Mitnehmen, verspeiste sie auf Natalyas Bett und betrachtete dabei die verlassene Straße unter mir. Nachdem ich aufgegessen hatte, legte ich mich in mein blaues Zimmer.

Obwohl es dort ruhig, warm und dunkel war, machte ich die Augen immer wieder auf. Der fahlweiße Lichtstrahl der Straßenlaterne fiel in Natalyas Zimmer und zwängte sich durch den Ritz in der Tür des Wandschranks. Der Strahl war dünn wie ein Bleistift und beschrieb eine Linie an der Wand entlang und genau mitten durch meine Fotoboxen. Die blaue Box hatte genau die gleiche Farbe wie

die Wand, so dass es aussah, als schwebte die orangefarbene Box, die darauf stand, in der Luft. Sie gehörte
nicht hierher.

Ihr Platz war in Grants Bücherregal, gegenüber vom
orangefarbenen Sofa. Genau aus diesem Grund hatte ich
die Farbe ausgesucht, auch wenn ich es mir bis jetzt nicht
eingestanden hatte. Aber Grant war fort. Die Notwen-
digkeit, Missverständnisse in der Blumensprache zu ver-
meiden, hatte sich damit erledigt. Und dennoch hatte ich
eine zweite Box gekauft und einen zweiten Kartensatz
angefertigt. Ich schloss die kleine Tür auf, die ins Wohnzimmer führte, und stellte die orangefarbene Box hinaus.

12.

Grant folgte der Einladung zum Brombeerpudding
nicht. Er hat etwas verpasst, dachte ich, als ich am
nächsten Morgen die Schüssel ausleckte. Der Pudding
war köstlich.

Als ich die Schüssel in die Spüle stellte, hastete Elizabeth
atemlos zur Hintertür herein. Das Haar fiel ihr offen
über die Schultern, und mir wurde klar, dass ich sie in
diesem knappen Jahr noch nie ohne festen Dutt im Nacken gesehen hatte. Sie lächelte, und in ihren Augen zeigte sich eine grenzenlose Glückseligkeit, wie ich sie bei ihr
nicht kannte.

»Ich habe eine Idee!«, verkündete sie. »Wie dumm von
mir, dass ich nicht früher darauf gekommen bin.«

»Worauf?«, fragte ich. Aus unerklärlichen Gründen wurde mir beim Anblick ihrer Begeisterung mulmig. Ich leckte gelierten Brombeersaft vom Löffel und beobachtete sie.

»Als ich im Internat war, haben Catherine und ich uns Briefe geschrieben – bis unsere Mutter sie abgefangen hat.«

»Abgefangen?«

»Weggenommen. Sie hat sie alle gelesen. Sie traute mir nicht und befürchtete wohl, meine Briefe könnten Catherine verderben, obwohl ich ein Kind war und Catherine schon fast erwachsen. Jahrelang schrieben wir uns gar nicht mehr. Aber kurz nach ihrem zwanzigsten Geburtstag entdeckte meine Schwester im Bücherregal meines Großvaters ein viktorianisches Blumenwörterbuch. Sie fing an, mir Zeichnungen von Blumen zu schicken, am unteren rechten Rand ordentlich in Druckbuchstaben mit dem wissenschaftlichen Namen beschriftet. Sie hat mir Dutzende davon geschickt, bis irgendwann ein einfacher Zettel folgte. ›Weißt du, was ich dir damit sagen will?‹, stand darauf.«

»Und wusstest du es?«, erkundigte ich mich.

»Nein«, erwiderte Elizabeth und schüttelte den Kopf, als erinnere sie sich an ihre kindliche Enttäuschung. »Ich habe jede Bibliothekarin und Lehrerin gefragt, die mir über den Weg lief. Doch es dauerte Monate, bis uns eines Tages die Urgroßmutter meiner Zimmergenossin besuchte, die Zeichnungen an der Wand sah und mir von der Sprache der Blumen erzählte. Ich stöberte in der Bibliothek ein Buch auf und schickte meiner Schwester sofort einen Brief mit gepressten Blumen, nicht mit Zeichnungen, weil ich überhaupt nicht malen konnte.«

Elizabeth ging ins Wohnzimmer und kehrte mit einem Bücherstapel zurück, den sie auf den Küchentisch legte. »Jahrelang haben wir uns so verständigt. Ich schickte ihr Gedichte und Geschichten, indem ich getrocknete Blumen auf Schnüre fädelte, mit getippten Wörtern auf kleinen Zetteln dazwischen: *und, das, wenn, es*. Meine Schwester antwortete weiter mit Zeichnungen, manchmal waren es ganze Landschaften mit Dutzenden verschiedener Blumen, alle beschriftet und numeriert, damit ich wusste, welche Blume ich zuerst lesen sollte, um die Reihenfolge der Ereignisse und Gefühle in ihrem Leben zu verstehen. Ich habe nur auf diese Briefe gewartet und war zigmal am Tag in der Postausgabe.«

»Und wie willst du damit erreichen, dass sie dir verzeiht?«, hakte ich nach.

Elizabeth, die auf die Tür zum Garten zugesteuert war, blieb ruckartig stehen und wirbelte zu mir herum. »*Ich* bin es, die *ihr* verzeiht«, sagte sie. »Vergiss das nicht.« Sie holte tief Luft und fuhr fort: »Aber ich erkläre dir, wie ich es erreichen will. Catherine wird wieder daran denken, dass wir einander einmal sehr nah waren. Sie wird sich erinnern, dass ich sie besser verstanden habe als jeder andere Mensch auf der Welt. Und selbst wenn sie vor lauter schlechtem Gewissen nicht ans Telefon geht, wird sie auf eine Blumenbotschaft antworten. Das wird sie ganz sicher.«

Elizabeth verließ den Raum. Als sie zurückkehrte, hielt sie drei unterschiedliche Blumensorten in der Hand. Sie nahm ein Schneidebrett von der Anrichte und legte die Blumen und ein scharfes Messer darauf.

»Ich bringe es dir bei«, meinte Elizabeth. »Und du wirst mir helfen.«

Ich setzte mich an den Tisch. Bis jetzt hatte Elizabeth mir immer wieder die Blumen und ihre Bedeutung erklärt, allerdings nicht geordnet oder systematisch. Am Vortag hatten wir auf dem Bauernmarkt eine handgemachte Geldbörse gesehen. Der Stoff war mit kleinen weißen Blumen bedruckt gewesen. *Armut für eine Geldbörse,* hatte Elizabeth kopfschüttelnd gesagt, auf die Blumen gezeigt und mir die Eigenschaften der Clematis erläutert.

Als ich jetzt neben Elizabeth saß, freute ich mich auf eine richtige Unterrichtsstunde. Ich rutschte mit dem Stuhl so nah wie möglich an Elizabeth heran. Sie griff nach einer dunkelvioletten Blume, etwa so groß wie eine Walnuss und mit einer sonnengelben Mitte.

»Primel«, verkündete sie und drehte die radförmige Blüte zwischen Daumen und Zeigefinger, bevor sie sie, mit dem Gesicht nach oben, auf ihre glatte weiße Handfläche legte. »Kindheit.«

Ich beugte mich über ihre Hand, bis meine Nase nur wenige Zentimeter über den gespaltenen Blütenblättern schwebte. Die Primel verbreitete einen scharfen Duft, der nach gezuckertem Alkohol und dem Parfüm einer Mutter roch. Ich zog die Nase weg und pustete kräftig Luft durch die Nasenlöcher.

Elizabeth lachte auf. »Ich mag den Duft auch nicht. Zu süß, als versuche sie, ihren wahren, eigentlich unangenehmen Geruch zu tarnen.«

Ich nickte zustimmend.

»Also. Wenn wir nicht wüssten, dass es sich um eine Primel handelt, wie würden wir es herausfinden?« Elizabeth schob die Blume beiseite und förderte ein Taschenbuch zutage. »Das ist ein Führer durch die Wildblumenwelt Nordamerikas, sortiert nach Farben. Die Primel sollte unter *Violett und Blau* stehen.« Sie reichte mir das Buch. Ich schlug *Violett und Blau* auf und blätterte, bis ich auf eine Zeichnung stieß, die der Blume entsprach. »Familie der Primelgewächse«, las ich. »Primulaceae.«

»Gut.« Elizabeth nahm die zweite der drei Blumen, groß, gelb und mit sechs spitzen Blütenblättern. »Jetzt die hier. Königslilie.«

Ich schlug unter *Gelb* nach und fand die passende Zeichnung. Ich zeigte mit einem noch feuchten Finger darauf und sah zu, wie sich ein Wasserfleck ausbreitete. Elizabeth nickte.

»Und nun tun wir einmal so, als könntest du die Zeichnung nicht finden oder wärst nicht sicher, ob es die richtige ist. Dann musst du die einzelnen Teile der Blüte kennen. Einen Führer wie diesen zu benutzen ist, als lese man ein Abenteuerbuch, dessen Inhalt man selbst bestimmen kann. Am Anfang steht eine einfache Frage – hat deine Blume Blütenblätter? Wie viele? Und jede Antwort führt zu einer neuen Gruppe komplizierterer Fragen.«

Mit dem Küchenmesser schnitt Elizabeth die Lilie in der Mitte durch, so dass die Blütenblätter auf das Schneidebrett fielen. Sie wies auf den Fruchtknoten und drückte meinen Finger auf die klebrige Narbe der Blüte.

Wir zählten Blütenblätter und beschrieben ihre Form. Elizabeth erklärte mir die Bedeutung von Symmetrie, den Unterschied zwischen untergeordneten und erhabenen Fruchtknoten und die verschiedenen Anordnungen von Blüten am Stengel. Anhand der dritten Blume, die sie gepflückt hatte, ein kleines, verwelkendes Veilchen, überprüfte sie, ob ich auch alles behalten hatte.

»Gut«, sagte sie wieder, nachdem ich dem unablässigen Strom an Fragen hatte richtig parieren können. »Sehr gut. Du lernst schnell.« Als sie meinen Stuhl zurückzog, rutschte ich hinunter. »Und jetzt geh und setz dich in den Garten, während ich das Abendessen koche. Verbringe ein wenig Zeit vor jeder Pflanze, die du kennst, und stell dir dieselben Fragen, die ich dir gestellt habe. Wie viele Blütenblätter, welche Farbe, welche Form? Woher weißt du, dass es eine Rose ist und keine Sonnenblume, wenn du sicher bist, dass du eine Rose vor dir hast?«

Elizabeth ratterte immer noch Fragen herunter, während ich schon zur Küchentür lief.

»Such etwas für Catherine aus!«, rief sie mir nach.

Ich rannte die Stufen hinunter.

13.

Renata war überrascht, mich am Straßenrand sitzen zu sehen, als sie ihren Laster um sieben Uhr in der menschenleeren Straße parkte. Ich war die ganze Nacht wach gewesen, was man mir auch ansah. Lächelnd zog sie die Augenbrauen hoch.

»Hast du etwa auf den Weihnachtsmann gewartet?«, meinte sie. »Hat dir denn nie jemand die Wahrheit gesagt?«

»Nein«, erwiderte ich. »Niemand.«

Ich folgte Renata in die Kühlkammer und half ihr, die

Eimer mit roten Rosen, weißen Nelken und Schleierkraut herauszuholen. Diese Blumen mochte ich am wenigsten. »Ich hoffe, dass die Braut, die das verlangt hat,
gefährlich ist.«

»Sie hat gedroht, mich anderenfalls zu ermorden«, entgegnete Renata. Wir teilten die Abneigung gegen rote
Rosen.

Renata ging fort, und als sie mit zwei Kaffeebechern zurückkehrte, hatte ich bereits drei Tischgestecke fertig.

»Danke«, sagte ich und griff nach dem Pappbecher.

»Bitte sehr. Und mach langsamer. Je schneller wir hier
fertig sind, desto mehr Zeit muss ich auf der Weihnachtsfeier meiner Mutter verbringen.«

Ich nahm eine Rose, entfernte im Zeitlupentempo die
Dornen und reihte die scharfen Spitzen auf dem Tisch
auf.

»Schon besser«, stellte Renata fest. »Aber noch immer
nicht langsam genug.«

Obwohl wir den ganzen Vormittag nach Kräften herum-
trödelten, hatten wir die Arbeit gegen Mittag beendet.
Renata überprüfte den Bestellschein und kontrollierte
mehrere Male, ob wir alles beisammenhatten. Dann legte
sie die Liste weg.

»War's das?«

»Ja«, antwortete sie. »Leider. Jetzt nur noch die Lieferung, dann die Weihnachtsfeier – du kommst mit.«

»Nein danke«, erwiderte ich, trank den letzten Rest kalten Kaffee und schulterte meinen Rucksack.

»Hat das geklungen, als hättest du eine andere Wahl?
Hast du nämlich nicht.«

Ich hätte mich widersetzen können. Doch ich hatte das

Gefühl, ihr für den Bonus etwas schuldig zu sein. Außerdem hatte ich zwar keine Lust auf Weihnachtsstimmung, dafür aber auf ein Weihnachtsessen. Ich kannte mich nicht mit der russischen Küche aus, nahm aber an, dass sie besser war als das Schinkenformfleisch, das ich direkt aus der Packung hatte verspeisen wollen.

»Wie du meinst«, sagte ich. »Aber ich bin um fünf verabredet.«

Renata lachte. Wie sie sicher wusste, war es ausgeschlossen, dass ich an Weihnachten irgendwo erwartet wurde.

Renatas Mutter wohnte im Richmond District. Wir nahmen den größtmöglichen Umweg quer durch die Stadt.

»Meine Mutter ist erdrückend«, erklärte Renata.

»In welcher Hinsicht?«

»In jeder«, antwortete sie.

Wir hielten vor einem grellrosafarbenen Haus. An einem Holzmast wehte eine Weihnachtsfahne, und auf der kleinen Veranda drängten sich leuchtende Plastikfiguren: Engel, Rentiere, Eichhörnchen mit Weihnachtsmannmützen und tanzende Pinguine mit Wollschals.

Als Renata die Tür öffnete, schlug uns die Hitze wie eine Wand entgegen. Männer und Frauen saßen auf den Polstern, den Armlehnen und der Rückenlehne des einzigen Sofas. Jungen und Mädchen im Schulalter lagen bäuchlings auf dem flauschigen Teppich, und Kleinkinder stolperten über ihre mageren Beinchen. Ich trat ein und zog Jacke und Pulli aus. Doch der Weg zur Garderobe, wo Renata mit einer Frau in schätzungsweise meinem Alter sprach, war völlig von kleinen Körperteilen versperrt.

Während ich an der Tür wartete, drängte sich eine ältere, molligere Version von Renata durch die Menschenmenge. Sie hatte ein großes Holztablett mit Orangenschnitzen, Nüssen, Feigen und Datteln in der Hand.

»Victoria!«, rief sie bei meinem Anblick aus. Sie reichte das Tablett Natalya, die sich auf dem Sofa räkelte, und kletterte über die Kinder hinweg zu mir hinüber. Als sie mich umarmte, wurde mein Gesicht in ihre Achselhöhle gedrückt, und die ausgestellten Ärmel ihres grauen Wollpullovers schlangen sich um meinen Rücken wie Lebewesen. Sie war eine hochgewachsene Frau und kräftig. Nachdem ich mich endlich befreit hatte, packte sie mich an den Schultern und hob mein Gesicht an, um mich zu betrachten. »Süße Victoria«, sagte sie. Ihr langes, gewelltes weißes Haar wogte und kitzelte mich an den Wangen. »Meine Töchter haben mir so viel von dir erzählt, dass ich dich schon gern hatte, bevor ich dich kannte.«

Sie roch nach Primeln und Apfelmost. Ich löste mich von ihr. »Danke für die Einladung, Mrs. …« Ich brach ab, als mir klarwurde, dass Renata mir nie ihren Namen verraten hatte.

»Martha Rubina«, erwiderte sie. »Aber ich höre nur auf Mutter Rubina.«

Sie streckte die Hand aus, als wolle sie meine schütteln, lachte auf und umarmte mich wieder. Wir standen in einer Ecke, und nur die dicke verputzte Mauer hinter mir verhinderte, dass ich umkippte. Dann zog sie mich vorwärts, legte mir den Arm um die Schulter und führte mich durchs Zimmer. Die Kinder machten hurtig Platz, während Renata, die in einer Ecke auf einem Klappstuhl saß, uns grinsend beobachtete.

Mutter Rubina brachte mich in die Küche, wo sie mich an einen Tisch vor zwei überquellende Teller setzte. Auf dem ersten lag ein großer panierter Fisch im Ganzen, garniert mit Gewürzen und einer Art Wurzelgemüse. Auf dem zweiten türmten sich Bohnen, Erbsen und Petersilienkartoffeln. Dann gab sie mir eine Gabel, einen Löffel und eine Schale Pilzsuppe. »Wir haben schon vor Stunden gegessen«, sagte sie, »aber ich habe dir etwas aufgehoben. Renata meinte, dass du Hunger haben würdest, was mich sehr freut. Für mich gibt es nichts Schöneres, als meine Familie zu bekochen.«

Mutter Rubina nahm mir gegenüber Platz. Sie filetierte den Fisch für mich, steckte den Finger in die Erbsen und wärmte sie noch einmal auf, nachdem sie sie für zu kalt befunden hatte. Dabei machte sie mich mit allen bekannt, die vorbeikamen: Töchtern, Schwiegersöhnen, Enkeln und Freunden und Freundinnen verschiedener Familienmitglieder.

Ich blickte zwar auf und nickte, legte die Gabel aber nie aus der Hand.

Ich schlief bei Mutter Rubina ein. Eigentlich hatte ich das nicht gewollt, doch nach dem Essen verdrückte ich mich in ein leeres Gästezimmer und fiel wegen des schweren Essens und der schlaflos verbrachten Nacht in Bewusstlosigkeit, beinahe bevor mein Körper die Matratze berührte.

Am nächsten Morgen lockte mich Kaffeeduft aus dem Bett. Ich streckte mich und ging den Flur entlang, bis ich das Badezimmer fand. Die Tür war offen. Drinnen stand Mutter Rubina hinter einem durchsichtigen Plastikvorhang unter der Dusche. Bei ihrem Anblick wirbelte ich herum und flüchtete den Flur hinunter.

»Komm nur rein!«, rief sie mir nach. »Hier gibt es nur ein Bad. Achte einfach nicht auf mich!«

Renata war in der Küche und schenkte Kaffee ein. Sie reichte mir eine Tasse.

»Deine Mutter duscht«, teilte ich ihr mit.

»Bestimmt bei offener Tür«, erwiderte sie gähnend.

Ich nickte.

»Tut mir leid.«

Ich lehnte mich an die Spüle.

»Meine Mutter war in Russland Hebamme«, erklärte Renata. »Also ist sie es gewohnt, Frauen, nur wenige Minuten nachdem sie sie kennengelernt hat, nackt zu sehen. Amerika in den Siebzigern war das Nonplusultra für sie, und ich glaube, sie hat nicht bemerkt, dass sich die Zeiten geändert haben.«

In diesem Moment kam Mutter Rubina in die Küche. Sie trug einen grell korallenroten Bademantel aus Frottee.

»Was hat sich geändert?«, fragte sie.

Renata schüttelte den Kopf. »Das mit der Nacktheit.«

»Ich glaube, am Nacktsein hat sich seit der Geburt des ersten Menschen nichts geändert«, wandte Mutter Rubina ein. »Es liegt an der Gesellschaft.«

Renata verdrehte die Augen und drehte sich zu mir um.

»Diese Debatte führen meine Mutter und ich schon, seit ich sprechen kann. Als ich zehn war, habe ich ihr gesagt, ich würde nie Kinder kriegen, weil ich mich nie mehr vor ihr nackt ausziehen möchte. Und schau mich an – fünfzig und kinderlos.«

Mutter Rubina schlug ein Ei in die Pfanne. »Ich habe alle

meine zwölf Enkelkinder entbunden«, verkündete sie stolz.

»Arbeitest du noch als Hebamme?«, fragte ich.

»Nicht offiziell«, erwiderte sie. »Aber ich bekomme noch immer Anrufe um zwei Uhr morgens, und zwar aus der ganzen Stadt. Und ich fahre immer hin.« Sie reichte mir einen Teller mit Spiegeleiern.

»Danke«, sagte ich. Nachdem ich aufgegessen hatte, ging ich den Flur hinunter ins Bad und schloss die Tür hinter mir ab.

»Das nächste Mal ein bisschen mehr Vorwarnung«, meinte ich zu Renata, als wir später am Vormittag ins Flora fuhren. Wir hatten eine ganze Woche voller Hochzeiten vor uns und fühlten uns beide ausgeruht und gesättigt.

»Wenn ich dich gewarnt hätte, wärst du nicht mitgekommen«, entgegnete Renata. »Und du hattest ein bisschen Schlaf und ein gutes Essen bitter nötig. Streite das bloß nicht ab.«

Ich protestierte nicht.

»Meine Mutter genießt unter den Hebammen eine Art Sonderstellung. Sie hat jede Menge Erfahrung, und ihre Ergebnisse sind viel besser als die der modernen Medizin, selbst in Fällen, wo es eigentlich nicht so sein sollte. Du wirst schon noch lernen, sie zu mögen. Das geht den meisten so.«

»Den meisten«, erwiderte ich. »Aber dir nicht?«

»Ich respektiere meine Mutter«, antwortete Renata und hielt kurz inne. »Wir sind einfach nur verschieden. Jeder nimmt an, dass zwischen Müttern und ihren Kindern eine Art biologische Verbindung besteht, doch das stimmt nicht immer. Meine anderen Schwestern kennst du nicht, aber schau dir nur Natalya, meine Mutter und mich an.« Sie hatte recht. Die drei hätten unterschiedlicher nicht sein können.

Während ich die Aufträge ordnete und Listen von Blumensorten und Bestellmengen für die anstehenden Hochzeiten anlegte, musste ich den ganzen Tag an Grants Mutter denken. Ich erinnerte mich an die blasse Hand, wie sie an dem Nachmittag unseres Besuchs aus dem Schatten aufgetaucht war. Wie hatte Grant sich wohl als Kind gefühlt? Allein mit den Blumen und mit einer Mutter, die irgendwo zwischen Vergangenheit und Gegenwart lebte und dabei von Zimmer zu Zimmer wanderte. Ich beschloss, Grant danach zu fragen, falls er noch einmal mit mir reden würde.

Doch Grant war weder in dieser Woche noch in der darauffolgenden auf dem Blumenmarkt. Seine Bude war leer. Der weiße Lack blätterte vom Pressspan, alles machte einen verlassenen Eindruck. Ich überlegte, ob er wiederkommen würde oder ob die Vorstellung, mich wiederzusehen, ihn für immer verscheucht hatte.

Allmählich litt meine Arbeit darunter, dass ich ständig über Grants Abwesenheit nachgrübelte. Renata gewöhnte sich an, sich neben mich an den Arbeitstisch zu setzen. Anstatt wie sonst zu schweigen, erzählte sie mir lange lustige Geschichten über ihre Mutter, ihre Schwestern und ihre Nichten und Neffen. Ich hörte nur mit halbem Ohr zu, dennoch half mir ihr dauernder Redefluss, mich auf die Blumen zu konzentrieren.

Das neue Jahr kam und ging in einem Nebel aus weißen

Hochzeiten und mit silbernen Glöckchen verzierten Sträußen. Grant war noch immer nicht zum Blumenmarkt zurückgekehrt. Renata gab mir eine Woche frei. Ich verschanzte mich in meinem blauen Zimmer und kam nur heraus, um etwas zu essen oder auf die Toilette zu gehen. Immer wenn ich aus meiner niedrigen Tür kroch, stand ich vor der orangefarbenen Fotobox und wurde von dem nicht greifbaren Gefühl erfasst, etwas verloren zu haben.

Renata hatte gesagt, ich müsse erst am nächsten Sonntag wieder arbeiten. Doch am Samstagnachmittag klopfte es an der Tür. Als ich den Kopf heraussteckte, war es Natalya, noch im Pyjama und sichtlich ungehalten.

»Renata hat angerufen«, meldete sie. »Sie braucht dich. Du sollst duschen und so schnell du kannst kommen.«

Duschen? Das war ein seltsames Anliegen. Wahrscheinlich wollte Renata, dass ich sie zu einer Lieferung begleitete, und ging ganz richtig davon aus, dass ich den Großteil der Woche schlafend und ungewaschen verbracht hatte.

Ich ließ mir beim Duschen Zeit, seifte mich ein, wusch mir die Haare, putzte mir die Zähne und spülte mit Wasser nach, das so heiß war, wie ich es gerade noch aushielt. Als ich mich abtrocknete, war meine Haut rot und fleckig. Dann zog ich meine besten Sachen an: eine schwarze Stoffhose und eine weiche weiße Bluse, deren Vorderseite gefältelt war wie bei einem altmodischen Frackhemd. Bevor ich das Bad verließ, schnitt ich mir langsam und ordentlich die Haare und pustete mir die Haarschnipsel mit dem Föhn von der Bluse.

Als ich mich dem Flora näherte, sah ich eine bekannte

Gestalt, einen offenen Pappkarton auf dem Schoß, am menschenleeren Randstein sitzen. Grant. Deshalb also hatte Renata angerufen. Ich blieb stehen und betrachtete sein ernstes und angespanntes Profil. Er drehte sich zu mir um und erhob sich.

Wir gingen aufeinander zu. Unsere kleinen Schritte passten sich aneinander an, bis wir die Mitte des steilen Hügels erreicht hatten. Grant ragte über mir auf. Wir waren noch so weit voneinander entfernt, dass ich den Inhalt des Kartons, den er unter dem Kinn hielt, nicht erkennen konnte.

»Du siehst hübsch aus«, sagte er.

»Danke.« Ich hätte das Kompliment gern erwidert, nur dass es nicht gestimmt hätte. Er hatte den ganzen Vormittag gearbeitet, das erkannte ich an der Erde an seinen Knien und dem frischen Schlamm an seinen Stiefeln. Außerdem roch er, nicht nach Blumen, sondern wie ein schmutziger Mann: Schweiß, Rauch und Erde zu gleichen Teilen.

»Ich habe mich nicht umgezogen«, meinte er, als würde ihm sein Zustand jetzt erst klar. »Ich hätte es tun sollen.«

»Spielt keine Rolle«, erwiderte ich. Eigentlich hatte ich das freundlich gemeint, aber es klang eher wegwerfend. Enttäuschung malte sich auf Grants Gesicht ab, und ich spürte, wie Zorn in mir aufstieg (nicht auf Grant, sondern auf mich selbst, weil es mir nie gelang, den richtigen Ton zu treffen). Ich trat einen Schritt näher an ihn heran. Eine verlegene Geste der Entschuldigung.

»Ich weiß«, sagte er. »Ich bin nur hier, weil ich dachte, dass du sie brauchst – für deine Freundin.« Er ließ den

Karton sinken. Darin befanden sich die sechs Tontöpfe mit Jonquille. Die gelben Blüten ragten hoch empor und öffneten sich in biegsamen Büscheln. Sie verströmten einen berauschend süßen Duft.

Ich streckte die Hände aus, griff nach den Töpfen und versuchte, alle sechs gleichzeitig herauszuholen. Ich wollte in den Farben versinken. Grant hielt den Karton ein Stück tiefer, und nach einem sanften Tauziehen gelang es mir, die sechs Töpfe anzuheben. Ich vergrub mein Gesicht in den Blütenblättern. Einen Moment hatte ich sie fest im Griff, doch dann rutschten mir die mittleren beiden aus den Armen. Die Töpfe zerschellten auf dem Gehweg, die Zwiebeln lagen nackt da, und die Stengel bogen sich. Grant fiel auf die Knie und fing an, die Blumen aufzuheben.

Ich drückte die restlichen vier Töpfe an mich, und zwar so, dass ich beobachten konnte, wie er sich über die Blütenblätter beugte. Seine kräftigen Hände umfassten die Zwiebeln, glätteten die Stengel und wickelten lange, spitze Blätter um die Stellen, die unter dem Sturz gelitten hatten.

»Wo soll ich sie hinlegen?«, fragte er und blickte auf.

Ich kniete mich neben ihn.

»Hierher«, sagte ich und wies mit dem Kinn auf die Blumen in meinen Armen. Er teilte die Büschel und legte die nackten Zwiebeln auf die Erde, so dass sich die abgeknickten Blumen zwischen die anderen schmiegten. Seine Hände ruhten weiter auf den Blumen. An seinen langsamen, regelmäßigen Atemzügen erkannte ich, dass er gleich gehen würde.

Ich ließ die Arme sinken. Die Blumentöpfe rutschten im

Zeitlupentempo von meinem Schoß und blieben neben meinen Oberschenkeln auf dem steilen Gehweg liegen. Grants Hände wanderten zu meinen Knien. Ich griff danach, hob sie an mein Gesicht und presste sie mir an Lippen, Wangen und Augenlider. Dann schlang ich sie um meinen Nacken und zog ihn an mich. Unsere Stirnen berührten sich. Ich schloss die Augen, und im nächsten Moment berührten sich unsere Lippen. Seine waren voll und weich, obwohl seine Oberlippe kratzte. Als er den Atem anhielt, küsste ich ihn wieder, diesmal heftiger. Hungrig. Auf den Knien rutschte ich den Hügel hinauf und stieß dabei die Töpfe um, um Grant näher zu sein, ihn fester zu küssen und ihm zu zeigen, wie sehr ich ihn vermisst hatte.

Als wir uns endlich atemlos voneinander lösten, war ein Topf bis zum Fuß des Hügels hinuntergerollt. Die hoch aufgerichteten geraden Blüten leuchteten in der Wintersonne beinahe blendend gelb.

Vielleicht irrte ich mich ja, dachte ich, während ich zusah, wie sie in dem leichten Wind schwankten. Vielleicht war die Bedeutung jeder Blume tatsächlich irgendwo in ihrem kräftigen Stengel und der Anordnung weicher Blütenblätter enthalten.

Ich wusste, dass Annemarie mit den Jonquille zufrieden sein würde.

14.

Ich saß auf der Veranda und sortierte den Haufen winziger weißer Kamillenblüten zu meinen Füßen. Zwischen mir und Elizabeth verlief eine einen Meter fünfzig lange Schnur, die an jedem Ende mit einer Nadel versehen war. Wir arbeiteten schnell, spießten schwammige gelbe Blütenherzen auf und schoben die Blumen in Richtung Mitte.

Immer wieder hielt ich, abgelenkt von einem Insekt oder einem Holzsplitter, inne. Doch Elizabeths Hände bewegten sich stetig. Nach einer Stunde waren wir fertig. Eine zarte Kette aus Blütenblättern verband uns.

»Bedeutung?«, fragte ich. Elizabeth beugte sich vor und fädelte einen viereckigen Zettel am Ende der Kette auf. Ich erhaschte einen Blick auf das Wort *August* und die Zahl Zwei und dazu immer wieder auf das Wort *bitte* und einen Satz, der mir unwahr erschien: *Ich schaffe das nicht ohne dich.*

Elizabeth rollte die Blumenkette zusammen. »Kraft angesichts widriger Umstände.«

Nichts hätte ihren Gemütszustand besser beschrieben. Seit Elizabeth beschlossen hatte, ihrer Schwester eine Blumenbotschaft zukommen zu lassen, war sie ständig in Bewegung. Sie säte, goss, überprüfte die Fortschritte halbgeöffneter Knospen und wartete – ein Warten, das eigentlich eine von Anspannung erfüllte Tätigkeit war – auf eine Antwort.

»Komm mit«, sagte Elizabeth, stieg in den Pick-up und legte die zusammengerollte Blumenkette zwischen uns. Wir fuhren zu Catherine. Elizabeth ließ den Motor laufen, als sie aus dem Auto sprang, die Blumen um den Holzpfosten des Briefkastens wickelte und den Zettel hineinsteckte. Dann stieg sie wieder ein, und wir entfernten uns weiter vom Weinberg.

»Wohin fahren wir?«, fragte ich.

»Einkaufen«, erwiderte Elizabeth. Da ihr der Wind das Haar ins Gesicht blies, fasste sie es rasch mit einem Gummiband zusammen und lenkte den Wagen dabei mit den Knien. Sie warf mir einen spitzbübischen Blick zu.

»Wo?«, fragte ich verwundert. Etwa anderthalb Kilometer entfernt gab es eine Gemischtwarenhandlung, in der Elizabeth einen Regenmantel und Gartenschuhe für mich erstanden hatte, doch die befand sich in der entgegengesetzten Richtung.

»Chestnut Street«, erwiderte sie. »San Francisco. Dort wimmelt es von Kinderboutiquen. Solche, in denen man zweihundert Dollar teure Jogginganzüge aus Velours für Neugeborene kaufen kann. Kleinmädchenkleider aus Seide und Organza und so weiter und so fort. Das Kleid für deine Adoption wird mich mehr kosten, als ich für zwei Tonnen Trauben bekomme. Aber wann, wenn nicht jetzt? Immerhin bist du schon zehn. Nächste Woche wirst du *mein* kleines Mädchen sein, doch du bleibst nicht mehr lange klein. Also muss ich dich hübsch anziehen, solange ich noch kann.« Wieder lächelte sie mich einladend an.

Während wir weiterfuhren, rutschte ich näher an sie heran und lehnte den Kopf an ihre Schulter. Sie hatte mir beigebracht, im Auto gerade und mit Abstand zu ihr zu sitzen, damit wir nicht wegen Verstoßes gegen die Anschnallpflicht angehalten wurden. Doch heute sagte mir ihr Lächeln, dass es eine Ausnahme war. Sie hatte eine Hand am Lenkrad, den anderen Arm legte sie um meine Schulter und drückte mich an sich. Noch nie hatte jemand mit mir neue Kleider eingekauft. Kein einziges Mal, und mir erschien es wie ein wundervoller Aufbruch in ein Leben als Tochter. Auf dem Weg über die Brücke in die Stadt summte ich die Schlager im Radio mit. Dabei tobten widerstreitende Gefühle in mir, denn ich wollte, dass dieser Tag niemals endete. Dann wieder wünschte ich mir, er und auch die beiden nächsten würden so schnell wie möglich vorbeigehen. Bis zu meinem Gerichtstermin waren es nur noch drei Tage.

In der Chestnut Street parkte Elizabeth den Wagen, und ich folgte ihr durch eine offene Tür. Bis auf die Verkäuferin, die hinter einer gläsernen Theke stand und mit Diamanten verzierte Ohrclips auf einer Filzfläche in Baumform drapierte, war der Laden leer.

»Kann ich Ihnen helfen?«, fragte sie und lächelte mich, wie ich glaubte mit ehrlichem Interesse, an. »Suchen Sie etwas Bestimmtes?«

»Ja«, erwiderte Elizabeth. »Etwas für Victoria.«

»Und wie alt bist du, Schätzchen? Sieben? Acht?«

»Zehn«, entgegnete ich.

Die Verkäuferin wirkte verlegen, doch ich war nicht gekränkt. »Man hat mich gewarnt, bloß nicht zu schätzen«, antwortete sie. »Dann wollen wir mal sehen, was wir in deiner Größe haben.« Ich ging mit ihr in den hinteren Teil des Ladens, wo eine Reihe von Kleidern gegenüber einem Spiegel mit einer Ballettstange hing. Elizabeth umfasste die Stange und ging mit einer übertriebenen Geste in die Hocke. Ihre Knie beugten sich tief, und ihre Zehen zeigten nach außen. Sie war zwar mager und knochig wie eine klassische Ballerina, aber nicht annähernd so anmutig. Wir lachten beide.

Ich schaute die Kleider erst ein Mal, dann ein zweites Mal durch. »Wenn nichts für dich dabei ist, gibt es auch noch andere Läden«, sagte Elizabeth hinter mir.

Das war nicht das Problem. Mir gefielen alle Kleider, jedes einzelne. Meine Hand verharrte auf den Samtbändern eines ärmellosen Kleides. Ich nahm es vom Ständer und hielt es mir hin. Obwohl es nur Größe 128 war, reichte es mir bis über die Knie. Das hellblaue Oberteil war mit einem braunen Samtband vom gemusterten Rock abgesetzt, das im Rücken zu einer Schleife gebunden wurde. Es war das Muster des ausgestellten Rocks, das mich angezogen hatte: erhabene braune Samtblumen auf einem blauen Grund. Die konzentrischen Blütenblätter erinnerten mich an Rosenblüten oder Chrysanthemen. Ich warf Elizabeth einen Blick zu.

»Probier es an«, forderte sie mich auf.

Ich zog mich in der Umkleidekabine aus. Als ich in meiner weißen Baumwollunterhose vor dem Spiegel stand, setzte Elizabeth sich hinter mich. Ich betrachtete meinen blassen Körper mit der hellen, makellosen Haut, der geraden Taille und den schmalen Hüften. Elizabeth musterte mich mit einem solchen Stolz, wie es meiner Vorstellung nach eine Mutter bei ihrer leiblichen Tochter tat, deren Gliedmaßen in ihrem Körper entstanden waren.

»Arme hoch«, sagte sie. Nachdem sie mir das Kleid übergestreift hatte, band sie die Schleifen des Oberteils in meinem Nacken und die zweite Schleife um die Taille zu.

Das Kleid passte ausgezeichnet. Die Arme steif zu beiden Seiten des bauschigen Rocks ausgestreckt, sah ich mich im Spiegel an.

Als mein Blick den von Elizabeth traf, waren so viele Gefühle in ihrem Gesicht zu sehen, dass ich nicht wusste, ob sie gleich lachen oder weinen würde. Sie zog mich an sich, schob die Arme unter meine Achselhöhlen und verschränkte die Hände vor meiner Brust. Mein Hinterkopf presste sich gegen ihren Bauch.

»Schau dich nur an«, meinte sie. »Mein Baby.« Und in diesem Moment entsprachen ihre Worte in gewisser Weise der Wahrheit. Ich hatte den unbestimmbaren Eindruck, ein ganz kleines Kind, ja, sogar ein Neugeborenes zu sein, das Elizabeth geborgen und fest im Arm hielt. Es war, als ob meine bisherige Kindheit jemand anderem gehörte, einem Mädchen, das es nicht mehr gab. Das Mädchen im Spiegel war an seine Stelle getreten.

»Catherine wird begeistert von dir sein«, flüsterte Elizabeth. »Du wirst sehen.«

15.

Vor Beginn der Hochzeitssaison stellte Renata mich fest an. Sie gab mir die Wahl zwischen Sozialleistungen oder einem Bonus – beides war nicht möglich. Da ich kerngesund war und es satthatte, mich von Grant zur Gärtnerei und wieder zurück fahren zu lassen, nahm ich das Bargeld.

Der Schlagzeuger von Natalyas Band verkaufte mir seinen alten Kombi. Sein neues Schlagzeug – das mir um einiges lauter zu sein schien als sein Vorgänger – passte nicht ins Auto. Also nahm er meinen Bonus und überreichte mir die Fahrzeugpapiere. Ich fand, dass es ein fairer Tausch war. Allerdings hatte ich keine Ahnung vom Wert eines Autos. Außerdem besaß ich keinen Führerschein und konnte nicht fahren. Grant schleppte den Kombi mit seinem Blumenlaster vom Flora zur Gärtnerei. Wochenlang erlaubte er mir nicht, das Gelände zu verlassen. Und als es endlich so weit war, durfte ich nur zum Drogeriemarkt und zurück fahren. Da ich immer noch eine Todesangst hatte, dauerte es einen weiteren Monat, bis ich mich allein in die Stadt wagte.

Den Frühling verbrachte ich damit, vormittags bei Renata zu arbeiten und nachmittags die restlichen Blumen für mein Wörterbuch zusammenzusuchen. Nachdem ich alles in Grants Gärtnerei fotografiert hatte, ging ich in den Golden Gate Park und an die Küste. Das ganze nördliche Kalifornien war ein botanischer Garten, wo zwischen stark befahrenen Schnellstraßen Wildblumen wucherten und Kamillenblüten aus Rissen im Gehweg ragten. Manchmal kam Grant mit; er war gut im Bestimmen von Pflanzen, hielt es aber nicht lange in den kleinen viereckigen, von mageren Sonnenanbetern wimmelnden Stadtparks aus.

Wenn Renata und ich am Wochenende früh genug fertig wurden, unternahmen Grant und ich Wanderungen in den Mammutbaumwäldern nördlich von San Francisco. Bevor wir uns für eine Richtung entschieden, warteten wir stets eine Weile auf dem Parkplatz, um festzustellen, welche Wanderwege am wenigsten belebt waren. Allein im Wald, war Grant völlig damit zufrieden, mir stundenlang beim Fotografieren zuzuschauen. Er erläuterte mir ausführlich jede Pflanzenart und ihre Beziehung zu anderen Pflanzen im Ökosystem. Nachdem er mir alles erzählt hatte, was er wusste, lehnte er sich an den Stamm eines Mammutbaums und blickte durch die Äste zum fahlen Himmel hinauf.

Schweigen entstand zwischen uns. Stets rechnete ich damit, dass er Elizabeth oder Catherine oder die Nacht erwähnen würde, in der er mich der Lüge bezichtigt hatte. Viele Stunden grübelte ich darüber nach, was ich antworten und wie ich ihm die Wahrheit sagen sollte, ohne ihn für immer gegen mich aufzubringen. Doch Grant sprach nicht über die Vergangenheit – weder im Wald noch sonst irgendwo. Offenbar genügte es ihm, unser gemeinsames Leben auf die Blumen und die Gegenwart zu beschränken.

Ich übernachtete häufig im Wasserturm. Grant hatte angefangen, sich ernsthaft mit dem Kochen zu beschäftigen, und auf der Anrichte stapelten sich bebilderte Kochbücher. Während ich am Küchentisch saß, las, aus dem Fenster schaute oder von einer besonders anstrengenden Braut berichtete, hackte, würzte und rührte er.

Nach dem Essen küsste er mich, nur einmal, um festzustellen, wie ich darauf reagieren würde. Manchmal erwiderte ich den Kuss. Dann zog er mich an sich, und wir standen eine halbe Stunde eng umschlungen in der Tür. An anderen Tagen hingegen blieben meine Lippen kalt und reglos. Selbst ich konnte nicht vorhersagen, wie ich darauf ansprechen würde. Unsere immer enger werdende Beziehung löste in mir gleichzeitig eine unvorhersehbare Furcht und Sehnsucht aus. Jede Nacht ging Grant hinaus zu seinem Schlafplatz, und ich schloss die Tür hinter ihm ab.

Eines Abends während der Woche, es war Ende Mai und wir hielten uns nun schon seit einigen Monaten an dieses Ritual, beugte Grant sich vor, wie um mich zu küssen, hielt aber wenige Zentimeter vor meinen Lippen inne. Er legte die Hände unten an meinen Rücken und zog mich an sich, so dass sich unsere Körper, nicht aber unsere Gesichter berührten.

»Ich glaube, es ist Zeit«, sagte er.

»Für was?«, fragte ich.

»Dass ich mein Bett zurückbekomme.«

Ich schnalzte mit der Zunge und sah aus dem Fenster.

»Wovor hast du Angst?«, erkundigte er sich, nachdem ich eine Weile geschwiegen hatte.

Ich dachte darüber nach. Er hatte recht. Ich wusste, dass es Angst war, die uns voneinander trennte. Doch wovor genau fürchtete ich mich?

»Ich mag nicht angefasst werden«, wiederholte ich Merediths Worte von vor langer Zeit. Aber als ich sie aussprach, klangen sie lächerlich. Schließlich standen wir eng aneinandergepresst da, ohne dass ich mich losgerissen hätte.

»Dann fasse ich dich nicht an«, erwiderte er. »Nur, falls du es möchtest.«

»Auch nicht, wenn ich schlafe?«, meinte ich.

»Vor allem dann nicht.«

Ich wusste, dass das wahr war. Ich nickte. »Du kannst in deinem Bett schlafen«, sagte ich. »Doch ich übernachte auf dem Sofa. Und ich möchte dich beim Aufwachen nicht neben mir vorfinden. Sonst fahre ich sofort nach Hause.«

»Das wirst du nicht«, antwortete Grant. »Versprochen.«

In jener Nacht lag ich wach auf dem Sofa und versuchte, nicht vor Grant einzuschlafen, aber er war ebenfalls wach.

Ich hörte, wie er sich eine Etage über mir herumwälzte, die Decke zurechtzupfte und dabei einen Bücherstapel umwarf. Schließlich, es hatte lange Stille geherrscht, und ich war sicher, dass er nun schlief, klopfte es leise an die Zimmerdecke.

»Victoria?«, wehte ein Flüstern die Wendeltreppe hinunter.

»Ja?«

»Gute Nacht«, sagte er.

»Gute Nacht.« Ich lächelte in den orangefarbenen Velours hinein.

Nach einer ganzen mit Jonquille verbrachten Saison war Annemarie ein anderer Mensch geworden. Jeden Freitagmorgen holte sie sich einen neuen Strauß. Ihre Haut war rosiger, ihr Körper, endlich befreit vom gegürteten Mantel, zeigte Kurven unter dem dünnen Baumwollpulli. Sie erzählte mir, Bethany sei für einen Monat mit Ray nach Europa gereist und würde verlobt zurückkommen. Das verkündete sie mit einer solchen Gewissheit, als wäre es bereits eine Tatsache.

Annemarie brachte ihre Freundinnen mit, viele mit kleinen Mädchen in Rüschenkleidchen, und alle lebten in enttäuschenden Ehen. Sie lehnten an der Theke, während ihre Kinder Blumen, größer als sie selbst, aus den Eimern

zogen und im Laden umherwirbelten. Unterdessen erörterten die Mütter ihre Beziehungen in allen Einzelheiten und versuchten, ihre Probleme in ein einziges Wort
zu fassen. Nachdem ich ihnen erklärt hatte, wie wichtig
es sei, sich genau auszudrücken, hingen sie an meinen
Lippen. Die Gespräche waren gleichzeitig traurig, amü-
sant und auf merkwürdige Weise erfüllt von Hoffnung.
Mir war es rätselhaft, wie beharrlich diese Frauen versuchten, ihre Ehen zu retten. Ich verstand nicht, warum
sie nicht einfach gingen.

Ich wusste, dass ich in ihrem Fall losgelassen hätte: den
Mann, das Kind und auch die Frauen, mit denen ich darüber redete. Allerdings verschaffte mir dieser Gedanke
zum ersten Mal im Leben keine Erleichterung. Immer
stärker wurde mir klar, wie ich mich isolierte. Da waren
erst einmal die offensichtlichen Dinge, zum Beispiel, dass
ich in einem Wandschrank mit sechs Schlössern wohnte.
Doch es gab auch verdecktere, wie die Tatsache, dass ich
bei der Arbeit Renata stets am Tisch gegenübersaß oder
mich im Gespräch mit den Kunden hinter die Kasse stellte. Wenn es möglich war, verschanzte ich meinen Körper
hinter Mauern, massiven Holzmöbeln oder schweren
Metallteilen.

Nur Grant war es auf unerklärliche Weise und mit viel
Fingerspitzengefühl innerhalb von sechs Monaten gelungen, diesen Schutzwall zu durchbrechen. Ich gestattete
ihm nicht nur, mich zu berühren, ich sehnte mich sogar
danach, und allmählich fragte ich mich, ob ich vielleicht
noch eine Chance hatte, mich zu verändern. Ich schöpfte
Hoffnung, dass mein übliches Verhaltensmuster, einfach
davonzulaufen, etwas war, aus dem man herauswuchs

wie aus der kindlichen Abneigung gegen scharf gewürzte Speisen.

Ende Mai war mein Wörterbuch beinahe fertig. Ich fotografierte viele der verbleibenden seltenen Pflanzen im Conservatory of Flowers im Golden Gate Park. Nachdem ich jedes Foto entwickelt, aufgeklebt und beschriftet hatte, markierte ich mein Wörterbuch mit Xen und blätterte die Seiten durch, um festzustellen, wie viele Blumen noch fehlten.

Es war nur eine: die Kirschblüte. Ich ärgerte mich über meine eigene Nachlässigkeit, weil ich sie vergessen hatte. In der Bay Area gab es genug Kirschbäume, allein im Japanese Tea Garden standen Dutzende von Arten. Allerdings war ihre Blütezeit kurz – abhängig vom Jahr dauerte sie nur wenige Wochen oder gar Tage –, und ich war im Frühling zu abgelenkt gewesen, um ihren flüchtigen Moment der Schönheit festzuhalten.

Grant würde sicher wissen, wo man selbst jetzt, so lange nach der Saison, eine Kirschblüte fand. Ich schrieb den Namen der einzigen noch fehlenden Pflanze auf einen Zettel und klebte ihn außen an die orangefarbene Box. Es war Zeit, sie ihm zu bringen.

Ich stellte die Box auf den Rücksitz meines Autos und schnallte sie an. Da es Sonntag war, traf ich am Wasserturm ein, bevor Grant vom Bauernmarkt zurückkehrte. Ich öffnete die Tür mit dem Ersatzschlüssel, machte den Schrank auf und nahm mir einen Laib Rosinenbrot. Die Box, die grell orangefarben auf dem verwitterten Küchentisch stand, brauchte mehr Platz, als ich gedacht hatte. In der kleinen Küche mit ihren ruhigen alten Geräten wirkte sie laut und neu. Ich wollte sie schon nach oben bringen, als ich den Kies unter den Rädern von Grants Pick-up knirschen hörte.

Grant kam zur Tür herein und steuerte direkt auf die Box zu. Er lächelte. »Ist es das?«, fragte er.

Ich nickte und gab ihm den Zettel mit der fehlenden Pflanze. »Es ist aber noch nicht ganz fertig.«

Grant ließ den Zettel auf den Boden fallen und klappte den Deckel auf. Dann blätterte er die Karten durch und bewunderte meine Fotos eines nach dem anderen. Ich drehte eine Karte um und zeigte ihm die Bedeutung, legte die Karte zurück und schloss den Deckel über seinen Fingern.

»Du kannst es dir später anschauen«, meinte ich, hob den Zettel vom Boden auf und schwenkte ihn vor seinem Gesicht. »Zuerst brauche ich Hilfe, um das hier zu finden.«

Grant las den Blumennamen. Er schüttelte den Kopf. »Eine Kirschblüte? Da wirst du dich bis nächsten April gedulden müssen.«

Meine Kamera prallte gegen den Tisch. »Fast ein ganzes Jahr? So lange kann ich nicht warten.«

Grant lachte. »Was verlangst du von mir? Dass ich einen Kirschbaum in mein Gewächshaus umpflanze? Selbst dann würde er nicht blühen.«

»Was soll ich sonst tun?«, erwiderte ich.

Da er wusste, dass ich nicht so rasch aufgeben würde, überlegte er eine Weile. »Schau in meinen Botaniklehrbüchern nach«, sagte er.

Ich rümpfte die Nase und beugte mich so weit vor, dass ich ihn hätte küssen können. Aber ich tat es nicht. Stattdessen rieb ich die Nase an seiner stoppeligen Wange und biss ihn ins Ohr. »Bitte.«

»Bitte was?«, entgegnete er.

»Bitte schlag mir etwas Schöneres vor als eine Abbildung in einem Lehrbuch.«

Grant blickte aus dem Fenster. Er schien mit einem Gedanken zu ringen. Es war fast, als hätte er eine späte Kirschblüte in der Tasche und überlege nun, ob ich wichtig und vertrauenswürdig genug sei, um sie zu bekommen. Schließlich nickte er.

»Gut«, meinte er. »Komm mit.«

Grant ging zur Tür hinaus. Die Kamera um den Hals, folgte ich ihm. Wir überquerten den Platz und stiegen die Vortreppe des Haupthauses hinauf. Grant kramte einen Schlüssel aus der Tasche und öffnete die Hintertür. Durch einen Wäscheraum, wo eine hellrosafarbene Damenbluse am Trockengestell flatterte, erreichten wir die Küche. Die Vorhänge waren zugezogen, die Arbeitsflächen staubig und dunkel. Alle Geräte waren ausgesteckt; der totenstille Kühlschrank beunruhigte mich.

Von der Küche aus führte eine Schwingtür ins Esszimmer. Der Tisch war zur Seite gerückt. Ein Schlafsack lag ausgebreitet auf dem Holzboden. Daneben erkannte ich Grants Sweatshirt und seine zusammengerollten Socken.

»Als du mich aus meinem eigenen Zuhause vertrieben hast«, sagte Grant lächelnd und wies auf den Haufen.

»Hast du denn hier kein Zimmer?«

Grant nickte bejahend. »Aber ich habe seit zehn Jahren nicht mehr dort geschlafen«, erklärte er. »Offen gestanden war ich seit dem Tod meiner Mutter nur einmal oben.«

Links von mir ragte die Treppe auf. Ein breites hölzernes Geländer verlief bogenförmig die Wand entlang. Grant machte einen Schritt darauf zu.

»Komm«, forderte er mich auf. »Ich möchte dir etwas zeigen.« Oben an der Treppe befand sich ein langer Flur. Die Türen zu beiden Seiten waren geschlossen. Der Flur endete an fünf Stufen. Wir stiegen sie hinauf und duckten uns durch eine niedrige Tür.

In dem kleinen Raum war es wärmer als im restlichen Haus. Es roch nach Staub und getrockneter Farbe. Noch ehe ich das mit Brettern vernagelte Giebelfenster erreicht hatte, wusste ich, dass wir in Catherines Atelier waren. Nachdem sich meine Augen an die Lichtverhältnisse gewöhnt hatten, erkannte ich vertäfelte Wände, einen langen Zeichentisch und Regale voller Künstlerbedarf. Auf dem obersten Regalbrett standen halbleere Gläser mit violetter Farbe. Pinsel waren in harten lavendelfarbenen und altrosafarbenen Pfützen erstarrt. An einer rings um den Raum gespannten Leine hingen Zeichnungen – große, kunstvoll gestaltete Blumen in Bleistift und Kohle, befestigt mit hölzernen Wäscheklammern.

»Meine Mutter war Künstlerin«, erklärte Grant. »Jeden Tag hat sie viele Stunden hier verbracht. Den Großteil meines Lebens hat sie nur Blumen gezeichnet: seltene tropische oder zarte, kurz blühende. Sie hatte Angst, sie könnte irgendwann nicht die richtige Blume haben, um auszudrücken, was sie sagen wollte.«

Er führte mich zu einem Aktenschrank aus Eiche und öffnete die mittlere Schublade. »L–Q«, stand darauf. Jede Akte war mit einem Pflanzennamen beschriftet und enthielt eine Mappe mit einer einzigen Zeichnung darin: Petersilie, Passionsblume, Pfefferminze. Grant blätterte die Mappen durch, bis er bei »Pappel, Silber-« angekommen war. Er zog die Mappe heraus und schlug sie auf. Sie war leer. Die Zeichnung befand sich in meinem blauen Zimmer, noch immer zusammengehalten mit einem Seidenband, auf dem der Tag und die Uhrzeit unserer ersten Verabredung standen.

Grant durchsuchte den Aktenschrank und entnahm ihm die Zeichnung einer Kirschblüte. Nachdem er sie auf den leeren Zeichentisch gelegt hatte, ging er zur Tür hinaus.

Ich setzte mich und bewunderte das Kunstwerk. Die Linien waren schnell und kühn gezogen, die Schatten tief und vielschichtig. Die Blüte füllte die gesamte Seite und war überwältigend schön. Ich biss mir auf die Lippe.

Grant kehrte zurück und beobachtete meine Miene, während ich die Zeichnung betrachtete. »Bedeutung?«, fragte er.

»Hohe Bildung«, erwiderte ich.

Er schüttelte den Kopf. »Vergänglichkeit. Die Schönheit und Flüchtigkeit des Lebens.«

Diesmal hatte er recht. Ich nickte.

Grant hielt den Hammer hoch, den er geholt hatte, und stemmte das Brett vom Fenster weg. Licht strömte durch die zerbrochene Scheibe hinein und strahlte den Tisch an wie ein Scheinwerfer. Grant schob die Zeichnungen in die Rechtecke aus Licht und setzte sich auf die Tischkante. »Fotografiere«, sagte er und streichelte zuerst die Kamera, dann mein Brustbein darunter.

Grant sah zu, wie ich die Kamera aus ihrem Etui nahm und mich zu der Zeichnung umdrehte. Ich fotografierte aus jedem Winkel: auf dem Boden stehend, von einem Stuhl aus und vor dem Fenster, so dass mein Körper das grelle Licht blockierte. Ich stellte Blendengeschwindigkeit und Schärfe ein. Grants Blick ruhte auf meinen Fingern, meinem Gesicht und meinen Füßen, während ich auf der Tischplatte kauerte. Ich verknipste eine ganze Rolle.

Grants Augen wandten sich nicht von meinem Körper ab, als ich eine zweite Rolle und schließlich eine dritte einlegte.

Meine Haut wölbte sich unter seinem Blick, als strecke sich die Oberfläche meines Körpers ihm entgegen, ohne dass mein Verstand es ihr gestattet hätte.

Als ich fertig war, räumte ich die Zeichnung wieder in den Aktenschrank. Am nächsten Tag würde ich den Film entwickeln lassen. Dann war das Wörterbuch fertig. Ich richtete die Kamera auf Grant, der reglos auf dem Tisch saß, und betrachtete sein Gesicht durch den Sucher.

Sonnenlicht beleuchtete sein Profil. Ich umkreiste ihn und fing sein Gesicht in Licht und Schatten ein. Die Kamera glitt klickend über seinen Körper, begann an seinem Scheitel und folgte seinem Haar bis zum Hemdkragen. Ich krempelte seine Ärmel hoch und fotografierte seine Unterarme, die harten, hervortretenden Muskeln an seinen Handgelenken, seine kräftigen Finger und die schmutzigen Fingernägel. Dann zog ich ihm die Schuhe aus und fotografierte seine Fußsohlen. Als ich keinen Film mehr hatte, nahm ich die Kamera ab.

Danach knöpfte ich meine Bluse auf und zog sie aus.

Die Gänsehaut an meinen Armen verschwand und bildete sich auf Grants. Ich kletterte auf den Tisch.

Grant schlug die Füße unter und drehte sich zu mir um. Er legte mir die Hände flach auf den Bauch und ließ sie dort. Seine Finger hoben und senkten sich, als ich tief in

meinen Bauch hineinatmete. Meine eigenen Finger um-
krallten die Tischkante und verfärbten sich weiß.

Er griff nach der Schließe meines BHs und öffnete ihn
sanft, ein Häkchen nach dem anderen. Nachdem er meine Finger von der Tischkante gelöst hatte, streifte er mir
den BH erst über den einen, dann über den anderen Arm.
Ich umfasste wieder die Tischkante und hielt mich fest,
als müsse ich in einem schwankenden Boot das Gleichgewicht bewahren.

»Bist du sicher?«, fragte Grant.

Ich nickte.

Er legte mich auf den Tisch und stützte mir den Kopf, als
er ihn auf die harte Tischplatte sinken ließ. Anschließend
zog er mir die restlichen Kleider aus und schlüpfte auch
aus seinen Sachen.

Grant legte sich neben mich und fing an, mein Gesicht zu
küssen. Voller Angst, seine Nacktheit könnte mich ab-
stoßen, wandte ich das Gesicht zum Fenster. Mutter
Rubina war der einzige erwachsene Mensch, den ich je
nackt gesehen hatte. Das Bild ihres nassen, wabbeligen
Fleisches hatte mich noch monatelang verfolgt.

Grants Finger wanderten über meinen Körper. Er ging so
zartfühlend mit mir um wie mit einem empfindlichen
Schössling. Ich versuchte, mich auf seine Berührungen zu
konzentrieren, auf die Wärme, die er meiner Haut ent-
lockte, und auf unsere ineinander verschlungenen Körper. Doch unmittelbar unter dem Fenster befand sich der
Rosengarten, und selbst als mein Körper auf Grants
Liebkosungen ansprach, schien mein Verstand zwischen
den Pflanzen, zehn Meter unter uns, zu schweben.

Grant legte sich auf mich. Der Rosengarten stand in voller

Blüte, die Blüten waren offen und schwer. Ich zählte und kategorisierte die einzelnen Sträucher. Bei den roten fing ich an und schritt weiter die Reihen entlang: sechzehn, von Hellrot bis zu einem kräftigen Scharlachrot. Grants Mund, offen und feucht, glitt zu meinem Ohr. Es gab zweiundzwanzig rosafarbene Sträucher, wenn ich die korallenroten nicht mitrechnete. Grant bewegte sich immer schneller, seine Lust siegte über die Rücksichtnahme, und ich schloss vor Schmerzen die Augen. Hinter meinen Augenlidern blieben die weißen Rosen ungezählt. Ich hielt den Atem an, bis Grant sich von mir rollte.

Als ich mich zum Fenster umdrehte, presste Grant sich an meinen Rücken. Sein Herz pochte gegen meine Wirbelsäule. Ich zählte die weißen Rosen, die sich der untergehenden Sonne entgegenstreckten. Insgesamt siebenunddreißig, mehr als von jeder anderen Farbe.

Ich holte tief Luft; meine Lunge füllte sich mit Enttäuschung.

16.

Drei ruhelose Tage lang hinterließen wir Nachrichten für Catherine. Aloe, *Leid,* in einer Reihe von Spitzen wie ein Lattenzaun an ihr Küchenfenster geheftet. Blutrote Stiefmütterchen, *Denk an mich,* als Sträußchen in einem winzigen Glas auf ihrer Veranda. Zypressenzweige, *Trauer,* zwischen die Metallstangen des schmiedeeisernen Zauns geflochten.

Aber Catherine ließ uns nicht wissen, ob sie die Botschaften erhalten hatte, und antwortete Elizabeth nicht.

17.

Meine Kleider legten den Weg zu Grant im Kofferraum meines Autos zurück. Die Schuhe folgten.
Dann die braune Decke und zu guter Letzt meine blaue
Box. Das war alles, was ich besaß. Jeden Ersten des Mo-
nats zahlte ich weiterhin Miete an Natalya und hielt hin
und wieder nach der Arbeit ein Nickerchen auf meinem
weißen flauschigen Fußboden. Doch im Laufe des Sommers verbrachte ich immer weniger Zeit in dem blauen
Zimmer.

Mein Blumenwörterbuch war fertig. Nachdem ich es mit
dem Foto von Catherines Zeichnung vervollständigt
hatte, wanderten Elizabeths Blumenwörterbuch und ihr
Pflanzenführer zum Verstauben oben in Grants Bücherregal. Die blaue und die orangefarbene Fotobox standen
Seite an Seite auf dem mittleren Regalbrett. Grants Box
war nach Blumennamen im Alphabet geordnet, meine
nach Bedeutung. Zwei oder drei Mal in der Woche deck-
ten Grant oder ich den Tisch mit Blumen oder legten
dem anderen einen Stengel aufs Kopfkissen, aber wir zogen nur selten die Boxen zu Rate. Inzwischen kannten
wir den Inhalt jeder Karte auswendig und stritten, anders
als am Anfang, nicht mehr wegen der Botschaften.

Eigentlich stritten wir gar nicht. Mein Leben mit Grant
war still und friedlich, und ich hätte es genießen können,
wäre da nicht die überwältigende Gewissheit gewesen,
dass es bald enden würde. Der Rhythmus unserer gemeinsamen Tage erinnerte mich an die Monate vor der Adoptionsanhörung, als Elizabeth und ich die Reihen zwischen
den Reben gejätet und Freude daran gehabt hatten, ein-

fach nur zusammen zu sein. Jener Sommer mit Elizabeth war zu heiß gewesen, dieser mit Grant war es ebenfalls. Da der Wasserturm nicht über eine Klimaanlage verfügte, lief er mit Hitze voll wie mit einer Flüssigkeit. Abends streckten Grant und ich uns in verschiedenen Etagen aus und versuchten zu atmen. Die Schwüle fühlte sich an wie das Gewicht dessen, was unausgesprochen zwischen uns schwebte, und mehr als einmal ging ich zu ihm, in der Absicht, ihm meinen großen Fehler zu beichten.

Doch ich konnte es nicht. Grant liebte mich. Seine Liebe war ruhig, aber beharrlich, so dass mir vor Freude und Schuldgefühlen schwindelte. Ich hatte seine Liebe nicht verdient. Wenn er die Wahrheit gekannt hätte, er hätte mich gehasst. Noch nie war ich mir einer Sache so sicher gewesen. Und meine Zuneigung zu ihm machte es nur noch schwerer. Wir waren uns immer näher gekommen, küssten uns zur Begrüßung und zum Abschied und schliefen sogar nebeneinander. Er streichelte mein Haar, meine Wangen und meine Brüste, am Tisch und in allen drei Etagen des Wasserturms. Wir liebten uns oft, und ich lernte sogar, Gefallen daran zu finden. Doch wenn wir danach nackt dalagen, war sein Gesichtsausdruck glückselig und erfüllt, und ich wusste, ohne hinzuschauen, dass sich diese Gefühle nicht in meiner Miene widerspiegelten. Mein Eindruck war eher, dass sich mein wahres, mein wertloses Ich seinen sehnsüchtigen Berührungen und bewundernden Blicken entzog. Auch meine eigenen Empfindungen für Grant bekam ich nicht zu fassen, und ich stellte mir mein Herz gefangen in einer Glaskuppel vor, die so hart und glänzend war wie die Schale einer Haselnuss. Und ebenso undurchdringlich.

Grant schien meine Distanz während unseres Beisammenseins nicht zu bemerken. Wenn es ihm hin und wieder doch auffiel, dass mein Herz unerreichbar war, erwähnte er es mir gegenüber nie. Wir trafen und trennten uns in einem eingespielten Rhythmus. Während der Woche kreuzten sich unsere Wege am Abend für eine Stunde. Samstags verbrachten wir den Großteil des Tages miteinander, fuhren frühmorgens gemeinsam mit dem Auto zur Arbeit und gingen danach zum Essen, zum Wandern oder beobachteten die Drachen am Hafen. Sonntags hielten wir Abstand. Ich begleitete Grant nicht zum Bauernmarkt und war stets fort, wenn er von dort zurückkehrte. Ich aß in einem Restaurant an der Bucht zu Mittag oder schlenderte allein über die Brücke.

Sonntagabends war ich pünktlich zur Essenszeit wieder im Wasserturm, um mich an Grants ausgesprochen kreativen und komplizierten Gerichten zu erfreuen. Er kochte den ganzen Nachmittag lang. Wenn ich hereinkam, standen immer Appetithäppchen auf dem Küchentisch. Wie er inzwischen gelernt hatte, verhinderte ein kleiner Imbiss, dass ich ihm in den Ohren lag, bis das Hauptgericht fertig war, was manchmal bis neun Uhr dauern konnte.

In jenem Sommer hatte Grant sich von den Kochbüchern freigeschwommen, sie nach oben gebracht und unter das Sofa geräumt. Stattdessen erfand er eigene Gerichte. Er erzählte mir, er fühle sich weniger unter Druck, wenn er seine Ergebnisse nicht ständig mit den Fotos neben dem jeweiligen Rezept vergleichen müsse. Außerdem wusste er sicher, dass seine Kochkünste alles übertrafen, was die Kochbücher zu bieten hatten. Seit meinem Abschied von Elizabeth hatte ich nicht mehr so gut gegessen.

Am zweiten Sonntag im Juli fuhr ich nach einem langen Spaziergang in Ocean Beach nach Hause. Ich hatte größeren Hunger als gewöhnlich, und mein Magen krampfte sich vor Leere und innerer Anspannung zusammen. Ich war am Gathering House vorbeigekommen, und der Anblick der jungen Frauen im Fenster, von denen ich keine kannte, hatte in mir Bauchschmerzen ausgelöst. Ihr Leben würde sich nicht so entwickeln, wie sie es sich erträumten. Das war mir klar, obwohl mein eigenes Leben um so vieles schöner geworden war, als ich es je zu hoffen gewagt hatte, wenn ich mir überhaupt gestattet hätte, etwas zu hoffen. Ich wusste, dass ich eine Ausnahme darstellte, und dennoch hielt ich mein Glück für einen vergänglichen Moment in einem langen, harten und einsamen Dasein.

Grant hatte Baguettescheiben angerichtet, die mit einer Paste gefüllt waren – Streichkäse vielleicht oder etwas Ausgefalleneres, und dazu gehackte Kräuter, Oliven und Kapern. Die Häppchen waren in Reihen auf einem viereckigen Teller arrangiert. Ich fing an einem Ende an und arbeitete mich die Reihen entlang vor, indem ich jedes Scheibchen ganz in den Mund steckte. Bevor ich das letzte verspeiste, blickte ich auf. Grant beobachtete mich lächelnd.

»Willst du sie?«, fragte ich und zeigte auf die letzte Scheibe.

»Nein, du brauchst eine Stärkung, während du auf den nächsten Gang wartest. Das Rippenstück dauert noch eine Dreiviertelstunde.«

Ich aß die letzte Scheibe und stöhnte auf. »Ich glaube, so lange halte ich nicht durch.«

Grant seufzte. »Das sagst du jede Woche. Und nach dem Essen erzählst du mir immer, dass es die Warterei wert war.«

»Das stimmt nicht«, widersprach ich, aber er hatte recht. Mein Magen verdaute den Käse mit einem lauten Gurgeln. Ich lehnte mich über den Tisch und schloss die Augen.

»Alles in Ordnung?«

Ich nickte. Während ich am Tisch döste, bereitete Grant den Rest der Mahlzeit vor. Als ich die Augen aufschlug, stand ein dampfendes Steak vor mir. Ich stützte mich auf einen Ellbogen.

»Schneidest du es für mich?«, fragte ich.

»Klar.« Grant streichelte mir Kopf, Hals und Schultern und küsste mich auf die Stirn, bevor er nach einem Messer griff und das Fleisch zerteilte. Es war innen rot, genau wie ich es mochte, und hatte eine pfeffrige Kruste. Die Sauce enthielt eine Mischung aus exotischen Pilzen, Kartoffeln und Rüben. So etwas Köstliches hatte ich noch nie gegessen.

Allerdings teilte mein Magen die Auffassung meiner Geschmacksnerven nicht. Schon nach wenigen Bissen war ich mir sicher, dass mein Abendessen nicht dort bleiben würde, wo es hingehörte. Ich hastete die Treppe hinauf, schloss mich ins Bad ein und erbrach meinen Mageninhalt in die Toilettenschüssel. Dann betätigte ich die Spülung und drehte den Wasserhahn auf, in der Hoffnung, mit den Geräuschen das darauffolgende Würgen zu übertönen.

Als Grant klopfte, öffnete ich nicht. Er ging und kehrte eine halbe Stunde später zurück. Aber ich reagierte noch immer nicht auf sein leises Klopfen. Da das Bad zu klein war, um sich flach auf den Boden zu legen, krümmte ich mich seitlich zusammen, so dass sich meine Beine an die Tür und mein Rücken an die Keramikwanne drückten. Meine Finger fuhren die rechteckigen Fliesen nach und zeichneten sechsblättrige Blüten. Es war schon nach elf, als ich wieder herauskam. Das Muster der Fliesen hatte sich tief in meine Wange und die nackte Schulter eingegraben.

Ich hatte gehofft, dass Grant bereits schlafen würde, doch er saß auf dem Sofa und hatte alle Lichter ausgeschaltet.

»Lag es am Essen?«, erkundigte er sich.

Ich schüttelte den Kopf. Ich hatte zwar keine Ahnung, was der Grund gewesen sein mochte, aber eindeutig nicht das Essen. »Das Steak war unglaublich.«

Ich setzte mich neben ihn. Unsere Oberschenkel, in identischen dunklen Jeansstoff gehüllt, berührten sich. »Was dann?«, fragte Grant.

»Ich habe mir etwas eingefangen«, erwiderte ich, wich jedoch seinem Blick aus. Ich glaubte nicht, dass das stimmte. Und ich wusste, dass ihm das ebenfalls klar war. Als Kind hatte ich mich erbrochen, sobald zu viel Nähe entstand. Zum Beispiel wenn mich jemand anfasste oder damit drohte. Pflegeeltern, die hoch über mir aufragten und meine starren Arme in Jacken zwangen. Lehrerinnen, die mir Mützen vom Kopf rissen und ihre Finger zu lang in meinem verfilzten Haar liegen ließen. All das führte zu nicht zu unterdrückenden Magenkrämpfen. Einmal, kurz nach meinem Einzug bei Elizabeth, hatten wir im Garten ein Picknick veranstaltet. Ich hatte wie bei jeder Mahlzeit in jenem Herbst zu viel gegessen und konnte mich anschließend nicht mehr bewegen. Deshalb hatte ich Elizabeth erlaubt, mich hochzuheben und zum Haus zu tragen. Sie hatte mich kaum auf der Veranda abgesetzt, als ich mich schon über das Geländer erbrach.

Ich sah Grant an. Er berührte mich nun schon seit Monaten intim. Unbewusst hatte ich mit so etwas gerechnet.

»Ich schlafe auf dem Sofa«, sagte ich. »Ich möchte nicht, dass du dich ansteckst.«

»Das werde ich schon nicht«, antwortete Grant, nahm meine Hand und zog mich hoch. »Komm mit nach oben.«

Ich tat es.

18.

An dem Tag der Verhandlung wegen meiner Adoption wachte ich bei Sonnenaufgang auf.

Ich setzte mich, lehnte mich an die kühle Wand und zog mir die Daunendecke bis zum Kinn hoch. Licht strömte träge zum Fenster hinein. Der weiche Strahl beleuchtete meine Kommode und die offene Tür des Wandschranks. Das Zimmer sah in vielerlei Hinsicht genauso aus wie vor einem Jahr, als ich es zum ersten Mal betreten hatte. Es enthielt noch dieselben Möbel, dieselbe weiße Daunendecke und dieselben Stapel aus Kleidern, von denen ich in viele noch hineinwachsen musste. Doch ringsherum entdeckte ich die Spuren des Mädchens, das ich inzwischen geworden war: Bibliotheksbücher in Stößen auf dem Tisch, die Titel wie *Botanik auf einen Blick* und *Das ultimative Buch der Zaubertränke für Ihren Garten* trugen. Dazu ein Foto von Elizabeth und mir, das Carlos aufgenommen hatte. Unsere rosig angelaufenen Winterwangen drückten sich aneinander. Der Papierkorb quoll über von Blumenbildern für Elizabeth, von denen mir keines gut genug gefallen hatte, um es ihr zu schenken. Es war der letzte Morgen, den ich als Pflegekind in diesem Zimmer verbrachte. Ich schaute mich um, wie ich es immer tat, und musterte die Gegenstände, als gehörten sie einer Fremden. Morgen, dachte ich, morgen werde ich mich anders fühlen. Ich werde aufwachen, mich umblicken und ein Zimmer – ein Leben – vor Augen haben, das mir gehört und das mir niemand mehr wegnehmen kann. Leise schlich ich den Flur entlang und horchte nach Elizabeth. Obwohl es noch früh war, wunderte ich mich über die Stille im Haus und ihre geschlossene Schlafzimmertür. Ich hatte geglaubt, sie würde genauso an Schlaflosigkeit leiden wie ich. Der Tag zuvor war mein Geburtstag gewesen, und obwohl Elisabeth Cupcakes gebacken hatte, die wir mit einer dicken Schicht rosafarbener Glasur überzogen hatten, drängte die bevorstehende Adoption den feierlichen Anlass beinahe vollständig in den Hintergrund. Nach dem Abendessen hatten wir gedankenverloren die Glasur von den Cupcakes genascht, und immer wieder waren unsere Blicke dabei aus dem Fenster gewandert, in der Hoffnung, dass der Himmel endlich dunkler werden und bald schon der neue Tag beginnen würde. Eingewickelt in das lange, mit Blumen bedruckte Nachthemd, das Elisabeth mir geschenkt hatte, war ich in meinem Bett wach gelegen und aufgeregter gewesen als an allen Weihnachtsabenden meines bisherigen Lebens zusammen. Vielleicht hatte Elizabeth ja auch kein Auge zugetan und nun verschlafen, weil sie die halbe Nacht wach gewesen war.

Im Bad hing das Kleid, das wir zusammen gekauft hatten, in einer Plastikhülle am Haken hinter der Tür. Bevor ich es vom Bügel nahm, wusch ich mir das Gesicht und kämmte mir die Haare.

Es war schwierig, das Kleid ohne Elizabeths Hilfe anzuziehen, aber ich war fest entschlossen, es zu schaffen. Ich wollte ihren Gesichtsausdruck sehen, wenn sie mich beim Aufwachen fertig und wartend am Küchentisch vorfand. Sie sollte verstehen, dass ich bereit war. Also setzte ich mich auf den Wannenrand, schlüpfte verkehrt herum in das Kleid, zog den Reißverschluss zu und drehte es dann so lange, bis er entlang meiner Wirbelsäule verlief. Die Schleifen waren dick und schwierig zu binden. Nach einigen gescheiterten Versuchen entschied ich mich für einen lockeren, quadratischen Knoten im Nacken. Mit der Schleife um die Taille verfuhr ich genauso.

Als ich nach unten kam, zeigte die Uhr am Herd acht an. Ich öffnete den Kühlschrank, musterte die vollen Regale und wählte einen kleinen Becher Vanillejoghurt. Ich entfernte den Deckel und stocherte mit einem Löffel in der dicken Rahmschicht herum, hatte jedoch keinen Hunger. Ich war nervös. Elizabeth hatte noch nie verschlafen, kein einziges Mal in dem Jahr, das ich nun bei ihr wohnte. Eine ganze Stunde lang saß ich in der Küche und beobachtete die Uhr.

Um neun stieg ich die Treppe hinauf und klopfte an Elizabeths Schlafzimmertür. Da sich der Knoten im Nacken gelöst hatte, hing die Vorderseite des Kleides zu tief herab und gab mein vorstehendes Brustbein frei. Ich wusste, dass ich nicht so hinreißend aussah wie im Laden. Als Elizabeth nicht antwortete oder *Herein* rief, drehte ich den Türknauf herum. Es war nicht abgeschlossen. Leise schob ich die Tür auf und trat ein.

Elizabeths Augen waren geöffnet. Sie starrte an die Decke und blickte nicht in meine Richtung, als ich das Zimmer durchquerte und neben ihrem Bett stehen blieb.

»Es ist neun«, sagte ich.

Elizabeth reagierte nicht.

»Wir müssen um elf bei Gericht sein. Sollten wir nicht losfahren, wegen der Kontrollen und so?«

Noch immer nahm Elizabeth mich nicht zur Kenntnis. Also machte ich einen Schritt vorwärts und lehnte mich über sie. Obwohl ihre Augen weit geöffnet waren, dachte ich, dass sie vielleicht schlief. Ich hatte einmal eine Zimmergenossin gehabt, die so geschlafen hatte. Jede Nacht hatte ich abgewartet, bis sie schlief, damit ich ihr die Augenlider schließen konnte. Ich mochte es nicht, beobachtet zu werden.

Ich fing an, Elizabeth sanft zu rütteln. Sie blinzelte nicht einmal. »Elizabeth?«, flüsterte ich. »Ich bin es, Victoria.« Ich presste ihr die Finger in die Lücke zwischen ihren Schlüsselbeinen. Ihr Puls pochte regelmäßig und schien die Sekunden bis zu meiner Adoption zu zählen. *Steh auf*, flehte ich lautlos. Die bloße Vorstellung, unseren Gerichtstermin zu verpassen, so dass er einen Monat, eine Woche oder auch nur einen Tag verschoben werden musste, erschien mir unerträglich.

Ich begann, Elizabeth zu schütteln. Meine Hände umklammerten ihre Schultern. Ihr Kopf schwankte schlaff hin und her.

»Hör auf damit«, sagte sie schließlich. Die Worte waren kaum wahrzunehmen.

»Möchtest du nicht aufstehen?«, fragte ich mit zitternder Stimme. »Fahren wir nicht zum Gericht?«

Tränen rannen Elizabeth aus den Augen, doch sie hob nicht die Hand, um sie wegzuwischen. Ich blickte ihnen nach und stellte fest, dass das Kissen dort, wo sie landeten, bereits nass war. »Ich kann nicht«, erwiderte sie.

»Was soll das heißen? Ich helfe dir.«

»Nein«, entgegnete sie. »Ich kann nicht.« Sie schwieg lange Zeit. Ich beugte mich so dicht vor, dass ihre Lippen mein Ohr streiften, als sie endlich das Wort ergriff. »Das hier ist keine Familie«, meinte sie leise. »Nur ich und du, allein in diesem Haus. Das ist keine Familie. Ich darf dir das nicht antun.«

Ich setzte mich ans Fußende. Obwohl Elizabeth sich nicht rührte und auch nichts hinzufügte, blieb ich den ganzen restlichen Vormittag abwartend sitzen.

19.

Der Brechreiz legte sich nicht, doch ich lernte, ihn zu verbergen. Jeden Morgen übergab ich mich in der Dusche, bis irgendwann der Abfluss verstopfte. Danach duschte ich gar nicht mehr, hastete zum Auto, bevor Grant aufstand, und schob die Schuld auf Renata und den Ansturm von Heiratswilligen in diesem Sommer. Die Übelkeit begleitete mich den ganzen Tag. Der Duft der Blumen verschlimmerte sie noch, während die kalte Kühlkammer Erleichterung brachte. Also hielt ich nachmittags zwischen eisigen Eimern voller Flieder ein Nickerchen.

Ich weiß nicht, wie lange es so weitergegangen wäre, hätte Renata mich nicht in der Kühlkammer zur Rede gestellt. Die schwere Metalltür fiel mit einem dumpfen Geräusch hinter ihr ins Schloss, und sie stupste mich in der Dunkelheit mit dem Fuß an, bis ich aufwachte.

»Glaubst du, ich habe nicht gemerkt, dass du schwanger bist?«, fragte sie.

Mein Herz schlug gegen seine nussschalenartige Hülle. *Schwanger.* Das Wort schwebte zwischen uns im Raum. Ungewollt. Ich wünschte, es könnte unter der Tür hindurch und in den Körper einer anderen Frau hineinschlüpfen, die sich darüber freuen würde. Unzählige Frauen träumten davon, Mutter zu werden. Doch Renata und ich gehörten beide nicht dazu.

»Das stimmt nicht«, protestierte ich, allerdings mit weniger Nachdruck als beabsichtigt.

»Du kannst die Augen davor verschließen, solange du willst. Aber ich melde dich trotzdem bei einer Krankenkasse an. Nicht, dass das Baby kommt und du es noch vor meinem Laden zur Welt bringst.«

Ich rührte mich nicht. Renata trat noch einmal nach mir, allerdings war es nur ein sanfter Schubs gegen meinen, wie ich inzwischen feststellte, runder werdenden Bauch.

»Steh auf«, befahl sie, »und setz dich an den Tisch. Für das Unterschreiben der vielen Formulare wirst du den Großteil des Nachmittags brauchen.«

Ich stand auf, verließ die Kühlkammer und ging an dem hohen Papierstapel auf dem Arbeitstisch vorbei hinaus auf die Straße. Nachdem ich mich würgend über den Rinnstein gebeugt hatte, fing ich an zu rennen. Obwohl

Renata immer wieder und mit zunehmender Lautstärke meinen Namen rief, drehte ich mich nicht um.

Als ich den Supermarkt an der Ecke 17. Street und Potrero Avenue erreichte, war ich erschöpft und außer Atem, so dass ich keuchend auf einem rot angestrichenen Randstein zusammensackte. Eine alte Frau mit einer vollen Einkaufstüte blieb stehen, legte mir die Hand auf die Schulter und fragte mich, ob alles in Ordnung sei. Ich stieß ihre Hand weg, so dass sie ihre Einkäufe fallen ließ. Während sich eine Menschenmenge ansammelte, schlüpfte ich in den Laden. Ich kaufte eine Dreierpackung Schwangerschaftstests und kehrte in mein blaues Zimmer zurück. Die leichte Pappschachtel lag wie ein Stein in meinem Rucksack.

Natalya schlief noch. Ihre Zimmertür stand offen. Da ich seit einigen Monaten kaum noch dort lebte, hatte sie aufgehört, sie zu schließen, und knallte sie nur zu, wenn ich mich unerwartet blicken ließ. Ich zog die Tür leise zu und sperrte mich ins Bad ein.

Nachdem ich auf alle drei Stäbchen gepinkelt hatte, reihte ich sie am Waschbeckenrand auf. Eigentlich hätte es drei Minuten dauern sollen. Tat es aber nicht.

Ich schob das Badezimmerfenster auf und warf die Stäbchen nacheinander hinaus. Sie prallten ab und blieben auf dem mit Kies bestreuten Flachdach, nur einen halben Meter unterhalb des Fensters, liegen. Das Ergebnis war noch gut ablesbar. Ich setzte mich auf die Klobrille und schlug die Hände vors Gesicht. Natalya durfte auf keinen Fall davon erfahren. Dass Renata es wusste, war schon schlimm genug. Wenn Mutter Rubina davon hörte, würde sie zu mir ins blaue Zimmer ziehen, mich Tag und

Nacht mit Spiegelei füttern und mir jede Stunde den Blutdruck messen.

Ich ging in die Küche und kletterte auf die Anrichte. Natalya und ihre Bandmitglieder stiegen oft auf diesem Weg aufs Dach, aber ich hatte es noch nie versucht. Das Fenster über der Spüle war zwar klein, stellte jedoch selbst für meinen ausladender gewordenen Körper nur ein geringes Hindernis dar.

Das Dach war mit Zigarettenkippen und leeren Wodkaflaschen bedeckt. Ich kroch über die Abfälle, sammelte die Schwangerschaftstests ein und steckte sie in die Tasche. Dann richtete ich mich, langsam und schwindelnd vor Anstrengung und wegen der Höhe, auf und blickte mich um.

Die Aussicht war erstaunlich, schon deshalb, weil ich sie nie wirklich wahrgenommen hatte. Das Dach war lang – es reichte über einen ganzen Häuserblock – und von einer niedrigen Betonmauer umgeben. Jenseits der Mauer erstreckte sich die Stadt vom Zentrum bis zur Bay Bridge und nach Berkeley. Sie erinnerte mich an ein Gemälde, und die über die Schnellstraßen gleitenden Rücklichter der Autos sahen aus wie verschwommene rote Pigmentstreifen. Ich ging zur Dachkante, setzte mich, atmete die Schönheit ein und vergaß für einen Moment, dass sich mein Leben bald von Grund auf verändern würde. Schon wieder.

Meine Fingerkuppen wanderten vom Hals bis zum Nabel. Mein Körper gehörte nicht mehr mir. Er war von einem Mitbewohner übernommen worden. Ich hatte das nicht so gewollt, aber mir blieb nichts anderes übrig. Das Baby würde in mir wachsen. Eine Abtreibung kam nicht in Frage. Ich konnte unmöglich in eine Klinik gehen, mich ausziehen und mich nackt vor fremde Leute hinstellen. Eine Narkose, Bewusstlosigkeit, während ein Arzt alles Mögliche mit meinem Körper anstellte, wäre ein unvorstellbarer Übergriff gewesen. Also würde ich das Baby bekommen und dann entscheiden, was ich damit machen würde.

Ein Baby. Ich wiederholte das Wort ein ums andere Mal und wartete auf Wärme oder irgendein Gefühl, empfand aber nichts. Doch trotz meiner Lähmung stand eines absolut fest: Grant durfte es niemals erfahren. Die Begeisterung in seinem Blick und seine Vorfreude darauf, eine Familie mit mir zu gründen, hätte ich nicht ertragen. Die Szene stand mir deutlich vor Augen: Ich saß am Picknicktisch und wartete darauf, dass Grant Platz nahm, damit ich die Worte hervorstoßen konnte, die unser Leben auf den Kopf stellen würden. Bevor das Wort *Baby* heraus war, fing ich zu weinen an, doch er hatte verstanden. Und er wollte es. Seine strahlenden Augen waren der Beweis seiner Zuneigung zu dem ungeborenen Kind, während meine Tränen zeigten, dass ich mich nicht zur Mutter eignete. Das Wissen, dass ich ihn enttäuschen würde (und die Ungewissheit, wann und auf welche Weise), löste in mir das Bedürfnis aus, vor seiner Freude und seinen Liebesgeständnissen zu fliehen.

Deshalb musste ich schnell und unbemerkt verschwinden, bevor er dahinterkam, warum ich ging. Es würde ihm weh tun, allerdings nicht so sehr, wie wenn er hilflos zusehen müsste, wie ich meine Sachen packte und ihm für immer sein Kind wegnahm. Das Leben, das er sich mit mir wünschte, war nicht möglich.

Also war es besser, wenn er niemals erfuhr, dass es beinahe dazu gekommen wäre.

20.

Um vier Uhr nachmittags lag Elizabeth noch immer im Bett. Ich saß am Küchentisch und angelte mit dem Daumen Erdnussbutter aus dem Glas. Ich hatte überlegt, ob ich Elizabeth ein Abendessen kochen sollte. Hühnersuppe oder Chili oder etwas anderes, das verlockend duftete. Doch bis jetzt beherrschte ich nur Nachspeisen: Brombeerpudding, Pfirsichkuchen und Mousse au Chocolat. Eine Nachspeise ohne Hauptgericht zu essen erschien mir nicht richtig, insbesondere nicht an einem Tag wie diesem, weil wir rein gar nichts zu feiern hatten.

Gerade räumte ich die Erdnussbutter weg und fing an, in der Speisekammer herumzukramen, als ich von einem Klopfen aufgeschreckt wurde. Ich brauchte nicht aus dem Fenster zu schauen, um festzustellen, wer es war. Ich hatte dieses Klopfen schon oft genug im Leben gehört, so dass ich es auf Anhieb erkannte: Meredith. Sie klopfte lauter. Noch eine Minute, und sie würde versuchen, die Tür zu öffnen, die nicht abgeschlossen war. Ich versteckte mich in der Speisekammer. Das Geräusch der zugeknallten Eingangstür hallte in die Dunkelheit. Die Bohnen und der Reis auf den Regalen klapperten in ihren Dosen.

»Elizabeth?«, rief Meredith. »Victoria?« Sie ging durchs Wohnzimmer in die Küche. Ihre Schritte umrundeten den Tisch und verharrten vor dem Fenster über der Spüle.

Mit angehaltenem Atem stellte ich mir vor, wie ihr Blick über die belaubten Reben schweifte und nach Bewegung Ausschau hielt. Doch sie würde nichts dergleichen sehen. Carlos unternahm mit Perla ihren jährlichen Campingausflug. Schließlich hörte ich, wie sie sich umdrehte und die Treppe hinaufstieg. »Elizabeth?«, rief sie wieder. Und dann etwas gedämpfter: »Elizabeth? Fehlt Ihnen etwas?«

Ich schlich die Treppe hinauf, blieb auf der obersten Stufe stehen und drückte mich eng an die Wand, um nicht bemerkt zu werden.

»Ich ruhe mich aus«, erwiderte Elizabeth leise. »Ich muss mich nur ein wenig ausruhen.«

»Ruhe?«, fragte Meredith. Etwas an Elizabeths Stimme hatte sie offenbar verärgert, denn ihr Tonfall war nun nicht mehr besorgt, sondern vorwurfsvoll. »Es ist vier Uhr nachmittags! Und Sie haben Ihren Gerichtstermin verpasst. Ihretwegen haben die Richterin und ich dagesessen, einander angestarrt und uns gefragt, wo Sie und Victoria …« Sie brach mitten im Satz ab. »Wo ist Victoria?«

»Vor einer Minute war sie noch hier«, flüsterte Elizabeth.

Vor Stunden, hätte ich am liebsten geschrien. Ich war vor Stunden bei ihr gewesen. Um zwölf, als feststand, dass wir bestimmt nicht mehr zum Gericht fahren würden, hatte ich das Schlafzimmer verlassen. »Haben Sie in der Küche nachgesehen?«

Als Meredith antwortete, schien sie näher gekommen zu sein. »Habe ich«, sagte sie. »Aber ich schaue noch einmal nach.« Ich stand auf und wollte mich die Treppe hinunterpirschen, doch zu spät. »Victoria«, befahl Meredith. »Komm zurück.«

Ich drehte mich um und folgte Meredith in mein Zimmer. Am frühen Nachmittag hatte ich Shorts und ein T-Shirt angezogen. Das Kleid lag auf meinem Schreibtisch. Meredith setzte sich und fuhr mit dem Finger über die Samtblumen. Ich riss ihr das Kleid aus der Hand, knüllte es zusammen und schleuderte es unter das Bett.

»Was ist hier los?«, fragte Meredith. Ihr Tonfall war ebenso vorwurfsvoll wie vorhin bei Elizabeth. Ich zuckte die Achseln.

»Glaube bloß nicht, dass du dastehen und mich anschweigen kannst. Alles klappt wunderbar, Elizabeth liebt dich, du bist glücklich – und dann bleibt ihr der Adoptionsanhörung fern? Was hast du angestellt?«

»Gar nichts!«, rief ich. Zum ersten Mal im Leben entsprach es der Wahrheit, auch wenn Meredith keinen Grund hatte, mir zu glauben. »Elizabeth ist müde, du hast sie ja gehört. Lass uns einfach in Ruhe.« Ich kroch ins Bett, zog die Decke hoch und drehte das Gesicht zur Wand.

Meredith erhob sich mit einem lauten, ungeduldigen Seufzer. »Etwas ist hier faul«, meinte sie. »Entweder hast du etwas Schreckliches getan – wovon ich ausgehe –, oder Elizabeth ist psychisch nicht als Mutter geeignet. Jedenfalls denke ich, dass du hier nicht mehr gut aufgehoben bist.«

»Es ist nicht Ihre Aufgabe zu entscheiden, was gut für Victoria ist«, sagte Elizabeth ruhig. Ich setzte mich auf und wandte mich zu ihr um. Sie lehnte schwer am Türrahmen, als müsse sie sich daran festhalten, um nicht zu stürzen, und hatte sich einen hellrosafarbenen Bademantel umgewickelt. Das Haar fiel ihr verfilzt über die Schultern.

»Genau das ist meine Aufgabe«, widersprach Meredith und trat auf Elizabeth zu. Obwohl sie weder größer noch stärker als Elizabeth war, überragte sie ihre zusammengesackte Gestalt. Ich fragte mich, ob Elizabeth sich vor ihr fürchtete. »Es wäre nicht mehr meine Aufgabe, wenn Sie heute Morgen um elf bei Gericht erschienen wären, und Sie können mir glauben, dass ich die Verantwortung für dieses Kind gerne los wäre. Aber offenbar soll es nicht sein. Was hat sie getan?«

»Nichts«, erwiderte Elizabeth.

Da ich Merediths Gesicht nicht sehen konnte, wusste ich nicht, ob sie ihr das abnahm. »Wenn Victoria nichts getan hat, muss ich Sie melden. Sie bekommen eine schriftliche Verwarnung wegen Versäumens eines Gerichtstermins und des Verdachts auf Vernachlässigung. Hat Victoria heute schon etwas gegessen?« Ich hob mein T-Shirt an, das nach meinem Imbiss Erdnussbutterflecken aufwies, doch weder Meredith noch Elizabeth schauten in meine Richtung.

»Ich weiß nicht«, sagte Elizabeth.

Meredith nickte. »Genau das habe ich mir gedacht.« Sie ging zur Tür und schob sich an Elizabeth vorbei. »Wir reden im Wohnzimmer weiter. Victoria braucht bei dem Gespräch, das wir beide jetzt führen werden, nicht dabei zu sein.«

Ich folgte ihnen nicht die Treppe hinunter, weil ich es nicht hören wollte. Alles sollte so sein wie am Tag zuvor, als ich noch darauf vertraut hatte, dass Elizabeth mich adoptieren wollte. Ich wälzte mich zur anderen Seite des Bettes, griff darunter, tastete nach meinem zusammengeknüllten Kleid, holte es zu mir ins Bett, drückte es vor die

Brust und presste mein Gesicht in den Samt. Das Kleid roch noch nach dem Laden. Wie neues Holz und Glasrein. Ich erinnerte mich an das Gefühl von Elizabeths Armen unter meinen Achseln und fest um meine Brust und an ihren Gesichtsausdruck, als unsere Blicke sich im Spiegel trafen.

Von unten wehten Fetzen eines Streits zu mir hinauf. Hauptsächlich hörte ich Merediths erhobene Stimme. *Sie hat Sie oder gar niemanden,* sagte sie irgendwann. *Also ist es Schwachsinn, wenn Sie behaupten, dass Sie ihr nicht genug geben könnten. Eine Ausrede.* Begriff Elizabeth denn nicht, dass ich nur sie wollte? Dass sie alles war, was ich jemals wollen würde? Unter der Daunendecke war die Sommerhitze drückend und erstickend. Ich rang nach Luft. Ich hatte eine Chance, eine allerletzte Chance bekommen und alles verdorben, ohne zu wissen, womit. Und so wartete ich darauf, dass Meredith die Treppe hinaufstürmte und die Worte aussprach, mit denen ich nie mehr gerechnet hätte: *Elizabeth schickt dich zurück. Pack deine Sachen.*

21.

Am Sonntagmorgen aß ich Sodakräcker und wartete darauf, dass die Übelkeit nachließ. Sie tat es nicht. Dennoch stieg ich ins Auto und fuhr durch die Stadt. Unterwegs musste ich mich dreimal in einen Gully erbrechen. Die weltweite Überbevölkerung war mir ein völlig schleierhaftes Phänomen, als ich immer wieder an einem Gitterrost stoppte.

Wie ich vorausgesehen hatte, war Grant nicht zu Hause. Sicher stand er hinter seinem Laster und versorgte Schlange stehende Dorfbewohner mit Schnittblumen. Ich war erst seit drei Nächten fort, keine ungewöhnlich lange Zeit für mich oder unsere Beziehung, und ich stellte mir vor, wie er so schnell wie möglich arbeitete und dabei schon in Gedanken das komplizierte Abendessen plante. Nie würde er damit rechnen, dass ich sonntags das Abendessen versäumen könnte. Zumindest hatte ich ihn gewarnt, dachte ich, als ich mit dem verrosteten Ersatzschlüssel die Tür öffnete. Es war nicht meine Schuld, wenn er es vergessen hatte.

Ich lauschte, ob sich das Brummen von Grants Laster näherte, und packte rasch. Ich nahm alles mit, was mir gehörte, und auch viele Dinge, die nicht meine waren, unter anderem Grants Reisetasche, eine große, olivgrüne Leinenwurst, die sich unter dem Heidekraut gut tarnen ließ. Ich stopfte Kleider, Bücher, eine Taschenlampe, drei Decken und alles Essbare aus dem Küchenschrank hinein. Bevor ich den Reißverschluss der Tasche zuzog, verstaute ich auch noch ein Messer, einen Dosenöffner und das Bargeld darin, das Grant im Gefrierfach aufbewahrte.

Dann warf ich meine Habe auf die Rückbank des Autos und holte meinen blauen Fotokarton, Elizabeths Wörterbuch und den Pflanzenführer. Nachdem ich sie im Auto mit dem Sicherheitsgurt auf dem Beifahrersitz festgeschnallt hatte, stieg ich die Wendeltreppe in den ersten Stock hinauf. Ich hob Grants orangefarbene Fotobox vom Bücherregal, öffnete sie, blätterte die Fotos durch und überlegte, ob ich sie ebenfalls mitnehmen sollte. Schließlich hatte ich sie gemacht, weshalb sie gewisser-

maßen mein Eigentum war. Allerdings beruhigte mich
die Vorstellung, einen zweiten Kartensatz an einem sicheren Ort zu wissen, insbesondere deshalb, weil mein
Leben in den nächsten Monaten alles andere als sicher
sein würde. Falls meiner blauen Box etwas zustieß, hatte
ich noch die orangefarbene als Ersatz.

Ich ließ die Box mitten auf dem Boden stehen und kramte einen viereckigen Zettel aus meinem Rucksack. Er war
in der Mitte gefaltet, so dass er wie eine Tischkarte bei
einem förmlichen Abendessen auf der Box stehen blieb.
Darauf hatte ich das kleine Foto einer weißen Rose
geklebt, das aus einem Haufen von Abschnitten aus
meinem blauen Zimmer stammte. Ich hatte es akkurat
zurechtgestutzt, so dass es nur noch die Blume zeigte.
Unter das Bild, wo bei einer Tischkarte der Name hingehörte, hatte ich mit unauslöschbarer Tinte einen einzigen
Satz geschrieben.

Eine Rose ist eine Rose ist eine Rose.

Grant würde verstehen, dass das das Ende war, auch
wenn er sich nicht damit abfinden würde.

3.
Moos

1.

Ich würde in mein blaues Zimmer zurückkehren und zwischen seinen wässrigen Wänden mein Baby bekommen. Das stand für mich ebenso fest wie die Tatsache, dass Grant nach mir suchen würde. Das wusste ich, ohne einen Beweis dafür zu haben, und dennoch, ohne daran zu zweifeln. Grant kannte zwar die Adresse des blauen Zimmers nicht, besaß jedoch genug Informationen, um es aufzuspüren; so viel war klar. Bis er das Suchen aufgab, durfte ich mich deshalb nicht dort blicken lassen. Das konnte Monate oder sogar den Großteil des Jahres dauern. Ich war bereit zu warten.

Angetrunkene Jugendliche ängstigten mich nicht mehr, und so zog ich wieder in meinen Garten im McKinley Square. Ich hatte ein Messer und eine sexuelle Vergangenheit. Sie konnten mir also nichts mehr antun, was nicht bereits geschehen war. Als ich mich in einer Tankstelle im Spiegel betrachtete, glaubte ich allerdings nicht, dass es jemand auch nur versuchen würde. Da mein sich verändernder Körper und meine Obdachlosigkeit eine lähmende Wirkung auf mich ausübten, hatte ich mich weder umgezogen noch geduscht oder mich in wohlhabenden Stadtvierteln mit dem Nötigsten versorgt. Allmählich sah man meiner Haut die Wochen an.

Ich vermisste Renata und meine Arbeit, aber ich konnte nicht ins Flora zurückkehren, da Grant mich dort zuerst suchen würde. Daher versteckte ich mich hinter den

Heidebüschen, die während meiner Abwesenheit größer geworden waren und sich vermehrt hatten. Die Samen des Heidekrauts können monate-, ja sogar jahre- oder jahrzehntelang in der Erde schlummern, bevor sie neues Leben hervorbringen, und die vertraute Pflanze tröstete mich, als ich mich mit meiner Tasche unter ihre Zweige kuschelte. Meine restlichen Sachen ließ ich im Auto, das ich jeden Tag in einer anderen Straße parkte. Wenn Grant den Kombi bemerkte, würde er ihn erkennen – obwohl ich das Nummernschild entfernt und die blaue Box gut unter meiner Habe versteckt hatte. Deshalb stellte ich das Auto weit weg von Potrero Hill in Bernal Heights, Glen Park oder sogar in Hunter's Point ab. Ich schlief wochenlang im Park, bevor ich mit dem Gedanken spielte, im Auto zu übernachten. Aber ich entschied mich dagegen. Der Geruch der vom vielen Wasser fruchtbaren Erde hielt Einzug in meine Träume und beruhigte meine Alpträume. Mitte August, ich saß gerade oben auf dem Klettergerüst im McKinley Square, sah ich Grant. Er kam geradewegs die Vermont Street entlang, und auf dem Weg den Hügel hinauf unterzog er die modernen Lofts und die alten viktorianischen Häuser einer ganz genauen Betrachtung. Nach einer Weile blieb er stehen und wechselte ein paar Worte mit einem Maler, der auf einem schiefen Gerüst stand. Türkise Farbe tropfte von seinem Pinsel und landete auf einem Abdecktuch neben Grants Schuh. Grant bückte sich und berührte den feuchten Klecks. Als er dem Maler etwas zurief, zuckte der Mann die Achseln. Da Grant drei Häuserblocks weiter bergab stand, konnte ich ihn nicht verstehen, doch ich bemerkte, dass er trotz des steilen Wegs nicht außer Atem war.

Ich kroch ins Gebüsch, schloss meine Tasche und schleppte sie über die Straße in den Laden an der Ecke. Als ich wieder in den McKinley Square gezogen war, hatte ich dem Ladenbesitzer erzählt, ich sei auf der Flucht vor meiner gewalttätigen Familie. Ich hatte ihn gebeten, mich zu verstecken, für den Fall, dass mein Bruder nach mir suchen sollte. Er hatte sich geweigert, doch da ich im Laufe der Zeit fast jede Mahlzeit in seinem stets leeren Tante-Emma-Laden gekauft hatte, wusste ich, dass er mich nicht zurückweisen würde.

Der Ladenbesitzer blickte auf, als ich mit meiner schweren Tasche hereingerannt kam, und öffnete rasch die Tür hinter sich. Ich hastete um die Theke herum, durch die Tür und eine Treppe hinauf. Oben fiel ich auf die Knie und kroch zum Fenster der kleinen, spartanisch eingerichteten Wohnung. Der Parkettboden roch nach Zitronenöl und fühlte sich unter meinen Schienbeinen glitschig an. Die Wände waren grellgelb gestrichen. Grant würde nicht zweimal hier hinaufschauen.

Ich kauerte mich unter das Mansardenfenster und spähte über das Fensterbrett.

Grant hatte die Stufen zum Park bereits hinter sich und ging an den Schaukeln vorbei, deren leere Sitze in der Brise schwankten. Als er herumwirbelte, duckte ich mich. Schließlich hob ich wieder den Kopf. Grant stand am Rand des Rasens, wo die üppig grüne Fläche ins wuchernde Unterholz des Waldes mündete. Er drückte den Stiefel gegen den Stamm eines Mammutbaums, ehe er über den weichen Waldboden ging und sich vor das weiße Eisenkraut kniete. Ich hielt den Atem an, als Grant den Blick über den Abhang schweifen ließ, voller Furcht, er könnte den eingedrückten Heidebusch und die Umrisse meines Körpers mit dem gerundeten Bauch darunter erkennen.

Doch Grant bemerkte den Busch nicht. Er wandte sich wieder dem Eisenkraut zu und senkte den Kopf. Ich war zu weit entfernt, um die zarten Blütenbüschel zu sehen, in die er die Nase steckte, zu weit entfernt, um seine leisen Worte zu verstehen. Aber ich wusste, dass er betete.

Ich presste die Stirn an die Scheibe und spürte, wie mein Körper von der Macht meiner Sehnsucht zu ihm hingezogen wurde. Ich vermisste seinen süßen, erdigen Duft, seine Kochkünste und seine Berührungen. Die Art, wie er beide Handflächen an mein Gesicht hielt und mir in die Augen sah und wie seine Hände nach Erde rochen, obwohl er sie gerade erst gewaschen hatte. Aber ich durfte nicht zu ihm gehen. Er würde mir Versprechungen machen, und ich würde seine Worte wiederholen, weil ich an seinen Traum von einem gemeinsamen Leben glauben wollte. Doch mit der Zeit würden wir erkennen, dass meine Worte nur hohle Phrasen waren. Und dann würde ich scheitern. Das war das einzig mögliche Ergebnis.

Also schloss ich die Augen und zwang mich, vom Fenster zurückzuweichen. Meine Schultern sackten nach vorne, der Bauch fiel mir auf die geöffneten Schenkel.

Wenn ich gewusst hätte, wie, hätte ich in Grants Gebet eingestimmt. Ich hätte für ihn gebetet, für seine Güte, seine Treue und seine unerfüllbare Liebe. Ich hätte dafür gebetet, dass er aufgab, mich losließ und ein neues Leben anfing. Vielleicht hätte ich sogar um Verzeihung gebetet.

Doch ich wusste nicht, wie man betet.

Stattdessen verharrte ich in meiner Körperhaltung, zu-sammengekrümmt auf dem Wohnzimmerfußboden eines Fremden, und wartete darauf, dass Grant einen Schluss-strich zog, mich vergaß und nach Hause fuhr.

2.

Sechs Monate«, sagte Elizabeth.

Ich blickte Merediths Auto nach. Nachdem sie uns zwei Monate lang wöchentlich besucht hatte, war sie endlich mit einem neuen Gerichtstermin einverstanden gewesen. In sechs Monaten.

Elizabeth belegte ein Sandwich mit einem zusätzlichen Stück Speck und schob es mir hin. Ich griff danach, biss hinein und nickte. Sie hatte mich zwar wider Erwarten nicht zurückgegeben, verhielt sich aber anders als vor der gescheiterten Adoption. Verunsichert und schuldbe-wusst.

»Die Zeit wird rasch vergehen«, fügte sie hinzu. »Wegen der Weinlese, der Feiertage und so.«

Wieder nickte ich, schluckte kräftig und wischte mir die Augen ab, um die Tränen zu unterdrücken. In der Zeit seit unserem verpassten Gerichtstermin hatte ich immer wieder Szenen aus dem vergangenen Jahr in Gedanken durchgespielt und überlegt, was ich wohl falsch gemacht hatte. Die Liste war lang: Ich hatte dem Kaktus einen Ast abgeschnitten, den Busfahrer auf den Kopf geschlagen und mehr als einmal meinem Hass Luft gemacht. Aller-dings hatte Elizabeth mir diese gewalttätigen Ausbrüche offenbar verziehen. Sie schien sie sogar zu verstehen.

Deshalb war ich zu dem Schluss gekommen, dass ihre plötzliche Wankelmütigkeit ihren Grund in meinem zunehmenden Anlehnungsbedürfnis hatte. Oder in meinen Tränen. Als ich spürte, dass meine Augen wieder feucht wurden, schloss ich sie und schlug die Hände vors Gesicht.

»Es tut mir wirklich leid«, sagte Elizabeth leise. Diesen Satz hatte sie in den letzten Wochen Hunderte von Malen ausgesprochen, und ich glaubte ihr. Anscheinend bedauerte sie ihr Verhalten wirklich. Was ich ihr jedoch nicht glaubte, war, dass sie noch immer meine Mutter sein wollte. Ich war in der Lage, Mitleid von Liebe zu unterscheiden. Nach den von mir aufgeschnappten Gesprächsfetzen aus dem Wohnzimmer zu urteilen, hatte Meredith, was meine Zukunftsaussichten anging, kein Blatt vor den Mund genommen. Ich hatte Elizabeth, oder ich hatte niemanden. Deshalb kam ich zu dem Ergebnis, dass Elizabeth mich nur aus einem Pflichtgefühl heraus nicht zurückgeschickt hatte. Ich aß mein Sandwich auf und wischte mir die Hände an der Jeans ab.

»Wenn du fertig bist«, sagte Elizabeth, »warte am Traktor auf mich. Ich mache sauber und komme nach.«

Draußen lehnte ich mich an den großen Reifen und betrachtete die Weinreben. Es würde ein gutes Jahr werden. Elizabeth und ich hatten genau im richtigen Maß ausgedünnt und gedüngt; die Trauben waren prall und wurden allmählich süß. Den ganzen Herbst lang hatte ich neben Elizabeth im Weinberg gearbeitet, drei Spalten lange Aufsätze über die Jahreszeiten, die Bodenbeschaffenheit und den Weinbau geschrieben und Pflanzenführer und Pflanzenfamilien auswendig gelernt. Abends begleitete

ich Elizabeth wie schon im letzten Jahr zu den Verkostungen.

Ich sah auf die Uhr. Wegen der Verkostungen hatten wir
einen langen Abend vor uns, und ich brannte darauf,
endlich anzufangen. Aber Elizabeth erschien nicht, weder nach fünf Minuten noch nach zehn. Also beschloss
ich, wieder hineinzugehen. Ich würde ein Glas Milch
trinken und Elizabeth zuschauen, während sie die Küche
aufräumte.

Als ich die Veranda erreichte, hörte ich Elizabeths halb
zornige, halb flehende Stimme. Sie telefonierte. Plötzlich
wurde mir klar, warum Elizabeth mich am Traktor hatte
warten lassen, und mir fiel es wie Schuppen von den Augen: Das Scheitern der Adoption war nicht meine Schuld.
Catherine steckte dahinter. Wenn sie zu Besuch gekommen wäre und mit Briefen oder Blumen geantwortet und
Elizabeth nicht alleingelassen hätte, wäre alles anders
geworden. Elizabeth wäre aus dem Bett aufgestanden.
Dann hätte sie die Schleifen meines Kleides zugebunden,
und wir wären, zusammen mit Grant und Catherine,
zum Gericht gefahren. Voller Zorn stürmte ich in die
Küche.

»Ich hasse diese blöde Frau!«, brüllte ich.

Elizabeth blickte auf und hielt die Hand vor die Sprechmuschel. Ich machte einen Satz auf sie zu und riss ihr das
Telefon aus der Hand. »Du hast mir mein Leben kaputt
gemacht, verdammt!«, schrie ich und knallte den Hörer
auf die Gabel. Der Anruf war zwar unterbrochen, doch
der Hörer prallte von der Gabel ab, landete auf den Die-
len und baumelte schließlich etwa zwei Zentimeter über
dem Boden. Elizabeth schlug die Hände vors Gesicht

und lehnte sich an die Theke. Ich wartete darauf, dass sie etwas sagte, aber sie schwieg lange Zeit.

»Ich weiß, dass du wütend bist, Victoria«, meinte sie endlich. »Und du hast allen Grund dazu. Sei nicht böse auf Catherine. Ich bin es, die einen Fehler gemacht hat. Gib mir die Schuld. Ich bin deine Mutter – weißt du denn nicht, dass Mütter dazu da sind?« Ihre Mundwinkel hoben sich ein Stück zu einem spöttischen, erschöpften Lächeln, und sie sah mir in die Augen.

Ich ballte die Hände zu Fäusten, wippte auf den Fersen und zwang mich mit aller Macht, mich nicht auf sie zu stürzen. Trotz meines lodernden Zorns war mir klar, dass alles, was ich wirklich wollte, war, bei Elizabeth bleiben zu können.

»Nein«, erwiderte ich, als ich mich genug beruhigt hatte, um sprechen zu können. »Du bist nicht meine Mutter. Du wärst es geworden, wenn Catherine nicht mein Leben kaputt gemacht hätte.«

Als ich nach oben lief, bemerkte ich erschrocken eine rasche Bewegung vor dem Fenster. Ein Auto raste die Auffahrt entlang. Ich sah Grants Profil, geduckt hinter dem Steuer. Bremsen quietschten, und Kies spritzte, als er vor dem Haus parkte.

Während ich die Treppe hinaufhastete, stürmte Grant auf die Veranda. Ich lehnte mich an die Wand, um unbemerkt zu bleiben. Grant klopfte nicht und wartete auch nicht, bis Elizabeth an die Tür kam.

»Du musst damit aufhören«, keuchte er.

Elizabeth durchquerte das Zimmer. Ich malte mir aus, wie sie sich vor ihm aufbaute. Nur die Fliegengittertür trennte sie voneinander.

»Ich höre nicht auf«, erwiderte Elizabeth. »Irgendwann wird sie meine Vergebung annehmen. Sie muss es einfach.«

»Das wird sie nicht. Du kennst sie nicht mehr.«

»Was? Was soll das heißen?«

»Genau das. Du kennst sie nicht mehr.«

»Ich verstehe kein Wort«, flüsterte Elizabeth. Ihre Stimme konnte das beharrliche Pochen kaum übertönen. Es klang wie Grants Fuß auf der Veranda oder seine Fingerknöchel am Rahmen des Fliegengitters. Ein nervöses, ungeduldiges Geräusch.

»Ich bin nur gekommen, um dich zu bitten, nicht mehr anzurufen. Bitte.« Schweigen entstand zwischen ihnen.

»Du kannst nicht verlangen, dass ich sie vergesse. Sie ist meine Schwester.«

»Vielleicht«, entgegnete Grant.

»*Vielleicht?*« Unvermittelt erhob Elizabeth die Stimme. Ich stellte mir vor, dass ihr Gesicht erhitzt und gerötet war. Hatte Elizabeth etwa die falsche Frau verfolgt? War Grant womöglich gar nicht ihr Neffe?

»Damit meine ich nur, dass sie nicht die Schwester ist, die du kanntest. Bitte, glaube mir.«

»Menschen verändern sich«, antwortete Elizabeth. »Die Liebe nicht. Familien auch nicht.«

Wieder herrschte Schweigen, und ich wünschte, ich könnte ihre Gesichter sehen, um zu erkennen, ob die beiden zornig, gleichgültig oder den Tränen nah waren.

»Doch«, erwiderte Grant schließlich. »Die Liebe verändert sich.« Ich hörte Schritte und wusste, dass Grant sich zum Gehen anschickte. Als seine Stimme wieder ertönte, war sie weit entfernt. »Sie füllt Marmeladengläser mit Feuerzeugbenzin und reiht sie auf dem Küchenfensterbrett auf. Sie sagt, sie will deinen Weinberg anzünden.«

»Nein.« Elizabeth klang weder erschrocken noch ängstlich, nur ungläubig. »So etwas würde sie niemals tun. Es ist mir gleichgültig, wie sehr sie sich in den fünfzehn Jahren verändert hat. So etwas würde sie nie tun. Sie liebt diese Reben ebenso wie ich. Das war schon immer so.«

Die Tür des Pick-up fiel ins Schloss. »Ich fand nur, dass du das wissen solltest«, meinte er. Der Motor sprang an, ein ruhiges Surren, als der Wagen im Leerlauf in der Auffahrt stand. Ich stellte mir vor, wie Grants und Elizabeths Blicke sich trafen und jeder versuchte, dem des anderen die Wahrheit zu entnehmen.

»Grant?«, rief Elizabeth schließlich. »Du musst nicht fort. Es ist noch etwas vom Abendessen übrig. Du bist herzlich eingeladen.«

Räder drehten sich im Kies. »Nein«, entgegnete er. »Ich hätte nie herkommen sollen und werde es auch nicht mehr tun. Sie darf es nie erfahren.«

3.

Ich wartete einen zweiten Monat und dann sicherheitshalber noch einen dritten und schob Natalya die Miete unter der Tür durch, wenn sie fällig war. Im Oktober ließ die Übelkeit nach. Sie kehrte nur zurück, wenn ich nicht genug aß, was selten geschah. Ich hatte ausreichend Geld für Mahlzeiten. Grants Bargeld und meine eigenen Ersparnisse hätten mich während der gesamten Schwangerschaft gut über Wasser gehalten, aber ich wusste, dass ich so viel Zeit nicht brauchen würde.

Als die Blätter fielen, war ich sicher, dass Grant aufgegeben hatte. Ich stellte mir vor, dass ich durch die Fenster seines Wasserturms schaute und beobachtete, wie er die romantischen Gedichte in einem Karton verstaute und die orangefarbene Box mit einem Tuch abdeckte, das bewusste Handeln eines Mannes, der einen Schlussstrich unter seine Vergangenheit ziehen will. Dabei redete ich mir ein, dass er mich tatsächlich bald vergessen haben würde. Auf dem Blumenmarkt gab es viele Frauen, die schöner, exotischer und erotischer waren, als ich es je sein würde. Wenn er nicht bereits eine von ihnen kennengelernt hatte, würde es sicher bald so weit sein. Doch sosehr ich auch versuchte, mir dies einzureden, stand mir nur Grants Bild vor Augen, wie er die Kapuze seines Sweatshirts tief in die Stirn zog. Nicht ein einziges Mal sah ich vor mir, dass er einer Frau nachblickte, die an seinem Stand vorbeikam.

An dem Tag, als ich zum ersten Mal spürte, dass das Baby strampelte, kehrte ich in das blaue Zimmer zurück. Ich schleppte die Reisetasche durch die Stadt zu meinem Auto und fuhr zur Wohnung. Nachdem ich die Eingangstür aufgeschlossen hatte, trug ich meine Sachen in drei Anläufen die Treppe hinauf. Natalyas Zimmertür war offen. Ich stand neben ihrem Bett und sah ihr beim Schlafen zu. Sie hatte vor kurzem ihr Haar nachgefärbt. Das Rosa hatte Streifen auf dem weißen Kopfkissenbezug hinterlassen. Sie roch nach süßem Wein und Nelken und rührte sich nicht. Ich rüttelte sie wach.

»War er hier?«, fragte ich.

Natalya hielt sich den Ellbogen vor die Augen und seufzte. »Ja, vor ein paar Wochen.«

»Was hast du ihm gesagt?«

»Nur, dass du weg bist.«

»War ich auch.«

»Ja. Wo hast du gesteckt?«

Ich ignorierte ihre Frage. »Hast du ihm verraten, dass ich noch Miete zahle?«

Sie setzte sich auf und schüttelte den Kopf. »Ich war mir nicht ganz sicher, ob das Geld von dir ist.« Sie streckte die Hand aus und berührte meinen Bauch. In den letzten Wochen hatte sich mein Äußeres von übergewichtig zu eindeutig schwanger verändert. »Renata hat es mir erzählt«, meinte sie.

Das Baby strampelte wieder. Seine Finger und Füße drückten sich in meine Organe und streiften meine Leber, mein Herz und meine Milz. Ich fing an zu würgen, rannte in die Küche und erbrach mich in die Spüle. Dann ließ ich mich auf die Knie sinken und spürte, wie der Brechreiz mit den Bewegungen des Babys anstieg und verebbte. Ich hatte geglaubt, die Schwangerschaftsübelkeit hinter mir zu haben. Außerdem hatte ich gehofft, dass mir nicht mehr bei jeder Berührung schlecht werden würde. Offenbar war eine dieser beiden Annahmen falsch.

Renata hatte es Natalya erzählt. In diesem Fall gab es keinen Grund, daran zu zweifeln, dass sie es auch Grant verraten hatte. Ich zog mich am Küchenschrank hoch und kotzte noch einmal ins Spülbecken.

Das Schild im Schaufenster des Flora war neu. Kürzere Öffnungszeiten, sonntags Ruhetag. Als ich am frühen

Nachmittag eintraf, war der Laden dunkel und abgeschlossen, obwohl laut Schild eigentlich geöffnet sein
sollte. Ich klopfte, und als Renata nicht erschien, klopfte
ich wieder. Obwohl ich den Schlüssel in der Tasche hatte,
benützte ich ihn nicht, sondern setzte mich auf die Vortreppe und wartete.

Eine Viertelstunde später kehrte Renata, ein eingewickel-
tes Burrito wie eine silberne Röhre in der Hand, zurück.
Ich beobachtete, wie sich das Licht in der Alufolie fing
und sich an den Wänden der Gebäude spiegelte, an denen
sie vorbeikam. Selbst als Renata unmittelbar vor mir
stand, sah ich sie nicht an. Mein Blick ruhte auf meinen
Füßen, die unter meinem gewölbten Bauch kaum noch
zu erkennen waren.

»Hast du es ihm gesagt?«, fragte ich.

»Weiß er es etwa nicht?« Renatas entsetzter und vorwurfsvoller Tonfall ließ mich zurückweichen, so dass ich
vom Randstein auf die Straße taumelte. Renata hielt meine Schulter fest, damit ich nicht stürzte. Als ich aufschaute, waren ihre Augen gütiger als ihre Worte.

Sie wies mit dem Kopf auf meinen Bauch. »Wann ist es so
weit?«

Ich zuckte die Achseln. Ich wusste es nicht, und es spielte auch keine Rolle. Das Baby würde kommen, wenn es
bereit war. Ich würde nicht zum Arzt gehen und es auch
nicht in einem Krankenhaus zur Welt bringen. Renata
schien das alles zu verstehen, ohne dass ich es aussprechen musste.

»Meine Mutter wird dir helfen und kein Geld von dir verlangen. Sie findet nämlich, dass diese Arbeit der Grund ist,
warum sie in die Welt gesetzt wurde.« Ich konnte hören,

wie Renatas Worte aus Mutter Rubinas Mund kamen, ihren dicken Akzent, ihre Hände auf meinem Körper. Ich schüttelte den Kopf.

»Was willst du dann von mir?«, erkundigte sich Renata. Ihre Hilflosigkeit machte sich in kurzen, abgehackten Worten Luft.

»Ich möchte arbeiten«, erwiderte ich. »Und ich möchte, dass du Grant nichts erzählst – weder dass ich zurück bin noch dass ich ein Baby erwarte.«

Renata seufzte. »Er hat ein Recht darauf, es zu erfahren.«

Ich nickte. »Das weiß ich.« Grant hatte ein Recht auf eine ganze Menge von Dingen, Dinge, die allesamt besser waren als ich. »Du verrätst ihm nichts?«

Renata schüttelte den Kopf. »Nein, aber ich werde auch nicht für dich lügen. Du kannst nicht bei mir arbeiten. Nicht, solange Grant mich jeden Samstag fragt, ob du wieder im Laden bist. Ich war noch nie eine gute Lügnerin und habe keine Lust, es jetzt zu lernen.«

Als ich am Rinnstein zusammensackte, setzte Renata sich neben mich. Sie fühlte mir den Puls unter dem Uhrarmband. Er war kaum noch wahrzunehmen. Ich konnte keine andere Stelle finden. Selbst vor der Schwangerschaft waren meine Chancen auf dem Arbeitsmarkt nicht sehr hoch gewesen. In meinem derzeitigen, deutlich sichtbaren Zustand waren sie gleich null. Irgendwann würden meine Ersparnisse aufgebraucht sein. Ich würde es nicht schaffen, mich zu ernähren und die Dinge zu kaufen, die Kinder so höllisch teuer machten.

»Was soll ich dann tun?« Meine Verzweiflung verwandelte sich in Wut, als sie meinen Körper verließ. Doch Renata zuckte nicht mit der Wimper.

»Sprich mit Grant«, sagte sie.

Ich stand auf und wollte gehen.

»Warte«, meinte sie. Sie schloss die Tür des Flora auf, öffnete die Kasse, hob die Geldschublade an und holte einen dünnen roten Umschlag mit meinem Namen darauf und ein Bündel Zwanzigdollarscheine heraus. Dann kehrte sie zurück und hielt mir das Geld hin.

»Dein letztes Gehalt«, verkündete sie. Ich zählte das Geld nicht, das sie mir gab, wusste aber, dass es viel mehr war, als ich erarbeitet hatte. Ich steckte es in meinen Rucksack. Renata reichte mir den Umschlag und das eingewickelte Burrito. »Eiweiß«, meinte sie. »Meine Mutter sagt immer, das sei gut für das Gehirn des Babys. Oder waren es die Knochen? Ich weiß es nicht mehr.«

Ich bedankte mich, drehte mich um und machte mich auf den Weg den Hügel hinunter.

»Wenn du etwas brauchst, du weißt, wo du mich findest«, rief sie mir nach.

Den restlichen Tag verbrachte ich damit, in meinem blauen Zimmer gegen Wellen der Übelkeit anzukämpfen, während das Baby sich in mir bewegte. Der rote Umschlag lag auf dem weißen Fellteppich wie ein Blutfleck. Ich saß im Schneidersitz davor und konnte mich nicht entscheiden, ob ich ihn öffnen oder unter den Teppich schieben und vergessen sollte.

Zu guter Letzt kam ich zu dem Schluss, dass ich es wissen musste. Es würde nicht leicht sein, Grants Worte zu lesen. Aber noch schwerer würde es mir fallen, die Schwangerschaft durchzustehen, ohne zu wissen, ob er den Grund für mein überstürztes Verschwinden erahnt hatte.

Doch als ich den Umschlag öffnete, enthielt er nicht, was

ich erwartet hatte. Es war eine Hochzeitseinladung: Bethany und Ray, am ersten Wochenende im November, Ocean Beach. Die Hochzeit fand in knapp zwei Wochen statt. Bethany hatte auf die Rückseite geschrieben, dass ich als Gast eingeladen sei. Aber könnte ich mich auch um die Blumen kümmern? Am meisten wünsche sie sich Beständigkeit und außerdem Leidenschaft. Keine Kirschblüte, dachte ich und krümmte mich vor Verlegenheit, als ich mich an jenen Nachmittag in Catherines Atelier und alles, was sich daraus entwickelt hatte, erinnerte. Ich würde ihr Geißblatt vorschlagen, entschied ich. Hingabe. Die eigentliche Kraft der Weinreben versprach eine Beständigkeit, die ich nicht erfahren hatte, die ich aber für Bethany erhoffte.

Bethany hatte auch ihre Telefonnummer angegeben und bat mich, sie Ende August anzurufen. Obwohl das Datum längst abgelaufen war und sie sicher eine andere Floristin gefunden hatte, musste ich es versuchen. Es war die einzig verfügbare Einkommensquelle vor einem voraussichtlich langen und untätigen Winter.

Bethany hob nach dem zweiten Läuten ab und schnappte nach Luft, als sie meine Stimme hörte.

»Victoria!«, rief sie aus. »Ich hatte es schon aufgegeben! Ich habe eine andere Floristin beauftragt, aber die Frau ist den Auftrag wieder los, Anzahlung oder nicht.«

Sie und Ray könnten mich am nächsten Tag treffen, fügte sie hinzu. Ich beschrieb ihr den Weg zu meiner Wohnung.

»Hoffentlich bleiben Sie auch zur Hochzeit«, sagte sie, bevor sie auflegte. »Sie wissen ja, dass mit Ihrem Strauß alles angefangen hat.«

»Das werde ich«, erwiderte ich. Und ich beschloss, so etwas wie Visitenkarten mitzubringen.

Als ich Natalya fragte, ob ich mich unten mit Bethany und Ray treffen könnte, war sie einverstanden. Früh am nächsten Morgen kaufte ich auf einem Flohmarkt im Süden von San Francisco einen Campingtisch und drei Klappstühle. Nachdem ich die Heckklappe mit einem Seil festgebunden hatte, passten sie hinten in meinen Kombi. Außerdem erstand ich für einen Dollar eine rosenrote Kristallvase mit einer winzigen angeschlagenen Ecke und für drei Dollar eine mit Plastik gefütterte weiße Spitzentischdecke. Ich wickelte die Vase in die Tischdecke und fuhr über Seitenstraßen nach Hause.

Vor Bethanys und Rays Ankunft stellte ich den Campingtisch in dem leeren Büro auf, breitete die Tischdecke darüber und stellte die Kristallvase, voller Blumen aus meinem Garten im McKinley Square, darauf. Neben der Vase befand sich meine blaue Fotobox. Während ich darauf wartete, dass jemand eintrat, überprüfte ich noch einmal die Alphabetisierung.

Endlich war es so weit. Bethany stand in der offenen Tür und war noch schöner, als ich sie in Erinnerung hatte. Ray hätte ich mir nicht so attraktiv vorgestellt. Die beiden würden ein atemberaubendes Paar abgeben, dachte ich und drapierte im Geiste Geißblatt in langen Reihen auf weißem Sand.

Als Bethany die Arme ausbreitete, um mich an sich zu drücken, ließ ich sie gewähren. Mein Bauch drängte sich wie ein Ball zwischen uns. Sie schaute nach unten, schnappte nach Luft und legte mir die Hände auf den

Leib. Ich fragte mich, wie oft ich diese Geste wohl in den kommenden Monaten von Bekannten und Fremden auf der Straße würde ertragen müssen. Offenbar setzte eine Schwangerschaft die unausgesprochenen gesellschaftlichen Regeln zum Thema Abstand außer Kraft, was mir fast ebenso missfiel wie das Gefühl, dass in meinem eigenen Körper ein anderes menschliches Wesen heranwuchs.

»Glückwunsch«, sagte Bethany und umarmte mich wieder. »Wann ist es denn so weit?«

Das war schon das zweite Mal in zwei Tagen, dass mir jemand diese Frage stellte, und ich wusste, dass die Häufigkeit mit meinem Leibesumfang zunehmen würde. Also rechnete ich im Kopf nach.

»Im Februar«, antwortete ich. »Oder im März. Die Ärzte sind sich nicht ganz sicher.«

Bethany machte mich mit Ray bekannt, und wir schüttelten einander die Hand. Ich wies auf Tisch und Stühle und forderte sie auf, Platz zu nehmen. Dann ließ ich mich ihnen gegenüber nieder und entschuldigte mich, weil ich mich so lange nicht gemeldet hatte.

»Wir sind so froh, dass Sie es schließlich doch getan haben«, erwiderte Bethany und tätschelte Rays starken Arm. »Ich habe Ray alles von Ihnen erzählt.«

Ich schob die blaue Box zu dem Paar hinüber. Sie leuchtete im Neonlicht des Büros. »Ich kann für Ihre Hochzeit alles besorgen, was Sie möchten. Auf dem Blumenmarkt ist die Auswahl enorm, selbst außerhalb der Saison.« Als Bethany den Deckel öffnete, zuckte ich zusammen, als hätte sie mich wieder körperlich angefasst.

Ray griff nach der ersten Karte. In den folgenden Jahren sollte ich die Erfahrung machen, dass mein Blumenwörterbuch vielen Männern peinlich war, so dass ihre angespannten Gesichter im Neonlicht eine kränkliche Färbung annahmen. Doch Ray gehörte nicht dazu. Sein kräftiger Körperbau war irreführend, denn er sprach ebenso ausführlich, begeistert und unschlüssig über Gefühle wie Annemaries Freundinnen. Schon bei der ersten Karte, Akazie, blieben die beiden hängen, genau wie ich und Grant, allerdings aus völlig anderen Gründen.

»Heimliche Liebe«, meinte er. »Das gefällt mir.«

»Heimlich?«, fragte Bethany verwundert. »Warum heimlich?« Sie sagte das mit gespielter Empörung, als hätte er vorgeschlagen, dass sie ihre Liebe vor der Welt geheim halten sollten.

»Weil unsere Beziehung ein Geheimnis *ist*. Wenn meine Freunde über ihre Freundinnen und Ehefrauen sprechen, sich beklagen oder prahlen, schweige ich. Was zwischen uns ist, ist anders. Ich möchte, dass das so bleibt. Unberührt. Geheim.«

»Hmmm«, erwiderte Bethany. »Ja.« Sie drehte die Karte um und betrachtete das Foto der Akazienblüte, eine federige, goldene, kugelförmige Blüte an einem zarten Stengel. Im McKinley Square wuchsen einige Akazien. Ich hoffte, dass sie derzeit blühten. »Was können Sie damit machen?«, fragte sie.

»Das kommt darauf an, was Sie wollen. Die Akazie ist keine Blüte, die die Hauptblume eines Straußes sein kann. Wahrscheinlich würde ich sie am Rand anordnen, so dass sie Ihre Hände halb bedeckt.«

»Das gefällt mir«, sagte Bethany. »Was sonst noch?«

Schließlich entschieden sie sich für fuchsiarote Moosröschen mit hellrosafarbenem Flieder, cremefarbene Dahlien, Geißblatt und die goldenen Akazienblüten. Da burgunderrote Seide nicht dazu passte, würden sie die Kleider der Brautjungfern umtauschen müssen. Zu Bethanys Erleichterung stammten sie aus dem Kaufhaus und waren nicht maßgeschneidert worden. Die Blumen seien das Wichtigste, beteuerte sie, und Ray stimmte zu.

Als Bethany und Ray aufstanden, um zu gehen, erklärte ich ihnen, dass ich die Blumen um zwölf Uhr liefern und zur Hochzeit um zwei wiederkommen würde. »Ich kann Ihren Strauß in letzter Minute ändern«, fügte ich hinzu. »Falls noch etwas daran getan werden muss.«

Bethany umarmte mich wieder. »Das wäre wundervoll«, entgegnete sie. »Meine größte Angst ist, dass die Rosen plötzlich abknicken, wenn der Hochzeitsmarsch erklingt. Meine Hochzeit und mein Lebensglück wären dahin.«

»Keine Sorge«, sagte ich. »Blumen lösen sich nicht einfach in Luft auf.« Dabei blickte ich von Bethany zu Ray. Sie lächelte. Ich sprach über Ray, nicht über die Blumen, und sie hatte mich verstanden.

»Ich weiß«, erwiderte sie.

»Stört es Sie, wenn ich meine Visitenkarten mitbringe?«, erkundigte ich mich. »Ich fange gerade erst an.« Ich wies mit dem Kopf auf die weißen Wände.

»Natürlich nicht!«, antwortete sie. »Bringen Sie die Karten ruhig mit. Und auch einen Begleiter. Wir haben ganz vergessen, das zu erwähnen.« Bethany nickte in Richtung meines Bauches und zwinkerte. Das Baby strampelte. Mir wurde wieder übel.

»Das werde ich«, sagte ich. »Karten mitbringen – keinen Begleiter. Danke.«

Bethany wirkte verlegen. Ray errötete und zog sie zur

Tür. »Danke«, sagte sie. »Ich kann Ihnen wirklich nicht genug danken.«

Ich stand an der Glastür und blickte ihnen nach, als sie den Hügel hinauf zu ihrem Auto gingen. Ray hatte den Arm um Bethanys Taille gelegt.

Ich wusste, dass er sie tröstete und ihr versicherte, die merkwürdige, einsame junge Frau, die Blumen magische Kräfte verlieh, sei glücklich darüber, ein vaterloses Kind zu bekommen.

Ich war es nicht.

4.

Ich kaufte ein schwarzes Kleid am Union Square und vier Dutzend violette Iris aus einem Eimer in der Market Street. Das schwarze Kleid tarnte meinen Bauch, was die Zahl der aufdringlichen Hände möglicherweise reduzierte, die Iris sollten meine Visitenkarten werden. Ich schnitt lavendelfarbenes Papier zu Rechtecken und stanzte in jedes ein Loch hinein. Auf die eine Seite schrieb ich *Botschaft* in einer verschlungenen Handschrift à la Elizabeth. Auf der anderen stand *Victoria Jones, Floristin,* in meiner eigenen schlichten Druckschrift.

Nun gab es nur noch eine Hürde zu überwinden, was sich als schwieriger erwies als erwartet. Ich hatte zwar noch Renatas Großhändlerausweis, konnte die Blumen jedoch nicht selbst auf dem Blumenmarkt besorgen. Außer sonntags war Grant jeden Tag dort, und Blumen für eine Hochzeit am kommenden Samstag schon an diesem Sonntag zu besorgen war nicht möglich. Eigentlich hatte ich vorgehabt, nach San Jose oder Santa Rosa zum nächsten Großmarkt zu fahren. Doch als ich mich umhörte, stellte ich fest, dass es im gesamten nördlichen Kalifornien keinen anderen Großmarkt gab. Floristen fuhren mitten in der Nacht Hunderte von Kilometern weit, um Blumen in San Francisco zu kaufen.

Deshalb überlegte ich, die Blumen im Einzelhandel zu erstehen. Aber nachdem ich die Kosten berechnet hatte, kam ich zu dem Schluss, dass ich auf diese Weise keinen Gewinn erwirtschaften, sondern möglicherweise sogar Verlust machen würde. Also fuhr ich am Freitag vor der Hochzeit zum Gathering House, stieg die Betontreppe hinauf und klopfte an die schwere Tür.

Ein mageres Mädchen mit weißblondem Haar ließ mich herein.

»Braucht hier jemand einen Job?«, fragte ich. Das blonde Mädchen ging den Flur entlang und kehrte nicht zurück. Die Mädchengruppe, die sich auf dem Sofa drängte, betrachtete mich argwöhnisch.

»Ich habe früher hier gewohnt«, erklärte ich. »Inzwischen bin ich Floristin. Morgen habe ich eine Hochzeit und brauche Hilfe beim Blumeneinkaufen.« Ein paar Mädchen standen auf, durchquerten das Zimmer und setzten sich zu mir an den Esstisch.

Um ihre Eignung zu ermitteln, stellte ich den Mädchen drei Fragen und hörte mir ihre Antworten an. Die erste Frage – »Besitzt du einen Wecker?« – löste heftiges Nicken aus. Die zweite – »Weißt du, wie man mit dem Bus zur Kreuzung 6. Straße und Brannan Street fährt?« – warf ein molliges rothaariges Mädchen am Ende des Tisches aus dem Rennen. Wie sie mir mitteilte, würde sie unter gar keinen Umständen mit dem Bus fahren. Ich verscheuchte sie mit einem Fingerschnippen.

Von den beiden übrig gebliebenen Mädchen wollte ich wissen, wozu sie das Geld brauchten. Die erste, eine Latina namens Lilia, ratterte eine lange Liste von Wünschen herunter, von denen einige notwendig, die meisten jedoch Luxus waren. Ihre Strähnchen wüchsen heraus, sagte sie. Ihre Körperlotion sei beinahe zu Ende, und sie habe keine passenden Schuhe zu dem Kleid, das ihr Freund ihr geschenkt habe. Ganz zum Schluss erwähnte sie noch die Miete. Mir gefiel zwar ihr Name, allerdings galt das nicht für ihre Antworten.

Die Augen des letzten Mädchens konnte ich wegen der langen Ponyfransen nicht sehen. Wenn sie sie sich hin und wieder aus dem Gesicht strich, ließ sie stattdessen die Hand auf der Stirn liegen. Aber sie beantwortete meine Frage klipp und klar, und zwar genau so, wie ich es erhofft hatte: Wenn sie die Miete nicht bezahlte, würde sie vor die Tür gesetzt werden. Als sie das aussprach, zitterte ihre Stimme, und sie versteckte ihr Gesicht in ihrem Rollkragenpullover, bis nur noch die Nase über den gestrickten Rand ragte.

Ich suchte ein Mädchen, das so sehr auf das Geld angewiesen war, dass es um halb vier Uhr morgens seinen Wecker hören und dann auch tatsächlich aufstehen würde. Dieses Mädchen würde mich nicht enttäuschen. Ich wies sie an, mich am folgenden Tag um fünf Uhr morgens an der Bushaltestelle in der Brannan Street, fünf Häuserblocks vom Blumenmarkt entfernt, zu treffen, und ging, ohne sie nach ihrem Namen zu fragen.

Das Mädchen kam zu spät. Zwar nicht so spät, dass ich

nicht mehr rechtzeitig mit meinen Blumenarrangements fertig geworden wäre, doch spät genug, um mir Sorgen zu bereiten. Ich hatte keinen Ersatzplan und hätte Bethany eher ohne Strauß zum Altar geschickt, als eine Begegnung mit Grant zu riskieren. Immer wenn ich an ihn dachte, schmerzte mein Körper, und das Baby bewegte sich. Aber das Mädchen erschien, rennend und außer Atem, eine Viertelstunde nach der verabredeten Zeit. Sie sagte, sie sei im Bus eingeschlafen und habe ihre Haltestelle verpasst, versprach jedoch, schnell zu arbeiten und die Zeit aufzuholen. Ich gab ihr meinen Großhändlerausweis, ein Bündel Geldscheine und eine Liste mit Blumen.

Während das Mädchen drinnen war, patrouillierte ich vor dem Gebäude, voller Angst, sie könnte sich mit dem Geld aus dem Staub machen. Die vielen Notausgänge bereiteten mir Kopfzerbrechen, und ich hoffte, dass sie mit einer Alarmanlage ausgestattet waren. Doch nach einer halben Stunde kehrte sie mit Blumen beladen zurück. Sie gab mir Blumen und Wechselgeld und ging dann wieder hinein, um die zweite Hälfte zu holen. Danach luden wir die Blumen ins Auto und fuhren schweigend zurück nach Potrero Hill.

Ich hatte den Boden im Erdgeschoss mit einer dicken Plastikfolie abgedeckt. Die Vasen, die ich im Sonderangebot in einem Fabrikresteladen gekauft hatte, waren, bereits mit Wasser gefüllt, mitten im Raum aufgereiht. Daneben lagen eine Schleifenrolle und Nadeln.

Das Mädchen sah zu, als ich ihm zeigte, wie man Dornen von Rosen entfernte, Blätter beschnitt und Stengel schräg zurechtstutzte. Sie bereitete die Blumen vor, ich begann mit den Sträußen. Wir arbeiteten, bis ich Krämpfe in den Beinen bekam und mein Körper mich schwer zu Boden drückte.

Ich ging nach oben, um mich auszustrecken und die Akazienblüten zu holen, die ich gepflückt hatte. Sie standen auf dem mittleren Regalbrett im Kühlschrank neben einer Schachtel Zimtrollen und einem Vierliterkarton Milch. Ich brachte alles nach unten und hielt dem Mädchen die Kuchenschachtel hin.

»Danke«, sagte sie und nahm zwei. »Übrigens heiße ich Marlena, falls du es vergessen haben solltest.«

Es gab kaum etwas an Marlena, das man nicht vergaß. Alles an ihr war unscheinbar, und selbst ihre Unscheinbarkeit verbarg sie hinter langem Haar und unförmiger Kleidung. Sie schüttelte den Kopf und pustete kräftig über die Oberlippe, bis ihre Ponyfransen sich teilten und zu beiden Seiten ihrer braunen Augen liegen blieben. Ihr Gesicht, das ich endlich sah, war rund, und sie hatte eine makellos glatte Haut. Ihr gewaltiges Fleece-Sweatshirt reichte fast bis zu den Knien und ließ sie wie ein Kind aussehen, das sich verlaufen hatte. Nachdem sie aufgegessen hatte, fielen ihr die Fransen wieder ins Gesicht. Sie schob sie nicht mehr beiseite.

»Ich bin Victoria«, erwiderte ich und reichte ihr eine lange Iris aus der Vase auf dem Tisch. Sie las die Karte.

»Du bist ein Glückspilz«, meinte sie. »Eine Geschäftsfrau, die ein Kind erwartet. Ich glaube, nur wenige von uns werden es so weit bringen wie du.«

Ich erzählte ihr nicht von meinen Monaten im McKinley Square und der Todesangst, die mich jedes Mal ergriff, wenn mir einfiel, dass die brodelnde Masse, die da in mir

heranwuchs, eines Tages ein Kind sein würde: ein schrei-
endes, hungriges Lebewesen.

»Manche werden es schaffen, manche nicht«, entgegnete
ich. »So wie überall.«

Ich verspeiste das letzte Stück Zimtrolle und machte mich
wieder an die Arbeit. Stunden vergingen. Hin und wieder
stellte Marlena mir eine Frage oder ließ eine bewundern-
de Bemerkung fallen. Aber ich antwortete nicht mehr.
Ich war erfüllt von Erinnerungen an Renata und meinen
ersten Morgen auf dem Blumenmarkt, als sie mir beigebracht hatte, wie man Blumen einkauft. Ich dachte daran,
wie ich später an ihrem Tisch saß und sie mit einem Nicken der Zustimmung jedes von mir zusammengestellte
Bouquet bedachte.

Als wir fertig waren, half Marlena mir, die Blumen ins
Auto zu laden. Ich nahm das Geld heraus.

»Wie viel brauchst du?«, fragte ich.

Marlena war darauf vorbereitet. »Sechzig Dollar«, meinte sie. »Um am Ersten die Miete zu bezahlen. Dann kann
ich noch einen Monat länger bleiben.«

Ich zählte drei Zwanziger ab und gab ihr noch einen vierten. »Hier hast du achtzig«, meinte ich. »Ruf mich jeden
Montag unter dieser Nummer an. Dann sage ich dir, ob
ich wieder Arbeit für dich habe.«

»Danke«, erwiderte sie. Ich hätte sie nach Hause bringen
können – die Hochzeit fand nur ein paar Straßen vom
Gathering House entfernt statt –, doch ich hatte keine
Lust mehr auf Gesellschaft. Also wartete ich, bis Marlena
um die Ecke verschwunden war, bevor ich ins Auto stieg
und zum Strand fuhr.

Die Hochzeit war ein Traum. Die Rosen knickten nicht ab; das Geißblatt schlang sich ineinander, ohne zu verheddern. Anschließend stellte ich mich an den Eingang zum Parkplatz und reichte jedem Gast eine Iris. Dem Empfang blieb ich fern.

Ich hatte Natalya nichts von meinem Unternehmen erzählt. Deshalb war ich fast immer zu Hause und ging stets ans Telefon. »Botschaft«, sagte ich in den Hörer, mein Tonfall eine Mischung aus Frage und Aussage. Natalyas Freunde hinterließen ihr eine Nachricht, woraufhin ich ihr einen Zettel an die Schlafzimmertür klebte. Kunden stellten sich vor und beschrieben den Anlass. Ich ermittelte durch einige Fragen ihre Bedürfnisse oder lud sie zu einer Beratung ins Erdgeschoss ein. Bethanys Freunde waren wohlhabend, so dass sich niemand dafür interessierte, was die Blumen kosteten. Weil ich das Geld brauchte, verlangte ich anfangs mehr und senkte die Preise, als die Geschäfte besser liefen.

Während ich darauf wartete, dass das Telefon läutete und sich mein Terminkalender füllte, legte ich zwei weitere Boxen an. Mir gefiel die Vorstellung nicht, dass Fremde am Tisch saßen und meine blaue Box befingerten. Außerdem brauchte ich eine Box, die nach Blumensorten sortiert war wie die von Grant. Also ließ ich von den aufbewahrten Negativen weitere Abzüge anfertigen, klebte sie auf schlichte weiße Karten und verstaute diese in im Müll gefundenen Schuhkartons. Einen stellte ich unten auf den Tisch, den zweiten gab ich Marlena mit der Anweisung, jede Karte auswendig zu lernen. Meine blaue Box bewahrte ich wieder in meinem Zimmer auf, wo sie aufgrund der vielen Riegel in Sicherheit war.

Man beauftragte mich mit der Blumendekoration anlässlich der Geburt eines Babys in Los Altos Hills, der Geburtstagsfeier eines Kleinkindes in einer Wohnung mit Parkettboden in der California Avenue und eines Junggesellinnenabschieds am Hafen, gegenüber von meinem Lieblingsimbiss. Hinzu kamen drei Weihnachtsfeiern und die Silvesterfeier bei Bethany und Ray. Überall erschien ich mit einem silbernen Eimer voller Iris, jede mit einer Karte versehen. Als es Januar wurde, hatte Marlena genug verdient, um die Kaution für eine eigene Wohnung zu hinterlegen. Ich hatte im Sommer sechzehn Hochzeiten in der Planung.

Für den ganzen März nahm ich keine Aufträge an, und die Februartermine machten mir zu schaffen. In den Ecken meines blauen Zimmers standen vier Vierliterbehälter aus Plastik, die Dost enthielten. Ohne Licht würde die Pflanze niemals blühen. Also sorgte ich für Dunkelheit und versuchte, das Unvermeidliche hinauszuschieben.

Doch das Baby in mir wuchs trotz meiner Todesangst. Mein Bauch war derart gewaltig, dass ich Ende Januar den Sitz meines kleinen Autos so weit wie möglich nach hinten schieben musste. Selbst dann trennten nur zwei Zentimeter meinen Bauch vom Lenkrad. Wenn das Baby einen Ellbogen oder Fuß ausstreckte, sah es aus, als wolle es das Auto steuern. Ich trug Männerkleidung, T-Shirts und Sweatshirts, die zu groß und zu lang waren, und Hosen mit elastischem Bund, tief über den Bauch gezogen. Hin und wieder ging ich als übergewichtig durch, aber meistens wurde ich zum Opfer neugieriger Hände.

Im letzten Schwangerschaftsmonat traf ich mich so selten

wie möglich mit Kunden, lieferte die Blumen lange vor
dem Eintreffen der Gäste und ließ den Eimer mit Iris zurück. Mein immer schlampigeres Äußeres wirkte zwischen all den eleganten Frauen störend, und ich sah, dass
es sie verlegen machte, obwohl sie versuchten, sich nichts
anmerken zu lassen.

Mutter Rubina erschien immer häufiger und brachte für
ihre Besuche fadenscheinige Ausreden vor. Beim ersten
Mal meinte sie, Natalya sei zu dünn, weshalb sie einen
Tofuauflauf gebacken habe. Weder Natalya, die ganz und
gar nicht zu dünn war, noch ich aßen den Auflauf. Tofu
gehörte zu den wenigen Lebensmitteln, die ich verab-
scheute. Nachdem Natalya zu ihrer ersten einen Monat
langen Tournee aufgebrochen war – inzwischen hatte
sich der Kreis ihrer Anhänger vergrößert –, warf ich den
Auflauf samt der schweren Glasform weg. Seit ich allein
in der Wohnung war, gewöhnte ich mir an, aus dem Fenster zu schauen, bevor ich das Haus verließ. Wenn Mutter
Rubina unten auf dem Gehweg campierte, kehrte ich in
mein blaues Zimmer zurück und schloss alle sechs Schlösser ab.

Ich wusste, dass Renata ihrer Mutter von meiner Schwangerschaft erzählt hatte, denn Natalya war sicher nicht der
Grund für ihre ständigen Besuche. Obwohl Renata mich
gefeuert hatte, lag ihr mein Wohlbefinden am Herzen,
und zwar aus unerklärlichen Gründen schon seit unserer
ersten Begegnung. Wenn ich frühmorgens im Erdgeschoss Blumen arrangierte, sah ich sie, den Wagen schwer
bepackt, zu ihrem Laden fahren. Unsere Blicke trafen
sich, und sie winkte. Manchmal winkte ich zurück, doch
sie hielt nie an, und ich stand nie auf.

In Vorbereitung auf das Baby hatte ich die Mindestausrüstung für ein Neugeborenes zusammengetragen: Decken, ein Fläschchen, Babynahrung, Strampelanzüge und eine Mütze. Mehr fiel mir nicht ein. Gefühllos und wie gelähmt kaufte ich diese Dinge, ohne bange Erwartung oder Angst zu empfinden. Ich fürchtete mich nicht vor der Geburt. Frauen brachten schon seit Menschengedenken Kinder zur Welt. Mütter starben, Babys starben, Mütter überlebten, und Babys überlebten. Mütter zogen ihre Babys groß oder ließen sie im Stich. Mädchen und Jungen. Gesund oder behindert. Wenn ich die verschiedenen Möglichkeiten in Gedanken durchging, erschien mir keine davon erstrebenswerter als die andere.

Am 25. Februar wachte ich in einer Wasserpfütze auf. Im nächsten Moment begannen die Schmerzen.
Zum Glück war Natalya noch auf Tournee. Ich hatte mir schon ausgemalt, in mein Kissen beißen zu müssen, um die Geräusche der Geburt zu unterdrücken. Doch das war nun überflüssig. Da es Samstag war, hatten die anliegenden Büros geschlossen, und unsere Wohnung war leer. Beim ersten wellenförmigen Krampf öffnete ich den Mund, und irgendwo aus mir stieg ein dumpfes Knurren auf. Ich erkannte meine eigene Stimme nicht, und der brennende Schmerz in meinem Körper war mir fremd. Als er verebbte, schloss ich die Augen und stellte mir vor, ich triebe in einem tiefen blauen Meer.
So schwebte ich etwa ein oder zwei Minuten lang, bis der Schmerz, diesmal noch schärfer als zuvor, zurückkehrte. Als ich mich auf die Seite drehte, spürte ich, wie sich die Wände meines Bauches wie Stahl um das Baby zusam-

menzogen und es nach unten drückten. Der flauschige Teppich verwandelte sich unter dem Griff meiner Finger in nasse Klumpen, und als der Schmerz nachließ, schlug ich zornig mit den Fäusten auf die kahlen Stellen.

Der Geruch nach Dost und feuchter Erde schien das Baby herauszulocken, und ich wollte nur noch fort. Ich dachte, auf dem betonierten Gehweg, umgeben von Verkehrslärm, würde es anders sein. Das Baby würde verstehen, dass es in der Welt keinen Platz für einen sanften Empfang und kein weiches Willkommen gab. Ich wollte in die Mission Street gehen und einen Donut kaufen, damit das Baby, berauscht von Schokoglasur, beschloss, nicht geboren zu werden. Wenn ich mich auf eine harte Plastikbank setzte, würde der Schmerz aufhören. Er musste einfach.

Ich kroch aus dem blauen Zimmer und wollte aufstehen. Aber ich konnte nicht. Die Krämpfe waren wie eine Strömung, die mich nach unten zog. Auf allen vieren kroch ich zum Hocker am Küchentresen und legte den Hals auf die Querstrebe aus Metall. Vielleicht würde mein Hals ja abbrechen, hoffte ich. Vielleicht würde mein Kopf abgetrennt werden und davonrollen, damit es endlich vorbei war. Ich öffnete den Mund und biss ins Metall, als mich die nächste Wehe überwältigte.

Nachdem der Schmerz mich wieder freigegeben hatte, sehnte ich mich nach Wasser. Ich rutschte die Wand entlang ins Bad, beugte mich über das Waschbecken, drehte den Wasserhahn auf und schaufelte mir das Wasser mit beiden Händen in den Mund. Es war nicht genug. Also stellte ich die Dusche an und kroch in die Wanne. Ein steter Strom rann mir in den Mund und die Kehle hinunter. Ich drehte mich um und ließ mir vom Wasser die Kleider am Leibe durchweichen. So blieb ich liegen, den Kopf an die Wand gelehnt, während mir ein Regen auf den Rücken prasselte. Als das warme Wasser aufgebraucht war, begann ich in meinen tropfnassen Kleidern zu zittern.

Ich schleppte mich aus der Wanne, lehnte mich aufs Waschbecken und fing an, mit rauher, zorniger Stimme zu fluchen. Ich würde mein Kind dafür hassen. Sicher nahmen alle Mütter ihren Kindern diese durch nichts zu rechtfertigenden Schmerzen bei der Geburt insgeheim übel. In diesem Moment verstand ich meine eigene Mutter so gut, als hätte ich sie persönlich kennengelernt. Ich malte mir aus, wie sie sich heimlich aus dem Krankenhaus geschlichen hatte. Den Körper zerrissen, hatte sie ihr makelloses, in Decken gewickeltes Baby verlassen. Das Baby, für das sie ihren früher ebenfalls makellosen Körper und ein schmerzfreies Leben hingegeben hatte. Der Schmerz und das zu erbringende Opfer waren unzumutbar. Offenbar war ich es nicht wert, dass man mir verzieh. Ich sah in den Spiegel und versuchte, mir das Gesicht meiner Mutter vorzustellen.

Das Brennen der nächsten Wehe sorgte dafür, dass ich mich vornüberkrümmte und die Stirn gegen das geschwungene Metall des Wasserhahns presste. Als ich wieder den Kopf hob und in den Spiegel schaute, hatte ich nicht das imaginäre Gesicht meiner Mutter vor mir, sondern das von Elizabeth. Ihre Augen waren glasig wie stets während der Weinlese, wild und voller Erwartung. Mehr als alles andere sehnte ich mich danach, bei ihr zu sein.

5.

Elizabeth!«, rief ich.
Meine Stimme klang aufgeregt und verzweifelt. Über Perlas Wohnwagen ging ein früher Mond auf, so dass die niedrige, rechteckige Behausung einen dunklen Schatten auf den Hügel warf, wo ich stand.

Elizabeth reagierte sofort auf meinen Tonfall, drehte sich um und hastete auf den Rand des Schattens zu. Sie glitt in die Dunkelheit hinein und wieder hinaus, bis sie mich erreicht hatte. Der Mond beleuchtete die wenigen silberfarbenen Haare, die sich an ihren Schläfen kräuselten. Im Schatten wirkte ihr Gesicht wie eine Ansammlung von Winkeln und Linien, betont von zwei weichen, runden Augen.

»Hier«, sagte ich. Mein Herz klopfte hörbar. Ich streckte ihr eine Weintraube entgegen, rieb die Frucht an meinem feuchten T-Shirt blank und hielt sie ihr wieder hin.

Elizabeth nahm die Traube und sah mich an. Ihr Mund öffnete und schloss sich. Sie kaute einmal, spuckte Kerne aus, kaute, schluckte und kaute wieder. Ihre Miene veränderte sich. Die Anspannung verschwand, und der Zucker der Traube schien ihre Haut zu versüßen. Sie errötete mädchenhaft, lächelte und zog mich in ihre starken Arme, ohne auch nur einen Moment zu zögern. Meine gewaltige Leistung breitete sich in der Luft um uns herum aus, bis sie uns einhüllte und schützend in die Blase unserer gemeinsamen Freude einschloss. Stolz und strahlend lehnte ich mich an Elizabeth und schlang ihr die Arme um die Taille. Meine Füße blieben reglos, mein Herz raste.

Sie hielt mich auf Armeslänge von sich und schaute mir in die Augen. »Ja«, meinte sie. »Endlich.«

Seit fast einer Woche suchten wir nun schon nach der ersten reifen Traube. Durch einen plötzlichen Temperaturanstieg war der Zuckergehalt so rasch gestiegen, dass es unmöglich war, die Tausende von Pflanzen richtig einzustufen. In ihrer Unruhe hatte Elizabeth begonnen, mich herumzuhetzen, als sei ich ihre verlängerte Zunge. Viele Hektar wurden links liegengelassen, während Elizabeth und ich uns aufteilten, Reihe um Reihe durchwanderten, Trauben auslutschten, Schalen kauten und Kerne ausspuckten. Elizabeth gab mir einen spitzen Stock. Vor jede Rebe, von der ich gekostet hatte, musste ich ein O oder ein X in den Boden kratzen, ihre Symbole für Sonne und Schatten, gefolgt von meiner Einschätzung des Zucker- und Tanningehalts. Ich fing an der Straße an: O 71/5. Dann ging es weiter hinter die Wohnwagen: X 68/3. Und schließlich war der Hügel über dem Weinkeller dran: O 72/6. Elizabeth war viele Quadratkilometer entfernt beschäftigt, kehrte jedoch nach einer Weile zu meinem Bereich zurück, verkostete jede zweite oder dritte Reihe und verglich das Ergebnis mit meinen Aufzeichnungen.

Sie hätte nicht an meinen Fähigkeiten zu zweifeln brauchen. Das wusste sie jetzt. Als sie mich auf die Stirn küsste, stellte ich mich auf die Zehenspitzen. Zum ersten Mal seit Monaten fühlte ich mich gewollt und geliebt. Elizabeth setzte sich an der Hügelseite hin und zog mich an sich. So saßen wir zusammen da und beobachteten schweigend, wie der Mond aufging.

Da wir ganz und gar mit der bevorstehenden Ernte beschäftigt waren, hatten wir Grants Warnung beinahe vergessen. Wir hatten keine Zeit gehabt, an Catherine oder ihre Drohung zu denken. Nun, inmitten reifer Trauben und vibrierend vor Liebe zu Elizabeth und zum Weinberg, erinnerte ich mich an seine Worte. Plötzlich wurde mir unbehaglich.

»Machst du dir Sorgen?«, fragte ich.

Elizabeth antwortete nicht. Ihre Miene war nachdenklich. Bevor sie zu sprechen begann, wandte sie sich mir zu, strich mir die Fransen aus den Augen und streichelte meine Wange. Sie nickte. »Ja, um Catherine«, sagte sie. »Nicht um den Weinberg.«

»Warum?«

»Meiner Schwester geht es nicht gut«, erwiderte sie. »Grant hat es zwar nicht ausdrücklich erwähnt, aber das brauchte er auch nicht. Er hatte eine Todesangst. Das würdest du wissen, wenn du sein Gesicht gesehen und außerdem meine Mutter gekannt hättest.«

»Was soll das heißen?« Ich verstand nicht, was Elizabeths verstorbene Mutter mit Catherines derzeitigem Zustand oder Grants ängstlicher Miene zu tun haben sollte.

»Meine Mutter war psychisch krank«, erklärte Elizabeth. »In ihren letzten Lebensjahren habe ich es nicht einmal geschafft, sie zu besuchen. Ich habe mich zu sehr gefürchtet. Sie erkannte mich nicht mehr. Oder sie erinnerte sich an etwas Schreckliches, das ich getan hatte, und gab mir die Schuld an ihrer Krankheit. Es war entsetzlich. Dennoch hätte ich sie nicht im Stich lassen und Catherine die ganze Last aufbürden dürfen.«

»Was hättest du sonst tun sollen?«, erkundigte ich mich.

»Mich um sie kümmern. Jetzt ist es natürlich zu spät. Sie

ist vor knapp zehn Jahren gestorben. Aber ich kann noch immer für meine Schwester sorgen – auch wenn sie das nicht will. Ich habe bereits mit Grant darüber gesprochen, und er findet, dass es eine gute Idee ist.«

»Was?« Ich war entsetzt. Seit einer Woche verkosteten Elizabeth und ich zwölf Stunden am Tag Trauben. Ich konnte mir nicht vorstellen, wann sie die Zeit gehabt haben wollte, mit Grant zu sprechen.

»Er braucht uns, Victoria. Und Catherine auch. Ihr Haus ist fast so groß wie unseres – der Platz reicht für uns alle.«

Ich schüttelte den Kopf, erst langsam, dann immer schneller, als ich begriff, was sie da vorschlug. Mein Haar umflatterte meine Ohren und traf meine Nase. Sie wollte, dass wir bei Catherine einzogen. Elizabeth verlangte von mir, bei der Frau zu wohnen, die mein Leben kaputt gemacht hatte, und zu helfen, sie zu pflegen.

»Nein«, sagte ich, sprang auf und ging auf Abstand zu ihr. »Du kannst ja hinziehen. Ich nicht.«

Als ich sie ansah, hatte sie sich abgewandt, und meine Worte schwebten zwischen uns.

6.

Ich wollte Elizabeth.

Ich wollte, dass sie mich in den Armen hielt wie damals zwischen den Reben und mir mit derselben gründlichen und sanften Bewegung das nassgeschwitzte Gesicht und die Schultern abwischte, mit der sie meine von Dornen durchbohrten Hände gereinigt hatte.

Aber sie war unerreichbar.

Und selbst wenn es möglich gewesen wäre, sie zu erreichen, wäre sie nicht gekommen.

Unvermittelt erbrach ich mich in die Spüle und rang nach Luft. Zum Atmen blieb keine Zeit. Die Wehen trafen mich wie eine Wasserwand, und ich war sicher, dass ich ertrinken würde. Ich griff zum Telefon und wählte die Nummer des Flora. Renata war am Apparat. Trotz meines verzweifelten Keuchens bemerkte ich an ihrem Tonfall, dass sie verstanden hatte. Sie knallte den Hörer auf.

Wenige Minuten später stand sie im Wohnzimmer. Ich war auf allen vieren ins blaue Zimmer zurückgekrochen. Meine Füße ragten aus der niedrigen Tür. »Gut, dass du angerufen hast«, meinte Renata. Ich zog die Füße ein, bis ich zu einer Kugel zusammengerollt auf der Seite lag. Als Renata ins Zimmer schauen wollte, machte ich ihr die Tür vor der Nase zu.

»Ruf deine Mutter an«, sagte ich. »Sie muss herkommen und dieses Baby aus mir rausholen.«

»Das habe ich schon«, erwiderte Renata. »Und sie war ganz in der Nähe. Wahrscheinlich mit Absicht. Sie hat in diesen Dingen ein Frühwarnsystem. Sie muss jede Minute hier sein.«

Ich schrie auf und wälzte mich auf Hände und Knie.

Mutter Rubina war da, ohne dass ich sie hatte hereinkommen hören, und zog mich aus. Ihre Hände waren überall auf und in meinem Körper, doch das kümmerte mich nicht. Sie würde das Baby herausholen, und ich war zu allem bereit, was sie dazu tun musste. Wenn sie ein Messer zutage gefördert hätte, um mich an Ort und Stelle aufzuschlitzen, es hätte mich nicht gestört.

Sie legte den Arm um mich und hielt mir einen Pappbecher mit Strohhalm an die Lippen. Ich trank etwas Kaltes und Süßes. Danach wischte sie mir mit einem Lappen die Mundwinkel ab.

»Bitte«, flehte ich. »Bitte. Hol es einfach raus. Ganz egal, wie.«

»Du machst das schon«, antwortete sie. »Du bist die Einzige, die dieses Baby herausholen kann.«

Das blaue Zimmer brannte. Eigentlich ist Wasser nicht entflammbar, aber ich ertrank und verbrannte gleichzeitig. Ich konnte nicht atmen. Ich konnte nicht sehen. Es gab weder Luft noch einen Ausgang.

»Bitte«, japste ich mit überschnappender Stimme.

Mutter Rubina kauerte im blauen Zimmer. Ihre Augen waren auf einer Höhe mit meinen, unsere Stirnen berührten sich. Sie legte meine Arme um ihre Schultern, und ich stemmte mich von den Knien auf die Füße, als könnte sie mich aus dem brennenden Wasser ziehen. Doch sie bewegte sich nicht. Wir lagen auf dem Boden, und sie lauschte.

»Das Baby kommt«, verkündete sie. »Du bringst es zur Welt. Nur du kannst es tun.«

In diesem Moment verstand ich, was sie mir sagen wollte. Ich begann zu weinen und kläglich zu stöhnen. Diesmal gab es kein Entrinnen. Ich konnte nicht davonlaufen, nicht einfach gehen, anstatt mich dem zu stellen, was ich getan hatte. Es gab nur einen Weg auf die andere Seite, und der führte durch die Schmerzen.

Endlich kapitulierte mein Körper. Ich hörte auf, mich zu sträuben, und das Baby glitt – quälend langsam – den Geburtskanal hinunter und in Mutter Rubinas wartende Arme.

7.

Es war ein Mädchen. Meine Tochter wurde, nur sechs Stunden nachdem die Fruchtblase geplatzt war, geboren. Für mich hatte es sich wie sechs Tage angefühlt, und wenn Mutter Rubina gesagt hätte, es wären sechs Jahre gewesen, ich hätte ihr geglaubt. Nach der Geburt empfand ich eine friedliche Glückseligkeit, und das Lächeln, das mir Stunden später aus dem Badezimmerspiegel entgegenstrahlte, gehörte nicht zu dem zornigen, hasserfüllten Kind, das eimerweise Disteln in Straßengräben eingesammelt hatte. Ich war eine Frau, eine Mutter.

Mutter Rubina meinte, es sei eine perfekte Geburt gewesen. Das Baby sei perfekt, und ich würde eine perfekte Mutter sein. Sie badete das Kind, während Renata Windeln kaufen ging, und legte mir dann zum ersten Mal das warme Bündel in die Arme. Ich hatte damit gerechnet, dass es schlief, aber nein. Meine Tochter hatte die Augen geöffnet und betrachtete mein müdes Gesicht, das kurze Haar und die blasse Haut. Ihr Gesicht verzog sich zu einem winzigen Lächeln, und in ihrer wortlosen Miene sah ich Dankbarkeit, Erleichterung und Vertrauen. Verzweifelt wünschte ich mir, dass ich sie nicht enttäuschen würde.

Mutter Rubina hob mein Hemd an, umfasste meine Brust und drückte das Gesicht des Babys gegen meine Haut. Das Baby öffnete den Mund und fing an zu trinken.

»Wundervoll«, sagte Mutter Rubina wieder.

Meine Tochter war wirklich wundervoll. Das war mir seit dem Moment klar, als sie, weiß, feucht und schreiend, aus meinem Körper gekommen war. Sie hatte nicht nur die vorgesehenen zehn Finger und Zehen, ein schlagendes Herz und eine Lunge, die Sauerstoff ein- und ausatmete, sondern konnte wie am Spieß schreien. Sie konnte sich Gehör verschaffen. Sie konnte die Hände nach mir ausstrecken und sich an mir festsaugen. Sie konnte überleben. Mir war rätselhaft, wie sich eine solche Vollkommenheit in einem so beschädigten Körper wie meinem hatte entwickeln können. Doch als ich ihr ins Gesicht blickte, stand für mich fest, dass es sich so verhielt.

»Hat sie einen Namen?«, fragte Renata, als sie zurückkam.

»Ich weiß nicht«, antwortete ich und streichelte das flaumige Ohr des Babys, während es weitersaugte. Darüber hatte ich gar nicht nachgedacht. »Ich kenne sie noch nicht.«

Aber ich würde sie kennenlernen. Ich würde sie behalten und sie lieben, selbst wenn sie es mir zuerst beibringen musste. Als ich meine erst wenige Stunden alte Tochter in den Armen hielt, fühlte ich mich, als sei alles auf der Welt, was bis jetzt unerreichbar für mich gewesen war, inzwischen möglich.

Dieses Gefühl hielt sich genau eine Woche lang.

Mutter Rubina blieb bis kurz vor Mitternacht und kehrte früh am nächsten Morgen zurück. In den acht Stunden, die ich allein mit dem Baby verbrachte, lauschte ich seinem Atem, zählte seine Herzschläge und beobachtete, wie sich seine Finger streckten und zu Fäusten schlossen. Ich schnupperte an der Haut meiner Tochter, an ihrem Speichel und an der fettigen weißen Schmiere, die Mutter Rubinas Waschlappen widerstanden und sich in den Falten an ihren Armen und Beinen abgesetzt hatten. Als ich jeden Zentimeter ihres Körpers abrieb, wurden meine Finger glitschig von der zähflüssigen Masse.

Mutter Rubina hatte mir erklärt, das Baby würde, erschöpft von der Geburt, in der ersten Nacht sechs Stunden oder mehr schlafen. *Das erste Geschenk eines Kindes an seine Mutter*, hatte Mutter Rubina gesagt. *Und nicht das letzte. Nimm es an und schlaf.* Ich versuchte zwar zu schlafen, aber mein Kopf war zu erfüllt von Staunen über die Existenz dieses Kindes, eines Kindes, das es noch vor einem Tag nicht auf dieser Welt gegeben hatte und dessen Leben in meinem Körper entstanden war. Während ich meinem Baby beim Schlafen zusah, war ich überzeugt davon, dass ihm nichts geschehen konnte und dass es das auch wusste. Das Selbstverständliche, das ich vollbracht hatte, erfüllte mich mit Aufregung. Als ich am nächsten Morgen hörte, wie Mutter Rubina unten die Tür aufschloss, hatte ich kein Auge zugetan.

Mutter Rubina schleppte ihre riesige Hebammentasche die Treppe hinauf und öffnete sie an der Tür des blauen Zimmers. Das Baby war wach und trank. Als es sich von meiner Brust löste, hörte Mutter Rubina sein Herz ab und legte es in eine Stoffschlinge an einer Metallfeder, die eigentlich eine Waage war. Sie wunderte sich, wie viel das Baby bereits zugenommen hatte. Ungewöhnlich in den ersten vierundzwanzig Stunden, sagte sie. Das Baby wimmerte und fing an, Luft zu saugen. Mutter Rubina hielt es an meine andere Brust und überprüfte mit dem Zeigefinger, ob es auch richtig andockte.

»Iss weiter, großes Mädchen«, meinte sie lobend.

Wir beobachteten das Baby beim Trinken. Es hatte die

Augen geschlossen, an der Schläfe pochte ein Puls. Es war das Letzte auf der Welt, womit ich je gerechnet hätte: Ich stillte ein Baby. Doch Mutter Rubina bestand darauf, dass es das Beste für uns beide sei. Das Baby würde gedeihen, wir würden uns einander annähern, und mein Körper würde schneller wieder in Form kommen. Wie sie hinzufügte, hatten nicht alle Mütter die Geduld und die Selbstlosigkeit dazu, doch sie wisse, dass ich sie besäße. Ich hätte sie nicht enttäuscht.

Ich war ebenfalls stolz. Stolz darauf, dass mein Körper alles bereitstellte, was mein Baby brauchte. Und stolz, weil ich das gnadenlose Zupacken seiner Kiefer ebenso aushielt wie das Gefühl, dass sich Flüssigkeit aus den Tiefen meines Körpers in die Tiefen des Körpers meiner Tochter übertrug.

Das Baby trank über eine Stunde lang, aber das störte mich nicht. Das Stillen gab mir die Zeit, sein Gesicht zu betrachten und mir die kurzen, geraden Wimpern, die kahlen Brauen und die stecknadelkopfgroßen weißen Pünktchen auf Nase und Wangen einzuprägen. Wenn sie kurz die Augen aufschlug, musterte ich das dunkle Grau und suchte nach Anzeichen dafür, ob sie später einmal braun oder blau sein würden. Würde sie Grant ähnlich sehen? Oder war sie nach einem Verwandten mütterlicher- oder väterlicherseits geraten, dem ich nie begegnet war? Bis jetzt erkannte ich noch nichts an ihr.

Mutter Rubina machte Rührei und las mir dabei aus einem Buch über Babypflege vor. Sie fütterte mich mit kleinen Bissen, während sie mich den Text abfragte. Ich lauschte aufmerksam und wiederholte jede Antwort wörtlich. Als das Baby einschlief, hörte Mutter Rubina auf zu lesen und weigerte sich fortzufahren, obwohl ich sie anflehte.

»Schlaf, Victoria«, sagte Mutter Rubina und klappte das Buch zu. »Das ist das Wichtigste. Die Hormone nach der Geburt können die Wirklichkeit verzerren, wenn man nicht mit ausreichend Schlaf gegensteuert.« Sie streckte die Arme nach dem Baby aus.

Obwohl der Schlaf mich zu überwältigen drohte, zögerte ich, ihr meine Tochter zu geben. Ich befürchtete, die Trennung könnte unwiederbringlich sein. Die Freude, die es mir bereitete, das Baby zu berühren, war neu und trügerisch. Ich war in Sorge, dass ich es nicht mehr ertragen könnte, meine Tochter anzufassen, wenn ich sie jetzt losließ.

Doch Mutter Rubina verstand mein Widerstreben nicht. Sie griff nach dem Baby, und ich schlief ein, ehe ich Zeit hatte, zu protestieren.

Mutter Rubina war nicht die Einzige, die mich in jener ersten Woche besuchte. Am Tag nach der Geburt kaufte Renata ein Federbett für das blaue Zimmer und einen Weidenkorb für das Baby. Sie musste zweimal laufen, um beides nach oben zu schaffen. Jeden Nachmittag brachte sie uns etwas zu essen. Bei halboffener Tür und die Wange des schlafenden Babys an die nackte Brust gepresst, lag ich auf meinem neuen Federbett und aß Nudeln oder Sandwiches mit den Händen. Renata saß auf einem Barhocker. Wir unterhielten uns nur wenig. Weder sie noch ich konnten miteinander sprechen, solange ich nackt war. Doch im Laufe der Tage wurde unser Schweigen entspannter. Das Baby trank, schlief und trank. Wenn es sich ausgestreckt und Haut an Haut an meinen Körper kuscheln konnte, war es zufrieden.

Am Dienstag, Renata und ich verspeisten wortlos wie immer unsere Mahlzeit, läutete Marlena an der Tür. Inzwischen ging ich nicht mehr ans Telefon, und am nächsten Tag sollten wir den Blumenschmuck für eine Jubiläumsfeier liefern. Renata ließ sie herein.

Marlena war ganz begeistert von dem Baby, hielt es im Arm, wiegte es und beruhigte es mit einer Selbstverständlichkeit, die dafür sorgte, dass Renata kopfschüttelnd die Augenbrauen hochzog. Ich bat Renata, Geld aus meinem Rucksack zu nehmen und es Marlena zu geben; sie würde sich allein um die Blumen für die Feier kümmern müssen.

»Nein«, meinte Renata. »Sie soll dir Gesellschaft leisten. Ich erledige das mit den Blumen.« Sie nahm das Geld und auch meinen Terminkalender, in dem ich die Einkaufsliste und die Adresse des Restaurants vermerkt hatte. Renata überprüfte den Kalender. In den nächsten dreißig Tagen war nichts eingeplant.

»Ich bringe dir morgen wieder das Mittagessen«, sagte sie. »Und ich zeige dir die Dekorationen, um mich zu vergewissern, dass du damit einverstanden bist.«

Sie wandte sich an Marlena und schüttelte ihr unter der schlafenden Babykugel unbeholfen die Hand. »Ich bin Renata«, verkündete sie. »Bleib heute hier, solange du kannst, und komm morgen wieder. Ich bezahle dir deinen üblichen Stundenlohn.«

»Nur, um das Baby zu halten?«, fragte Marlena.

Renata nickte.

»Das werde ich«, versprach Marlena. »Vielen Dank.« Als

sie sich langsam um die eigene Achse drehte, seufzte das Baby und schlief weiter.

»Danke«, sagte ich zu Renata. »Ein Nickerchen würde nicht schaden.« Seit Tagen hatte ich nicht richtig geschlafen, da ich selbst im Schlaf ständig wissen musste, wo das Baby war und ob es etwas brauchte. Offenbar hatte ich doch ein Müttergen geerbt, dachte ich und erinnerte mich an Renatas Worte auf dem Weg zu unserem ersten gemeinsamen Abendessen.

Renata kam zu mir herüber. Meine Hand ragte aus der niedrigen Tür ins Wohnzimmer. Renata beugte sich über mich, als überlege sie, wie sie mich umarmen sollte. Aber schließlich gab sie es auf und stupste meine Hand nur sanft mit der großen Zehe an. Ich drückte ihr den Fuß, und sie lächelte. »Bis morgen«, sagte sie.

»Gut.«

Renatas Stiefel polterten die Treppe hinunter. Der Türrahmen aus Metall klapperte, als sie hinausging.

»Wie heißt sie?«, erkundigte sich Marlena und küsste das schlafende Baby auf die Stirn. Sie setzte sich auf einen der Barhocker, doch das Baby bewegte sich. Also stand sie wieder auf und schlenderte langsam im Zimmer hin und her.

»Ich weiß nicht«, erwiderte ich. »Ich überlege noch.« Genau genommen hatte ich noch nicht darüber nachgedacht, aber mir war klar, dass ich allmählich damit anfangen musste. Obwohl ich nichts anderes tat, als zu stillen, Windeln zu wechseln und das Baby zuzudecken, hatte ich, weder geistig noch sonst, Raum für etwas anderes. Marlena ging in die Küche. Das Baby nuckelte an ihrer Bluse und drückte dann eine rosige Wange an ihre Schulter. Marlena fing an, mit einer Hand zu kochen. Mühelos. Ich konnte nicht kochen, und schon gleich gar nicht mit einer Hand und einem Baby auf der Schulter.

»Wo hast du das gelernt?«, fragte ich.

»Kochen?«

Ich nickte. »Und wie man mit Babys umgeht.«

»Meine letzte Pflegemutter arbeitete auch als Tagesmutter. Ich durfte bleiben, weil ich zu Hause unterrichtet wurde und ihr mit den Kindern geholfen habe. Ich hatte nichts dagegen. Es war besser als in der Highschool.«

»Du bist zu Hause unterrichtet worden?«, erkundigte ich mich. In Gedanken hakte ich die Aufgabenliste an Elizabeths Kühlschranktür ab und sah unwillkürlich auf die Uhr.

»Ja«, erwiderte sie, »in den letzten Jahren. Ich war so weit zurück, dass das Jugendamt glaubte, ich könnte so alles besser aufholen. Aber der Rückstand wurde nur noch größer. Als ich achtzehn wurde, habe ich das mit der Schule aufgegeben und bin ins Gathering House gezogen.«

»Ich bin auch zu Hause unterrichtet worden«, sagte ich. Ein Uhr. Elizabeth hätte gerade den letzten Teller abgetrocknet und weggeräumt und mich das Achter- oder das Neuner-Einmaleins abgehört.

Auf dem Herd köchelte etwas, und Marlena streute Salz hinein. Es wunderte mich, dass sie in den leeren Schränken überhaupt Zutaten gefunden hatte. Als das Baby aufwachte, verlagerte sie es auf die andere Schulter, hielt es so, dass es sehen konnte, was sie kochte, und murmelte leise etwas vor sich hin. Ich konnte nicht verstehen, ob es ein Gedicht oder ein Gebet war. Das Baby schloss die Augen.

»Mit Kindern kannst du besser umgehen als mit Blumen«, stellte ich fest.

»Ich lerne es schon noch«, erwiderte Marlena. Offenbar war sie nicht gekränkt.

»Ja«, meinte ich und sah ihr bei der Arbeit zu. »Ich auch.« Als Marlena etwas hackte, wippte der Kopf des Babys sanft hin und her. »Du solltest schlafen«, sagte sie, »solange das Baby zufrieden ist. Du weißt, dass sie bald wieder Hunger kriegen wird.«

Ich nickte. »Okay«, antwortete ich. »Weck mich, wenn sie etwas braucht.«

»Wird gemacht.« Marlena drehte sich wieder zum Herd um.

Ich schloss die Tür und wartete auf den Schlaf. Marlenas leises Wiegenlied wehte durch den Türspalt herein. Die Melodie erschien mir vertraut.

Während ich langsam in Bewusstlosigkeit versank, fragte ich mich, ob mir jemand dieses Lied vorgesungen hatte, als ich ein Baby gewesen war. Jemand, der mich nicht liebte und mich über kurz oder lang zurückbringen würde.

Am Samstagmorgen, eine Woche nach der Geburt, erschien Mutter Rubina und begann mit ihrem üblichen Tagesablauf. Sie stellte mir Hunderte von Fragen zu Blutungen, Bauchschmerzen und Appetit, kontrollierte, ob ich am Vorabend etwas gegessen hatte, und hörte dem Baby das Herz ab, bevor sie es in die Stoffschlinge legte.

»Vierundzwanzig Gramm«, verkündete Mutter Rubina. »Du machst das prima.« Sie nahm das Baby aus der Schlinge und wickelte es. Dabei brach die Nabelschnur ab, die ich noch nie berührt hatte und nach Möglichkeit nicht ansah.

»Glückwunsch, mein Engel«, flüsterte Mutter Rubina meiner Tochter ins schlafende Gesicht. Das Baby drückte den Rücken durch und streckte die Hände aus. Die Augen blieben geschlossen.

Mutter Rubina reinigte den Nabel des Babys mit etwas aus einer unbeschrifteten Flasche, hüllte es wieder in seine Decke und reichte es mir. »Keine Infektionen, sie trinkt, schläft und nimmt zu«, sagte sie. »Hast du Hilfe?«

»Renata bringt mir Essen«, erwiderte ich. »Und Marlena war ein paar Tage hier.«

»Gut.« Sie wanderte in der kleinen Wohnung hin und her und packte ihre Bücher, Decken, Handtücher, Flaschen und Tuben zusammen.

»Gehst du?«, fragte ich erstaunt. Ich hatte mich daran gewöhnt, dass sie den Großteil des Vormittags mit mir verbrachte.

»Du brauchst mich nicht mehr, Victoria«, antwortete sie, setzte sich neben mich aufs Sofa und legte mir den Arm um die Schulter. Dann zog sie mich an sich, bis mein Gesicht an ihre Brust gedrückt war. »Schau dich an. Du bist eine Mutter. Glaube mir, es gibt viele Frauen, die mich viel nötiger haben als du.«

Ich nickte gegen ihre Brust und protestierte nicht.

Sie stand auf und machte eine letzte Runde durch die Wohnung. Ihr Blick fiel auf die Dosen mit Babynahrung, die ich vor der Geburt gekauft hatte. »Ich werde sie spenden«, meinte sie und stopfte sie in ihre bereits volle Tasche. »Sie sind überflüssig. Ich komme nächsten Samstag und danach noch an zwei Samstagen wieder, um das

Baby zu wiegen. Ruf mich an, wenn ich etwas für dich tun kann.«

Ich nickte wieder und sah zu, wie sie leichtfüßig die Treppe hinunterging. Sie hatte mir nicht ihre Telefonnummer hinterlassen.

Du bist eine Mutter, wiederholte ich. Ich hoffte, die Worte würden mir Sicherheit verleihen. Doch stattdessen spürte ich, wie ein vertrautes Gefühl in mir aufstieg. Es begann tief in meinem Bauch und stürzte, immer schneller werdend, in die gewaltige Höhle, die das Baby beherbergt hatte.

Panik.

Ich versuchte, tief durchzuatmen und sie zu vertreiben.

8.

Ich bereute mein Ultimatum.

Entscheide dich zwischen mir oder deiner Schwester, hatte ich mit meinen Worten gefordert. Da Elizabeth mir nicht nachgelaufen war, stand ihr Entschluss offenbar fest.

Die ganze Nacht und bis in den Vormittag hinein schmiedete ich Pläne. Mein Wunsch stand fest: Ich wollte bei Elizabeth bleiben, und zwar nur bei Elizabeth. Allerdings fiel mir kein Weg ein, um sie zu überzeugen. Winseln und betteln kam nicht in Frage. *Kennst du mich denn nicht?,* pflegte sie mit einem belustigten Funkeln in den Augen zu fragen, wenn ich sie anflehte, Muffinteig essen zu dürfen. Verstecken konnte ich mich auch nicht; Elizabeth würde mich wie immer finden. Mich an den Bettpfosten

zu binden und den Umzug zu verweigern schied ebenfalls aus. Elizabeth würde die Seile einfach durchschnei-
den und mich aus dem Haus tragen.

Deshalb war meine einzige Chance, Elizabeth gegen ihre
Schwester aufzuhetzen. Sie musste Catherine so sehen,
wie sie wirklich war: als selbstsüchtige, hasserfüllte Frau,
die ihre Zuwendung nicht verdient hatte.

Und dann, plötzlich, fiel mir die Lösung ein. Mein Herzschlag dröhnte ohrenbetäubend, als ich reglos dalag, mir
die Idee durch den Kopf gehen ließ und überlegte, wo
der Haken war. Ich konnte keinen entdecken. Catherine
hatte zwar meine Adoption sabotiert, mir aber auch die
Munition geliefert, die ich brauchte, um Elizabeth ganz
allein für mich zu behalten. Ich würde die Schlacht gewinnen, die Catherine unwissentlich angezettelt hatte,
und das noch ehe sie überhaupt etwas von ihrer eigenen
Kriegserklärung ahnte.

Langsam stand ich auf, zog das Nachthemd aus und
schlüpfte in Jeans und T-Shirt. Im Bad schrubbte ich mir
so gründlich wie nie das Gesicht mit kaltem Wasser und
Seife, bis meine Fingernägel dünne rote Furchen in den
weißen Seifenresten hinterließen. Ich betrachtete mich
im Spiegel und suchte nach Anzeichen von Angst oder
Furcht vor dem, was nun geschehen würde. Doch mein
Blick war ausdruckslos, mein Kinn entschlossen gereckt.
Es gab nur einen Weg, meinen Willen durchzusetzen. Ich
würde mich nicht übergehen lassen.

Elizabeth spülte in der Küche das Geschirr. Auf dem
Tisch stand eine Schale Haferbrei.

»Die Arbeiter sind schon da«, verkündete Elizabeth und
wies mit dem Kopf in Richtung des Hügels, wo wir am

Vorabend gestanden hatten. »Iss dein Frühstück und zieh deine Schuhe an, bevor ich noch ohne dich losfahre.« Sie drehte sich wieder zur Spüle um.

»Ich komme nicht mit«, entgegnete ich. Ich erkannte an der Art, wie Elizabeth die Schulterblätter hängen ließ, dass sie enttäuscht, aber nicht überrascht war.

Ich öffnete die Speisekammertür und nahm eine leere Leinentasche vom Haken.

Obwohl es noch früh war, war es warm auf der Veranda. Langsam ging ich die Auffahrt entlang zur Straße. Wieder folgte Elizabeth mir nicht. Ich wünschte, es wäre kühler gewesen, und bereute, nichts Essbares eingepackt zu haben. Sicher würde ich schwitzen und Hunger bekommen, während ich im Graben vor der Gärtnerei saß. Aber ich würde warten. So lange, bis Grant endlich losfuhr. Und wenn ich die ganze Nacht am Straßenrand verbringen musste, ich würde ausharren. Irgendwann würde sein Pick-up aus dem offenen Tor gerollt kommen. Und dann würde das Haus ungeschützt sein.

Sobald es so weit war, würde ich mich hineinschleichen, um mir zu holen, was ich brauchte.

9.

Renata ließ sich am Sonntag nicht blicken. Marlena auch nicht. Ich glaubte, dass ich den Großteil des Tages im blauen Zimmer verbracht, das Baby gestillt und geschlafen hatte. Doch als ich mit voller Blase und leerem Magen herauskam, war es erst zehn Uhr vormittags.

Ich lehnte mich an einen Barhocker und überlegte, ob ich

duschen oder mir etwas zu essen machen sollte. Das Baby schlief im blauen Zimmer, und ich hatte Hunger. Doch mein Körpergeruch – saure Muttermilch, gemischt mit Babyöl mit Aprikosenduft – verdarb mir den Appetit. Also beschloss ich, zuerst zu duschen.

Aus reiner Gewohnheit verriegelte ich die Badezimmertür, zog mich aus und stellte mich unter die heiße Dusche. Mit geschlossenen Augen und schlechtem Gewissen genoss ich es, einen kurzen Moment allein zu sein. Als ich nach der Seife griff, hörte ich ein schrilles Schreien. Es wurde zwar von der geschlossenen Tür gedämpft, war aber dennoch ziemlich durchdringend. Ich seifte mich weiter ein. *Nur eine Minute,* dachte ich. *Ich dusche nur rasch und bin gleich zurück. Ein bisschen Geduld.*

Doch das Baby hatte keine Geduld. Seine Schreie wurden immer gellender und lauter, unterbrochen von einem verzweifelten Japsen. Hektisch fing ich an, mein Haar einzuschäumen, und ließ mir das Wasser in die Ohren laufen, um das Geräusch auszusperren. Vergeblich. Ich hatte das seltsame Gefühl, dass ich seine Stimme hören würde, auch wenn ich die Treppe hinunterging, zur Tür hinausspazierte und die ganze Stadt durchquerte. Die Schreie meiner Tochter erreichten meinen Körper nicht nur mit Schallwellen. Sie brauchte mich, sie hungerte nach mir, und dieser Hunger übertrug sich von ihrem Körper auf meinen.

Ich kapitulierte vor dem Geräusch und sprang aus der Dusche. Seifenschaum klebte in meinen Haaren und rann mir in weißen Bächen die Beine hinunter. Ich hastete durchs Wohnzimmer, griff ins blaue Zimmer, hob das brettsteife, schreiende Baby auf und drückte es an meine seifige Brust. Es öffnete den Mund, schnappte nach Luft, hustete, saugte und wiederholte das zwei oder drei Mal, bis es sich genug beruhigt hatte, um zu trinken. In der Dusche plätscherte das Wasser in die leere Wanne und den Abfluss hinab.

Ich rutschte die Wand hinunter und setzte mich in die Pfütze, die zu meinen Füßen entstanden war. Wenn ich ein sauberes Handtuch besessen hätte, hätte ich es geholt. Aber es war keines mehr da, und das würde wohl eine lange Zeit so bleiben. Ich war keine Marlena. Ich konnte kein Baby mitsamt Wäschesack den Hügel hinaufschleppen und vibrierende Waschmaschinen mit Vierteldollar-münzen füttern, während ein hungriger Mund an meiner nackten Brust hing. Ich wünschte, ich hätte vor der Geburt ans Wäschewaschen gedacht.

Genau genommen hätte ich an eine ganze Menge von Dingen denken müssen, aber nun war es zu spät dafür. Ich hätte Windeln, Lebensmittel und Babykleidung kaufen sollen. Es wäre auch ratsam gewesen, die Heimser-vice-Speisekarten jedes Restaurants auf dem Hügel zu sammeln und die Telefonnummer eines Pizzaservices auswendig zu lernen. Ich hätte mir einen Krippenplatz, eine Babysitterin oder beides besorgen müssen. Außerdem hätte ich einen Stapel Erziehungsratgeber lesen sollen. Und vor allem stand die Entscheidung für einen Namen noch aus.

Doch das war nun alles nicht mehr möglich.

Das Baby und ich würden schmutzige Handtücher benutzen, auf schmutzigen Laken schlafen und schmutzige Kleider tragen. Allein die Vorstellung, mehr zu tun, als zu stillen und zu versuchen, mich zu ernähren, war zu überwältigend, um auch nur daran zu denken.

Wir überstanden den Montag, den Dienstag und den Mittwoch allein, abgesehen von einer Stippvisite von Renata, die mir etwas zu essen brachte. Es war Frühling. Die Geschäfte liefen, und Renata hatte nie eine Nachfolgerin für mich eingestellt. Marlena rief an und teilte mir mit, sie werde einen Monat lang Verwandte in Südkalifornien besuchen. Sie versprach, rechtzeitig für unsere Apriltermine zurück zu sein. Danach läutete das Telefon nicht mehr.

Am Donnerstag trank das Baby den ganzen Tag. Kurz nach sechs wachte es zur ersten Fütterung auf, saugte ununterbrochen und schlief alle dreißig Minuten mitten im Stillen ein.

Wenn ich versuchte, es von meiner Brust zu entfernen, schreckte es mit einem ohrenbetäubenden Geschrei hoch. Es schlief nur, solange es das Gesicht an meine nackte Haut pressen konnte. Sobald ich es ablegte, schrie es nach Milch, auch wenn es gerade noch fest geschlafen zu haben schien.

Also fand ich mich mit meinem eigenen Hunger ab und lauschte den Frühlingsgeräuschen, die durch das offene Küchenfenster in die Wohnung wehten. Vogelgesang, quietschende Bremsen, ein Flugzeug, ein Schulgong. Ich streichelte die weiche Schulter des schlafenden Babys und sagte mir, dass das Hungergefühl ein angemessenes Opfer war, das man für ein so schönes Kind eben bringen musste. Doch im Laufe des Tages wanderte der Hunger von meinem Magen in mein Gehirn. Ich fing an zu halluzinieren, und zwar keine Bilder, sondern Gerüche: Phantomfleischklößchen, eine blubbernde Sauce und etwas Dunkles, Schokoladenartiges im Backofen.

Als es Nachmittag wurde, hatte ich mir erfolgreich eingeredet, dass mich in meiner Küche ein mehrgängiges Menü erwartete. Das Baby immer noch an der Brust, kletterte ich aus dem blauen Zimmer. Beim Anblick des kalten Herdes, auf dem kein einziger Topf stand, und des leeren Backofens wäre ich fast in Tränen ausgebrochen. Ich legte das Baby auf die Anrichte und tätschelte es geistesabwesend, während ich etwas Essbares suchte. Hinten im Schrank entdeckte ich zwei Dosen Suppe. Das Baby wimmerte und begann zu schreien. Das Geräusch schwächte die Muskeln in meinen Händen, bis ich nicht mehr in der Lage war, die Schraube des Dosenöffners zu drehen. Bei der Hälfte der Dose gab ich es auf, bog den Deckel mit einem Löffel zurück und trank die kalte Suppe, ohne Luft zu holen. Als die Aludose leer war, warf ich sie ins Spülbecken. Das Baby zuckte bei dem lauten Geräusch zusammen und hörte lange genug zu schreien auf, dass ich sein Gesicht wieder an meine Brust drücken konnte. Ich trug es zurück ins blaue Zimmer. Mein Hunger war nicht gestillt.

Der Freitag begann wie der Donnerstag, nur mit dem Unterschied, dass ich um weitere vierundzwanzig Stunden erschöpfter und ebenso hungrig war wie das unersättliche Baby. Ich aß Erdnüsse im Bett, während das Baby trank. Mutter Rubina hatte mich gewarnt, dass das Baby Wachstumsschübe durchmachen würde, und ich tröstete mich mit diesem Gedanken. Sicher würde es bald ausgestanden sein. Ich hatte ihm nicht mehr viel zu geben, sagte ich mir und fuhr mit dem Finger unter die

Hautfalte, die einmal eine runde, volle Brust gewesen war.

Als ich das schlafende Baby am Mittag von meiner Brust nahm, bemerkte ich, dass seine Lippen gerötet waren. Meine Brustwarzen waren ausgedörrt und rissig vom ständigen Saugen. Das Baby trank nicht nur meine Milch, sondern auch mein Blut. Kein Wunder, dass ich so erschöpft war. Bald würde nichts mehr von mir übrig sein. Sanft legte ich meine Tochter aufs Bett und betete, dass sie ausnahmsweise weiterschlafen würde. Im Gefrierschrank war noch eine Portion des Essens, das Marlena gekocht hatte.

Doch das Baby wachte auf, sobald ich es losließ, und reckte das Kinn nach meiner wunden Brustwarze. Ich seufzte. Es konnte unmöglich noch Hunger haben. Aber ich hob es trotzdem hoch, damit es versuchen konnte, meiner schlaffen Brust weitere Milch abzupressen.

Das Baby saugte nur zwei oder drei Mal, bevor es wieder mit offenem Mund einschlief. Wenn ich es allerdings ablegte, wachte es erneut auf, machte ein gurgelndes, saugendes Geräusch und schürzte die Lippen.

Heftiger als beabsichtigt, hielt ich es wieder an die Brust. »Wenn du Hunger hast, dann trink«, sagte ich zunehmend verzweifelt. »Schlaf nicht ein.« Das Baby verzog das Gesicht und nahm meine Brustwarze.

Ich seufzte noch einmal und bereute meine Grobheit.

»Sehr gut, großes Mädchen«, versuchte ich es mit Mutter Rubinas Worten. Aus meinem Mund klangen sie aufgesetzt und gekünstelt. Ich streichelte das Haar des Babys, ein schwarzes flaumiges Büschel über dem Ohr.

Als das Baby wieder eingeschlafen war, stand ich langsam

auf und trug es zum Weidenkorb. Vielleicht würde es sich in dem engen gepolsterten Behältnis ja geborgen fühlen, dachte ich, während ich es Zentimeter um Zentimeter hineinsenkte. Aber ich hatte noch nicht einmal die Arme weggezogen, als es erneut zu weinen begann.

Ich stand da und lauschte den Schreien meiner Tochter. Ich musste etwas essen. Mein Bezug zur Wirklichkeit schwand mit jeder weiteren Stunde, die ich mit leerem Magen verbrachte. Doch ich ertrug das Geräusch ihrer Schreie nicht. Gute Mütter ließen ihre Babys nicht schreien. Für eine gute Mutter kamen die Bedürfnisse ihres Babys an erster Stelle, und ich wollte unter allen Umständen eine gute Mutter sein. Falls es mir endlich gelingen sollte, mich ganz und gar für einen anderen Menschen aufzuopfern, würde ich damit sämtlichen von mir angerichteten Schaden wiedergutmachen.

Ich hob das Baby hoch und ging mit ihm im Zimmer auf und ab. Meine Brustwarzen brauchten eine Pause. Ich summte, wiegte meine Tochter und lief weiter, wie ich es bei Marlena beobachtet hatte, aber sie wollte sich einfach nicht beruhigen, warf das Köpfchen hin und her und fing an, kühlen Sauerstoff aufzusaugen und meine Brust zu suchen. Ich setzte mich aufs Sofa und drückte ihr ein weiches, rundes Kissen an die Wange. Sie ließ sich nicht täuschen, schrie immer lauter, saugte Luft, hustete und streckte die Ärmchen über den Kopf. Sie konnte unmöglich noch Hunger haben, sagte ich mir immer wieder. Sie brauchte nichts zu essen.

Das Gesicht des Babys wurde so rot wie das Blut, das weiter aus meiner Brustwarze tropfte. Ich ging zum Körbchen und legte meine Tochter hinein.

In der Küche schlug ich mit den Fäusten auf die geka-
chelte Anrichte. Ich war es, die Hunger hatte, nicht das
Baby. Ich musste für mich selbst sorgen. Meiner Tochter
würde nichts anderes übrigbleiben, als eine Stunde zu
warten, während ich meinen Magen füllte und meine
Brustwarzen schonte. Am anderen Ende des Zimmers
sah ich ihr Gesicht, das inzwischen vor Verzweiflung beinahe violett angelaufen war. Sie wollte mich und verstand
nicht, dass mein Körper nicht ihr gehörte.

Ich ließ das Zimmer und das Geräusch hinter mir und
stellte mich an das Fenster in Natalyas Zimmer. Ich konnte das Baby nicht mehr anlegen. Nicht, nachdem ich es
sechsunddreißig Stunden lang ununterbrochen gestillt
hatte. Es hatte alle Milch in meinem Körper aufgebraucht,
dessen war ich sicher, und machte sich nun über etwas
anderes tief in meinem Innersten, über mein Herz oder
mein Nervensystem, her. Das Baby würde erst zufrieden
sein, wenn es mich ganz und gar verschlungen und sämtliche Flüssigkeit und alle Gedanken und Gefühle aus
meinem Körper gesaugt hatte. Selbst wenn ich nur noch
eine stammelnde leere Hülle war, würde es Hunger haben.

Nein, sagte ich mir. Es konnte nichts mehr bekommen.
Mutter Rubina würde mich erst am nächsten Tag besuchen, und von Renata fehlte jede Spur. Ich würde im
Laden Babynahrung kaufen und meine Tochter mit dem
Fläschchen füttern, bis meine Brustwarzen abgeheilt waren. Während ich einkaufen ging, würde ich sie in ihrem
Körbchen lassen und den ganzen Weg zum Supermarkt
und nach Hause im Laufschritt zurücklegen. Das Baby
mit in den Laden zu nehmen war zu gefährlich. Jemand

würde sein hungriges, todtrauriges Weinen hören, mich als unfähige Mutter einstufen und es mir wegnehmen.

Ich griff nach meiner Geldbörse und hastete die Treppe hinunter, bevor ich es mir anders überlegen konnte. Ohne auf Autos oder andere Fußgänger zu achten, rannte ich den Hügel hinauf und auf der anderen Seite wieder hinunter und eilte an Passanten vorbei. Mein Körper, der sich noch nicht von der Geburt erholt hatte, fühlte sich an, als würde er entzweigerissen. Ein Feuer brannte zwischen meinen Beinen und kroch mir die Wirbelsäule hinauf bis ins Genick. Dennoch lief ich weiter. Ich würde wieder da sein, bevor das Baby meine Abwesenheit bemerkte, sagte ich mir. Ich würde es in den Armen halten und mit einem Fläschchen füttern, bis es nach dem tagelangen Stillen endlich satt war.

Da die Ampel an der Ecke 17. Street und Potrero Street rot war, blieb ich stehen und wartete. Nach Luft ringend, beobachtete ich die Autos und Fußgänger, die in alle Richtungen durcheinanderwimmelten. Ich hörte die Fahrer hupen und schimpfen. Ein Jugendlicher auf einem orangefarbenen Fahrrad von Schwinn sang laut und fröhlich vor sich hin. Ein Hund an einer kurzen Leine knurrte eine kühne Taube an. Doch meine Tochter hörte ich nicht. Obwohl ich einige Straßen von der Wohnung entfernt war, überraschte mich das. Unsere Trennung war so einfach und so erschreckend selbstverständlich vonstattengegangen.

Mein Herzschlag normalisierte sich wieder, während ich zusah, wie die Ampel von Grün auf Rot und dann erneut auf Grün umsprang. Die Welt drehte sich weiter und befand sich in Bewegung. Niemand achtete auf das schreiende Baby sechs Straßen entfernt. Das Baby, das ich geboren hatte und dessen Schreie ich nicht mehr hören konnte. Das Viertel sah noch genauso aus wie vor ein oder zwei Wochen; es hatte sich überhaupt nichts verändert. Dass mein Leben inzwischen kopfstand, interessierte keinen Menschen, und hier draußen, auf dem Gehweg und weit weg von der Ursache des Tohuwabohus, erschien mir meine Panik übertrieben. Dem Baby ging es gut. Es war satt und konnte warten.

Bei der nächsten Grünphase überquerte ich die Straße und setzte langsam meinen Weg zum Supermarkt fort. Ich kaufte sechs Dosen Babynahrung, Studentenfutter, zwei Liter Orangensaft und im Imbissladen ein Putensandwich. Dann nahm ich einen Umweg nach Hause und stopfte mir dabei Fäuste voller Mandeln und Rosinen in den Mund. Meine Brüste füllten sich und begannen zu tropfen. Ich würde das Baby noch ein letztes Mal stillen, dachte ich. Zärtlichkeit überbrückte den Abstand, den ich zwischen uns geschaffen hatte.

Ich ging ins Haus und die Treppe hinauf. Die Wohnung war still und wirkte leer, so dass ich mir im ersten Moment gut vorstellen konnte, ich käme von einer Blumenlieferung zurück und würde jetzt duschen und ein Nickerchen halten. Obwohl meine Schritte auf dem Teppich lautlos waren, wachte das Baby auf, als könne es meine Gegenwart spüren. Es fing an zu schreien.

Ich hob es aus dem Körbchen und setzte mich mit ihm aufs Sofa. Das Baby versuchte, durch den dünnen durchweichten Baumwollstoff meines T-Shirts zu saugen. Als ich das T-Shirt hochzog, begann es zu trinken. Seine runzeligen Händchen umfassten dabei meinen ausgestreckten Finger, als genüge die Brustwarze in seinem Mund nicht, um zu beweisen, dass ich wirklich vorhanden war. Während das Baby trank, aß ich das Putensandwich. Ein dünnes Scheibchen Putenfleisch fiel mir aus dem Mund, landete auf seiner Schläfe und hob und senkte sich mit jeder verzweifelten Saugbewegung. Ich beugte mich vor, angelte das Putenstück mit den Lippen vom Gesicht meiner Tochter und küsste sie gleichzeitig. Sie öffnete die Augen und sah mich an. Eigentlich hatte ich mit Wut oder Angst gerechnet, doch ich sah nur Erleichterung. Ich würde sie nie mehr allein lassen.

10.

Es war schon dunkel, als ich zu Elizabeth zurückkehrte.

Beim Anblick des Dämmerscheins, der aus dem Fenster im oberen Stockwerk fiel, stellte ich mir vor, wie sie, dicke Schulbücher vor sich, an meinem Schreibtisch saß und wartete. Noch nie hatte ich das Abendessen verpasst; sie machte sich sicher Sorgen. Nachdem ich die schwere Leinentasche unter den Stufen der hinteren Veranda versteckt hatte, ging ich ins Haus. Die Fliegengittertür quietschte beim Öffnen.

»Victoria?«, rief Elizabeth die Treppe hinunter.

»Ja«, antwortete ich. »Ich bin zu Hause.«

11.

Mutter Rubina erschien am Samstag, wie sie es versprochen hatte. Sie setzte sich vor das blaue Zimmer auf den Boden. Ich wandte den Blick ab. Das Gewicht meiner Tat lastete auf mir, und ich war sicher, dass Mutter Rubina mich durchschaute. Eine Frau, die wegen einer Geburt quer durch die Stadt fuhr, bevor sie gerufen wurde, spürte sicherlich auch, wenn ein Baby in Gefahr war. Ich wartete auf ihre Vorwürfe.

»Gib mir das Baby, Victoria«, sagte sie und bestätigte damit meine Befürchtungen. »Gib sie mir.«

Ich schob den kleinen Finger zwischen meine Brust und das Zahnfleisch des Babys, wie Mutter Rubina es mir beigebracht hatte. Nachdem sich das Baby von mir gelöst hatte, rieb ich ihm mit dem Daumen den Mund ab, um das angetrocknete Blut von seiner Oberlippe zu entfernen, aber es nützte nichts. Ich reichte das Bündel über die Schulter, ohne mich umzudrehen.

Mutter Rubina zog es mit einem Seufzer an sich. »Oh, großes Mädchen«, meinte sie. »Ich habe dich vermisst.«

Ich rechnete damit, dass Mutter Rubina nun aufstehen, zur Tür gehen und meine Tochter mitnehmen würde. Doch ich hörte nur das Geräusch der Waage. »Sechsunddreißig Gramm!«, rief Mutter Rubina begeistert aus. »Hast du deine Mama bei lebendigem Leibe verschlungen?«

»So ähnlich«, murmelte ich. Aber meine Worte wurden ungehört von den Wänden verschluckt.

»Komm da raus, Victoria«, befahl Mutter Rubina. »Lass mich dir die Füße massieren oder dir ein überbackenes

Käsesandwich machen. Es muss sehr anstrengend sein, sich so gut um ein Baby zu kümmern.« Ich rührte mich nicht. Ich hatte ihr Lob nicht verdient.

Mutter Rubina streckte die Hand aus und fing an, meine Stirn zu streicheln. »Zwing mich nicht, zu dir zu kommen«, sagte sie. »Du weißt genau, dass ich es tun würde.« Ja, das wusste ich. Die Babynahrung, die ich gekauft hatte, der Beweis für mein Verbrechen, lag, noch in der Tüte, auf dem Boden. Ich stieß sie weiter in die Ecke und kroch mit den Füßen zuerst hinaus. Dann setzte ich mich aufs Sofa und wartete darauf, dass Mutter Rubina mir die Wahrheit auf den Kopf zusagte. Aber sie sah mir nicht ins Gesicht. Stattdessen hob sie mein Hemd an und rieb mir die rissigen Brustwarzen mit etwas aus einer lavendelfarbenen Tube ein. Es kühlte und linderte die stechenden Schmerzen.

»Behalte das«, meinte Mutter Rubina und schloss meine Hand um die Tube. Sie fasste mich am Kinn und schaute mir in die schuldbewusst dreinblickenden Augen. »Kannst du schlafen?«, fragte sie.

Ich erinnerte mich an die vergangene Nacht. Nachdem ich das Sandwich aufgegessen hatte, hatte ich mich mit dem Baby sofort ins blaue Zimmer zurückgezogen, wo es wieder an meinem Körper andockte und die Augen schloss. Meine Tochter saugte, schluckte und schlief in einem quälenden Kreislauf. Ich ließ sie gewähren und nahm die Schmerzen als Strafe hin. An Schlaf war nicht zu denken.

»Ja«, log ich. »Ziemlich gut.«

»Ausgezeichnet«, sagte sie. »Deine Tochter gedeiht prächtig. Ich bin so stolz auf dich.«

Wortlos starrte ich aus dem Fenster.

»Hast du Hunger?«, erkundigte sich Mutter Rubina. »Bekommst du genug Hilfe? Soll ich dir etwas kochen, bevor ich gehe?« Ich hatte zwar entsetzlichen Hunger, hätte aber ein weiteres Lob nicht ertragen. Also schüttelte ich den Kopf.

Mutter Rubina gab mir das Baby zurück und packte die Waage ein. »Nun denn«, meinte sie. Sie musterte mein Gesicht, als suche sie nach Anzeichen meiner Schuld. Ich wandte mich ab. Sie durfte mir nicht auf die Schliche kommen.

Als sie sich erhob, sprang ich ebenfalls auf und wollte ihr folgen. Plötzlich hatte ich keine Angst mehr, meine Sünde könnte mir ins Gesicht geschrieben stehen. Der Gedanke, dass sie sich verabschieden würde, ohne zu wissen, was ich getan hatte, und ohne etwas zu unternehmen, um mich in Zukunft daran zu hindern, war noch viel schrecklicher. Doch Mutter Rubina lächelte nur, beugte sich vor und küsste mich zum Abschied auf die Wange.

Ich wollte ihr alles erzählen, beichten und um Vergebung bitten, doch mir fehlten die richtigen Worte. »Es ist schwierig«, war alles, was ich herausbrachte. Mein Flüstern traf ihren Rücken, als sie bereits die Treppe hinunterstieg. Es genügte nicht.

»Ich weiß, Liebes«, erwiderte Mutter Rubina. »Aber du schaffst das. Du hast das Zeug zu einer guten Mutter.« Sie ging weiter die Treppe hinab.

Nein, habe ich nicht, dachte ich verzweifelt. Am liebsten hätte ich ihr entgegengeschrien, dass ich noch nie jemanden geliebt hätte. Sie müsse mir erklären, wie eine Frau, die nicht in der Lage sei, Liebe zu geben, jemals Mutter sein sollte, und überdies eine gute. Allerdings ahnte ich, dass das nicht die Wahrheit war. Ich hatte geliebt. Mehr als einmal. Ich hatte das Gefühl nur nicht als solches erkannt, bis ich alles in meiner Macht Stehende getan hatte, um es zu zerstören.

Unten an der Treppe blieb Mutter Rubina stehen und drehte sich um. Sie sah so klein und unwissend aus, dass ich mein Vertrauen in sie bereute. Sie war nichts weiter als eine aufdringliche alte Frau, sagte ich mir. In mir legte sich ein Schalter um, und ich spürte, wie das zornige Kind zurückkehrte, das ich einmal gewesen war. Ich wollte nur noch, dass Mutter Rubina verschwand.

»Name?«, rief sie zu mir hinauf. »Hat das große Mädchen schon einen Namen?«

Ich schüttelte den Kopf. »Nein.«

»Dir fällt schon noch einer ein«, erwiderte Mutter Rubina.

»Nein«, gab ich barsch zurück. »Mir wird keiner einfallen.«

Aber Mutter Rubina war bereits zur Tür hinaus.

Nachdem Mutter Rubina fort war, legte ich das Baby in sein Weidenkörbchen, und ein kleines Wunder wollte, dass es den Großteil des Vormittags friedlich schlief. Ich duschte lange und heiß. Da man meine Verzweiflung mit Händen greifen konnte – ein gleichzeitig taubes und prickelndes Gefühl –, schrubbte ich meinen Körper, als handle es sich um ein äußerliches Missempfinden, das sich einfach zum Ausguss hinunterspülen ließ. Als ich aus der Dusche kam, war meine Haut rosig und stellenweise wund gescheuert. Die Verzweiflung hatte sich an einen tieferen, ruhigeren Ort zurückgezogen. Ich tat, als wäre ich sauber und erfrischt, und achtete nicht auf ihr dumpfes beharrliches Surren. Nachdem ich eine weite Hose und ein Sweatshirt angezogen hatte, behandelte ich die wunden Stellen an Armen und Beinen mit der Creme aus der lavendelfarbenen Tube.

Dann schenkte ich mir ein Glas Orangensaft ein, setzte mich auf den Boden und schaute ins Babykörbchen. Wenn das Baby aufwachte, würde ich es stillen, und wenn es satt war, würden wir einen Spaziergang machen. Ich würde das Körbchen die Treppe hinunter- und zur Tür hinaustragen. Die frische Luft würde uns beiden guttun. Vielleicht würde ich meine Tochter mit in den McKinley Square nehmen und ihr etwas über die Sprache der Blumen beibringen. Sie würde zwar nicht antworten, aber sie würde begreifen. Sie hatte Augen, die mir, sobald sie sie aufschlug, den Eindruck vermittelten, dass sie jedes Wort und auch vieles Unausgesprochene verstand. Es waren hintergründige, geheimnisvolle Augen mit einem Blick, als habe sie noch Verbindung mit jenem Ort, von dem sie gekommen war.

Je länger das Baby schlief, desto mehr ließ meine Verzweiflung nach, bis ich mir beinahe einreden konnte, ich hätte ihr Gewicht abgeschüttelt. Vielleicht hatte meine kurze Flucht in den Lebensmittelladen ja keine bleibenden Schäden verursacht, und ich war, wie Mutter Rubina behauptete, in der Lage, die mir gestellte Aufgabe zu meistern. Schließlich war es unrealistisch zu erwarten, dass ich die letzten neunzehn Jahre meines Lebens so einfach hinter mir ließ. Es würde Rückfälle geben. Immerhin war ich bis jetzt stets erfüllt von Hass und einsam gewesen. Wie also sollte ich über Nacht lernen, zu lieben und Nähe zu ertragen?

Ich legte mich neben das Baby auf den Boden und atmete den feuchten Strohgeruch des Körbchens ein. Ich wollte schlafen. Doch noch ehe ich die Augen schließen konnte, wurde der regelmäßige Atem des Babys vom vertrauten Geräusch seines offenen, suchenden Mundes abgelöst.

Als ich in das Körbchen spähte, sah es mich aus weit aufgerissenen Augen an. Seine Lippen bewegten sich. Meine Tochter hatte mir die Gelegenheit gegeben zu schlafen – und ich hatte sie nicht genutzt. Nun würde ich stunden- wenn nicht gar tagelang keine zweite Chance bekommen. Ich nahm sie in den Arm. Tränen traten mir in die Augen, und als sich ihre Kiefer um meine Brustwarze schlossen, rannen sie mir über die Wangen. Ich wischte sie mit dem Handrücken weg. Das gnadenlose Saugen an meiner Brust förderte die Verzweiflung wieder aus ihrem Versteck zutage. Sie erhob sich mit einem Zischen wie das leise Rauschen einer Kaurischnecke, der Widerhall von etwas Größerem.

Das Baby trank eine Ewigkeit. Ich wechselte von einer Seite auf die andere und sah auf die Uhr. Ich stillte nun schon seit einer ganzen Stunde, und sie war erst zur Hälfte fertig. Mein Seufzen verwandelte sich in ein leises Stöhnen, als ihr Mund wieder meine Brustwarze berührte.

Als sie schließlich einschlief, versuchte ich ihr anstelle meiner Brustwarze, die sie mit ihren Lippen immer noch fest umschlossen hielt, meinen kleinen Finger in den Mund zu stecken. Doch sie öffnete ihre müden Augen und fing voller Anklage an zu grunzen.

»Nun, ich habe genug«, sagte ich ihr. »Ich brauche eine Pause.« Ich legte sie aufs Sofa und streckte mich. Das Grunzen verwandelte sich in leise Schreie. Ich seufzte. Ich wusste, was sie wollte und wie ich es ihr geben konnte. Eigentlich hätte es so einfach sein sollen. Vielleicht war es das ja auch für andere Mütter. Allerdings nicht für mich. Seit Stunden, Tagen und Wochen ertrug ich nun schon ihre Berührung und sehnte mich nach ein paar Minuten nur für mich. Als ich in Richtung Küche ging, schrie das Baby lauter. Das Geräusch holte mich zurück. Ich nahm Platz und hob sie hoch.

»Fünf Minuten«, meinte ich. »Dann machen wir uns auf den Weg. Du hast keinen Hunger mehr.«

Aber als ich das Baby fünf Minuten später in den Weidenkorb bettete, schrie es, als wollte ich es auf Nimmerwiedersehen auf dem Fluss aussetzen.

»Was noch?«, fragte ich. Die Verzweiflung in meinem Tonfall grenzte an Wut.

Ich versuchte, den Korb zu schaukeln, wie Marlena es getan hatte. Doch das Baby wurde dabei durchgerüttelt und weinte nur umso lauter.

»Du kannst keinen Hunger mehr haben«, flehte ich und hielt die Lippen dicht an sein kleines Ohr, damit es mich trotz seines Gebrülls hörte. Sie drehte mir ihr Gesicht zu und versuchte an meiner Nase zu saugen. Ein hysterisches Geräusch stieg in mir auf, ein Schnauben, das ein Außenstehender, der nichts von meiner kurz bevorstehenden Implosion ahnte, als Auflachen hätte missdeuten können.

»Also gut«, sagte ich. »Hier.« Ich schob mir das Hemd hoch und presste das Baby an meine Brust. Wegen des

Drucks meiner Hand hatte es Mühe, den Mund zu öffnen. Als es ihm endlich gelang, hörte es auf zu schreien und fing an zu saugen.

»Das war's«, fuhr ich fort. »Koste es noch einmal so richtig aus.« Meine Worte klangen drohend und hörten sich an, als kämen sie von einer Fremden.

Das Baby auf dem Arm, kroch ich ins blaue Zimmer, griff nach der Tüte mit der Babynahrung und kippte sie aus. Sechs Dosen fielen mir vor die Füße. Als ich mich vorbeugte, um eine davon aufzuheben, rutschte meine Brustwarze aus dem Mund des Babys. Sofort setzte das herzzerreißende Weinen wieder ein.

»Ich bin doch da«, sagte ich und legte das Baby auf die Anrichte. Aber meine Worte konnten uns beide nicht trösten. Das Baby wand sich auf der kalten Arbeitsfläche, während ich den Inhalt der Dose in ein Fläschchen goss und es zuschraubte. Dann legte ich dem Baby den Plastiksauger an die Lippen und wartete darauf, dass es den Mund aufmachte. Als das nicht geschah, öffnete ich ihm den Mund mit dem Finger und zwang den Sauger hinein. Das Baby würgte.

Ich holte Luft und versuchte, mich zu beruhigen. Ich setzte mich mit dem Fläschchen aufs Sofa und rückte das Baby zurecht, bis sein Kopf in meiner Armbeuge ruhte. Als ich es zwischen die Augenbrauen küsste, wollte es an meiner Nase saugen. Ich schob ihm das Fläschchen in den offenen Mund. Es trank einmal und drehte dann den Kopf weg. Die Babynahrung rann ihm aus den Mundwinkeln. Es fing an zu schreien.

»Dann hast du keinen Hunger«, sagte ich und knallte die Flasche so heftig auf den Boden, dass ein dünner Strahl

Flüssigkeit herausschoss. »Wenn du das nicht essen willst, kannst du keinen Hunger haben.«

Ich legte meine Tochter zurück in ihr Körbchen. Ich würde sie noch zwei oder drei Minuten schreien lassen, nur damit sie auch merkte, dass ich es ernst meinte. Wenn ich sie dann wieder hochnahm, würde sie aus dem Fläschchen trinken. Sie musste einfach.

Aber sie tat es nicht. Also ließ ich sie noch fünf Minuten schreien. Danach weitere zehn. Ich versuchte, sie im Arm zu halten, sie in ihrem Körbchen zu füttern, sie auf mein Federbett zu legen und ihr die Flasche hinzustrecken. Doch sie weigerte sich zu saugen. Schließlich gab ich mich geschlagen und schloss die Tür. Das Baby lag allein im blauen Zimmer und schrie.

Als ich mich auf den Wohnzimmerboden legte, fielen mir unwillkürlich die Augen zu. Das Schreien war zwar noch immer ein gedämpftes und unangenehmes Geräusch, jedoch nicht mehr so überwältigend. Hin und wieder konnte ich die Geräuschquelle und den Grund, warum ich sie hatte zum Verstummen bringen wollen, sogar vergessen. Der Lärm brandete über meinen Körper hinweg, ohne mich zu berühren. Erschöpfung senkte sich auf mich herab wie ein undurchdringlicher Nebel.

Erst als das Schreien aufhörte, fuhr ich ruckartig hoch. Ich wurde von Angst ergriffen, ich könnte das Baby umgebracht haben. Vielleicht genügten drei Stunden ohne Nahrung in einem unbeleuchteten Raum ja, um ein Neugeborenes zu töten. Ich wusste so wenig über Säuglinge, über Kinder und über Menschen im Allgemeinen. Es war eine grausame Laune des Schicksals, mich mit einem Baby allein zu lassen und mir die Verantwortung für ein

Menschenleben zu übertragen. Ich riss die Tür des blauen Zimmers auf. Doch noch ehe ich die Hand ausstrecken konnte, um dem Baby den Puls zu fühlen, begann es zu schreien.

Mein Körper wurde von Gefühlen überschwemmt, Erleichterung, aber auch eindeutig Enttäuschung, sofort gefolgt von Scham. Ich drückte das Baby an mich und küsste es, um die Verzweiflung zu verbergen, die ich nicht länger leugnen konnte. Ich steckte ihr den Sauger in den Mund. Sie würde es lernen, Babynahrung zu trinken. Das Stillen war zu viel für mich. Ich würde es nicht durchhalten, und wenn ich das Baby behalten wollte, dann musste ich einen für mich machbaren Weg finden, Mutter zu sein. Dieses Mal versuchte das Baby zu saugen, doch seine Lippen waren geschwächt von Hunger, und das steife Plastik bewegte sich nicht.

Offenbar war mit dem Sauger etwas nicht in Ordnung. Sicher war das die Erklärung für die starre Verweigerungshaltung meines Babys. Von den Hunderten von Fläschchen im Regal hatte ich das billigste gekauft. Ich schleuderte das Fläschchen in die Küche, wo es von der Wand abprallte und auf dem Boden liegen blieb. Das Baby fing an zu schreien.

Ich legte das Baby in sein Körbchen und ging. Meine Brüste tropften zwar auf den fleckigen Büroteppich, aber ich würde meiner Tochter keine Milch aus meinem Körper mehr geben. Es war zu viel. Ich würde ihr ein neues Fläschchen besorgen, und sie würde daraus trinken. Dann würde meine Panik nachlassen.

Ich setzte einen Fuß vor den anderen. Je größer der Abstand zwischen uns wurde, desto mehr steigerten sich ihre Schreie. Ich rannte auf den Gehweg hinaus und hastete so schnell wie nie zuvor den Häuserblock entlang. Waghalsig überquerte ich die Straße und lief in dieselbe Richtung, wie ich es am Vortag getan hatte, um die Babynahrung zu kaufen. Doch als ich die Vermont Street erreichte, bog ich nicht rechts ab, sondern links. Ziellos rannte ich weiter und blieb erst stehen, als ich die Stufen zum McKinley Square erreicht hatte. Mit schweren Schritten überquerte ich den gemähten Rasen und ließ mich ins weiße Eisenkraut fallen. Dann rollte ich mich in meiner Höhle unter dem Heidebusch zusammen. Ich schloss die Augen. Ich würde mir fünf Minuten gönnen. Nur fünf Minuten im Park. Wenn ich danach zu meinem Baby zurückkehrte, würde ich stark genug sein, um es zu schaffen. Ich legte mir den Arm über den Kopf und suchte in der Dunkelheit nach der braunen Decke, die nicht da war. Der Schlaf zog mich wieder an sich und beschützte, wiegte und tröstete mich. Es gab nichts mehr als die Dunkelheit, die Einsamkeit und die weißen Blütenblätter des Eisenkrauts, die für mich und das Kind, an das ich mich nicht mehr erinnern wollte, beteten.

12.

Ich habe dich heute vermisst«, sagte Elizabeth, als ich hereinkam.
Sie fragte nicht, wo ich gewesen sei, und ich sparte mir die Erklärung. Stattdessen kroch ich unter die Bettdecke und kehrte ihr den Rücken zu.
Elizabeth legte mir die Hand auf die Schulter.

»Ich liebe dich, Victoria«, meinte sie leise. »Hoffentlich ist dir das bewusst.«

Als sie mir das erste Mal ihre Liebe gestanden hatte, hatte ich ihr geglaubt. Nun flossen ihre Worte über mein Herz wie Wasser über einen Stein. Der Schreibtischstuhl kratzte über den Holzfußboden, als sie sich erhob, und ich spürte, wie die Matratze nachgab, als sie sich auf den Rand des Bettes setzte. Sie legte eine Hand auf meine Schulter.

»Was hat sie getan?«, fragte ich.

Die Frage kam plötzlich und ohne Überlegung, und ich spürte, wie Elizabeth zusammenzuckte. Lange schwieg sie. Schließlich legte sie sich neben mich.

»Ich liebte einen Mann. Damals«, sagte sie ruhig. »Das ist lange her. Er war Engländer und arbeitete als Praktikant auf einem der großen Weingüter, die einige Meilen entfernt hier an unserer Straße liegen. Ich war noch nie im Leben so glücklich gewesen. Und dann hat Catherine – meine Schwester, meine beste Freundin – ihn mir weggenommen.«

Elizabeth drehte sich auf die Seite und legte ihren Arm um meinen Körper. Ich erstarrte, sagte aber kein Wort und wartete darauf, dass sie fortfuhr. »Ein Jahr später kam Grant zur Welt. Jahrelang konnte ich ihn nicht anschauen, ohne an seinen Vater zu denken, ohne daran zu denken, was ich alles verloren hatte. Aber sein Vater war fort. Ich weiß nicht, ob er überhaupt wusste, dass Catherine schwanger war. Sie hat Grant ganz allein großgezogen.«

Sie rückte näher, bis ihre angewinkelten Beine in die Kuhle meiner Kniekehlen passten. Als sie weiterredete, hatte sie ihr Gesicht in das Betttuch gedrückt, das meinen

Kopf bedeckte, so dass ich mich anstrengen musste, um ihre Worte zu verstehen.

»Ich hatte eine Gelegenheit, ihr zu verzeihen«, flüsterte sie. »Als Grant noch ein Baby war, sprach mich Catherine auf dem Bauernmarkt an. Sie entschuldigte sich, weinte und sagte mir, wie sehr sie mich vermisse. Das war meine Chance, wieder Kontakt zu ihr aufzunehmen, aber ich habe mich von ihr abgewandt. Ich hätte das nicht tun sollen. Ich sagte schreckliche Dinge zu ihr, Dinge, die mich nachts umtreiben.«

Sie hat es verdient, dachte ich. Catherine verdiente alles, was Elizabeth gesagt hatte, und mehr. Der Gedanke, dass Elizabeth in das Haus der Frau ziehen wollte, die sie derart betrogen hatte, füllte meine Brust mit Wut. Ich atmete tief ein und zwang mich, geduldig zu sein.

Angespannt verharrte ich in ihrer sanften Umarmung, während es mir schien, als wartete ich Stunden, dass Elizabeth erneut etwas sagte. Aber sie schwieg, ihre Geschichte war zu Ende erzählt. Als ich bereits befürchtete, dass sie eingeschlafen sei, stand sie auf und verließ auf Zehenspitzen das Zimmer.

Im Badezimmer wurde der Wasserhahn auf- und wieder zugedreht, die Toilettenspülung rauschte. Elizabeths Schlafzimmertür schloss sich, und dann war alles still. Ich schlüpfte aus dem Bett.

Unten pirschte ich mich durch die Küche und zur Hintertür hinaus. Die Leinentasche befand sich, voll und schwer, in ihrem Versteck unter der Treppe. Ohne mir einen Gedanken an das, was ich jetzt tun würde, zu gestatten, nahm ich sie und drückte sie an die Brust. In der Tasche verlagerten sich klappernd die Marmeladengläser.

Da ich den genauen Ort bereits vorhin, im Graben kauernd, bestimmt hatte, hastete ich in Richtung Straße. Der Mond schien zwar nicht, aber die Sterne beleuchteten das Anwesen, als ich zur nordöstlichen Ecke ging. Hier, zwischen der Betonfläche des Bauernmarktes und der Schnellstraße, waren die Reben staubig und stets trocken. Im Herbst schmeckten die Trauben noch sauer, wenn sie am restlichen Weinberg schon längst reif waren.

Ich schraubte das erste Marmeladenglas auf. Feuerzeugbenzin schwappte heraus und sammelte sich in den Rillen am oberen Rand des Glases. Langsam goss ich es auf den Stamm der Rebe, wobei ich das Glas weit weg vom Körper hielt, damit das Benzin nicht über meine nackten Zehen lief. Als das erste Glas leer war, öffnete ich das zweite und bewegte mich weiter die Reihe entlang. Die Tasche schien keinen Boden zu haben. Ich wurde immer schneller und arbeitete nicht mehr so gründlich. Das Feuerzeugbenzin spritzte in einem wilden Bogen von meinen Händen auf die Reben. Als ich das Ende der Reihe erreicht hatte, kehrte ich um und sammelte die leeren Gläser ein.

Auf der obersten Stufe der Veranda – dort, wo Elizabeth und ich gesessen und Kamillenblüten aufgefädelt hatten – reihte ich die Marmeladengläser nacheinander auf. Danach ging ich in die Küche, um die Streichhölzer zu holen.

Ich eilte zurück zur Straße und hielt Ausschau nach der feuchten Spur. Sie endete an der Auffahrt. Ich machte einen Schritt rückwärts. Dann nahm ich eine Faust voll

Streichhölzer und fuhr damit über den breiten Streifen Schmirgelpapier an der Seite der Schachtel. Eines fing Feuer, die anderen folgten rasch, bis ich einen flackernden, leuchtenden Ball in der Hand hielt. Die Flamme wanderte in Richtung meiner Finger, und ich wartete, bis die Hitze erst unangenehm und schließlich schmerzhaft wurde, bevor ich die Streichhölzer auf den Boden warf.

Eine Pause entstand. Darauf folgten ein Rauschen wie von einem reißenden Fluss und eine Reihe lauter, knallender Geräusche. Im nächsten Moment wurde es heiß. Ich machte kehrt und rannte zum Haus, um einen Topf Wasser zu holen, wie ich es geplant hatte. Aber das Feuer war schneller als ich. Als ich mich umschaute, stellte ich fest, dass es sich von mir entfernte und sich entlang eines unsichtbaren Pfads durch Gebüsch und Reben ausbreitete. Eigentlich hatte ich damit gerechnet, dass sich die Flammen auf die Stämme der mit Benzin übergossenen Reben beschränken und dort ein wenig züngeln würden, bis ich mit einigen Gefäßen voller Wasser zurückkam. Doch sie warteten nicht.

Drei Stufen auf einmal nehmend, stürmte ich in die Küche, legte die Streichhölzer zurück an ihren Platz und schrie nach Elizabeth. Sie stand sofort auf. Ich hörte sie in meinem Zimmer herumpoltern und meinen Namen rufen.

»Hier unten!«, erwiderte ich laut. Ich stand an der Spüle und füllte einen Suppentopf mit Wasser. Die Rohrleitungen des alten Hauses ratterten, und das Wasser floss langsam und in zischenden Wellen aus dem Hahn.

Den vollen Topf in der Hand, durchquerte ich die Küche im selben Moment, als Elizabeth die Treppe hinunterkam. Schulter an Schulter drehten wir uns um. Das Licht zog unsere Blicke an.

Der Himmel war violett. Die Sterne waren verschwunden. Während wir zusahen, erfasste das Feuer den Straßengraben. Ein halber Kilometer trockener Disteln ging innerhalb einer Sekunde in Flammen auf. Die Feuerwand, die sich erhob, schien bis halb in den Himmel hinein zu reichen. Die umliegenden Ländereien waren nicht mehr zu erkennen, so dass Elizabeth und ich ganz allein waren.

Das Feuer breitete sich in Reihen über den ganzen Weinberg aus, wie elektrischer Strom durch eine Leitung gleitet.

13.

Bei Sonnenaufgang erwachte ich. Mein Körper schmerzte, und der Waldboden hatte ein Muster in meine Wange eingegraben. Ich hatte sechs, vielleicht sieben Stunden geschlafen. Ich setzte mich hoch und rutschte von den beiden kreisrunden Pfützen unter dem Heidebusch weg.

Die Stadt begann sich zu regen. Motoren sprangen an, Bremsen quietschten, und Vögel sangen. Auf der Straße unter mir stieg ein Schulmädchen aus einem Bus. Sie war allein und ging, einen Blumenstrauß in der Hand, rasch die Straße entlang. Ich konnte die Blumen nicht erkennen.

Ich atmete aus. Mehr als alles andere wünschte ich mir, wieder ein Kind zu sein und Krokusse, Weißdorn oder

Rittersporn anstelle von Eimern voller Disteln in den Händen zu haben. Ich wollte mich bei Elizabeth entschuldigen und sie um Verzeihung anflehen. Wie gerne hätte ich mein Leben noch einmal von vorne angefangen, und zwar auf einem Weg, der nicht in einem Moment wie diesem mündete: nämlich, dass ich allein in einem städtischen Park aufwachte, während meine Tochter allein in einer leeren Wohnung lag. Die Summe meiner bisherigen Entscheidungen hatte mich bis zu diesem Punkt gebracht, und ich wollte alles zurücknehmen. Den Hass, die Schuld und die Gewalt. Ich wollte mein zorniges zehnjähriges Ich zum Mittagessen einladen, es vor dem heutigen Morgen warnen und ihm Blumen schenken, die es in eine andere Richtung weisen würden.

Aber es gab kein Zurück. Nur den Augenblick: diesen Stadtwald und meine wartende Tochter. Der Gedanke erfüllte mich mit Todesangst. Ich wusste nicht, was ich in meiner Wohnung vorfinden würde. Schrie meine Tochter noch, oder hatten Zeit, Einsamkeit und Hunger dafür gesorgt, dass ihre Lunge in sich zusammengefallen war wie eine Welle nach dem Überschreiten des Scheitelpunkts? Ich hatte meine Tochter verraten. Keine drei Wochen nach der Geburt, obwohl ich uns beiden etwas versprochen hatte. Wieder einmal hatte ich versagt. Der Kreis würde sich schließen. Versprechen und Scheitern, Mütter und Töchter, eine Endlosschleife.

14.

Meine Arme fingen an, so heftig zu zittern, dass das Wasser aus dem Suppentopf überschwappte und Elizabeth traf. Die kalte Dusche sorgte dafür, dass sie sich in Bewegung setzte. Sie hastete in die Küche zum Telefon, während ich zur Eingangstür hinausrannte und beim Hinunterlaufen der Stufen über die Marmeladengläser stolperte.

Das Wasser im Topf reichte nicht einmal, um eine einzige Rebe zu retten. Das wurde mir klar, als ich das Feuer sah. Dennoch musste ich es versuchen. Viele Quadratkilometer standen in Flammen. Die Hitze verschlug mir den Atem. Alles, was Elizabeth ein Leben lang aufgebaut hatte, würde vernichtet werden, wenn ich nichts unternahm. Sie würde obdachlos und allein auf verbrannter Erde zurückbleiben. Wenn ich das Feuer nicht löschte, würde ich Elizabeth nie wieder ins Gesicht schauen können.

Auf halbem Weg zur Straße kippte ich das Wasser auf eine Reihe brennender Reben. Falls es zischte oder auch nur eine einzige Flamme verlosch, hörte und bemerkte ich nichts davon. Aus der Nähe war das Dröhnen des Feuers ohrenbetäubend, der Rauch roch süßlich. Der Geruch erinnerte mich an Elizabeths kandierte Äpfel, und mir wurde klar, dass der Duft von den Trauben kam. Den makellos reifen Trauben, die nun verkohlten.

Elizabeth stand auf der Veranda und rief nach mir. Ich drehte mich um. Das Feuer spiegelte sich in ihren glasigen, hilflosen Augen. Sie hatte eine Hand vor den Mund, die andere vors Herz geschlagen. Ich wandte mich ab. Das gewaltige Ausmaß meines Fehlers klebte zäh an mir wie der dichte Qualm in meiner Lunge. Dass ich keinen derart großen Schaden hatte anrichten wollen, spielte keine Rolle. Dass ich es nur getan hatte, um bei Elizabeth bleiben zu können, weil ich sie liebte, war unwichtig. Ich musste das Feuer löschen. Wenn nicht, würde ich alles verlieren.

Ohne nachzudenken, riss ich mir das Nachthemd vom Leibe und fing an, auf die Flammen einzuschlagen, um sie zu ersticken. Die dünne, mit Feuerzeugbenzin bespritzte Baumwolle explodierte in meinen Händen. In heller Angst lief Elizabeth auf mich zu. Sie schrie, ich solle vom Feuer wegbleiben, aber ich schwenkte nur weiter mein brennendes Nachthemd wild über dem Kopf. Der angesengte Stoff sprühte Funken, so dass Elizabeth sich ducken musste, als sie näher kam.

»Bist du übergeschnappt?«, brüllte Elizabeth. »Zurück ins Haus!«

Ich trat dichter ans Feuer heran. Die Hitze war unbeschreiblich und bedrohlich. Ein verirrter Funke traf mein Haar, wanderte eine Strähne hinauf und grub sich in meine Kopfhaut ein. Elizabeth schlug nach meinem qualmenden Haaransatz. Der schmerzhafte Hieb fühlte sich gut an. Ich hatte ihn verdient.

»Ich lösche das Feuer!«, rief ich. »Lass mich in Ruhe!«

»Womit?«, fragte Elizabeth. »Mit bloßen Händen? Die Feuerwehr ist unterwegs. Du wirst umkommen, wenn du wie eine Idiotin hier herumstehst und mit den Armen ruderst.«

Dennoch rührte ich mich nicht. Die Flammen züngelten mir entgegen.

»Victoria«, sagte Elizabeth. Sie hatte aufgehört zu schreien, und ihre weit aufgerissenen Augen füllten sich mit

Tränen. Ich musste die Ohren spitzen, um sie trotz der brausenden Flammen zu verstehen. »Ich werde nicht in einer einzigen Nacht meinen Weinberg und meine Tochter verlieren. Nein.« Da ich mich noch immer nicht bewegte, stürzte sie sich auf mich, packte mich an den Schultern und schüttelte mich. »Hast du mich gehört?«, rief sie. »Ich weigere mich!« Als ich mich befreien wollte, nahm sie mich am Arm und schleppte mich zum Haus. Ich sträubte mich, doch sie zog nur umso fester, bis ich spürte, wie meine Schulter auskugelte. Mit einem Aufschrei ließ sie los. Ich sank zu Boden und drückte die Knie vor die nackte Brust. Das Feuer hüllte mich ein wie eine Decke, und durch die Hitze hörte ich in der Ferne die Tür eines Wohnwagens zuschlagen. Elizabeth rief, ich solle aufstehen. Sie zerrte an meinen Füßen und trat mich in die Rippen. Als sie versuchte, mich wegzutragen, kreischte ich und biss sie wie ein wildes Tier. Schließlich gab sie es auf.

15.

Als ich in die Wohnung zurückkehrte, lag das Baby wach in seinem Weidenkörbchen. Es schaute mit weit aufgerissenen Augen zur Decke und fing bei meinem Anblick nicht an zu schreien. Ich holte das Fläschchen aus der Küche, kippte die einen Tag alte Babynahrung in die Spüle und füllte den Inhalt einer neuen Dose hinein. Dann stellte ich mich vor das Baby und legte ihm das Fläschchen an die Lippen. Es öffnete zwar den Mund, saugte aber nicht. Ich drückte auf den Sauger und beobachtete, wie ihm die Flüssigkeit in einem dünnen Strom die wartende Zunge hinunterrann. Es schluckte zweimal und schlief in seinem Körbchen ein.

Ich duschte und aß auf dem Dach eine Schale mit Frühstücksflocken. Immer wenn ich am Körbchen des Babys vorbeikam, blieb ich stehen und musterte sein Gesicht. Wenn es die Augen öffnete, hielt ich ihm das Fläschchen an die Lippen. Meine Tochter lernte, langsam und genüsslich zu saugen – nicht mehr mit der wilden Gier, mit der sie zuvor meine Brust verschlungen hatte. Sie brauchte den ganzen Tag, um eine einzige Dose Babynahrung zu leeren. Sie weinte nicht, ja, sie wimmerte nicht einmal.

Bevor ich ins Bett ging, wechselte ich ihre durchweichte Windel, nahm sie aber nicht aus dem Körbchen. Sie schien sich dort wohl zu fühlen, und ich befürchtete, ich könnte den auf Sand gebauten Frieden stören, auf den wir uns geeinigt hatten. Außerdem hatte ich Angst, bei ihrem ersten Schrei wieder in Panik zu geraten. Stattdessen schob ich das Körbchen zum Sofa, wo wir es uns in einem Quadrat aus Mondlicht gemütlich machten. Als ich dem Baby ein neues Fläschchen anbot, bildeten seine Lippen einen vollendeten Kreis um das bernsteinfarbene Plastik. Winzige Bläschen entstanden entlang der Flasche, als es Wasser, Eisen, Kalzium und Eiweiß durch die mikroskopischen Löcher saugte. Seine Augen waren größer, als ich sie in Erinnerung hatte. Konzentrische Kreise und kleine weiße Dreiecke richteten sich auf mein Gesicht. Als es satt war, rutschte ihm der Gummisauger aus dem Mund, und es streckte seine Fingerchen nach meinem Gesicht aus. Ich senkte den Kopf, bis meine Nase nur noch wenige Zentimeter von seinen Händen entfernt war, und sah ihm in die Augen. Es öffnete und schloss die Finger in der leeren Luft zwischen uns und drückte fest zu.

Noch ehe ich bemerkte, dass ich weinte, tropfte mir eine Träne vom Kinn auf die Wange des Babys. Sie rann in einer dünnen Linie in seinen Mundwinkel, so dass es überrascht die roten Lippen schürzte. Ich lachte, und die Tränen flossen schneller. Das klare Verzeihen und die bedingungslose Liebe in seinem Blick ängstigten mich. Wie Grant hatte meine Tochter mehr verdient, als ich ihr geben konnte. Ich wollte, dass sie Weißdorn in den Händen hielt, gerne lachte und furchtlos liebte. Doch ich konnte ihr das nicht vermitteln, denn ich war nicht in der Lage, sie etwas zu lehren, das mir selbst fremd war. Es war nur eine Frage der Zeit, dass ihre Vollkommenheit unter meinem vergiftenden Einfluss Schaden nahm. Das Gift würde aus meinem Körper sickern, und sie würde es mit der Bereitschaft eines hungrigen Kindes in sich aufsaugen. Bis jetzt hatte ich jedem Menschen weh getan, den ich je gekannt hatte. Und deshalb wollte ich sie unbedingt vor den Gefahren schützen, die es bedeutete, meine Tochter zu sein.

Am nächsten Morgen würde ich sie zu Grant bringen. Er würde das Gute in ihr bewahren und ihr alles zeigen, was sie wissen musste. Renata hatte die Wahrheit gesagt. Grant hatte ein Recht darauf, seine Tochter kennenzulernen. Er war ihrer liebenswerten Art, ihrer Schönheit und ihrer unverbrüchlichen Treue würdig.

Als ich das Gesicht zurückzog, waren die Augen des Babys geschlossen. Ich ließ den Korb auf dem Sofa stehen und schloss mich in mein blaues Zimmer ein.

In jener Nacht roch ich Moos, trockenes Laub und feuchte Erde in meiner aus verputzten Wänden und Beton bestehenden Wohnung, viele Straßenzüge entfernt von grünen und wachsenden Pflanzen.

Am Morgen verließ ich fluchtartig das Haus. Nachdem ich dem Baby den Rest aus dem Fläschchen vom Vortag eingeflößt hatte, trug ich das Körbchen zum Auto. Meine Tochter war wach, als wir durch die Stadt fuhren. Sie hatte die Nacht durchgeschlafen oder zumindest nicht geschrien. Ich hatte tief und traumlos geschlafen, war aber dennoch mit der überscharfen Aufmerksamkeit einer Übermüdeten aufgewacht. Mein Körper schmerzte, meine vollen Brüste brannten, und ich schwitzte trotz des kühlen Morgens. Als ich die Fenster herunterkurbelte, verzog das Baby wegen des starken Windes das Gesicht.

Ich fuhr auf der Schnellstraße nach Norden, überquerte die Brücke und bog an der ersten Ausfahrt ab, die in einem Waldstück mündete. Ich hatte nicht die Zeit, zu einem der üppig wuchernden staatlichen Naturparks zu fahren, doch das spielte keine Rolle. Es war ein regnerischer Frühling gewesen. Also würde ich in jedem beliebigen dichten, schattigen Wald finden, was ich suchte. Ich erreichte den Parkplatz an einem Aussichtspunkt mit Blick auf die Bucht und die Golden Gate Bridge, die in der Morgensonne rostfarben leuchtete. Der Parkplatz war bereits halb besetzt von Wanderern, die ihre Stiefel anzogen und bunte Plastikflaschen mit Wasser füllten.

Ich nahm die geflochtenen Griffe des Körbchens und ging einen Pfad entlang. Er gabelte sich erst ein und dann ein zweites Mal. Ich entschied mich für den Pfad, der am wenigsten von der Sonne beschienen wurde, und erschauderte, als ich ins kühle Unterholz hineinmarschierte. Wanderer liefen an mir vorbei und bewunderten das Baby, bis ich vom Hauptweg in eine Nebenstrecke einbog. *Wiederaufforstung, Betreten verboten,* verkündete ein Schild. Ich hob den Korb über die dünne Kette und verschwand in einem Hain aus Mammutbäumen.

Das Baby gab keinen Mucks von sich, als ich es auf den Waldboden legte. Die kahle Stelle an seinem Hinterkopf drückte sich ins weiche Moos. Es schaute durch die Mammutbäume nach oben. Sein verschwommener Blick aus blauen Augen glitt über die hohen Stämme, die Stücke hellgrauen Himmels und vielleicht auch das, was sich dahinter verbarg. Ich zweifelte nicht an ihm.

Ich zog ein großes, flaches Spachtelmesser aus der Gesäßtasche meiner Jeans und fing an, das schwammige grüne Moos von den Stämmen der Mammutbäume abzuschälen. Das Moos fiel in langen, haarigen Fetzen hinunter. Ich drapierte es sorgfältig um den Boden und die Seiten des Körbchens, wobei ich darauf achtete, dass die weichsten und duftendsten Stücke das winzige Köpfchen meiner Tochter umgeben würden.

Als der Korb ganz und gar bedeckt war, hob ich das schlafende Baby auf und legte es sanft ins Moos.

Mütterliche Liebe. Mehr konnte ich meiner Tochter nicht geben.

Eines Tages würde sie es hoffentlich verstehen.

Der Ersatzschlüssel zu Grants Tür befand sich wie immer in der verrosteten Gießkanne aus Metall auf der vorderen Treppe. Ich schloss die Tür auf, trug den mit Moos gefütterten Korb in die Küche und stellte ihn neben die Wendeltreppe in die Zimmerecke. Von dieser Stelle aus konnte das Baby drei Stockwerke hinaufschauen, was es ausreichend zu beschäftigen schien. Meine Tochter starrte still vor sich hin, während ich mir in der Küche zu schaffen machte, den Herd mit einem Streichholz anzündete und einen Wasserkessel füllte, um Tee zu kochen. Seit ich zuletzt in dieser Küche Tee gekocht hatte, war fast ein Jahr vergangen, aber alles stand noch genau an seinem Platz.

Ich setzte mich an den Tisch und wartete darauf, dass das Wasser kochte. Das Baby war so still, dass es leicht war, es zu vergessen und sich vorzustellen, ich sei nur zurückgekehrt, um Grant mit einer Tasse Tee an dem verwitterten Tisch zu überraschen. Ich vermisste ihn. Als ich in seinem Wasserturm saß und auf seine Gärtnerei hinausblickte, war es unmöglich, dieses Gefühl zu ignorieren. Und bald würde ich auch das Baby vermissen. Ich schob den Gedanken beiseite und konzentrierte mich auf die Blumenfelder, die sich draußen erstreckten.

Das Baby gab ein Geräusch von sich, das wie eine Mischung aus Seufzen und Krächzen klang, als das Wasser zu kochen begann. Dampf beschlug das Küchenfenster. Ich fragte mich, ob das Baby Pfefferminztee trinken durfte. Sicher war er gesund und gut für den Magen. Ich hatte zwar das fast leere Fläschchen mitgebracht, aber die Dose mit der Babynahrung vergessen. Also goss ich die geronnene Flüssigkeit ins Becken, spülte das Fläschchen aus und füllte es zur Hälfte mit kochendem Wasser und zur Hälfte mit Wasser aus dem Hahn. Dann steckte ich einen Teebeutel hinein und schraubte es zu. Das Baby rümpfte zwar erstaunt die Nase, als es den Tee schmeckte, doch seine Lippen bearbeiteten hungrig und ohne zu klagen den Sauger. Dampf aus dem brodelnden Kessel senkte sich auf uns. In der feuchten Luft schimmerte das Moos noch grüner.

Ich lehnte das Fläschchen an die Seite des Korbes, damit das Baby trinken konnte, während ich einen Suppentopf mit Wasser füllte und eine zweite Flamme anzündete. Ich wollte, dass sich das Moos so lange wie möglich hielt. Das Baby trank, und heißer wabernder Dampf breitete sich im Wasserturm aus. Ich trug das Körbchen zwei Stockwerke hinauf zu Grants Bett. Als ich oben ankam, schlief das Baby – es war ein tiefer, regloser Schlaf, der mich daran zweifeln ließ, ob der Tee eine gute Idee gewesen war. Nachdem ich den Korb mitten auf die Schaumstoffmatratze gestellt hatte, legte ich mich daneben und senkte den Kopf, bis ich die raschen Atemzüge des Babys auf der Oberlippe spürte.

So verharrte ich – unsere Nasen berührten sich beinahe, unser Atem ging im Gleichtakt –, bis die Sonne gefährlich hoch am Himmel stand und Grant jeden Moment eintreffen würde.

Ich schloss die Augen und zog mein Gesicht weg. Das Baby saugte Luft und wimmerte, dasselbe Geräusch, das es von sich gegeben hatte, wenn seine Lippen meine Brustwarze losließen. Die Erinnerung löste Schmerzen in meinen Brüsten aus. Ich zupfte ein kleines Stück Moos vom Rand des Körbchens und rieb damit über die Wange meiner Tochter und ihr Kinn und schob es in die Falte, wo eines Tages ihr Hals sein würde, wenn sie erst stark genug war, um den Kopf zu heben. Das Moos pulsierte mit ihrem Herzschlag.

Ich riss mich los und stieg die Treppe hinunter. Der Topf auf dem Herd war fast leer. Ich füllte ihn bis zum Rand und schlüpfte lautlos zur Tür hinaus.

Mein Kombi schlitterte die lange ungeteerte Auffahrt hinunter, und ich steuerte auf die Schnellstraße zu, ohne mich noch einmal umzudrehen. Das Gefühl, das als dumpfer, nicht fassbarer Schmerz begonnen hatte, ballte sich inzwischen in meiner linken Brust. Als ich die Brustwarze berührte, schoss mir der Schmerz durch den Körper und die Wirbelsäule hinunter. Mir brach der Schweiß aus. Zusätzlich zu den offenen Fenstern schaltete ich die Klimaanlage ein. Trotzdem schwitzte ich. Als ich in den Rückspiegel schaute, sah ich den leeren Sitz, wo das Baby gelegen hatte. Nur eine hauchdünne Erdschicht und ein einziges feines hellgrünes Moosfädchen waren zurückgeblieben.

Ich stellte das Radio an und drehte daran herum, bis ich auf laute, vibrierende Musik stieß. Zu viele Becken und eine Stimme ohne Worte, die mich an Natalyas Band erinnerte. Ich fuhr schneller, raste über die Brücke und über Kreuzungen, ohne auf rote oder gelbe Ampeln zu achten. Ich musste in mein blaues Zimmer. Ich musste mich hinlegen, die Augen schließen und schlafen. Eine Woche lang würde ich nicht herauskommen, wenn überhaupt je wieder.

Als ich mit quietschenden Reifen vor dem Haus hielt, stand ich Stoßstange an Stoßstange mit Natalyas Auto. Der Kofferraum war offen. Kartons und Koffer stapelten sich auf dem Gehweg. Es war schwer festzustellen, ob sie gerade ankam oder ging. Leise stieg ich aus, in der Hoffnung, mich in mein blaues Zimmer flüchten und alle Schlösser abschließen zu können, ohne dass Natalya mich bemerkte.

Auf Zehenspitzen schlich ich durch das leere Büro und stieß am Fuße der Treppe beinahe mit Natalya zusammen. Sie machte nicht Platz. Als ich aufblickte, erkannte ich an ihrer Miene, dass mein Gesicht so erhitzt aussah, wie ich mich fühlte.

»Ist alles in Ordnung?«, fragte Natalya. Ich nickte und wollte mich an ihr vorbeischieben, aber sie versperrte mir weiterhin den Weg. »Dein Gesicht ist pinker als meine Haare.«

Sie streckte die Hand aus, fühlte mir die Stirn und fuhr zurück, als hätte sie sich verbrannt. Ich drängte mich an ihr vorbei, stolperte jedoch und stürzte auf die unterste Stufe. Ohne mir die Mühe zu machen aufzustehen, kroch ich auf allen vieren die Treppe hinauf. Natalya folgte mir. Ich sank ins blaue Zimmer und schloss die Tür hinter mir. Natalya klopfte an. »Ich muss weg«, meinte sie. Ihre Stimme war nur ein ängstliches Flüstern. »Unsere Tournee wurde verlängert. Ich werde mindestens sechs Monate unterwegs sein. Ich wollte nur ein paar Sachen holen und dir sagen, dass du mein Schlafzimmer benutzen kannst, wenn du möchtest.«

Ich schwieg.

»Ich muss wirklich weg«, beteuerte sie.

»Dann geh doch«, stieß ich hervor.

Etwas traf mit einem lauten Knall die Tür. Wahrscheinlich war es einer von Natalyas Schuhen, angetrieben vom

Schwung ihres Fußes. »Ich habe keine Lust, deine vergammelte Leiche zu riechen, wenn ich in sechs Monaten wiederkomme«, rief sie und trat noch einmal gegen die Tür. Als Nächstes hörte ich ihre polternden Schritte auf der Treppe und das Zuschlagen der Autotür. Der Motor stotterte und sprang schließlich an. Dann war sie fort.

Würde sie ihre Mutter anrufen?, fragte ich mich. Hatte sie bemerkt, dass das Baby weg war, und würde sie mich bei den Behörden melden? Falls sie jemanden verständigte, hoffte ich, dass es die Polizei sein würde. Ich wollte lieber im Gefängnis landen, als mich Mutter Rubina und ihrer Enttäuschung zu stellen.

Ich lag auf der linken Seite auf meinem Federbett. Der harte Gummiball, der meine Brust war, wurde von der Matratze gestützt. Mein Körper fühlte sich nicht an wie mein eigener und zitterte heftig. Ich fror. Also zog ich alle Sweatshirts an, die ich besaß, und breitete die braune Decke über mich. Als das nichts half, kroch ich unter das Federbett. Dort blieb ich nach Atem ringend liegen. Mein Körper und mein Verstand waren ein Eissturm unter einer schweren Wolke.

Mein Frieren verwandelte sich in einen schwarzen Wirbel, und kurz überkam mich der tröstende Gedanke, dass der Schlaf, in den ich nun fallen würde, ewig sein könnte; ein Zustand, aus dem ich womöglich niemals mehr erwachen sollte.

In der Ferne heulte eine Sirene, wurde immer lauter und näherte sich, bis es klang, als halle das Geräusch aus Natalyas Schlafzimmer herüber. Blaulicht blitzte unter meiner Tür durch. Dann war es fort.

Einen Moment lang war das Zimmer so schwarz und still wie der Tod. Im nächsten Moment wurde die Tür eingedrückt, und ich hörte Fußgetrappel auf der Treppe.

16.

Ich lag, auf ein weißes, mit Stoff überzogenes Brett geschnallt, in einem Krankenwagen, ohne mich erinnern zu können, wie ich dorthin geraten war. Noch immer trug ich nur meine Unterwäsche, aber jemand hatte mir ein Krankenhausnachthemd über die Brust gebreitet. Neben mir saß eine weinende Elizabeth.

»Sind Sie ihre Mutter?«, fragte eine Stimme. Ich öffnete ein Auge und sah einen jungen Mann in marineblauer Uniform am Kopfende meines Bettes stehen. Blitzende Lichter leuchteten zum Fenster herein und strichen über sein nassgeschwitztes Gesicht.

»Ja«, erwiderte Elizabeth. »Ich meine, nein. Noch nicht.«

»Also ist sie ein Mündel des Gerichts?«, hakte er nach. Elizabeth nickte.

»Dann müssen Sie das sofort melden. Sonst werde ich es tun.« Der Mann verzog entschuldigend das Gesicht, worauf Elizabeth noch heftiger weinte. Er reichte ihr ein schweres schwarzes Telefon, das mit einem spiralförmigen Kabel wie dem in Elizabeths Küche an der Wand des Krankenwagens befestigt war. Ich schloss die Augen wieder. Eine schiere Ewigkeit fuhren wir durch die Nacht. Elizabeth weinte immer weiter.

Als der Krankenwagen anhielt, steckten Hände mir das Nachthemd unter den Achseln fest. Die Türen öffneten sich. Kalte Luft strömte herein, und als ich die Augen aufschlug, stellte ich fest, dass Meredith uns erwartete. Sie war im Pyjama und hatte einen Trenchcoat über die Schultern geworfen.

Ich wurde an ihr vorbeigeschoben, worauf sie sich vorbeugte und die Hand ausstreckte, um Elizabeth von mir wegzuziehen. »Ab jetzt übernehme ich«, sagte sie.

»Fassen Sie mich nicht an«, entgegnete Elizabeth. »Wagen Sie es nicht, mich anzufassen.«

»Warten Sie in der Vorhalle.«

»Ich lasse sie nicht allein«, protestierte Elizabeth.

»Wenn Sie nicht in der Vorhalle warten, sorge ich dafür, dass Sie vom Sicherheitsdienst entfernt werden«, erwiderte Meredith.

Über meine zurückweichenden Zehen hinweg beobachtete ich, wie Meredith eine entsetzte Elizabeth in der Vorhalle stehen ließ. Sie folgte mir in ein Zimmer.

Eine Krankenschwester untersuchte mich und listete meine Verletzungen auf. Ich hatte Verbrennungen auf der Kopfhaut und einen Striemen rings um den Bauch, wo das Gummibündchen meiner Unterhose geschmolzen war. Der ausgekugelte Arm hing mir schlaff an der Seite herunter, und meine Brust und mein Rücken wiesen dort, wo Elizabeth mich getreten hatte, blaue Flecke auf. Meredith hielt die Untersuchungsergebnisse der Krankenschwester in ihrem Notizbuch fest.

Elizabeth hatte mir weh getan. Zwar nicht so, wie Meredith annahm, aber immerhin. Die Spuren waren nicht von der Hand zu weisen. Man würde sie fotografieren und in meine Akte aufnehmen. Niemand würde Elizabeths Geschichte glauben, nämlich dass sie versucht hatte zu verhindern, dass ich mich kopfüber in eine Feuersbrunst stürzte. Obwohl es die Wahrheit war.

Und plötzlich wurde mir klar, dass die Wunden an meinem Körper mir einen ausgezeichneten Fluchtweg eröffneten, um mich vor Elizabeths schmerzerfülltem Blick zu retten. Ein Weg fort von den Schuldgefühlen, der Reue und dem verkohlten Weinberg. Ich konnte mich dem Leid, das ich Elizabeth zugefügt hatte, nicht stellen. Dazu würde ich niemals in der Lage sein. Es war nicht nur das Feuer, sondern ein Jahr voller Vergehen, manche bedeutungslos, andere unverzeihlich. Mir eine Mutter sein zu wollen hatte Elizabeth verändert. In dem Jahr seit meinem Einzug hatte sie sich in eine neue Frau verwandelt, in eine weichere, die Gefühle zulassen konnte. Wenn ich bei ihr blieb, würde sie sich nur immer weiter quälen. Das hatte sie nicht verdient. Sie hatte nichts dergleichen verdient.

Die Krankenschwester trat auf den Flur hinaus. Meredith schloss die Tür des kleinen Zimmers. Wir waren allein.

»Hat sie dich geschlagen?«, wollte Meredith wissen.

Ich biss mir so fest auf die Unterlippe, dass sie aufplatzte, und schluckte Blut und Speichel. Meredith beobachtete mich.

Ich holte tief Luft. Mein Blick wanderte über die Löcher in der schalldämpfenden Deckenverkleidung, dann senkten sich meine Augen, um die Frage auf die einzige Art und Weise zu beantworten, die mir möglich war und die Meredith von mir erwartete.

»Ja«, sagte ich.

Meredith nickte und verließ den Raum.

Ein Wort nur und alles war vorbei. Falls Elizabeth versuchen sollte, mich zu sehen, würde ich mich weigern. Da Meredith und die Schwestern sie für gefährlich hielten, würden sie mich vor ihr beschützen.

In jener Nacht träumte ich zum ersten Mal von dem Feuer. Elizabeth kauerte schluchzend über mir. Das Geräusch klang kaum noch menschlich. Als ich mich ihr nähern wollte, klebten meine Zehen fest, als sei mein Fleisch mit dem Boden verschmolzen. Sie fing an, etwas zu rufen. Der Schmerz verzerrte ihre Worte. Mein Körper war schon schwarz verkohlt, als ich endlich verstand, dass sie immer wieder beteuerte, wie sehr sie mich liebte. Das war noch schlimmer als ihr Klagen.

Am ganzen Körper glühend und schweißgebadet wachte ich auf.

17.

Zwei Wochen lag ich mit einer Mastitis im Krankenhaus. Als die Feuerwehr mich fand, hatte ich vierzig Grad Fieber. Meine Temperatur sank erst, nachdem man mir drei Tage Antibiotika intravenös verabreicht hatte, was die Ärzte, wie sie mir während meiner Genesung mitteilten, so noch nie zuvor erlebt hatten. Mastitis käme bei stillenden Müttern häufig vor, sei zwar schmerzhaft, aber örtlich begrenzt und leicht zu behandeln. Bei mir jedoch habe sich die Entzündung nahezu im ganzen Körper ausgebreitet. Meine Haut schuppte sich und begann, sich zu schälen, und zwar nicht nur an den Brüsten, sondern auch an den Armen, am Hals und an den Innenseiten der Oberschenkel. Die Ärzte meinten, ein Fall wie meiner käme in der Literatur nicht vor. Als das Fieber nachließ, ersetzte die Sehnsucht nach meiner Tochter das körperliche Brennen. Mein Gesicht, meine Brust und meine Gliedmaßen glühten vor Verlangen. Ich fürchtete die Fragen der Ärzte angesichts einer jungen Mutter, die ohne Baby und ohne Besucher allein im Krankenhaus lag. Daher floh ich, bevor ich entlassen wurde, indem ich mir selbst die Infusion rauszog und mich über die Hintertreppe davonschlich.

Ich fuhr mit dem Taxi in die leere Wohnung und holte einen Schlosser, der die Schlösser austauschte. Wenn Natalya wiederkam, würde ich ihr einen Schlüssel nachmachen. Bis dahin wollte ich verhindern, dass Mutter Rubina oder Renata, die sich beide angewöhnt hatten, ohne anzuklopfen hereinzuspazieren, mich besuchten, um sich das Baby anzuschauen. Ich hatte nicht die Kraft, ihnen meine Tat zu beichten.

Mutter Rubina erschien noch am selben Nachmittag. Sie klopfte, bis ich sicher war, dass die Glastüren zerbrechen würden.

Ich spähte zwar aus Natalyas Zimmerfenster, ging jedoch nicht hinunter. Am Abend folgte Renata, die noch lauter an die Tür hämmerte und dann einen kleinen Stein gegen das Fenster im oberen Stockwerk warf. Ich gab nicht zu erkennen, dass ich wieder zu Hause war. Am nächsten Morgen weckte mich ein anderes, leiseres Pochen aus einem tiefen Schlaf, und ich wusste, dass es Marlena sein musste.

Es war Zeit, mich wieder an die Arbeit zu machen. Ich würde ihr die Wahrheit sagen.

Also stolperte ich die Treppe hinunter und blinzelte ins grelle Licht. Marlena stürmte zur Tür hinein. »Sie muss inzwischen riesig sein!«, rief sie aus. »Wie heißt sie?« Marlena lief die Treppe hinauf. Ich folgte ihr langsam. Als ich oben ankam, drehte Marlena sich im Wohnzimmer um die eigene Achse. Allmählich dämmerte ihr, dass die Wohnung leer war. Sie sah mich an. Eine einzige Frage stand in ihrem Blick.

»Ich weiß nicht«, beantwortete ich ihre ausgesprochene, nicht jedoch ihre stumme Frage. »Ihren Namen. Ich habe ihr keinen gegeben.« Marlenas Blick blieb weiter starr auf mich gerichtet. Die Frage stand immer noch im Raum: *Wo ist sie?*

Ich brach in Tränen aus. Marlena kam auf mich zu und legte mir sanft die Hand auf die Schulter. Ich wollte es ihr erzählen. Sie sollte erfahren, dass das Baby in Sicherheit und vielleicht sogar glücklich war und geliebt wurde.

Minuten vergingen, ehe ich sprechen konnte, und als ich es tat, schilderte ich ihr die Lage in schlichten Worten und ohne etwas auszuschmücken. Ich hätte sie zu ihrem Vater gebracht, der sie großziehen würde. Ich sei nicht in der Lage, die Mutter zu sein, die ich sein wolle. Der Verlust habe mich zwar schwer getroffen, doch es sei für meine Tochter die beste Entscheidung gewesen.

»Bitte«, fügte ich hinzu, als ich fertig war. »Lass uns nicht mehr über sie reden.«

Ich durchquerte das Zimmer, um Papiertaschentücher und meinen Terminkalender zu holen. Dann kritzelte ich eine kurze Liste auf ein liniertes Blatt Papier und drückte es Marlena mit genügend Bargeld für den Einkauf in die Hand.

»Wir sehen uns morgen«, meinte ich. Ich wartete nicht, bis sie fort war, sondern kroch in mein blaues Zimmer und schloss ab.

Die ausgesprochene Wahrheit wiegte mich in den Schlaf.

Am nächsten Morgen wurde ich nicht von Marlenas leisem Klopfen, sondern von Renatas nachdrücklichem Hämmern geweckt. Obwohl ich mir das Kissen über den Kopf zog, durchdrang ihre Stimme sogar die Daunen.

»Ich gehe nicht weg, Victoria«, rief sie. »Ich habe gerade Marlena auf dem Blumenmarkt getroffen und weiß, dass du da bist. Wenn du nicht aufmachst, bleibe ich einfach hier sitzen, bis Marlena kommt und mich reinlässt.«

Ich musste ihr gegenübertreten. Es gab keine Möglichkeit mehr, es länger vor mir herzuschieben. Deshalb trottete ich nach unten, schloss die Glastür auf und öffnete sie einen Spalt weit.

»Was ist?«, fragte ich.

»Ich habe sie heute Morgen gesehen«, erwiderte Renata. »Auf dem Blumenmarkt. Ich dachte schon, du wärst mit dem Baby verschwunden, ohne einer von uns Bescheid zu geben, und da war sie, in seinen Armen.«

Mir stiegen die Tränen in die Augen, und ich zog als Frage, was sie von mir wollte, die Schultern hoch.

»Hast du es ihm erzählt?«, hakte Renata nach. »Hast du das Baby zu ihm gebracht?«

»Ich habe ihm gar nichts erzählt«, entgegnete ich. »Und ich will nicht, dass du mir etwas von *ihr* erzählst. Niemals.« Ich schluckte heftig.

Renatas Miene wurde versöhnlicher. »Sie sah zufrieden aus«, meinte sie. »Und Grant wirkte müde. Aber …«

»Bitte«, sagte ich zu Renata und schob dabei die Tür zu. »Ich will es nicht wissen. Ich ertrage das nicht.«

Ich schloss die Tür ab. Dann standen Renata und ich einander schweigend gegenüber. Die Glastür war zwar nicht dick genug, um eine Unterhaltung zu verhindern, dennoch sprachen wir beide kein Wort. Als Renata mir in die Augen sah, ließ ich es zu. Ich hoffte, dass sie die Sehnsucht, die Einsamkeit und die Verzweiflung darin erkannte. Es war schwer genug gewesen, mein Baby herzugeben. Von Renata ständig auf dem Laufenden gehalten zu werden würde es nur noch schwerer machen. Sie musste verstehen, dass ich meine Entscheidung nur überleben konnte, indem ich versuchte zu vergessen.

Marlena kam in meinem Kombi angefahren. Die Heckklappe stand offen, und Blumen quollen heraus. Mitten im Ausladen hielt sie inne und betrachtete Renata und mich.

»Alles in Ordnung?«, fragte sie. Renata blickte mich an. Ich wandte mich ab.

Renata antwortete nicht. Stattdessen ging sie mit resigniert herabhängenden Armen den Hügel hinauf ins Flora.

4.
Neuanfang

1.

Im folgenden Jahr liefen die Geschäfte von Botschaft immer besser. Ich forderte Barzahlung im Voraus, und meine unkonventionelle Arbeitsweise zog rasch eine sektenähnliche Fangemeinde an. Werbung erübrigte sich, denn nach den ersten Eimern voller mit Karten versehener Iris verbreitete sich meine Telefonnummer schneller, als wenn ich eine blinkende Reklametafel an der Zufahrt zur Bay Bridge gemietet hätte. Natalya kehrte nicht von ihrer Tournee zurück. Ich übernahm die Wohnung und schickte dem Vermieter an jedem Monatsersten einen Umschlag mit Hundertdollarscheinen. Marlena war weiter als meine Assistentin beschäftigt, organisierte die Termine, beantwortete Telefonate, kümmerte sich um die Bestellungen und lieferte Blumen aus. Ich beaufsichtigte das Arrangieren der Blumen, setzte mich mit meinen Kunden auf den Klappstühlen vom Flohmarkt in meinem leeren Büro zusammen und öffnete im grellen Schein der Neonröhren meine Schuhkartons.

Meine Beratungsgespräche vor der Hochzeit waren ebenso gefragt wie meine Sträuße. Die Paare sahen ihre Termine wie Besuche bei einer Wahrsagerin oder Priesterin und erzählten mir – häufig stundenlang – von den vielen Hoffnungen, die sie an ihre Beziehung knüpften, und auch von den Herausforderungen, vor denen sie standen. Ich hielt nur die eigenen Worte des jeweiligen Paares auf einem Stück durchscheinendem Reispapier fest, und wenn die beiden fertig waren, überreichte ich ihnen die von einem Band zusammengehaltene Papierrolle. Dennoch glaubten die Paare, ich hätte ihnen ihr gemeinsames Leben vorhergesagt, wenn sie die Papierrolle zu Rate zogen, um ihre Blumen auszuwählen oder ihre Trauungszeremonie zu planen. Bethany und Ray waren glücklich verheiratet. Zahlreiche Paare schickten mir an ihrem ersten Hochzeitstag eine Karte und beschrieben ihre Beziehung mit Worten wie Friede, Leidenschaft, Erfüllung und vielen anderen von Blumen inspirierten Bezeichnungen.

Im zweiten Frühling hatte Botschaft die Floristikbranche an der Bucht derart umgekrempelt, dass sich die Nachfrage und damit auch das Blumenangebot durchgreifend änderte. Floristen in der ganzen Stadt boten für die vielen Bräute, die Marlena und ich abweisen mussten, vorhochzeitliche Beratungen bezüglich der Sprache der Blumen an. Das Ergebnis war, dass der Bedarf an Pfingstrosen, Ringelblumen und Lavendel auf ein Rekordtief sank, während Tulpen, Flieder und Passionsblumen weggingen wie die warmen Semmeln. Zum ersten Mal überhaupt konnte man Jonquille auch noch lange nach der natürlichen Blütezeit kaufen. Besonders kühne Bräute traten Ende Juli mit Tonschalen voller Erdbeeren oder duftenden Fenchelbüscheln vor den Altar. Niemand stellte ihren Geschmack in Frage, sondern man bewunderte sie für ihre Genügsamkeit.

Wenn die Veränderung so weiterging, würden Wut, Trauer und Argwohn dank meiner Firma stark nachlassen. Gärtner würden Felder mit Fingerhut zugunsten von Schafgarbe, dessen rosafarbene, gelbe und cremefarbene

Blütenbüschel ein gebrochenes Herz heilten, aufgeben. Die Preise für Salbei, Passionsblume und Levkojen würden ständig steigen. Pflaumenbäume würden allein um ihrer zarten Blüten gepflanzt werden, während Sonnenblumen vollkommen aus der Mode kämen und weder an Blumenständen noch in Handwerksläden oder Landküchen zu finden sein würden. Man würde die Distel voller Abscheu aus Brachflächen und überwucherten Gärten entfernen.

Ich versuchte, Trost in diesem kleinen und flüchtigen gesellschaftlichen Beitrag zu finden. Wenn ich nachmittags in dem Gewächshaus arbeitete, das ich auf dem Dach gebaut hatte, und die Hunderte von kleinen Tontöpfen auf ihren Drahtgestellen versorgte, redete ich mir ein, dass wegen des märchenhaften Erfolgs von Botschaft vielleicht irgendwo ein Mensch weniger zornig, weniger traurig war. Freundschaften würden stärker sein, Ehen länger halten.

Doch glaubte ich meinen eigenen Worten nicht. Ich durfte mir nicht wegen einer nicht greifbaren Leistung auf die Schulter klopfen, solange jeder meiner tatsächlichen Kontakte mit einem anderen Menschen nur Leid verursacht hatte: bei Elizabeth durch Brandstiftung und falsche Vorwürfe; bei Grant durch Verlassen und ein namenloses Kind, das ich nicht unterstützte.

Und dann war da meine Tochter. Ständig, ja, in jedem wachen Moment musste ich daran denken, dass ich sie weggegeben hatte. Ich hätte in Natalyas ehemaliges Schlafzimmer ziehen können, aber ich schlief immer noch in dem blauen Zimmer, allein und zusammengerollt in dem Raum, den wir früher gemeinsam bewohnt hatten. Jeden

Morgen, wenn ich aufwachte, rechnete ich bis auf den Monat und den Tag genau ihr Alter aus. Wenn ich redseligen Bräuten gegenübersaß, versuchte ich, mich an ihre fast kahlen, fragend nach oben gebogenen Augenbrauen und ihre sich rhythmisch öffnenden und schließenden Lippen zu erinnern. Mit der Zeit fühlte sich ihre Abwesenheit in der Wohnung an wie ein Lebewesen, das an der Plastikplane des Gewächshauses zerrte und in Form eines Lichtstrahls durch den Türspalt des blauen Zimmers hereinschien. Das Prasseln des Regens auf dem Flachdach klang wie ihr hungriges Saugen. Alle neunundzwanzig Tage wanderte das Mondlicht als langsames Quadrat über den Futon, wo wir in unserer letzten gemeinsamen Nacht gesessen hatten. Und jeden Monat erwartete ich beinahe, das Mondlicht würde sie zu mir zurückbringen. Stattdessen beleuchtete es nur meine Einsamkeit. Ich verharrte starr in seinem fahlen Schein und stellte mir vor, wie meine Tochter gewesen und was wohl aus ihr geworden war. Obwohl sie viele Kilometer entfernt war, spürte ich, wie sie sich mit jedem Tag veränderte, wuchs und sich entwickelte. Ohne mich. Ich sehnte mich danach, bei ihr und Zeugin ihrer Verwandlung zu sein.

Doch sosehr ich mich auch nach einem Wiedersehen sehnte, ich fuhr nicht hin. Mein Bedürfnis nach meiner Tochter erschien mir egoistisch. Sie Grant zu überlassen war das Liebevollste, was ich je getan hatte, und ich bereute es nicht. Meiner Tochter konnte nichts zustoßen, solange ich nicht in ihrer Nähe war. Grant würde sie lieben, wie er mich geliebt hatte, mit bedingungsloser Treue,

Fürsorglichkeit und Zärtlichkeit. Das war es, was ich mir für sie wünschte.

Ich bedauerte lediglich eines, und das hatte nichts mit meiner Tochter zu tun. In einem Leben voller Fehltritte, viele davon gewaltsam und ohne Not begangen, bereute ich nur das Feuer. Eine Ansammlung von Marmeladengläsern, eine Faust voller Streichhölzer und ein Denken bar jeder Vernunft hatten ein Inferno ausgelöst, das weitergelodert hatte, nachdem die letzte Flamme längst gelöscht war. Ergebnis war die Lüge gewesen, über die ich Elizabeth verloren hatte. Außerdem hatte sie während meiner acht Jahre in verschiedenen Einrichtungen so manche Auseinandersetzung ausgelöst und auch meinen Argwohn gegenüber Grant geschürt. Ich hatte mich geweigert zu glauben, dass er mich liebte oder dass er mich noch lieben würde, wenn er die Wahrheit kannte.

Grant nahm an, seine Mutter habe das Feuer gelegt, dem unser beider Leben zum Opfer gefallen war. Obwohl er nie darüber sprach, war mir klar, dass er ihr nicht verziehen hatte. Aber sie traf keine Schuld. Meinetwegen waren die Reben in Flammen aufgegangen. Meinetwegen war Elizabeth nicht zu Catherine gezogen. Meinetwegen hatte Grant seine Jugend damit verbracht, allein seine kranke Mutter zu pflegen. Ich wusste zwar nicht, auf welche Weise Catherine den Verstand verloren hatte, doch aus der Art, wie Grant mich liebte, schloss ich, dass es langsam und im Verborgenen geschehen war. Grant hatte Elizabeth ebenso gebraucht wie ich.

Nun war es zu spät. Der Weinberg war abgebrannt. Grant war seine ganze Jugend (mit Ausnahme der sechs Monate mit mir) allein gewesen. Ich hatte die einzige Frau verloren, die je versucht hatte, mir eine Mutter zu sein. Es war zu spät, umzukehren, zu spät, meine eigene Kindheit zu retten. Aber obwohl es zu spät war, quälte mich ein Gedanke ganz besonders: Ich wollte zurück zu Elizabeth. Mehr als alles auf der Welt wollte ich Elizabeths Tochter sein.

Mitte August war ich ebenso erschöpft von einem nicht enden wollenden Terminplan von Sommerhochzeiten wie von den nicht enden wollenden Gedanken an meine Tochter, Elizabeth und Grant. Ich verschanzte mich im blauen Zimmer. Zum ersten Mal, seit ich Botschaft gegründet hatte, schloss ich alle sechs Schlösser ab und verschlief sämtliche Termine in unserem Kalender. Marlena sprang für mich ein. Das Pfeifen des Kessels drang in meine Träume, wenn sie Tee für die Kunden kochte, aber ich verließ das Zimmer nicht. Die Schlösser verhinderten, dass ich in mein Auto stieg, geradewegs zum Wasserturm fuhr, in den zweiten Stock hinaufrannte und mir mein Baby zurückholte. In meiner Phantasie lag sie noch immer hilflos in ihrem Körbchen und starrte stumm an die Decke. In Wirklichkeit war sie bereits sechs Monate alt, konnte allein sitzen, nach Dingen greifen und vielleicht schon krabbeln.

Ich blieb fast eine ganze Woche in dem blauen Zimmer. Marlena störte mich nicht, aber jeden Morgen schob sie mir eine fotokopierte Seite unter der Tür durch. Es war unser Terminkalender für September, der sich unaufhörlich füllte, während die Tage vergingen. Ich hatte erwartet, dass mit dem zunehmend kühleren Wetter die Arbeit weniger werden würde, doch es schien, als hätten wir immer zu tun. Meine Angst, die anfallende Arbeit

nicht mehr zu schaffen, siegte über meine Teilnahms-
losigkeit. Ich nahm eine Banane aus dem Obstkorb, den
Marlena gefüllt hatte, und ging nach unten. Marlena saß
am Tisch und kaute auf dem Ende eines Bleistifts. Bei
meinem Anblick lächelte sie.

»Ich wollte schon zum Gathering House, um eine neue
Assistentin einzustellen«, meinte sie.

Ich schüttelte den Kopf. »Hier bin ich. Was kommt zuerst?«

Sie konsultierte den Kalender. »Bis Freitag nichts Wich-
tiges. Aber danach müssen wir sechzehn Tage durcharbeiten.«

Ich stöhnte auf, war aber in Wirklichkeit erleichtert. Blumen waren meine Fluchtmöglichkeit. Mit Blumen in der
Hand würde ich den Herbst vielleicht überstehen. Und
vielleicht würde die Zeit meine Wunden heilen. Zumindest hoffte ich das, auch wenn es sich bis jetzt nicht be-
wahrheitet hatte. Eher schien das Gegenteil zuzutreffen.
Mit jedem Tag, der verging, fühlte ich mich elender und
litt stärker an den Folgen meiner Entscheidung. Ich drehte mich um und wollte nach oben zurückkehren.

»Verkriechst du dich wieder in deiner Höhle?«, fragte
Marlena. Sie klang enttäuscht.

»Was soll ich sonst tun?«

Marlena seufzte. »Ich weiß nicht.« Sie hielt inne. Ich
wandte mich um. Offenbar wusste Marlena es doch, hatte aber Schwierigkeiten, es in Worte zu fassen. »Neben
dem Flora hat ein neuer Sandwichladen aufgemacht«,
meinte sie schließlich. »Ich dachte, wir könnten uns dort
etwas zum Mittagessen holen und dann eine Spazierfahrt
unternehmen.«

»Eine Spazierfahrt?«

»Genau.« Sie schaute zum Fenster hinaus auf die Straße. »Um sie zu sehen.«

Marlena meinte meine Tochter. Doch für den Bruchteil einer Sekunde, bevor mir das klarwurde, glaubte ich, dass sie von Elizabeth sprach, und es erschien mir genau das zu sein, was ich tun musste. Ich kannte ihre Adresse und den Weg dorthin. Auch wenn es zu spät war, als ihr Kind in ihrem Haus zu wohnen, so konnte ich mich zumindest für meine Tat entschuldigen.

Als ich nicht sofort antwortete, blickte Marlena mich mit hoffnungsfroher Miene an.

Ich schüttelte den Kopf. Ich hatte sie gebeten, meine Tochter mit keinem Wort zu erwähnen, und bis zu diesem Moment hatte sie sich daran gehalten. »Bitte nicht«, sagte ich.

Marlena sank das Kinn auf die Brust, so dass sie einen Moment lang so halslos aussah wie ein Neugeborenes.

»Dann also bis Freitag«, fügte ich hinzu, drehte mich um und ging die Treppe hinauf.

Die ganze Nacht malte ich mir aus, wie ich mich ins Auto setzte und zu Elizabeth fuhr. Ich stellte mir die lange staubige Auffahrt und die an den Reben knospenden Blätter vor. Die Nachmittagssonne warf den rechteckigen Schatten des abblätternden weißen Hauses auf den Boden. Mit vor der Brust verschränkten Armen saß Elizabeth am Küchentisch, den Blick auf die Tür gerichtet, als hätte sie auf mich gewartet.

Der Gedanke, dass es das alles nicht mehr geben könnte, ließ das Bild auseinanderstieben. Vielleicht war nicht nur der viele Quadratkilometer große Weinberg abgebrannt, sondern auch der Küchentisch, die Fliegengittertür und das gesamte Haus. In all meiner Zeit mit Grant hatte ich ihn kein einziges Mal gefragt, wie viel Schaden das Feuer angerichtet hatte. Nie war ich auf der Straße, vorbei an der Gärtnerei, weitergefahren. Ich hatte es nicht wissen wollen.

Ich konnte nicht hinfahren, denn ich hätte den Anblick nicht ertragen. Nicht einmal, um mich bei Elizabeth zu entschuldigen.

Doch nachdem die Idee erst einmal entstanden war, konnte ich sie auch nicht mehr loslassen.

Vielleicht würde ich es ja schaffen zu vergessen, wenn ich um Verzeihung bat. Möglicherweise würden die Träume dann aufhören, so dass ich, in dem Wissen, dass Elizabeth meine Reue verstand, ein ruhiges, wenn auch einsames Leben führen konnte.

Und so verkroch ich mich in mein blaues Zimmer und überlegte, wie ich es am besten anstellen sollte. Es wäre ein Leichtes gewesen, ihr einen Brief zu schreiben. Nachdem ich ihre Adresse damals erfahren hatte, hatte ich sie nie mehr vergessen. Allerdings durfte ich auf dem Umschlag keinen Absender angeben, da ich sonst befürchten musste, dass Elizabeth eines Tages vor meiner Tür stehen würde. Und ohne Absender konnte Elizabeth mir nicht antworten. Obwohl ich nicht glaubte, dass ich es aushalten würde, ständig aus dem Fenster zu schauen, immer damit rechnend, dass ihr alter grauer Pick-up am Straßenrand hielt, sehnte ich mich verzweifelt nach ihrer Reaktion. Schriftlich würde ich mit ihrer Wut und Enttäuschung zurechtkommen. Vielleicht würden sie mir nach den jahrelangen Schuldgefühlen sogar ein wenig Erleichterung verschaffen.

Als die Sonne aufging, wusste ich, was ich tun musste: Ich würde Elizabeth einen Brief schreiben und als Absenderadresse das Flora angeben. Renata würde mir einen Brief bringen, wenn einer für mich eintreffen würde. Ich öffnete die Tür des blauen Zimmers einen Spalt weit und lauschte, ob Marlena schon da war. Die Wohnung war still. Ich ging nach unten, setzte mich an den Tisch wie zu einer Blumenberatung und griff nach einem Blatt Reispapier und einem blauen Filzstift. Meine Hand zitterte, als der Stift über der Seite schwebte.

Zuerst schrieb ich das Datum in die obere rechte Ecke, wie Elizabeth es mir beigebracht hatte. Immer noch zitternd, kritzelte ich dann ihren Namen. Da ich mich nicht erinnerte, ob darauf ein Doppelpunkt oder ein Komma folgte, schrieb ich nach kurzem Zögern beides hin. Vor Nervosität war meine Handschrift unsauber und kein Vergleich zu der Vollkommenheit, die Elizabeth stets eingefordert hatte. Ich knüllte das Papier zusammen, warf es auf den Boden und fing von vorne an.

Eine Stunde später nahm ich das letzte Blatt Papier. Zusammengeballte Entwürfe waren rings um mich herum im Zimmer verstreut. Diesmal musste es klappen, egal wie. Der Druck, dass es sich um das letzte Blatt handelte, ließ meine Hand noch mehr zittern. Die Handschrift sah aus wie die eines kleinen Kindes, das sich der Form der einzelnen Buchstaben noch nicht sicher ist. Elizabeth würde enttäuscht sein. Dennoch machte ich langsam und zielstrebig weiter, und es gelang mir schließlich, eine einzige Zeile zu Papier zu bringen:

*Ich habe das Feuer gelegt. Entschuldige. Es tut mir
bis heute leid.*

Danach unterschrieb ich. Der Brief war kurz, und ich befürchtete, dass Elizabeth ihn als unhöflich oder unehrlich
empfinden würde. Doch es gab sonst nichts zu sagen.
Also steckte ich das Blatt in einen Umschlag, klebte ihn
zu und adressierte und frankierte ihn.
Auf den Briefmarken, die ich gekauft hatte, war eine
gelb-weiße Osterglocke – *Neuanfang* – auf rotem Hintergrund abgebildet. Goldene Buchstaben wünschten
Glück zum chinesischen Neujahrsfest. Elizabeth würde
das nicht entgehen.
Rasch lief ich zur Straßenecke, hob den schweren Deckel
des Briefkastens an und schob den Brief hinein, bevor ich
Zeit hatte, es mir anders zu überlegen.

2.

Eines Nachmittags im September saß ich in meinem
großen, leeren Büro auf dem Klappstuhl, kontrollierte aus Gewohnheit die alphabetische Ordnung meiner
Karten und wartete auf das Brautpaar. Die beiden würden zwar erst im nächsten April heiraten, hatten aber
darauf bestanden, mich schon jetzt zu treffen. Die Braut
wollte alles – von der Farbe der Gedecke bis hin zum
Text des Liedes für den ersten Tanz – auf die Auswahl der
Blumen abstimmen. Ich hatte zwar im Laufe der Jahre
mit zahlreichen Bräuten zu tun gehabt, doch Musik und
Blumen miteinander in Einklang zu bringen war sogar

für mich etwas Neues. Ich freute mich nicht auf diese Besprechung.

Ich sah auf die Uhr. Viertel vor fünf. In einer Viertelstunde würden meine Kunden erscheinen. Zeit, um Tee zu kochen. Ich trank ausschließlich einen starken Chrysanthementee, den ich in Chinatown kaufte. Die Blüten entfalteten sich und schwammen in der dunklen Flüssigkeit. Eine hübsche Note für meine Sitzungen. Meine Kunden rechneten inzwischen fest damit.

In der Küche machte ich eine Kanne Tee und trank eine Tasse, bevor ich wieder nach unten ging. Die Braut war eingetroffen und saß auf den Stufen vor den Glastüren. Sie war allein und blickte die Straße entlang. An ihrem steifen Rücken erkannte ich ihre Ungeduld. Ihr Verlobter war entweder zu spät dran oder kam gar nicht. Das war ein schlechtes Vorzeichen für eine Hochzeit, und Bräute wussten das.

Vor längerem hatte ich begriffen, dass mein geschäftlicher Erfolg davon abhing, dass ich nur Hochzeiten von Paaren betreute, deren Ehe auch Bestand haben würde. Daher hatte ich bereits mehr als einmal ein Paar abgewiesen, das zu spät kam oder sich beim Betrachten der Karten angiftete.

Ich stellte das Tablett ab und ging zur Tür. Ich presste die Handflächen gegen die Glastür und hielt ruckartig inne. Draußen quietschten Bremsen. Im nächsten Moment raste ein alter grauer Pick-up an meiner Tür vorbei. Elizabeth saß am Steuer. Am Stoppschild an der steilen Ecke rollte der Pick-up erst rückwärts und verschwand dann den Hügel hinauf. Ich machte kehrt, rannte nach oben in Natalyas ehemaliges Schlafzimmer, wo ich mich unter dem Fenster hinkauerte, und wartete darauf, dass der Pick-up zurückkam.

Nur knapp fünf Minuten später war er wieder da. Elizabeth hatte beim Bergabfahren weniger Mühe als bergauf. Einen Sekundenbruchteil später war sie um die Ecke gebogen und nicht mehr zu sehen. Ich nahm zwei Stufen auf einmal und ging hinaus. Die Braut auf der Vortreppe stand auf, als sie mich sah.

»Tut mir leid«, sagte sie rasch. »Er muss jeden Moment hier sein.«

Doch er würde nicht kommen. Ihre Entschuldigung klang einstudiert, so als nehme sie ihren Verlobten schon seit Monaten oder Jahren mit dieser Ausrede in Schutz.

»Nein«, entgegnete ich. »Wird er nicht.« Vielleicht lag es am Chrysanthementee, aber ich wollte plötzlich, dass sie die Wahrheit erfuhr. Sie öffnete den Mund, um zu widersprechen, aber mein Gesichtsausdruck ließ sie innehalten.

»Sie kümmern sich also nicht um unsere Blumen, richtig?«, fragte sie. Die Frau wandte sich ab, sie kannte die Antwort bereits. Sie würde zu Renata gehen; alle taten das. Renata hatte als Einzige das gleiche Blumenwörterbuch wie ich. Als wir mehr Aufträge erhielten, als wir annehmen konnten, hatte ich Marlena gebeten, für Renata eine Kopie des Wörterbuches anzufertigen. Täglich schickten wir Kunden zum Flora.

Ich ging den Hügel hinauf und sah, dass Renata mir von oben entgegenkam. Wir trafen uns in der Mitte, so wie Grant und ich damals an dem Nachmittag, an dem er mir die Jonquille gebracht hatte. Sie hatte einen hellrosafarbenen Umschlag in der Hand. Mit zitternden Fingern nahm ich ihn entgegen. Dann setzte ich mich auf den Randstein und legte den Umschlag auf meinen Schoß. Renata ließ sich neben mir nieder.

»Wer ist sie?«, erkundigte sie sich.

Der Umschlag auf meinem Schoß fühlte sich heiß an, so dass ich ihn zwischen uns auf dem Gehweg deponierte. Ich betrachtete die Linien meiner leeren Handflächen, als suchte ich nach der Antwort auf Renatas Frage.

»Elizabeth«, erwiderte ich leise.

Wir schwiegen. Renata hakte nicht nach, doch als ich aufblickte, zeigte sich noch immer Ratlosigkeit in ihrem Gesicht, als hätte ich nichts gesagt. Wieder musterte ich meine Hände. »Sie wollte meine Mutter sein.«

Renata schnalzte mit der Zunge und ließ den Kopf sinken. Mit einem kurzen Fingernagel stocherte sie an einem funkelnden Stück Metall im Beton herum, aber es lockerte sich nicht. »Und?«, meinte sie. »Was hast du getan?«

Eine Frage wie diese hätte auch von Meredith kommen können, nur dass sie bei Renata mehr interessiert als vorwurfsvoll klang.

»Ich habe ein Feuer gelegt.«

Zum ersten Mal sprach ich diese Worte laut aus. Bei dem Bild, das dabei entstand, stieg mir ein Kloß in der Kehle hoch. Ich kniff die Augen zusammen.

»Meine kleine Zündlerin«, sagte Renata. Sanft legte sie ihren Arm um meine Schulter und zog mich zu sich hin. »Warum wundert mich das nicht?«

Ich sah sie an. Sie lächelte zwar nicht, aber ihr Blick war warm. »Und?«, fragte ich. »Warum nicht?«

Renata strich mir eine Haarsträhne aus den Augen, ihre Finger streiften meine Stirn. Ihre Haut war weich. Ich lehnte mich an sie, mein Ohr war an ihre Schulter gepresst, so dass ihre Worte abgedämpft wurden. »Erinnerst du dich noch an den Morgen, als wir uns kennengelernt haben?«, fragte Renata. »Du hast auf meiner Treppe gestanden und Arbeit gesucht, und ein paar Stunden später bist du mit einem Beweis deines Könnens zurückgekommen. Du hast mir die Blumen gegeben wie eine Entschuldigung, obwohl du gar nichts falsch gemacht hattest und obwohl der Strauß so vollkommen war, wie ich es bei einem Wildblumenstrauß noch nie erlebt hatte. Mir war sofort klar, dass du dich wertlos fühlst. Dass du glaubst, einen unverzeihlichen Makel an dir zu haben.«

Ich hatte diesen Morgen noch deutlich vor Augen und wusste, wie sehr ich befürchtet hatte, sie könnte die Wahrheit über meine Obdachlosigkeit und meine Vergangenheit herausfinden. »Warum hast du mich dann eingestellt?«, sagte ich.

Renata drehte sich zu mir um und legte mir die Hand auf den Wangenknochen. Sie griff nach meinem Kinn und drehte mein Gesicht zu sich um. Ich schaute ihr in die Augen.

»Denkst du wirklich, du wärst der einzige Mensch auf der Welt, der einen unverzeihlichen Makel mit sich herumträgt? Der so verletzt worden ist, dass er beinahe daran zerbrochen wäre?«

Sie sah mich eindringlich an. Als sie die Augen senkte, wurde mir klar, dass sie verstanden hatte: Ja, ich dachte tatsächlich, ich sei die Einzige. »Ich hätte jemand anderen beschäftigen können. Jemanden, der vielleicht weniger Gepäck mit sich herumträgt oder es besser verbergen kann. Doch niemand hätte so viel Talent für Blumen gehabt wie du, Victoria. Es ist wirklich eine Gabe. Wenn du mit Blumen arbeitest, veränderst du dich völlig. Dein Kiefer lockert sich. Deine Augen sind vor Konzentration ganz glasig. Deine Finger hantieren so sanft und respektvoll mit den Blumen, dass man dir niemals Gewalttätigkeit zutrauen würde. Ich werde nie vergessen, wie sehr mir das am ersten Tag aufgefallen ist. Als ich beobachtet habe, wie du in der Werkstatt Sonnenblumen arrangiert hast, hatte ich den Eindruck, ein anderes Mädchen vor mir zu haben.«

Ich kannte das Mädchen, von dem sie sprach. Es war dasselbe, auf das ich im Spiegel der Umkleidekabine nach einem knappen Jahr in Elizabeths Haus einen Blick hatte erhaschen dürfen. Vielleicht hatte dieses Mädchen ja doch irgendwo in mir überlebt, bewahrt wie eine getrocknete Blume, brüchig und duftend.

Renata griff nach dem Umschlag und schwenkte ihn zwischen uns durch die Luft.

»Soll ich?«, fragte sie.

3.

Als der Hammer auf die Richterbank schlug, pustete ich die weißen baumwollartigen Knospen, die ich nebeneinander aufgereiht hatte, vom Tisch. Sie verteilten sich auf dem Boden des Gerichtssaals. Elizabeth stand auf.

Die Blumen hatten bei meiner Ankunft auf meinem Platz gelegen, ein Gewirr von Schleierkraut – *immerwährende Liebe* –, das sich in der polierten Tischplatte spiegelte.

Weiche runde Bäusche, abgebildet im glatten Holz. Sie fühlten sich unter meinen Fingerspitzen steif und trocken an, so als hätte Elizabeth sie für unseren ersten Gerichtstermin gekauft, bevor die Anhörung wieder und wieder vertagt worden war. Schleierkraut welkte und faulte nicht. Es wurde zwar mit der Zeit immer mürber, veränderte aber nicht seine Gestalt. Deshalb hatte Elizabeth keinen Grund gehabt, einen neuen Strauß zu besorgen.

Während Elizabeth vor der Richterin stand und in ordentlicher Reihenfolge eine lange Liste von Vorwürfen zurückwies, zerbrach ich die braunen, blütenlosen Stengel zu Stücken von zwei Zentimetern Länge und arrangierte sie wie ein Vogelnest mitten auf dem Tisch. Eine Pause entstand. Im Gerichtssaal herrschte Stille. Elizabeths Antrag hallte mir in den Ohren wider: *Ich möchte Sie bitten, Victoria ab sofort wieder meiner Obhut zu überstellen.* Ich wagte nicht aufzublicken, weil ich befürchtete, man könnte meinen Augen die Sehnsucht anmerken. Doch als die Richterin wieder das Wort ergriff, wies sie Elizabeth nur an, zu ihrem Platz zurückzukehren. Offenbar fand sie, dass ihre Bitte keine Antwort verdient hatte. Elizabeth setzte sich.

Meredith saß zwischen mir und Elizabeth an dem langen Tisch. Links und rechts von uns hatten sich die Anwälte niedergelassen. Mein Anwalt war klein und dicklich und schien sich in seinem Anzug unwohl zu fühlen. Während die Richterin sprach, beugte er sich vor und zupfte hinten an seinem Hemdkragen. Sein Notizblock war leer, und er hatte anscheinend auch gar keinen Stift dabei. Außerdem schaute er unter dem Tisch auf die Uhr. Er wollte gehen.

Ich ebenfalls. Nur mit halbem Ohr hörte ich zu, als Meredith und die Richterin erörterten, wie viel Zuwendung ich brauchte. Ich schob meine Sammlung zerbrochener Stengel auf dem Tisch herum und arrangierte sie zu einem Fisch mit drei Flossen, einer spitzen Krone und einem schiefen Herzen. Das vergängliche Häufchen lenkte mich von Elizabeths Nähe, nur knapp fünf Armeslängen von mir entfernt, ab. Eine betreute Wohngemeinschaft Stufe zehn, ordnete die Richterin an, und zwar sobald ein Platz frei sei. Meredith notierte die Entscheidung in meiner Fallakte und durchquerte, einen dicken Papierstapel in der Hand, den Gerichtssaal. Die Richterin hielt inne, forderte Meredith auf, meinen Namen in alle Wartelisten von Übergangswohnheimen einzutragen, und unterzeichnete dann auf der ersten Seite. Wenn ich in acht Jahren für volljährig erklärt wurde, würde ich immer noch allein sein. Die Worte der Richterin bestimmten über meine Zukunft, ohne sich genau festzulegen.

Die Richterin räusperte sich. Meredith nahm wieder Platz. In dem Schweigen, das nun folgte, wurde mir klar, dass die Richterin darauf wartete, dass ich den Kopf hob. Aber ich tat es nicht. Stattdessen bohrte ich mit dem Finger ein Loch in das Zweigherz, das ich gelegt hatte, und zog es auseinander, bis ich mein eigenes Spiegelbild auf der Tischplatte sah. Ich war überrascht, wie alt ich wirkte. Und wie zornig. Trotzdem schaute ich nicht auf.

»Victoria«, sagte die Richterin schließlich. »Hast du uns etwas mitzuteilen?«

Ich antwortete nicht. Die Staatsanwältin, die auf der anderen Seite meines Anwalts saß, klopfte mit langen lackierten Fingernägeln auf die Tischplatte. Rote Ovale, auf runzelige Hände geklebt. Sie wollte, dass ich in einem Strafprozess gegen Elizabeth aussagte. Doch ich weigerte mich.

Langsam stand ich auf. Aus den Taschen zog ich rote Nelken mit sich braun verfärbenden Köpfen, die ich von einem Feiertagsstrauß im Geschenkeladen des Krankenhauses abgepflückt hatte. Über zwei Monate nach der Brandnacht war ich noch immer im Krankenhaus und von der Abteilung für Brandverletzte in die Psychiatrie verlegt worden, bis Meredith eine Unterkunft für mich finden würde.

Ich duckte mich unter dem Tisch durch und marschierte durch den Gerichtssaal.

»Ich will, dass du über die Folgen deiner Aussageverweigerung nachdenkst«, verkündete die Richterin, als ich vor ihr angelangt war. »Hier geht es nicht nur darum, für deine Rechte und das Gesetz einzutreten, sondern auch um den Schutz anderer Kinder.«

Die Erwachsenen im Raum hielten Elizabeth für eine Bedrohung. Die Vorstellung war so absurd, dass ich beinahe laut losgelacht hätte. Allerdings wusste ich, dass ich zu weinen anfangen würde, wenn ich lachte. Und wenn ich weinte, würde ich vielleicht nie wieder aufhören können.

Stattdessen türmte ich die roten Nelken auf der Richterbank auf. *Mein Herz bricht.* Es war das erste Mal, dass ich jemandem, der die Bedeutung nicht verstand, Blumen schenkte. Die Handlung fühlte sich umstürzlerisch an und verlieh mir ein seltsames Machtgefühl. Als ich mich umdrehte, erhob sich Elizabeth, die die Bedeutung der Blumen begriff. Wir standen einander gegenüber, und in diesem kurzen, wortlosen Moment brannte die Energie zwischen unseren Körpern, so heiß wie das Feuer, das uns auseinandergerissen hatte.

Ich rannte los. Die Richterin schlug mit dem Hammer auf den Tisch; Meredith rief, ich solle zurückkommen. Ich stieß die Türen des Gerichtssaals auf, stürmte sechs Treppen hinunter, öffnete den Notausgang und trat hinaus.

In der hellen Nachmittagssonne blieb ich stehen. Es spielte keine Rolle, in welche Richtung ich floh. Meredith würde mich wieder einfangen. Sie würde mich zurück ins Krankenhaus fahren, mich in einer betreuten Wohngemeinschaft unterbringen oder mich in ein geschlossenes Heim stecken. Acht Jahre lang würde ich von einer Einrichtung in die andere umziehen, wenn sie mich holen kam. Dann, an meinem achtzehnten Geburtstag, würde ich für volljährig erklärt werden und allein sein.

Ich zitterte. Es war ein kalter Dezembertag. Der blaue Himmel trog. Ich legte mich an Ort und Stelle auf den Boden und presste die Wange an den warmen Beton.

Ich wollte nach Hause.

4.

Zehn Jahre später bedeutete ich Elizabeth noch immer etwas.

Ihr Brief, zu einem kleinen Quadrat gefaltet und in den BH gesteckt, schabte an meiner Haut, als ich arbeitend neben Marlena saß. *Ich habe dich im Stich gelassen*, hatte sie geschrieben. *Auch ich bereue es bis heute.* Und dann, ganz unten, unmittelbar über ihrem Namen: *Bitte, bitte, komm nach Hause.* Zwei oder drei Mal pro Stunde holte ich den Brief heraus und las die kurzen Sätze noch einmal, bis ich nicht nur die Worte auf der Seite, sondern auch die Form jedes Buchstabens auswendig kannte. Marlena fragte nicht nach, sondern arbeitete einfach schneller, um meine Geistesabwesenheit auszugleichen.

Ich würde zu Elizabeth fahren. Das hatte ich beschlossen, als ich auf dem Randstein neben Renata gesessen und den Brief zum ersten Mal gelesen hatte. Als ich aufstand, wäre ich am liebsten sofort zu meinem Auto gelaufen, über die Brücke und dann über Land zu ihrem Weinberg gefahren. Doch dann sah ich Marlena arbeiten, und ich ging zu ihr, um einen Strauß neu zu arrangieren, hielt kurz inne und griff nach dem nächsten Strauß. Stunden verstrichen. Wir hatten am nächsten Tag einen runden Geburtstag, danach zwei Hochzeiten, die dicht aufeinanderfolgten. Im Herbst herrschte mittlerweile ebenso Hochbetrieb wie während der Sommermonate, da zahlreiche abergläubische Bräute lieber an einem Sonntag im Spätherbst heirateten, als eine andere Floristin zu beschäftigen. Diese Frauen mochte ich am allerwenigsten. Sie waren nicht wohlhabend genug, um die übrigen Bräute in den Sommermonaten einfach zu überbieten und freudig eine stilvolle Traumhochzeit zu planen, hatten jedoch genug Geld, um in denselben Kreisen wie diese zu verkehren und sich ständig neidisch mit ihnen zu vergleichen. Meine Herbstbräute waren unentschlossen, während ihre zukünftigen Ehemänner zu viel Nachsicht mit ihnen zeigten. Mehr als einmal waren Marlena und ich zu einer Besprechung in letzter Minute herbeizitiert worden, in der alles bisher Geplante einen Tag vor der Hochzeit umgeworfen wurde, so dass wir wieder ganz von vorne anfangen mussten.

Doch es waren nicht nur die Anforderungen unseres Terminkalenders, die mich neben Marlena ausharren ließen. Die freudige Erkenntnis, dass Elizabeth mich nicht zurückwies, hatte den Schmerz des letzten Jahrzehnts und sogar meine ständige Sehnsucht nach meiner Tochter gelindert. Solange ich nicht hinfuhr, blieben die Versprechen in Elizabeths Brief bestehen. Wenn ich an ihre Tür klopfte, riskierte ich die Begegnung mit einer Frau, die anders war als in meiner Erinnerung – zweifellos älter, aber vielleicht auch trauriger oder zorniger –, eine Gefahr, vor der mir graute.

In dieser Nacht schlief ich unruhig, immer wieder wachte ich auf mit dem Wunsch, zu Elizabeth zu fahren. Doch am Morgen war die Anziehungskraft des Weinbergs geringer geworden.

Ich beschloss, eine Woche zu warten, höchstens zwei, und dann würde ich sie aufsuchen und wäre vorbereitet für alles, was mich dort erwarten könnte.

Ich war bereits geduscht und angezogen, als das Telefon läutete. Caroline. Ich hatte ihren Anruf erwartet. Während unserer Beratung zeigte sich, dass Caroline nicht wusste, was sie wollte, weder von einer Floristin noch von einer Beziehung. Außerdem wurde sie weinerlich, sobald ich ihr eine Frage stellte, die sie nicht beantworten konnte – also alles, was komplizierter war als ihr Name oder der Hochzeitstermin. Ich hätte sie gleich am Anfang abweisen sollen, aber ich mochte Mark, ihren Verlobten, vermutlich der Grund, warum ich den Auftrag annahm.

Er neckte sie auf eine Art und Weise, die eher aufbauend als abwertend wirkte.

Ich nahm beim ersten Läuten ab. Während ich noch überlegte, ob ich sie zu einem Besuch auffordern oder Zeitnot vorschützen sollte, ging ich durchs Schlafzimmer und sah sie auf der anderen Straßenseite am Randstein sitzen. Sie blickte zu mir hinauf. Mark saß neben ihr. Sie hatte die Fäuste geballt, öffnete jedoch eine Hand und winkte. Ich zog das Fenster hoch und legte auf.

»Okay, einen Moment bitte«, sagte ich wie damals Natalya, als ich zum ersten Mal an ihre Tür geklopft hatte. Und wie Natalya ließ ich mir Zeit. In der Küche machte ich eine Tasse Tee, pochierte Eier und Toast. Wenn wir mit den Sträußen wieder von vorne anfangen mussten – und dessen war ich ziemlich sicher –, würde ich vermutlich die nächsten vierundzwanzig Stunden durcharbeiten. Deshalb aß ich gemächlich und trank zwei Gläser Milch, bevor ich die Treppe hinunterstieg.

Als ich die Tür öffnete, fiel Caroline mir um den Hals. Sie war zwar schon um die dreißig, trug ihr Haar aber zu zwei langen Zöpfen geflochten, eine Frisur, die sie jünger wirken ließ. Sie setzte sich mir gegenüber an den Tisch, und ich stellte fest, dass sie Tränen in den blauen Augen hatte.

»Morgen ist die Hochzeit«, verkündete sie, als ob ich das vergessen haben könnte. »Und ich glaube, ich habe alles falsch gemacht.« Sie schnappte nach Luft und schlug sich mit der flachen Hand auf die Herzgegend.

Mark nahm neben ihr Platz und klopfte ihr mit der geballten Faust auf den Rücken. Sie lachte und bekam Schluckauf. »Sie gibt sich Mühe, nicht zu weinen«, sagte er. »Wenn sie so kurz vor der Hochzeit weint, sieht man das nämlich ganz bestimmt auf den Fotos.«

Caroline lachte wieder, und eine Träne kullerte ihr aus dem Augenwinkel. Sie wischte sie mit einem manikürten Fingernagel weg und küsste Mark. »Er versteht nicht, wie wichtig es ist«, erwiderte sie. »Er ist Alejandra und Luis nie begegnet und weiß nicht, was während ihrer Flitterwochen passiert ist.«

Ich nickte, als erinnerte ich mich an dieses Paar und die Blumen, die ich für die beiden ausgesucht hatte. »Also, was kann ich für Sie tun?«, fragte ich so geduldig wie möglich.

»Kennen Sie die alte Frage, welche fünf Speisen Sie sich aussuchen würden, wenn Sie sich für den Rest Ihres Lebens ausschließlich davon ernähren müssten?« Ich nickte wieder, obwohl mir diese Frage noch nie gestellt worden war. »Nun, ich muss ständig daran denken. Die Blumen für eine Hochzeit auszuwählen ist, als ob man sich für die fünf Eigenschaften entscheidet, die man sich *für den Rest des Lebens* für seine Beziehung wünscht. Wie soll man sich da entscheiden?«

»Bei ihr klingt *für den Rest des Lebens,* als handle es sich bei der Ehe um eine tödliche Krankheit«, merkte Mark an.

»Du weißt genau, was ich meine«, erwiderte sie und betrachtete ihre Hände.

Ich hörte ihnen nur mit halbem Ohr zu und dachte über die fünf Speisen nach, die ich mir aussuchen würde. Eindeutig Donuts. Musste ich mich auf eine Sorte festlegen oder konnte ich einfach nur gemischt sagen? Gemischt, beschloss ich, mit Schwerpunkt auf Ahornsirup.

Caroline und Mark erörterten rote Rosen und weiße Tulpen, Liebe oder Liebeserklärung.

»Aber woher soll ich wissen, ob du mich liebst, wenn du es nicht äußerst?«, fragte Caroline.

»Oh, das wirst du schon noch feststellen«, meinte Mark, zog die Augenbrauen hoch und fuhr ihr mit den Fingern vom Knie an den Oberschenkel hinauf.

Ich schaute aus dem Fenster. Donuts, Brathähnchen, Käsekuchen und Kürbissuppe, extrascharf. Noch eines. Wenn ich bei dieser Phantasiediät länger als ein Jahr überleben wollte, musste Obst oder Gemüse dabei sein, doch mir fiel nichts ein, was mir gut genug geschmeckt hätte, um es jeden Tag zu essen. Ich klopfte mit den Fingern auf den Klapptisch und blickte aus dem Fenster zu dem für diese Jahreszeit ungewöhnlich blauen Himmel.

Und plötzlich kannte ich die Antwort und wusste, dass ich auf der Stelle losfahren musste, um Elizabeth zu sehen. Die Trauben waren reif. Ich hatte die warmen Herbsttage gezählt: zwölf am Stück. Und nun, da die Sonne in schrägen, staubflockengeschwängerten Strahlen in den Raum fiel, war ich sicher, dass die Trauben erntereif waren. Außerdem war ich überzeugt, dass Elizabeth sie noch nicht entdeckt hatte. Keine Ahnung, woher ich diese Gewissheit nahm. Es war einfach so, auf eine Weise, wie einige Mütter und Töchter, einst mit einer Nabelschnur verbunden, es spürten, wenn eine von ihnen krank war oder in Gefahr schwebte, noch ehe man es ihnen erzählte. Ich stand auf. Caroline und Mark diskutierten inzwischen über die Vorzüge von Sonnwende und wilder Geranie. Wer die Tulpen-Rosen-Debatte gewonnen hatte, hatte ich verpasst.

»Warum schränken Sie sich eigentlich so ein?«, fragte ich, unfreundlicher als beabsichtigt. »Ich habe nie von Ihnen verlangt, dass Sie sich bei Ihrem Strauß auf eine bestimmte Anzahl von Blumensorten festlegen.«

»Aber wer hat je eine Braut gesehen, die fünfzig verschiedene Blumensorten im Strauß hat?«, fragte Caroline.

»Dann begründen Sie eben einen neuen Trend«, entgegnete ich. Caroline gehörte zu den Frauen, die sicher gerne einen neuen Trend in die Welt setzten. Ich holte meinen Spiralblock und einen Stift heraus. »Schauen Sie sich eine Karte nach der anderen in den Kartons an und schreiben Sie jede Eigenschaft auf, die Sie sich für Ihre Ehe wünschen. Wir stellen in letzter Minute alles zusammen«, forderte ich sie auf. »Doch erwarten Sie nicht, dass die Kleider der Brautjungfern dazu passen.«

»Die Kleider sind hellgrün«, erklärte Caroline verlegen, als habe sie sie in Erwartung genau dieses Moments gekauft. »Sie passen zu allem.«

Ich war bereits halb die Treppe hinauf. Ich musste Marlena anrufen. Sie konnte den Auftrag auch ohne mich abwickeln und würde es schnell und professionell tun. Ihre Arrangements waren zwar keine Schönheiten – obwohl sie im Laufe der Monate dazugelernt hatte –, doch sie kannte die Bedeutung jeder einzelnen Blume auswendig und würde keine Scharlachpelargonie mit einem Storchenschnabel verwechseln. Der Ruhm von Botschaft gründete sich auf den Inhalt der Sträuße, nicht auf den künstlerischen Wert der Arrangements, und was das anging, machte Marlena niemals einen Fehler.

Sie nahm nach dem ersten Läuten ab. Auch sie hatte auf diesen Anruf gewartet.

»Komm her«, sagte ich. Marlena stöhnte auf. Ich hängte ein, ohne ihr zu verraten, dass ich bei ihrer Ankunft nicht da sein würde und dass Caroline und Mark gerade den möglicherweise kompliziertesten Hochzeitsstrauß zusammenstellten, den es je in der Geschichte von San Francisco gegeben hatte. Kein Grund, sie in Sorge zu versetzen.

Ich griff nach meinen Schlüsseln und nahm zwei Stufen auf einmal.

»Marlena ist unterwegs«, meinte ich zu Caroline und Mark, als ich zur Tür hinausging.

Ich fuhr die Landstraße entlang, wie ich es so oft mit Grant, allein und dann, beim letzten Mal, mit dem Baby getan hatte. Als ich an der Gärtnerei vorbeikam, hielt ich mir die Handfläche an die linke Schläfe, um nicht zur Seite schauen zu können. Also sah ich weder das Haus noch den Wasserturm oder die Blumen. Ich hatte all meinen Mut zusammengenommen, um Elizabeth zu besuchen. Doch ich wollte nicht am selben Tag eine Begegnung mit Grant oder meiner Tochter riskieren.

Gegenüber von Elizabeths Auffahrt hielt ich am Straßenrand. Ein Schulbus fuhr an mir vorbei, danach ein überfüllter brauner Kombi mit offenen Fenstern, aus denen Musik dröhnte. Als ich sie nicht mehr hören konnte, trat ich in die stille Landschaft hinaus und blickte zur anderen Straßenseite.

Der Weinberg war genauso, wie ich ihn in Erinnerung hatte. Die lange Auffahrt, das Haus in der Mitte, die Reben, die sich in Reihen parallel zur Straße erstreckten. Ich lehnte mich an mein Auto und hielt Ausschau nach Anzeichen des Schadens, den ich angerichtet hatte. Der Weinberg war teilweise neu gepflanzt, die verkohlte Erde ausgetauscht worden; und die Asche war längst verschwunden. Selbst die Disteln waren an den Platz zurückgekehrt, an dem sie, damals ebenso groß und trocken wie heute, gewachsen waren, als ich das Feuer legte. Nur die Dicke der Rebstöcke verriet die Geschichte der Feuersbrunst: Im südöstlichen Teil des Weinbergs waren die Stämme der Reben nur halb so dick wie auf der anderen Seite der Auffahrt. Die Blätter der jungen Pflanzen waren eine Schattierung hellgrüner, und es hingen eindeutig mehr Früchte an den Reben. Ich fragte mich, ob die Qualität der Trauben Elizabeths Ansprüchen schon genügte.

Ich überquerte die Straße. Das Haus sah aus wie immer, doch die Schuppen waren verschwunden. Wahrscheinlich niedergebrannt, dachte ich. Carlos' Wohnwagen war ebenfalls fort. Allerdings bezweifelte ich, dass das Metall geschmolzen war. Vermutlich hatte er eine andere Stelle gefunden oder war weggezogen, woraufhin Elizabeth den Wohnwagen entfernt hatte. Ohne die verfallenen Nebengebäude erinnerte das Haus eher an ein schickes Hotel als an einen Weinbaubetrieb. Die weiße Farbe leuchtete makellos, auf der Veranda standen zwei Schaukelstühle aus rotem Holz. In der Küche, vor deren Fenster ein Spitzenvorhang hing, brannte Licht.

Ich blieb auf der untersten Stufe stehen und hörte ein Geräusch wie von einem Stein, der platschend ins Wasser fällt, gefolgt von einem Jauchzen. Elizabeth war im Garten. Den Rücken an die weiße Holzwand gepresst, schlich ich mich ums Haus herum. Elizabeth kauerte nur wenige Meter von mir entfernt barfuß auf dem Boden. Sie hatte mir den Rücken zugewandt. Schlamm sickerte in die Falten an ihren Fersen ein. Als sie sich vorbeugte, stellte ich fest, dass der Spann ihrer Füße sauber und rosig war.

»Noch einmal?«, fragte Elizabeth, die einen runden Drahtring mit einem abgegriffenen Holzgriff in der Hand hielt.

Ich entfernte mich von der Wand, um den Garten besser im Blick zu haben. Auf dem Weg vor den Rosen stand eine emaillierte Waschschüssel, halb gefüllt mit Seifenblasenwasser. Ein Baby mit großen Augen griff nach dem Metallring und hielt sich dabei an der Wasserschüssel fest. Es saß auf der Erde und trug nur eine Windel, sein nackter Körper, sein runder Bauch wackelte über dem instabilen Po. Mit ihrer freien Hand stützte Elizabeth das Baby im Rücken ab. In diesem Moment der Unaufmerksamkeit gelang es dem Baby, den Ring zu erhaschen. Sofort steckte es den Ring voller Seife in den Mund und kaute wild darauf herum.

»Tut mir leid, meine Kleine«, sagte Elizabeth und zog erfolglos an dem Holzgriff. »Das ist ein Ring für Seifenblasen, kein Beißring.«

Das Baby reagierte nicht. Dann kitzelte Elizabeth seinen Bauch, bis es so lachte, dass das Baby den Metallring losließ. Elizabeth wischte mit ihrem Daumen die Seife vom Mund des Babys ab.

»Jetzt pass auf«, sagte sie. Sie tunkte den Ring in die Lauge und blies durch ihn hindurch. Seifenblasen regneten auf das Baby herab und hinterließen nasse Kreise, da, wo sie auf seine Schultern und die Stirn trafen.

Ihr Haar war gewachsen. Dunkle Locken bedeckten die obere Hälfte ihrer Ohren und ringelten sich in ihrem Nacken. Ihre Haut war, wahrscheinlich vom stundenlangen Aufenthalt im Garten, zu einem dunkleren Cremefarbton gebräunt. Und da, wo ich früher mit dem Finger über glatte Kiefer gestrichen hatte, waren nun Zähne. Vielleicht hätte ich sie gar nicht wiedererkannt, wären da nicht ihre Augen gewesen – ihre runden, tiefgründigen, graublauen Augen, die sich nun fragend auf mich richteten wie an dem Morgen, als ich sie in ihrem mit Moos gefütterten Körbchen zurückgelassen hatte.

Lautlos wich ich zurück, wirbelte herum und rannte zur Straße.

5.

Ich saß zwischen den jahrzehntealten Pflanzen und betrachtete die wenigen Blüten. Grant hatte die Rosen zurechtgestutzt. Einen halben Zentimeter unterhalb jedes abgeschnittenen Endes schob sich eine dicke rote Knospe aus dem Stamm, aus deren Spitze eine neue Blüte wachsen würde. Wie jedes Jahr würde Grant zu Thanksgiving Rosen haben.

Nach fünfundzwanzig einsamen Jahren hatte Grant wieder Verbindung zu Elizabeth aufgenommen. In meiner Überraschung war ich sofort zur Gärtnerei gefahren und hatte mein Auto am Straßenrand abgestellt. Da ich den Schlüssel schon vor langer Zeit weggeworfen hatte, war ich über Grants abgeschlossenes Tor gestiegen. Aber anstatt an die Tür des Wasserturms zu klopfen, hatte ich mich in den Rosengarten zurückgezogen. Das schüchterne Lächeln meiner Tochter tanzte hinter meinen

Augenlidern; ihre Freude wirbelte in mir herum wie das Seifenwasser in dem emaillierten Becken und erfüllte mich. Sie war bei Elizabeth, und sie war glücklich. Die Leichtigkeit in ihrem Spiel ließ mich vermuten, dass sie im Weinberg zu Hause war. Bei diesem Gedanken spürte ich Grants Alleinsein so deutlich wie die Freude meiner Tochter.

Eine Stunde verging. Mir schwindelte noch immer vom Anblick meiner Tochter, als ich hinter mir Grants Schritte hörte.

Mein Herz hallte wider wie vor so vielen Jahren auf dem Blumenmarkt, und ich zog die Knie vor die Brust, als wolle ich das Geräusch dämpfen. Grant stellte die Füße auf eine Linie mit meinen und setzte sich neben mich. Seine Schultern berührten meine. Als er mir etwas hinter das Ohr steckte, holte ich es hervor. Eine weiße Rose. Ich hielt sie ans Licht, und ihr Schatten fiel auf uns. Lange Zeit saßen wir schweigend da.

Schließlich rutschte ich weg und wandte mich ihm zu. Ich hatte Grant seit über einem Jahr nicht gesehen, und er schien älter geworden zu sein, als die Zeit es hätte erlauben dürfen. Falten waren in seine ernste Stirn eingegraben, doch er roch noch genauso stark nach Erde, wie ich es in Erinnerung hatte. Ich rückte näher, bis sich unsere Schultern wieder berührten.

»Wie ist sie?«, fragte ich.

»Wunderschön«, erwiderte er. Seine Stimme war ruhig und nachdenklich. »Gewöhnlich ist sie anfangs schüchtern. Aber wenn sie bereit ist, kommt sie zu dir, klettert auf deinen Schoß und hält dich mit ihren pummeligen Händchen an beiden Ohren fest. Es gibt nichts Schöneres auf der Welt.« Er schwieg einen Moment, löste ein Blatt von der Rose und hielt es sich an die Lippen. »Sie liebt Blumen, pflückt sie, riecht an ihnen und würde sie essen, wenn du sie einen Moment aus den Augen lässt.«

»Wirklich?«, fragte ich. »Sie liebt sie, wie wir sie lieben?«

Grant nickte. »Du solltest sie lächeln sehen, wenn ich die Namen der Orchideen im Gewächshaus runterrattere – Oncidium, Dendrobium, Bulbophyllum und Epidendrum – und sie dabei mit jeder Blüte im Gesicht kitzele. Es würde mich nicht wundern, wenn ihr erstes Wort Orchidaceae wäre.«

Ich stellte mir ihr rundes Gesicht vor, die Wangen gerötet von der Hitze im Gewächshaus und wie sie es an Grants Brust drückt, um dem Kitzeln zu entgehen.

»Ich versuche auch, ihr die wissenschaftlichen Hintergründe zu erklären«, fuhr Grant fort. Sein Mund verzog sich zu einem Lächeln, das voller Erinnerungen war. »Doch das klappt noch nicht so gut. Sie schläft ein, wenn ich anfange, mich über die Geschichte der Familie der Betulaceae oder darüber auszulassen, dass Moos keine Wurzeln hat.«

Dass Moos keine Wurzeln hat. Seine Worte verschlugen mir den Atem. Obwohl ich mich mein Leben lang mit der Beschaffenheit von Pflanzen befasste, war mir diese schlichte Tatsache entgangen. Nun erschien es mir, als hätte ich gerade das unbedingt wissen müssen.

»Wie heißt sie?«, sagte ich.

»Hazel.« Haselnuss: *Versöhnung.* Grant zerrte an einem hartnäckigen Büschel Kammgras und wich meinem Blick aus. »Ich dachte, sie würde dich eines Tages zu mir zurückbringen.«

Sie hatte uns in diesem Augenblick tatsächlich wieder zusammengeführt. Die Wurzeln des Grases lösten sich. Grant folgte dem verdorrten Schössling zu der nächsten Stelle, die ihn mit der Erde verband.

»Bist du mir böse?«, fragte ich.

Grant schwieg eine lange Zeit. Eine weitere Wurzel lockerte sich, er riss die ganze Pflanze aus und wickelte sich einen langen, trockenen Strang Gras um den kräftigen Zeigefinger. »Eigentlich hätte ich allen Grund dazu«, erwiderte er.

Wieder war er lange still und ließ den Blick über seinen Besitz schweifen. »Seit ich Hazel vorgefunden habe, habe ich meinen Wutanfall hundertmal eingeübt. Du musst mich anhören.«

»Das weiß ich«, entgegnete ich. »Sprich es aus.« Ich betrachtete Grant, aber er konnte mich nicht ansehen. Er würde nicht die Worte benutzen, die er sich zurechtgelegt hatte. Obwohl er wirklich allen Grund dazu hatte, war er nicht wütend und wollte mir nicht weh tun. Das passte einfach nicht zu ihm.

Nach einer Weile schüttelte Grant den Kopf und stieß Luft aus. »Du hast getan, was du tun musstest«, sagte er. »Und ich habe getan, was ich tun musste.«

Also hatte ich richtig vermutet. Meine Tochter wohnte im Weinberg. Grant hatte sie zu Elizabeth gebracht.

»Abendessen?«, fragte Grant unvermittelt und drehte sich zu mir um.

»Hast du etwas gekocht?«, meinte ich.

Er nickte. Ich stand auf.

Ich steuerte auf den Wasserturm zu, aber Grant nahm meine Hand und führte mich zur Veranda des Haupthauses. Ich ließ ihn gewähren und bemerkte erst jetzt, dass das Haus frisch gestrichen war. Auch die zerbrochenen Fenster waren ersetzt worden.

Im Esszimmer war der Tisch gedeckt. Das polierte Holz der langen Tischplatte lag bis auf zwei Platzdeckchen an einem Ende frei. Gefaltete Stoffservietten, funkelndes Silber und dünne weiße Porzellanteller mit einem Muster aus nicht zu erkennenden blauen Blumen am Rand. Ich setzte mich.

Grant schenkte aus einem Krug Wasser in ein Kristallglas und verschwand dann durch die Schwingtür in die Küche. Er kehrte mit einem ganzen Brathähnchen auf einer silbernen Platte zurück.

»Kochst du so viel für dich allein?«, fragte ich verwundert.

»Manchmal«, erwiderte er. »Wenn ich dich nicht aus dem Kopf bekomme. Doch heute habe ich für dich gekocht. Als ich sah, wie du über den Zaun geklettert bist, habe ich den Backofen eingeschaltet.«

Mit einem Messer trennte er beide Keulen ab und legte sie auf meinen leeren Teller, bevor er die Brust tranchierte. Dann holte er eine Sauciere und ein langes Tablett mit gebratenem Gemüse aus der Küche: Rote Bete, Kartoffeln und Paprika in bunten Farben. Während er mir das Gemüse servierte, hatte ich bereits das Fleisch vom Knochen der ersten Keule gelutscht. Ich legte den blanken Knochen in eine Saucenpfütze. Grant nahm mir gegenüber Platz.

Ich wollte so vieles wissen. Grant sollte mir jeden Tag beschreiben, der vergangen war, seit er das Baby in dem mit Moos ausgelegten Korb gefunden hatte. Wie hatte er

sich beim ersten Blick in die Augen seiner Tochter gefühlt? Hatte er Liebe oder Angst empfunden? Und warum wohnte sie bei Elizabeth?

Doch anstatt zu fragen, verschlang ich das Brathuhn so
gierig, als hätte ich nichts mehr zu essen bekommen, seit
Grant das letzte Mal für mich gekocht hatte. Nachdem
ich beide Keulen und Flügel verspeist hatte, machte ich
mich über die Brust her. In meiner Erinnerung vermisch-
te sich der Geschmack des Fleisches mit dem von Grant,
seinen Küssen nach dem Kochen und daran, wie er mich
nur dann berührt hatte, wenn ich ihn darum bat, im Atelier und in allen drei Stockwerken des Wasserturms. Ich
hatte ihn, seine Berührungen und seine Kochkünste zurückgelassen, und nichts, nichts hatte sie ersetzt. Als ich
aufschaute, beobachtete er mich beim Essen, wie er es so
oft getan hatte, und ich erkannte an seinem Augenausdruck, dass auch ich nicht ersetzt worden war.

Schließlich hatte ich aufgegessen. Das Brathuhn auf der
silbernen Platte hatte sich in eine Knochenskulptur verwandelt. Ich sah Grants Teller an. Es war schwer festzustellen, ob er überhaupt etwas gegessen hatte. Ich hoffte
es. Ich hoffte, dass ich nicht den ganzen Vogel in mich
hineingestopft hatte. Aber als er mich fragte, ob ich mir
Hazels Zimmer anschauen wollte, und ich versuchte aufzustehen, spürte ich das Gewicht des Fleisches in mir. Ich
ließ mich von Grant die Treppe hinaufschleppen. Er öffnete die erste Tür am Flur und führte mich zum Rand
eines Doppelbettes. Ein Gitter aus weißem Holz verlief
um die Kante der Matratze, wo sie nicht an die Wand
gerückt war. Ich legte mich hin. Grant hob meinen Kopf
an und schob mir ein Kissen in den Nacken. Dann ging er

an einem Schaukelstuhl vorbei und holte ein in rosafarbenes Leder gebundenes Album aus dem Bücherregal.

»Elizabeth hat es für sie gemacht«, sagte er und schlug das Buch auf. Auf der ersten Seite befand sich die Abbildung einer Haselnussblüte. Catherine hatte sie gezeichnet. Sie war aus der Aktenmappe entfernt, in durchsichtiges Plastik eingeschweißt und mit goldenen Fotoecken im Album befestigt worden. Darunter stand der Name meiner Tochter, Hazel Jones Hastings, in Elizabeths eleganter Handschrift, und auch ihr Geburtstag, der 1. März, der überhaupt nicht ihr Geburtstag war. Grant blätterte um.

Auf dem eingeklebten Foto lag Hazel in ihrem mit Moos gefütterten Körbchen, genauso wie ich sie zum letzten Mal gesehen hatte. Mein Magen krampfte sich zusammen, und mir traten die Tränen in die Augen, als ich mich daran erinnerte, wie unermesslich und hilflos ich sie in diesem Moment geliebt hatte. Auf der nächsten Seite ragte Hazels Kopf über Grants Schulter. Sie steckte in einem Tragesack und hatte einen breitkrempigen weißen, unter dem Kinn zugebundenen Hut auf. Sie schlief. Aus jedem Monat ihres Lebens gab es zwei oder drei Fotos. Ihre ersten Zähne, die erste feste Nahrung, alles aufmerksam und liebevoll dokumentiert.

Ich schloss das Buch und gab es Grant zurück. Das war alles, was ich wissen wollte.

»Und das ist ihr Zimmer?«, fragte ich.

»Wenn sie zu Besuch kommt«, erwiderte er. »Normalerweise am Samstagnachmittag. Oder nach dem Bauernmarkt am Sonntag.« Er fuhr mit der Hand über den Rand einer leeren Wiege und stellte das Buch zurück in das Regal. Als er sich zu mir legte, war sein Körper, da, wo er meinen Arm berührte, ganz heiß.

Ich blickte mich im Zimmer um. Die Blumenbilder seiner Mutter, dreißig Zentimeter große Kohlezeichnungen, waren mit dicken weißen Passepartouts versehen und in rosafarbenen Rahmen aufgehängt worden. Die Rahmen passten zu den rosafarbenen Möbeln: eine Wiege, ein Schaukelstuhl, ein Nachttisch und ein Bücherregal, alles mit weißen Gänseblümchen bemalt.

»Das Haus sieht gut aus«, sagte ich. »Du hast viel getan in einem Jahr.«

Grant schüttelte den Kopf. »In eineinhalb Jahren«, sagte er. »Ich fing damit an, nachdem ich dir das Atelier meiner Mutter gezeigt hatte. An den Nachmittagen, an denen du lange gearbeitet hast, bin ich nach Hause gehetzt, um Tapeten runterzureißen und den Boden abzuschleifen. Es sollte eine Überraschung sein. Ich hoffte, wir würden eines Tages hier zusammenleben.«

Ich war gegangen, ohne mich zu verabschieden, ohne ihm zu sagen, dass ich schwanger war. Und die ganze Zeit über hatte er mir ein Zuhause gebaut, ohne zu wissen, ob ich jemals zurückkehren würde.

»Es tut mir leid«, sagte ich.

In der Stille, die folgte, dachte ich an die Zeit der Schwangerschaft, als ich zum zweiten Mal im McKinley Square schlief, krank, schmutzig und verloren. Die Erinnerung erfüllte mich mit Unbehagen. Ich stand so unter Schock, dass ich keine Angst mehr spürte, jeder Sinn für Selbstschutz war verschwunden.

»Es tut mir auch leid«, sagte Grant.

Ich löste mich von ihm und sah ihm in die Augen. Sein

Blick sprach von unserer Tochter, von ihrem leeren Zimmer, in dem wir uns befanden.

»Du hast sie weggegeben?«, fragte ich. Das war kein Vorwurf, und endlich entsprach mein Tonfall dem, was ich ausdrücken wollte. Ich war neugierig, ohne Schuldzuweisungen und Grenzen.

Grant nickte. »Ich wollte es nicht. Ich habe sie vom ersten Augenblick an geliebt. Ich habe sie so sehr geliebt, dass ich einen ganzen Monat lang vergessen habe, zu essen, zu schlafen und mich um meine Blumen zu kümmern.« Also war es bei Grant dasselbe gewesen, dachte ich: zu überwältigend.

Grant drehte sich zu mir um. Sein kräftiger Körper war zwischen der Wand und mir eingezwängt. Er sprach weiter in meinen Scheitel hinein. »Ich wollte unbedingt, dass sie glücklich wird«, antwortete er. »Aber ich habe ständig Fehler gemacht. Ich habe ihr zu viel zu essen gegeben, ihre Windeln zu spät gewechselt oder sie zu lange in der Sonne liegen gelassen, während ich arbeitete. Sie hat zwar nie geschrien, doch das schlechte Gewissen hat mich wach gehalten. Ich hatte das Gefühl, sie und damit auch dich zu enttäuschen. Ich konnte nicht der Vater sein, der ich sein wollte, nicht allein, ohne dich. Und selbst als ich ihr ihren Namen gab, habe ich befürchtet, dass du nicht zurückkommen würdest.«

Grant hob seine schwere Hand und fuhr mir damit durchs Haar. Als er die Wange an meine Kopfhaut presste, kitzelten mich seine Bartstoppeln. »Ich habe sie zu Elizabeth gebracht«, sagte er. »Eine andere Lösung ist mir nicht eingefallen. Als ich mit dem Baby im Körbchen auf ihrer Veranda erschien, hat sie geweint und uns in die

Küche geholt. Ich bin zwei Wochen bei ihr geblieben, und als ich ging, habe ich das Baby nicht mitgenommen. In Elizabeths Armen hat Hazel das erste Mal gelächelt. Ich konnte den Gedanken nicht ertragen, die beiden voneinander zu trennen.«

Grant schlang die Arme um mich und lehnte sein Gesicht an mein Ohr. »Vielleicht war es nur eine Ausrede«, flüsterte er, »aber ich habe es nicht geschafft.«

Ich schob meinen Arm unter seine breite Brust. Als er mich an sich drückte, erwiderte ich die Geste.

»Ich weiß«, antwortete ich. Ich hatte es auch nicht geschafft, und er wusste es, ohne dass ich es aussprechen musste. Wir hielten einander fest wie Ertrinkende. Keiner von uns suchte nach dem Ufer, und wir verharrten eine lange Zeit in dieser Stellung, ohne zu sprechen und kaum atmend.

»Hast du mit Elizabeth über mich gesprochen?«, erkundigte ich mich.

Grant nickte. »Sie wollte alles hören. Sie glaubte, ich müsste ihr jeden Moment jedes Tages in deinem Leben seit eurer letzten Begegnung bei Gericht schildern können, und wurde ärgerlich, als ich dazu nicht in der Lage war.« Grant berichtete, wie er an Elizabeths Tisch gesessen hatte. Im Backrohr schmurgelte ein Braten, Hazel schlief in seinen Armen. *Warum hast du nicht gefragt?,* meinte sie, wenn Grant nicht wusste, wie ich meinen 16. Geburtstag verbracht hatte, ob ich in der Highschool gewesen war oder was ich am liebsten zum Frühstück aß.

»Sie hat gelacht, als ich ihr gesagt habe, dass du Lilien nicht magst, und geantwortet, für Kakteen hättest du auch nicht viel übrig.«

Ich richtete mich auf, um ihn anzusehen. Als sich seine Mundwinkel nach oben bogen, wurde mir klar, dass er die ganze Geschichte gehört hatte.

»Hat sie dir alles anvertraut?«, fragte ich. Grant nickte. Ich ließ meinen Kopf wieder auf seine Brust fallen und sprach meine nächsten Worte in seine Brust gedrückt. »Auch die Sache mit dem Feuer?«

Wieder nickte er. Sein Kinn presste sich gegen meine Stirn.

Lange herrschte Schweigen, bis ich schließlich die Frage stellte, die ich so lange für mich behalten hatte. »Wie kommt es, dass du die Wahrheit nicht kanntest?«

Grant antwortete nicht sofort. Als er es schließlich tat, wurden die Worte von einem tiefen Seufzer begleitet. »Meine Mutter ist tot.«

Da ich diese Äußerung als Aufforderung verstand, nicht weiter nachzuhaken, bedrängte ich ihn nicht. Doch nach einer kurzen Pause fuhr er fort.

»Es ist zu spät, um sie darauf anzusprechen. Aber ich glaube, sie dachte wirklich, sie hätte das Feuer angezündet. Inzwischen erkannte sie mich an den meisten Tagen nicht mehr. Sie vergaß zu essen und verweigerte ihre Medikamente. In der Brandnacht fand ich sie in ihrem Atelier vor. Sie beobachtete alles. Tränen liefen ihr übers Gesicht. Dann fing sie an, krampfartig zu husten und zu würgen, als hätte sie Rauch eingeatmet. Ich bin zu ihr gegangen und habe ihr die Arme um die Schultern gelegt. Ich war überrascht, wie klein sie sich anfühlte. Wahrscheinlich war ich einen halben Meter gewachsen, seit sie mich zuletzt in den Armen gehalten hatte. Von Schluch-

zern geschüttelt, murmelte sie immer wieder denselben
Satz vor sich hin: *Ich wollte das nicht.*«

Als ich mir den violetten Himmel und Catherines und
Grants Silhouetten im Fenster vorstellte, spürte ich, wie
die Verzweiflung zurückkehrte, die ich in der Hitze des
Feuers empfunden hatte. Catherine hatte sie auch empfunden. In diesem Moment waren wir gleich gewesen,
beide Opfer unserer Unfähigkeit, die Wirklichkeit zu begreifen.

»Und danach?«, wollte ich wissen.

»Sie hat ein ganzes Jahr lang violette Hyazinthen gezeichnet: mit Bleistift, Kohle, Tusche und Pastellkreiden.
Schließlich fing sie an zu malen, alles von gewaltigen
Leinwänden bis hin zu winzigen briefmarkengroßen Bil-
dern. Hohe Stengel mit Hunderten kleiner Blüten. Nur
für mich, sagte sie. Keine war gut genug für Elizabeth.
Jeden Tag hat sie es wieder versucht.«

Hyazinthe. *Bitte vergib mir.* Ich erinnerte mich an die
Gläser mit violetter Farbe in Catherines Atelier.

»Es war ein schönes Jahr«, sprach Grant weiter. »Eines
der besten, das wir je hatten. Sie nahm ihre Medikamente
und versuchte zu essen. Immer wenn ich unter ihrem
zerbrochenen Fenster vorbeiging, rief sie mir zu, dass sie
mich liebte. Ich schaue immer noch manchmal nach oben,
wenn ich vor dem Haus bin, und rechne damit, sie zu
sehen.«

Catherine hatte Grant niemals, nicht einmal während ihrer Krankheit, verlassen. Ohne Unterstützung und allein
hatte sie geschafft, was weder mir noch Grant gelungen
war: ein Kind zu behalten und großzuziehen. Plötzlich
wurde ich von gewaltiger Hochachtung für sie ergriffen.

Ich blickte Grant an, um festzustellen, ob er ebenso empfand. Seine Augen, glasig und voller Tränen, waren auf die Zeichnungen seiner Mutter gerichtet.

»Sie hat dich geliebt«, stellte ich fest.

Seine Zunge rollte sich aus seinem Mund und presste sich an seine Oberlippe. »Ich weiß.«

Sein Tonfall klang leicht erstaunt. Ich konnte nicht sagen, ob ihn die Liebe seiner Mutter oder die plötzliche Erkenntnis überraschte, wie tief ihre Gefühle für ihn gewesen waren. Sie war bei weitem keine perfekte Mutter gewesen. Doch Grant war inzwischen erwachsen, stark und liebevoll und betrieb erfolgreich eine Gärtnerei. Manchmal war er sogar glücklich. Niemand konnte ihr vorwerfen, dass sie ihn nicht gut oder zumindest gut genug erzogen hatte. Ich wurde von einer Welle der Dankbarkeit für eine Frau ergriffen, die ich nie kennenlernen würde. Die Frau, die dem Mann, den ich liebte, das Leben geschenkt hatte.

»Wie ist sie gestorben?«, fragte ich.

»Eines Tages ist sie nicht aus dem Bett aufgestanden. Als ich sie fand, atmete sie nicht mehr. Alkohol und die Medikamente, meinten die Ärzte. Sie wusste, dass sie nicht trinken durfte, hat aber häufig heimlich eine Flasche mit ins Bett genommen. Irgendwann war es dann zu viel.«

»Es tut mir leid.«

Das stimmte. Ich bedauerte Grant und auch, dass ich ihr nicht mehr begegnen würde. Hazel würde ohne Großmutter aufwachsen.

Ich drückte Grant noch ein letztes Mal, zog meinen Arm unter ihm hervor, küsste ihn auf die Stirn und richtete mich auf.

»Du warst gut zu Hazel«, meinte ich mit zitternder Stimme. »So gut. Vielen Dank.« Ich kroch über seinen Körper hinweg und stand auf.

»Bitte geh nicht«, sagte Grant. »Bleib hier bei mir. Du kannst im Wasserturm wohnen, und ich koche jeden Abend für dich.«

Ich betrachtete die Bilder an den Wänden: Krokus, Schlüsselblume, Gänseblümchen. Blumen für ein kleines Mädchen. Ich konnte Grant nicht ansehen, nicht an seine Kochkünste denken. Wenn ich ihm auch nur noch ein einziges Mal in die Augen schaute oder etwas im Backofen roch, würde ich es nicht mehr über mich bringen, ihn zu verlassen.

»Ich muss fort«, sagte ich. »Bitte verlange nicht, dass ich bleibe. Meine Tochter ist mir zu wichtig, als dass ich ihr Leben auf den Kopf stellen würde, während sie glücklich ist und gut versorgt und geliebt wird.«

Grant erhob sich ebenfalls, schlang mir die Arme um die Taille und zog mich an sich.

»Aber sie hat keine Mutter«, wandte er ein. »Das ist durch nichts zu ersetzen.«

Ich seufzte. Seine Worte waren nicht dazu gedacht, mir Schuldgefühle einzuimpfen, Druck auf mich auszuüben oder mich zu überreden.

Sie waren einfach nur wahr.

Als ich die Treppe hinunterstieg, folgte Grant mir auf den Fersen. Im Wohnzimmer schob er sich an mir vorbei und öffnete mit einer ausladenden Bewegung die Tür. Rasch durchquerte ich die Vorhalle.

»Komm an Thanksgiving her«, sagte er. »Die Rosen werden blühen.«

Ich lief zur Straße vor, meine Schritte waren langsam und schwer. Obwohl ich Grants Einladung zu bleiben abgelehnt hatte, wollte ich eigentlich nicht gehen. Ich hatte das Kichern meiner Tochter gehört und Elizabeth erneut als Mutter erlebt – ihre Stimme war so streng und freundlich, wie ich sie in Erinnerung hatte – und brachte es nun nicht fertig, das alles zu verlassen. Ich wollte nicht über die Brücke zurückfahren und mich in mein blaues Zimmer zurückziehen. Und mehr als alles andere wollte ich, wie ich zu meiner eigenen Überraschung feststellte, nicht allein sein.

Ich wartete, bis die Tür ins Schloss gefallen war. Als es so weit war, drehte ich mich um und schlüpfte ins nächstbeste Gewächshaus.

Ich brauchte Blumen.

6.

Der Strauß, den ich bei Grant zusammengestellt hatte, klemmte zwischen meinen Knien, als ich zu Elizabeth zurückfuhr.

Ich parkte am Rand des Anwesens und rannte die lange Auffahrt hinauf. Aus dem Küchenfenster strömte warmes, orangefarbenes Licht.

So spät im Oktober hatte ich eigentlich damit gerechnet, dass sich Elizabeth bereits, Hazel im Schlepptau, auf ihrer allabendlichen Verkostungsrunde befand. Aber offenbar saßen sie noch beim Abendessen. Ich fragte mich, wie Elizabeth trotz des Babys das Weingut geleitet und ob die Qualität der Ernte darunter gelitten hatte. Ich

konnte mir nicht vorstellen, dass Elizabeth das gestattet
hätte.

Auf der Veranda blieb ich stehen und spähte zum Fenster
hinein. Hazel saß, angeschnallt in einem Hochstuhl, am
Tisch. Seit ich sie im Garten beobachtet hatte, war sie gebadet und umgezogen worden. Ihr feuchtes Haar, nun
dunkler und lockiger, war seitlich gescheitelt und wurde
von einer Spange zusammengehalten. Ein glänzendes
grünes, im Nacken zusammengebundenes Lätzchen war
mit etwas Weißem und Cremigem besprizt. Hazel leckte
sich die Überreste ihrer Mahlzeit von den Fingerspitzen.
Elizabeth kehrte mir den Rücken zu, stand am Becken
und spülte Geschirr. Als ich hörte, dass das Wasser abgestellt wurde, versteckte ich mich hinter der geschlossenen
Eingangstür.

Ich senkte den Kopf und vergrub die Nase in meinem
Blumenstrauß. Er enthielt Flachs, Vergissmeinnicht und
Haselnussblüten. Außerdem weiße und rosafarbene Rosen, Helenenkraut, Immergrün, Schlüsselblume und viele, viele Glockenblumen. Zwischen die eng zusammen-
gedrängten Stengel hatte ich, kaum sichtbar, samtiges
Moos gesteckt und zu guter Letzt den Strauß mit dem
Pollen von Grants Rittersporn bestäubt. Der Strauß war
gewaltig, reichte aber nicht annähernd aus.

Ich atmete tief ein und klopfte an die Tür.

Elizabeth ging am Fenster vorbei und riss die Tür auf.
Hazel saß auf ihrer Hüfte und presste das Gesicht an ihre
Schulter. Ich hielt Elizabeth die Blumen hin.

Ein Lächeln breitete sich auf ihrem Gesicht aus. Freude
und Erkennen zeichneten sich darin ab, aber nicht die
Überraschung, die ich erwartet hatte. Sie betrachtete

mich von oben bis unten, und ich fühlte mich wie eine Tochter, die aus dem Ferienlager zu einer unnötig besorgten Mutter zurückkehrte. Nur, dass es anstelle eines Ferienlagers meine gesamte Jugend, meine Volljährigkeit, meine Obdachlosigkeit und meine Rolle als alleinerziehende Mutter gewesen waren. Deshalb konnte ich Elizabeth ihre Besorgnis nicht zum Vorwurf machen. Allerdings fühlte ich mich, als seien die Jahre seit meinem Abschied aus ihrem Haus blitzschnell verflogen und ganz weit weg.

Sie stieß die Fliegengittertür auf, griff an den Blumen vorbei und schlang mir den Arm um den Hals. Ich sank an ihre freie Schulter. So standen wir in einer unbeholfenen Umarmung da, bis Hazel von Elizabeths Hüfte zu rutschen drohte. Als sie sie wieder hochzog, löste ich mich von ihr und schaute beide an. Hazels Gesicht war nicht zu sehen. Elizabeth wischte sich die Tränen von den Wangen.

»Victoria«, sagte sie. Sie schloss die Hand um meine Finger, und wir umklammerten gemeinsam den Blumenstrauß. Schließlich nahm sie ihn. »Ich habe dich vermisst.«

»Komm rein«, meinte Elizabeth. »Hast du schon etwas gegessen? Es ist noch Linsensuppe da. Und ich habe heute Nachmittag Vanilleeis gemacht.«

»Ich habe bereits gegessen«, antwortete ich. »Aber Eis wäre nicht schlecht.«

Hazel hob den Kopf von Elizabeths Schulter und klatschte in die Hände.

»Du hattest schon eins, Schätzchen«, erwiderte Elizabeth, küsste sie auf den Kopf und ging in die Küche. Sie
setzte Hazel auf den Boden, die sich an Elizabeths Bein
festhielt. Ohne einen Schritt zu tun, gelang es ihr, ein Eis,
eine Schale und einen Löffel zu holen, indem sie sich vom
Kühlschrank zum Schrank hinüberlehnte.

»Das wär's«, sagte sie, als die Schale voll war. Hazel
streckte sich nach ihr, und Elizabeth hob sie mit einem
Arm hoch. »Komm, wir setzen uns mit deiner Mutter an
den Tisch.«

Mein Herz klopfte, als Elizabeth so beiläufig meine Mutterschaft erwähnte. Doch Hazel zuckte nicht mit der
Wimper.

Ich wusch mir die Hände und setzte mich. Elizabeth
stellte den Hochstuhl so hin, dass ich Hazel ansehen
konnte, aber als Elizabeth sie hineinsetzen wollte, schrie
sie und hielt sich an Elizabeths Hals fest.

»*Nein danke, Tante Elizabeth*«, sagte Elizabeth ruhig
und unterbrach Hazels Schreien. Sie schob den Hochstuhl weg, zog stattdessen einen normalen Stuhl heran,
auf den sie sich mit Hazel auf dem Schoß setzte. Hazel
presste sich dicht an sie.

»Sie wird sich an dich gewöhnen«, sagte Elizabeth. »Sie
braucht eine Weile, um mit jemandem warmzuwerden.«

»Das sagte Grant auch.«

»Du hast Grant getroffen?«

Ich nickte. »Gerade eben. Ich kam erst hierher. Aber
dann habe ich dich mit Hazel im Garten gesehen, und ich
war so überrascht, dass ich mich umgedreht habe und
weggelaufen bin.«

»Ich bin froh, dass du wiedergekommen bist«, sagte sie.

»Ich auch.«

Elizabeth schob mir die Schale mit dem Eis hin, und wir schauten uns an.

Ich war zurückgekommen. Vielleicht war es doch noch nicht zu spät.

Ich aß ein Stück kaltes, cremiges Eis. Als ich aufschaute, hatte sich Hazel umgedreht. Sie beobachtete mich scheu, ihre schmalen Lippen waren geöffnet. Ich füllte den Löffel wieder und hob ihn in Zeitlupe an den Mund. Doch anstatt ihn hineinzustecken, drehte ich ihn in Richtung von Hazels wartender Zunge. Sie schluckte, lächelte und verbarg ihr Gesicht an Elizabeths Brust. Dann hob sie den Kopf und öffnete wieder den Mund. Ich nahm einen zweiten Löffel Eis und schob ihn ihr in den Mund.

Elizabeth schaute von mir zu dem Baby. »Wie ist es dir ergangen?«, fragte sie.

»Gut«, erwiderte ich und vermied ihren Blick.

Sie schüttelte den Kopf. »So nicht. Ich will ganz genau wissen, wie es dir seit damals ergangen ist, von dem Moment an, als ich dich vor Gericht das letzte Mal sah. Ich will alles wissen, und fang damit an, wo du hingelaufen bist, als du aus dem Gerichtsgebäude verschwunden bist.«

»Ich bin nicht weit gekommen. Meredith hat mich aufgegriffen und mich in ein Gruppenwohnheim gesteckt, so wie sie es versprochen hatte.«

»War es schlimm?«, fragte Elizabeth. Angst stand in ihren Augen, und ich wusste, sie wollte ihre schlimmsten Alpträume von meinem Leben der letzten zehn Jahre bestätigt sehen.

»Für die Mädchen in dem Heim schon«, erwiderte ich

trocken und dachte daran, wie ich als Heranwachsende gewesen war und wie viel Leid ich verursacht hatte.

Elizabeth traten Tränen in die Augen. Hazel schlug ungeduldig mit den Fäusten auf den Tisch. Ich gab ihr einen weiteren Löffel Eis, und sie streckte mir die Arme entgegen, als wolle sie, dass ich sie auf den Schoß nahm. Ich schaute Elizabeth an.

Sie nickte mir aufmunternd zu. »Nur zu.«

Mit zitternden Händen griff ich Hazel unter den Achseln und setzte sie auf meinen Schoß. Sie war schwerer, als ich es erwartet hatte. Sie rieb ihr in einer Windel steckendes Hinterteil an meinem Bauch und kuschelte den Kopf unter mein Kinn. Ich vergrub mein Gesicht in ihrem Haar. Sie roch wie Elizabeth: Pflanzenöl, Zimt und Zitronenseife. Ich schnupperte und schlang ihr die Arme um die Taille.

Hazel griff in die Schale und benutzte ihre Finger, um das schmelzende Eis auszulöffeln. Elizabeth und ich beobachteten sie dabei, das Eis tropfte auf ihr vom Lätzchen befreites blaues Leinenkleid. Sie hatte die Augenbrauen vor Konzentration gerunzelt und sah so ernst aus wie ihr Vater.

»Und wo lebst du jetzt?«, fragte Elizabeth.

»Ich habe eine Wohnung. Und ein Geschäft. Ich arrangiere Blumen für Hochzeiten, Geburtstage und Ähnliches.«

»Grant sagt, du bist unglaublich gut. Er erzählte mir, dass Frauen Schlange stehen und Monate warten, um deine Blumen zu bekommen.«

Ich zuckte die Achseln. »Alles, was ich weiß, habe ich hier gelernt.«

Ich sah mich um und dachte an den Nachmittag, als Elizabeth eine Lilie durchgeschnitten hatte, genau an diesem Tisch. Alles war noch genauso, wie ich es in Erinnerung hatte – der Tisch, die Stühle, die sauberen Arbeitsflächen, das tiefe weiße Spülbecken aus Porzellan. Nur ein Bild, eine streichholzschachtelgroße Darstellung einer violetten Hyazinthe, war hinzugekommen. Sie schwamm in einem blauen Glasrahmen und stand auf dem Fensterbrett neben den blauen Fläschchen.

»Von Catherine?«, fragte ich und wies mit dem Kopf auf das Bild.

Elizabeth schüttelte den Kopf. »Von Grant. Catherine starb, bevor sie eine Hyazinthe malen konnte, die ihr gut genug gefiel, um sie mir zu schenken. Die hier war Grants Lieblingsbild, und er wollte, dass ich sie bekomme.«

»Sie ist wunderschön.«

Elizabeth nickte. »Ich liebe sie.« Sie stand auf, holte das Bild an den Tisch und stellte es zwischen uns.

Ich betrachtete die einzelnen Blüten, die sich um einen einzigen Stengel drängten. Die scharfen Spitzen fügten sich ineinander wie die Teile eines Puzzlespiels. Etwas an der Anordnung der Blütenblätter löste in mir das Gefühl aus, dass Verzeihen eigentlich etwas Selbstverständliches sein sollte, es jedoch in dieser Familie nicht war. Ich dachte an die jahrzehntelangen Missverständnisse, angefangen mit den gelben Rosen bis hin zu dem Feuer und den vereitelten Versuchen, zu vergeben und Vergebung zu erfahren.

»Die Dinge haben sich verändert«, meinte Elizabeth, als habe sie meine Gedanken gelesen. »Grant und ich sind nach so vielen Jahren wieder eine Familie. Ich hoffe, du bist zurückgekommen, um ein Teil davon zu sein. Wir haben dich lange genug vermisst, ist es nicht so, Hazel?« Hazel war ganz mit der mittlerweile leeren Schale beschäftigt. Sie drehte sie um, hob sie wieder hoch und betrachtete den Eisrand auf dem Tisch. Mit ihren Fingern verteilte sie das Eis zu Kreisen, eine wilde zuckrige Abstraktion auf dem Holz.

Elizabeths Hand schob sich über die Tischplatte vorsichtig näher an meine heran. Sie bot mir ihre Hand an, einen Weg zurück in die Familie, eine Familie, in der ich als Tochter, Lebensgefährtin und Mutter geliebt wurde. Ich griff nach der Hand. Hazel legte ihre warme und klebrige obendrauf.

Aber trotz der deutlichen Vergebung, die in Elizabeths Worten lag, hatte ich noch eine Frage.

»Was ist mit dem Weinberg passiert?« Die Panik, die ich fühlte, war die gleiche, die in Elizabeths Augen gestanden hatte, als sie mich nach meiner Jugend in den Wohnheimen gefragt hatte. Wir hatten uns beide das Schlimmste vorgestellt.

»Wir haben neue Reben angepflanzt. Der Verlust war enorm, aber er wurde vollkommen überschattet davon, dass du fort warst. Einige Jahre war der neue Wein dünn, die Reben wurden dicker. Ich verließ das Haus nur noch im Herbst, um die Trauben zu testen, und das auch nur, weil Carlos jeden Abend förmlich in mein Haus einbrach.«

Der Wohnwagen war verschwunden, Carlos auch.

»Vor einem Jahr ist er nach Mexiko zurückgekehrt, als Perla aufs College ging«, klärte mich Elizabeth auf. »Seine Eltern sind alt und krank. Schließlich gelang es mir, mit meinem Schmerz zurechtzukommen. Und mit meinem Weinberg auch. Ich brauchte ihn nicht mehr.«

Also hätte ich den Verlust meiner Tochter verkraftet, wenn ich länger ausgehalten hätte. Aber zehn Jahre sind eine lange Zeit. Ich steckte meine Nase in Hazels lockige Haare und sog ihren süßen Geruch ein.

»Die Trauben sind sicher bald so weit«, sagte ich.

»Wahrscheinlich. Ich habe seit drei Tagen nicht danach gesehen. Es ist jetzt schwieriger.« Sie wies mit dem Kopf auf Hazel. »Aber es ist es wert.«

»Soll ich dir helfen?«, fragte ich und wies in Richtung Weinberg.

Elizabeth lächelte und nickte. »Ja, lass uns gehen.« Sie nahm ein feuchtes Spültuch vom Trockengestell und wischte damit Hazels Hände und Gesicht ab. Hazel verzog das Gesicht.

Draußen stiegen wir in den roten Traktor. Zuerst Elizabeth und zum Schluss ich, nachdem ich die zappelnde Hazel hinaufgehoben hatte. Hazel saß auf Elizabeths Schoß und griff mit den Händen nach dem Lenkrad. Doch als der Motor ansprang, vergrub sie das Gesicht an Elizabeths Brust und presste ein Ohr in ihre Achselhöhle, um das Geräusch zu dämpfen. Wir holperten die Straße entlang, vorbei an der Stelle, wo der Wohnwagen gestanden hatte, bis zu dem Hügel, auf dem ich im Jahr des Feuers auf die reife Traube gestoßen war. Elizabeth stellte den Motor ab.

Es war still im Weinberg. Hazel machte sich von Elizabeth los und schaute über die Reben hinweg zum Haus. Ihr schläfriger Blick wanderte das Dach entlang zu den Fenstern im oberen Stockwerk. Als sie sich zu mir umdrehte, schreckte sie zusammen, als hätte sie vergessen, dass ich da war. Dann lächelte sie, ein langsames, scheues, strahlendes Lächeln. Mit einem Freudenschrei streckte sie die Hände nach mir aus. Das schrille Geräusch ließ einen Haarriss in der Hülle entstehen, die mein Herz umschloss, so fein, als wäre ein zartes Kristallglas zerbrochen.

Ich zog sie an mich. Wir kletterten vom Traktor und kauerten uns zwischen die Reben. Hazel hielt das Gesicht in die Trauben. Ich tat es ihr nach, pflückte eine, zerteilte sie mit den Zähnen und gab ihr eine Hälfte. Sie kannte sich bereits aus. Gemeinsam kauten wir die Schale und ließen das weiche Fruchtfleisch im Mund zergehen.

Ich lächelte. 75/7. Die Trauben waren reif.

7.

Ich stellte meine blaue Box ins Bücherregal. Grant hatte neben seiner orangefarbenen Platz gemacht, so dass die mit Stoff bezogenen Boxen ordentlich zwischen ein Botanikbuch und einen Gedichtband passten, genau dorthin, wo sie während unseres Zusammenlebens im Wasserturm vor einem Jahr gestanden hatten.

Es war Thanksgiving. Den ganzen Vormittag hatte ich Grant geholfen, Gemüse zu zerkleinern, Kartoffeln zu reiben und Rosen für die Tischdekoration zu schneiden. Jeden Moment würde Elizabeth kommen, mit Hazel. Grant wollte, dass alles perfekt war. Als ich die Küche verließ, lief er unruhig vor dem Ofen hin und her und überprüfte die Temperatur so oft, dass die meiste heiße

Luft aus dem Backrohr entwich. Der Truthahn würde nicht vor dem späten Abend fertig sein, aber das störte mich nicht. Ich hatte keine Eile.

Ich hatte den Weinberg nur zweimal verlassen, seit ich zusammen mit meiner Tochter die Trauben gekostet hatte. Das eine Mal hatte ich Marlena bei der Arbeit für eine Hochzeit mit fünfhundert Gästen – unsere bisher größte – geholfen; das zweite Mal genau vor einem Tag, um meine Sachen zusammenzupacken. Nachdem ich die Wohnung geräumt hatte, war ich zum Gathering House gefahren und hatte kostenloses Wohnen für die Arbeit als Assistentin einer Floristin angeboten. Zwei Mädchen meldeten sich, und ich engagierte sie vom Fleck weg und führte sie zum Apartment. Marlena hatte dort nervös auf uns gewartet, und ich beobachtete, wie sie die Mädchen herumführte und mit ihnen den Terminkalender besprach. Sie hörten aufmerksam zu, während Marlena ihnen die Aufgaben beschrieb, für die sie nun verantwortlich waren. Als ich mich mit der Gewissheit, dass ich künftig nicht mehr gebraucht werden würde, zum Gehen wandte, zog mich Marlena zur Seite. Verzweiflung stand in ihren Augen. *Aber sie kennen die Blumen nicht,* flüsterte sie. *So wie du damals,* entgegnete ich, aber das schien sie nicht zu beruhigen. Ich versprach ihr, bald zurückzukommen. Ich brauchte einfach noch etwas Zeit.

Als ich meine schwere grüne Tasche in den zweiten Stock schleppte, ging mir das Versprechen, das ich Marlena gegeben hatte, durch den Kopf. Ich liebte meinen Laden, ich liebte den Blick der Bräute, wenn ich ihnen die Papierrolle überreichte. Ich liebte die Dankeskarten, die jeden Tag mit der Post eintrafen. Wir hatten etwas aufgebaut, Marlena und ich. Bethany und Ray hatten bereits die Blumen für ihren ersten, fünften und zehnten Hochzeitstag bestellt. Bethany schrieb mir die Erfüllung zu, die sie in ihrer Partnerschaft gefunden hatte. Ich verdankte ihr den zunehmenden Erfolg meines Geschäfts. Ich würde sie nicht im Stich lassen, und Marlena auch nicht.

Eines Tages würde es möglich sein, beides zu haben, ein Geschäft und eine Familie. Ich würde morgens nach San Francisco fahren und zum Abendessen wieder zu Hause sein, wie jede andere berufstätige Mutter. Ich würde Hazel bei Elizabeth abholen, sie in ihren Kindersitz setzen, zur Gärtnerei zurückkehren und mit ihr an dem langen Esstisch sitzen. Inzwischen hätte Grant das Abendessen gemacht, und wir würden Hazel das Essen klein schneiden, uns über den Tag unterhalten und über das Wachsen unserer Unternehmen, über unsere Tochter und unsere Liebe staunen. An freien Tagen würden wir mit Hazel ans Meer fahren, Grant würde sie auf seinen Schultern tragen, bis sie alt genug war, um zwischen uns in die Wellen zu laufen. Ihre Fußabdrücke im Sand würden von Monat zu Monat größer werden.

Eines Tages würde ich zu alldem fähig sein.

Aber ich war noch nicht so weit.

In diesem Moment brauchte ich all meine Kraft und meine Aufmerksamkeit, um mich wieder in meine Familie hineinzufinden. Obwohl sie Angst hatte, verstand mich Marlena. Die Aufgabe, die vor mir lag, war enorm. Ich musste Grants Liebe annehmen und die von Elizabeth. Und ich musste mir die Liebe meiner Tocher verdienen.

Ich durfte diese Menschen unter keinen Umständen noch einmal verlassen.

Die Vorstellung erfüllte mich gleichermaßen stark mit Freude und Panik.

Ich hatte schon einmal mit Grant zusammengelebt, und ich hatte versagt. Ich hatte mit Elizabeth gelebt; ich hatte mit Hazel gelebt. Jedes Mal war ich gescheitert.

Dieses Mal, sagte ich mir, während ich mich in Grants altem Schlafzimmer umschaute, würde es anders sein. Dieses Mal würde ich kleinere Schritte machen und würde unserer unkonventionellen Familie so begegnen, dass ich damit umgehen konnte. Nach meiner Stillerfahrung wusste ich, wie gefährlich es war, wenn ich mich voll und ganz auf eine Sache einließ und damit das absolute Scheitern riskierte.

Deshalb hatte ich beschlossen, vorerst allein im Wasserturm zu leben. Hazel würde bei Elizabeth bleiben und uns immer häufiger und länger besuchen, bis meine Angst sich schließlich in Vertrauen gewandelt hatte. In meine Familie, aber vor allem in mich selbst. Dann würde ich zu Grant ins Haupthaus ziehen. Und wir würden Hazel daran gewöhnen, bei uns zu leben. Elizabeth wohnte nur einen guten Kilometer entfernt und würde uns unterstützen.

Außerdem hatte Grant mir versprochen, dass ich mich stets in den Wasserturm würde zurückziehen können, wenn ich einen Moment der Einsamkeit nötig hatte.

Mehr brauchte ich nicht, um zu bleiben.

Ich öffnete meine Tasche und verstaute meine Sachen, meine Jeans, meine T-Shirts, meine Schuhe, in den Ecken des Raumes, meine Blusen und Gürtel hängte ich an eine

Reihe von rostigen Nägeln an der Wand. Ich trat ans Fenster und sah zu, wie Elizabeth einen Kinderwagen zum Tor hereinschob, sich umdrehte und den Riegel wieder vorlegte. Hazels Lackschuhe lugten unter einem breiten Baldachin aus Leinwand hervor, der weit heruntergezogen war, damit ihr die Sonne nicht ins Gesicht schien. Ich nahm mein einziges Kleid aus der Reisetasche und schüttelte es aus. Rasch zog ich mich aus und schlüpfte hinein. Es war ein Hemdblusenkleid aus schwarzer Baumwolle mit einem schmalen Gürtel aus dem gleichen Stoff. Dann zog ich die dunkelroten Ballerinas an und legte die Kette an, die Elizabeth mir geschenkt hatte und an der Hazel so gerne zog.

Ich strich mir mit den Fingern durchs kurze Haar und kehrte zum Fenster zurück. Elizabeth hatte die unterste Stufe der Veranda erreicht, drückte die Bremse des Kinderwagens herunter und klappte den Baldachin zurück. Hazel blinzelte in die Sonne. Sofort wanderte ihr Blick zum Wasserturm, und ich winkte ihr aus dem Fenster im zweiten Stock zu. Sie lächelte und streckte ihre Arme aus, als wolle sie, dass ich sie aus dem Kinderwagen holte.
Elizabeth hob sie aus dem Wagen. Mit dem Kind auf ihrer Hüfte griff sie in die Ablage unter dem Sitz und zog einen Gegenstand hervor. Sie hielt ihn hoch, um ihn mir zu zeigen.
Es war ein Rucksack in Form eines Marienkäfers. Ich wusste, dass Elizabeth Pyjama, Windeln und Kleider zum Wechseln eingepackt hatte. Erfüllt von einer Liebe, die zu empfinden ich mich nicht für fähig gehalten hatte, sah ich meine Tochter an und dachte an Grants Worte an

dem Nachmittag, als ich plötzlich in seinem Rosengarten erschienen war. Wenn es stimmte, dass Moos keine Wurzeln hatte und dass Mutterliebe einfach so und wie aus dem Nichts entstand, war es vielleicht falsch von mir gewesen, es mir nicht zuzutrauen, meine Tochter großzuziehen. Möglicherweise konnten die Bindungslosen, die Zurückgewiesenen und die Ungeliebten ebenso wachsen und großzügig Liebe verschenken wie jeder andere auch.

Heute würde meine Tochter zum ersten Mal hier übernachten. Wir würden Bücher lesen und im Schaukelstuhl schaukeln. Anschließend würden wir versuchen zu schlafen. Vielleicht würde sie Angst bekommen, und vielleicht würde ich mich bedrängt fühlen. Aber in der nächsten Woche würden wir einen erneuten Anlauf unternehmen und danach wieder einen. Mit der Zeit würden wir einander näherkommen, und ich würde lernen, sie zu lieben, wie eine Mutter ihre Tochter liebt: unvollkommen und ohne Wurzeln.

Anhang

Victorias Wörterbuch der Blumen

Ackergauchheil	Änderung
Ackersenf	Ich bin verletzt
Akanthus	Geschicklichkeit
Akazie	Heimliche Liebe
Akelei	Im Stich lassen
Aloe	Leid
Alpenveilchen	Stille Hoffnung
Amaryllis	Stolz
Ananas	Du bist perfekt
Anemone	Verlassen
Apfel	Versuchung
Apfelblüte	Vorliebe
Aster	Geduld
Aster, Berg-	Lebwohl
Azalee	Zerbrechliche und vergängliche Liebe
Bartnelke	Galanterie
Basilikum	Hass
Begonie	Sei wachsam
Birne	Zuneigung
Birnenblüte	Wohlbefinden
Bougainvillea	Leidenschaft
Bouvardie	Begeisterung
Brennnessel	Grausamkeit

431

Brombeere	Neid
Brunnenkresse	Patriotismus
Canterbury Bells	Dankbarkeit
Chicorée	Genügsamkeit
Chrysantheme	Du bist ein wundervoller Freund
Chrysantheme	Wahrheit
Clematis	Armut
Cranberry	Balsam für Herzschmerz
Dahlie	Würde
Dattelpflaume	Begrabe mich inmitten der Schönheit der Natur
Delphinium	Brennende Anhänglichkeit
Digitalis	Unaufrichtigkeit
Doldiger Milchstern	Reinheit
Dost	Geburt
Dotterblume	Gier nach Reichtum
Drachenbaum	Du bist nahe einer Falle
Duftwicke	Köstliche Freuden
Edelweiss	Vornehme Courage
Efeu	Treue
Ehrenpreis	Treue
Eisenhut	Ritterlichkeit
Eisenkraut, weiß	Bete für mich
Eiskraut	Dein Blick lässt mich erstarren
Engelwurz, Glänzende	Inspiration
Enzian	Wahrer Wert
Erdbeere	Vollkommenheit

Erika	Einsamkeit
Eukalyptus	Schutz
Farn, Frauenhaar-	Verschwiegenheit
Farn, Tüpfel-	Aufrichtigkeit
Federnelke	Reine Liebe
Feige	Grund
Fenchel	Stärke
Fetthenne	Ruhe
Fingerhut	Unaufrichtigkeit
Fingerkraut	Geliebte Tochter
Flachs	Ich spüre, dass du gütig bist
Flechte	Betrübtheit
Flieder	Erwachende Liebe
Forsythie	Ahnung
Frauenschuh	Kapriziöse Schönheit
Freesie	Anhaltende Freundschaft
Fuchsie	Demütige Liebe
Fuchsschwanz	Unsterblichkeit
Fuchsschwanz	Hoffnungslos, aber nicht hilflos
Gänseblümchen	Unschuld
Gardenie	Vornehmheit
Geißblatt	Hingabe
Geißklee	Demut
Gemeine Distel	Menschenfeindlichkeit, Misanthropie
Gemüsekohl	Gewinn
Geranie, rundblättrig	Wahre Freundschaft
Geranie, scharlachrot	Dummheit
Geranie, spitzblättrig	Genialität

433

Geranie, wild	Unverbrüchliche Frömmigkeit
Gerbera	Fröhlichkeit
Getreide	Reichtum
Gewürznelke	Ich habe dich geliebt, ohne dass du es wusstest
Gladiole	Du durchbohrst mein Herz
Glockenblume	Dankbarkeit
Glockenblume, nesselblättrig	Vernachlässigte Schönheit
Glyzinie	Willkommen
Goldlack	Treue angesichts widriger Umstände
Goldregen	Nachdenkliche Schönheit
Goldrute	Vorsichtige Ermutigung
Granatapfel	Dummheit
Granatapfelblüte	Reife Eleganz
Grasnelke	Sympathie
Hafer	Die verzaubernde Seele der Musik
Hahnenfuß, Scharfer	Undank
Hahnenkamm	Heuchelei
Hartriegel	Uneingeschränkte Liebe trotz widriger Umstände
Haselnuss	Versöhnung
Heidekraut	Schutz
Helenenkraut	Tränen
Herbstzeitlose	Meine beste Zeit liegt hinter mir
Hibiskus	Zarte Schönheit
Himbeere	Reue
Holunder	Mitleid

Holzapfelbaum	Mürrisch
Hortensie	Gleichgültigkeit
Hyazinthe, Blaue	Beständigkeit
Hyazinthe, purpurfarben	Bitte verzeih mir
Hyazinthe, weiß	Schönheit
Immergrün	Zärtliche Erinnerung
Ingwer	Stärke
Inkalilie	Hingabe
Iris	Botschaft
Jakobsleiter	Komm herab
Jasmin, Carolina	Trennung
Jasmin, Falscher	Fälschung
Jasmin, Indien	Nähe
Jasmin, weiß	Freundlichkeit
Johannisbeere	Dein finsterer Blick wird mich töten
Johanniskraut	Aberglaube
Jonquille	Begierde
Judasbaum	Verrat
Jungfer-im-Grünen	Bestürzung
Kaktus	Brennende Liebe
Kamelie	Mein Schicksal liegt in deinen Händen
Kamille	Kraft in Momenten der Not
Kapuzinerkresse	Patriotismus
Karotte, Wilde	Phantasie
Kartoffel	Mildtätigkeit

Kartoffelpflanze	Du bist reizend
Kastanie	Lasse mir Recht widerfahren
Kerbel	Aufrichtigkeit
Kirschblüte	Vergänglichkeit
Klee	Denk an mich
Kopfsalat	Kaltherzigkeit
Königskerze	Fasse Mut
Koriander	Verborgene Bedeutung
Kornblume	Unverheiratetsein
Kranzschlinge	Glück in der Ehe
Krokus	Jugendliche Freude
Lärche	Verwegenheit
Lauch	Wohlstand
Lavendel	Argwohn
Levkoje	Du wirst für mich immer schön sein
Lilie	Majestätische Schönheit
Lilie, Calla-	Sittsamkeit
Lilie, Tag-	Koketterie
Lilie, Wald-	Bescheidene Schönheit
Lilie, Wasser-	Reinheit des Herzens
Linde	Eheliche Liebe
Lisianthus	Würdigung
Lobelie	Missgunst
Löwenmaul	Anmaßung
Löwenzahn	Schlichte Offenbarung
Lorbeer	Ruhm und Erfolg
Lorbeerblatt	Ich verändere mich, außer im Tod
Lotusblume	Reinheit

Lungenkraut	Du bist mein Leben
Lupine	Phantasie
Mädchenauge	Immerwährende Fröhlichkeit
Mädesüß	Nutzlosigkeit
Magnolie	Würde
Maiglöckchen	Rückkehr des Glücks
Majoran	Erröten
Mandelblüte	Indiskretion
Mimose	Empfindlichkeit
Mistelzweig	Ich überwinde alle Hürden
Mohnblume	Ungewöhnliche Extravaganz
Moos	Mütterliche Liebe
Moosbeere	Heilmittel gegen Herzschmerzen
Muschelblume	Viel Glück
Mutterkraut	Wärme
Myrte	Liebe
Nachtkerze	Unbeständigkeit
Narzisse	Neuanfang
Narzisse	Eigenliebe
Nelke	Sich beeilen
Nelke, gelb	Verachtung
Nelke, gestreift	Ich kann nicht bei dir sein
Nelke, rosa	Ich werde dich niemals vergessen
Nelke, rot	Mein Herz bricht
Nelke, weiß	Liebreiz
Nessel	Grausamkeit
Oleander	Sei auf der Hut
Olive	Friede

Orange	Großzügigkeit
Orangenblüte	Deine Reinheit entspricht deiner Liebenswürdigkeit
Orchidee	Elegante Schönheit
Oregano	Freude
Pappel, Schwarz-	Mut
Pappel, Silber-	Zeit
Passionsblume	Glaube
Petersilie	Ausgelassenheit
Petunie	Deine Gegenwart besänftigt mich
Pfefferminze	Warmes Gefühl
Pfingstrose	Wut
Pfirsich	Dein Liebreiz ist unausgewogen
Pfirsichblüte	Ich bin dein Gefangener
Pflaume	Halte deine Versprechen
Phlox	Unsere Seelen sind vereint
Physalis	Täuschung
Prachtscharte	Ich versuche es erneut
Protea	Mut
Prunkwinde	Koketterie
Quitte	Versuchung
Ranunkel	Dein Liebreiz lässt dich strahlen
Reseda	Deine Vorzüge übertreffen deinen Charme
Rhabarber	Rat
Rhododendron	Warnung
Ringelblume	Trauer
Rittersporn	Leichtigkeit

Rose, Apfel-	Einfachheit
Rose, dunkelrot	Unbewusste Schönheit
Rose, gelb	Untreue
Rose, Moos-	Liebesgeständnis
Rose, orangefarben	Faszination
Rose, pfirsichfarben	Bescheidenheit
Rose, purpurfarben	Verzauberung
Rose, rosafarben	Anmut
Rose, rot	Wahre Liebe
Rose, weiß	Ein in der Liebe unerfahrenes Herz
Rosenknospe	Ein junges Mädchen
Rosmarin	Erinnerung
Rübe	Wohltätigkeit
Safran	Hüte dich vor Ausschweifung
Salbei	Gute Gesundheit und langes Leben
Sammetmalve	Meditation
Sauerampfer	Elterliche Zuneigung
Scabiose	Unglückliche Liebe
Schafgarbe, Gemeine	Heilung für ein gebrochenes Herz
Schleierkraut	Immerwährende Liebe
Schleifenblume	Gleichgültigkeit
Schlüsselblume	Kindheit
Schlüsselblume, Duftende	Versonnenheit
Schlüsselblume, Hohe	Vertrauen
Schmuckkörbchen	Freude in der Liebe und im Leben

Schmucklilie	Liebesbrief
Schneeglöckchen	Trost und Hoffnung
Schöllkraut	Künftige Freuden
Schwarzäugige Susanna	Gerechtigkeit
Seidelbast	Ich würde dich anders nicht wollen
Silberblatt	Ehrlichkeit
Sonnenblume	Trügerische Reichtümer
Sonnenblume, purpurfarben	Kraft und Gesundheit
Sonnenwende	Hingebungsvolle Zuneigung
Spiere	Sieg
Springkraut	Ungeduld
Stechpalme	Voraussicht
Steinbrech	Zuneigung
Steinkraut	Bedeutung jenseits der Schönheit
Sternmiere	Willkommen
Stiefmütterchen	Denk an mich
Stockrose	Ehrgeiz
Strelitzie	Pracht
Süßgräser	Unterordnung
Thymian	Aktivität
Trockenes Laub	Tod
Trompetenblume	Ruhm
Tuberose	Gefährliche Freuden
Tulpe	Bescheidenheit
Vergissmeinnicht	Vergiss mich nicht

Wandelröschen	Starre
Wachsblume	Argwohn erregend
Weidenröschen	Anspruch
Weihnachtsstern	Sei guter Dinge
Weinrebe	Fülle
Weißdorn	Hoffnung
Weißkohl	Gewinn
Weizen	Wohlstand
Wicke	Ich halte an dir fest
Wicke, Winter-	Anhaltende Freude
Wolfsmilch	Beharrlichkeit
Wurmkraut	Ich erkläre dir den Krieg
Zaubernuss	Ein Zauberwort
Zinnie	Ich trauere ob deiner Abwesenheit
Zitrone	Würze
Zitronenblüte	Diskretion
Zypresse	Trauer

Nachwort

Als ich anfing, *Die verborgene Sprache der Blumen* zu schreiben, besaß ich nur ein einziges Blumenwörterbuch: *The Floral Offering: A Token of Affection and Esteem; comprising the Language and Poetry of Flowers,* verfasst 1859 von Henrietta Dumont. Es war ein uraltes gebundenes Buch, zwischen dessen mürben Seiten gepresste Blumen lagen. Auch Auszüge von Gedichten, gesammelt von früheren Besitzern und zwischen den vergilbten Seiten aufbewahrt, flatterten zu Boden, als ich das Buch nach Erklärungen durchsuchte.

Nachdem ich schon drei Kapitel von Victorias Geschichte zu Papier gebracht hatte, stieß ich selbst auf die gelbe Rose. Im Inhaltsverzeichnis von Ms. Dumonts wunderschönem Buch steht die gelbe Rose für Eifersucht. Hunderte von Seiten später und in demselben Buch wird die gelbe Rose erneut aufgeführt, diesmal unter Untreue.

Als ich das Buch etwas sorgfältiger durchlas, fand ich keine Erklärung für diesen Widerspruch. Also machte ich mich, in der Hoffnung, die »korrekte« Bedeutung der gelben Rose zu ermitteln, auf die Suche nach weiteren Wörterbüchern. Nahezu jede Blume hatte verschiedene Bedeutungen, die in Hunderten von Büchern, Dutzenden von Sprachen und unzähligen Webseiten aufgeführt wurden.

Das in diesem Buch enthaltene Wörterbuch entstand auf

dieselbe Weise, auf die Victoria den Inhalt ihrer Foto-boxen zusammengestellt hat. Ich reihte Wörterbücher auf dem Esstisch auf – *The Flower Vase* von Miss S. C. Edgarton, *Language of Flowers* von Kate Greenaway, *The Language and Sentiment of Flowers* von James D. McCabe und *Flora's Lexicon* von Catherine H. Water-man –, las die Bedeutungen und suchte, wie Victoria es getan hätte, die Definition aus, die dem wissenschaft-lichen Hintergrund der jeweiligen Blume am besten ent-sprach. Wenn ich keine wissenschaftliche Begründung für eine Definition entdecken konnte, entschied ich mich für die häufigste oder hin und wieder einfach für die, die mir am besten gefiel.

Meine Absicht war, ein für moderne Leser verwendbares und nützliches Wörterbuch zu verfassen. Ich strich Pflan-zen aus dem viktorianischen Zeitalter, die inzwischen sel-ten geworden sind, und fügte Blumen hinzu, die man im neunzehnten Jahrhundert selten antraf, sich heute jedoch großer Beliebtheit erfreuen. Wie Victoria es getan hätte, behielt ich die meisten essbaren Pflanzen bei und ver-zichtete auf nicht blühende Bäume und Sträucher, denn, um in Victorias Worten zu sprechen, es ist nicht sonder-lich romantisch, jemandem ein Zweiglein oder einen lan-gen Rindenstreifen zu überreichen.

Ich bedanke mich für die Hilfe von Stephen Zedros von Brattle Square Florists in Cambridge und Lachezar Ni-kolov von der Harvard University. Ohne ihren gewalti-gen Wissensschatz und ihre großzügige Unterstützung würde es dieses Wörterbuch nicht geben.

Danksagung

In einem Buch, in dem es hauptsächlich um Mutter-Tochter-Beziehungen geht, möchte ich zuerst meiner eigenen Mutter danken: Harriet Elizabeth George, einer starken, tapferen Frau, die es durch eingehende Beschäftigung mit dem Thema, unverbrüchliche Liebe und viel Unterstützung von ihrem Umfeld lernte, Mutter zu sein. Meinen unerschütterlichen Optimismus und meinen Glauben an die Möglichkeit, sowohl innerlich als auch äußerlich positive Veränderungen bewirken zu können, verdanke ich ihr.

Außerdem möchte ich den Frauen danken, die mich bemuttert haben: meiner Stiefmutter Melinda Vasquez, meiner Schwiegermutter Sarada Diffenbaugh und meinen Großmüttern Virginia Helen Fleming, Victoria Vasquez, Irene Botill, Adelle Tomash, Carolyn Diffenbaugh und Pearl Bolton. Ich danke auch den Vätern in meinem Leben, die uns alle zu besseren Müttern gemacht haben: meinem eigenen Vater Ken Fleming, meinem Stiefvater Jim Botill, meinem Schwiegervater Dayanand Diffenbaugh, meinem Schwager Noah Diffenbaugh und meinem Mann PK Diffenbaugh. Ohne eure Liebe und eure Unterstützung hätte ich weder das Wissen noch das Selbstbewusstsein oder die Zeit gehabt, dieses Buch zu schreiben.

Ich bedanke mich bei meinen Testleserinnen und guten

Freundinnen: Maureen Wanket glaubte von der ersten Seite an an dieses Buch und daran, dass ich es schaffen würde, und hat mich damit angesteckt. Tasha Blaine hat den ersten Entwurf gelesen und mir die Wahrheit gesagt – dafür werde ich sie ewig lieben.

Angela Booker saß neben mir und feuerte mich an, als ich das Ende umschrieb – und zwar immer und immer wieder. Jennifer Jacoby und Lindsey Serrao haben mich durch die Stürme meiner eigenen Mutterschaft begleitet, mich fröhlich bemuttert und mich dadurch inspiriert. Polly Diffenbaugh hat mir gezeigt, wie man eine Blume zerlegt und einen Blumenführer benutzt, und mir (mehr als einmal) Vorträge über die Tücken der wissenschaftlichen Kategorisierung gehalten. Jennifer Olden hat ihr Wissen über Bindungsstörungen mit mir geteilt. Priscilla de Muizon hat mir reizende und lebendige Geschichten über ihre Kindheit auf einem Weingut erzählt. Janay Swain hat meine nicht enden wollenden Fragen zur Betreuung von Kindern in Pflegefamilien beantwortet. Barbara Tomash saß mit mir am Ufer des Papa's Lake und erfand Titel für die einzelnen Abschnitte. Rachel McIntire hat das blaue Zimmer gestrichen und mich über die Interna in der Welt des Blumenarrangierens aufgeklärt. Mark Botill hat mich mit seiner Intelligenz und Schlagfertigkeit inspiriert. Amanda Garcia, Carrie Marks, Isis Keigwin, Emily Olavarri und Tricia Sterling haben den ersten Entwurf gelesen und mich zum Weiterschreiben ermutigt. Wendi Everett, Wendi Imagire, Tami Trostel, Josie Bickinella, Sara Galvan, Sue Malan und Kassandra Grossman waren verliebt in meine Babys und haben mir damit Zeit zum Schreiben gegeben. Christie Spencer hat bei der Lektüre meines Exposés Tränen vergossen und mir vor Augen geführt, welche Macht eine gute Geschichte hat.

Meine Agentin Sally Wofford-Girard ist der Mensch, der das Potenzial meiner frühen Entwürfe erkannt und mich zu Höchstleistungen angetrieben hat. Ich kann ihr gar nicht genug für ihren Blick in die Zukunft, ihre Ermutigung und ihr Engagement für dieses Buch danken. Jenni Ferrari-Adler hat mich dazu angeregt, über Tempo, Figuren und Handlung nachzudenken, als ich glaubte, dass ich bereits fertig sei (ein schwerer Irrtum!). Melissa Sarver hat dafür gesorgt, dass wir alle nicht vom rechten Weg abwichen oder gar das Handtuch warfen. Jennifer Smith, meine wundervolle Lektorin bei Ballantine, hat durch ihre sorgfältige Lektüre und ihre klugen Anmerkungen erheblich zur Verbesserung des Buches beigetragen. Es war von Anfang an eine Freude, mit ihr zusammenzuarbeiten.

Ich möchte auch den Menschen danken, die mir das Schreiben beigebracht haben: Charlotte Goldsmith, die mir mit einem Tablett voller Sand gezeigt hat, wie man Briefe schreibt. Linda Holm, die mir eine Kladde geschenkt und von mir verlangt hat, dass ich sie vollschreibe. Chris Persson hat meine erste Kurzgeschichte gelesen, mir gesagt, dass ich Schriftstellerin sei, und mir geholfen, eine zu werden. Keith Scribner und Jennifer Richter haben mich nicht nur vieles, was ich über das Schreiben weiß, gelehrt, sondern mich auch durch das College gerettet, indem sie mir Einblicke in ihr eigenes Leben als junge Schriftsteller, Dozenten und Eltern gewährten.

Zu guter Letzt möchte ich meinen Kindern dafür danken, dass sie mir beigebracht haben, Mutter zu sein, und dass sie mich trotz meiner Fehler lieben: Tre'von, Graciela, Miles, Donovan, Sharon, Krystal, Wayneshia, Infinity und Hope. Und Megan, wo immer du auch bist.